CARTAS DE UM RESILIENTE

SÊNECA

CARTAS DE UM RESILIENTE

LIVRO 3

ENFRENTAR OS DESAFIOS COM CONFIANÇA E CULTIVAR AS VIRTUDES

TRADUÇÃO DE ALEXANDRE PIRES VIEIRA

Diretor editorial **PEDRO ALMEIDA**

Coordenação editorial **CARLA SACRATO**

Revisão **BÁRBARA PARENTE E THAÍS ENTRIEL**

Projeto gráfico e diagramação **SAAVEDRA EDIÇÕES**

Capa **OSMANE GARCIA FILHO**

Dados Internacionais de Catalogação na Publicação (CIP)
Angélica Ilacqua CRB-8/7057

Sêneca
    Cartas de um resiliente : enfrentar os desafios com confiança e cultivar as virtudes / Sêneca ; tradução de Alexandre Pires Vieira. — São Paulo : Faro Editorial, 2022.
    224 p. (vol. 3)

ISBN 978-65-5957-109-3
Título original: Epistulae morales ad Lucilium

1. Filosofia 2. Desenvolvimento pessoal I. Título II. Vieira, Alexandre Pires

21-5470	CDD 100

Índice para catálogo sistemático:
1. Filosofia

FARO EDITORIAL

1ª edição brasileira: 2022
Direitos de edição em língua portuguesa, para o Brasil, adquiridos por **FARO EDITORIAL**

Avenida Andrômeda, 885 – Sala 310
Alphaville – Barueri – SP – Brasil
CEP: 06473-000
www.faroeditorial.com.br

SUMÁRIO

APRESENTAÇÃO

Diversas características de *Cartas de um resiliente* se destacam como proveitosas para interpretação. À medida que a obra progride, há uma tendência das cartas de se tornaram discussões filosóficas mais longas, mais técnicas e mais substantivas. Tal característica sugere que além dos temas e discussões aparentemente díspares, as cartas também tem o objetivo de proporcionar uma educação filosófica.

Esse objetivo se evidencia logo no início da obra. Na primeira carta, Sêneca estimula Lucílio – o destinatário das cartas – a não desperdiçar seu tempo em buscas mundanas, pois o tempo voa e a vida passa. Na segunda carta, ele aconselha o discípulo a respeito da abordagem correta para a leitura dos textos filosóficos. Na quinta carta, aplaude Lucílio pela persistência em seu estudo filosófico, mas o adverte para permanecer focado no propósito desse estudo, ou seja, o aprimoramento moral. Os conselhos de Sêneca em relação à filosofia – o que estudar e como aplicar isso à vida – continua ao longo da obra.

Segundo Sêneca, as paixões destrutivas, sobretudo a raiva e a tristeza, devem ser erradicadas ou moderadas de acordo com a razão. Ele discute os méritos relativos da vida contemplativa e da vida ativa, considerando importante encarar a própria mortalidade e ser capaz de enfrentar a morte. Para Sêneca, o indivíduo deve estar disposto a praticar a pobreza e utilizar a riqueza de maneira adequada.

Em *Cartas de um resiliente*, o conteúdo apresenta muitos temas do interesse de filósofos e não filósofos. Ademais, o bom senso prevalece em grande parte da narrativa. Como o próprio Sêneca resume: "Nenhum homem é bom por acaso. A virtude é algo que deve ser aprendido. O prazer é vil, mesquinho, deve ser considerado inútil, compartilhado até mesmo por animais – o mais ínfimo e o mais mesquinho também busca o prazer. Glória é uma coisa vazia e fugaz, mais leve do que o ar. (...) A morte não é um mal, porque você precisa perguntar? Só a morte é o privilégio igualitário da humanidade".

A perspectiva filosófica de Sêneca deve ser contextualizada em termos de suas circunstâncias específicas. Como muitos filósofos romanos da sua época, ele estava mais interessado na filosofia moral do que nos outros dois ramos da filosofia, ou seja, a dialética e a lógica. O foco de Sêneca na filosofia moral apresenta uma ênfase prática clara. Embora as discussões e as controvérsias teóricas estejam muito presentes nas *Cartas de um resiliente* e em outras obras, a questão principal é a maneira pela qual o estoicismo pode ser aplicado à vida de uma pessoa.

Cartas de um resiliente é uma obra que contém uma quantidade considerável de material, incluindo desde discussões aparentemente mundanas (por exemplo, cartas a respeito de multidões, força bruta e cérebros, festivais e jejuns, banhos públicos e mestres e escravos) até discussões avançadas referentes à teoria estoica. Sêneca costuma fazer uso de algo da vida cotidiana para direcionar a discussão para uma questão ética ou alguma recomendação moral.

Em seus escritos, Sêneca apresenta discussões teóricas e conselhos práticos, enfatizando que ambos são distintos, mas interdependentes. Em relação à teoria, ele considera as discussões filosóficas um bálsamo para as feridas da vida. Quanto à prática, Sêneca acredita que os conselhos ajudam o leitor a desenvolver a coragem necessária para encarar a realidade e lidar com ela da melhor maneira possível.

I.

SOBRE A QUALIDADE DA VIDA QUANDO CONTRASTADA COM SEU COMPRIMENTO

Saudações de Sêneca a Lucílio.

01. Ao ler a carta em que você estava lamentando a morte do filósofo Metronax – como se ele pudesse e de fato devesse ter vivido mais – senti falta do espírito de justiça que abunda em todas as suas discussões sobre homens e coisas, mas falta a você quando se aproxima de um assunto falho a todos nós. Em outras palavras, eu vi muitos que lidam justamente com seus semelhantes, mas nenhum que lida de maneira justa com os deuses. Nós criticamos todos os dias a Fortuna, dizendo: "Por que A foi levado no meio de sua carreira? Por que B não é levado? E aquele? Por que prolongar sua velhice, que é um fardo para si mesmo, bem como para outros?"

02. Mas diga-me, por favor, você considera mais justo que você deva obedecer à Natureza ou que a Natureza deva obedecer a você? E que diferença faz quanto tempo você se afasta de um local para onde deverá partir mais cedo ou mais tarde? Devemos nos esforçar não para viver muito, mas para viver plenamente; para alcançar uma vida longa, você só precisa do destino, mas para viver corretamente você precisa da alma. Uma vida é muito longa se for uma vida plena; mas a plenitude não é alcançada até que a alma tenha fornecido a si mesma o bem próprio, isto é, até assumir o controle sobre si mesma.

03. Qual o benefício que este homem mais velho obtém dos oitenta anos em que passou em ociosidade? Uma pessoa como ele não viveu; ele se atrasou na vida. Nem ele morreu tarde na vida; ele simplesmente morreu por muito tempo. "Ele viveu oitenta anos?" Isso depende da data a partir da qual você considera sua morte! Seu outro amigo, no entanto, partiu na floração de sua masculinidade.

04. Mas ele cumpriu todos os deveres de um bom cidadão, um bom amigo, um bom filho; em nenhum caso, ele deixou a desejar. Sua idade pode ter sido incompleta, mas sua vida foi completa. O outro homem viveu oitenta anos? Não, ele existiu oitenta anos, a não ser que, por acaso, você queira dizer com "ele viveu" o que queremos dizer quando dizemos que uma árvore "vive". Por favor, vamos nos certificar, meu querido Lucílio, de que nossa vida, como joia de grande preço, seja digna de nota, não por seu tamanho, mas por sua qualidade. Deixe-nos medi-la pelo desempenho dela, não pela duração dela. Você saberia onde está a diferença entre este homem robusto que, desprezando a Fortuna, serviu através de cada batalha da vida e alcançou o Bem Supremo e aquela outra pessoa sobre cuja cabeça passaram muitos anos? O primeiro existe mesmo depois da morte dele; o último estava morto antes mesmo de morrer.

05. Devemos, portanto, louvar e considerar em companhia do bem-aventurado aquele homem que investiu bem sua parcela do tempo, por menor que tenha sido atribuída a ele; pois essa pessoa viu a verdadeira luz. Ela não foi um entre a multidão comum. Ela não só viveu, mas também floresceu. Às vezes, ela desfrutava de céus limpos; às vezes, como muitas vezes acontece, era apenas através das nuvens que via o resplendor da poderosa estrela.[1] Por que, você pergunta: "Quanto tempo ele viveu?" Ele ainda vive! Em um passo ele atravessou para a posteridade e se entregou à guarda da memória.

06. E, no entanto, eu não negaria a mim alguns anos adicionais; embora, se o espaço da minha vida for encurtado, não direi que tenha faltado qualquer coisa que seja essencial para uma vida feliz. Pois não planejei viver até o último dia prometido pelas minhas esperanças gananciosas; não, eu olhei todos os dias como se fossem o meu último. Por que pedir a data do meu nascimento, ou se eu ainda estou inscrito na lista dos homens mais jovens?[2] O que eu tenho é meu.

07. Assim como alguém de pequena estatura pode ser um homem perfeito, da mesma forma uma vida curta pode ser uma vida perfeita. Idade se classifica entre as coisas externas. Quanto tempo eu vou existir não é minha decisão, mas quanto tempo eu vou continuar a existir no meu jeito atual está sob meu controle. Esta é a única coisa que você tem o direito de exigir de mim – que eu deixe de medir anos sem glória, como se estivessem na escuridão, e que me dedique a viver em vez de ser carregado ao longo da vida.

08. E qual, você pergunta, é o máximo da envergadura da vida? É viver até você possuir sabedoria. Aquele que alcançou a sabedoria alcançou, não o mais longínquo, mas o mais importante objetivo. Tal pessoa pode realmente exultar com ousadia e dar graças aos deuses – sim, e a si mesmo também – e ela pode considerar-se credora da natureza por ter vivido. Ela certamente terá o direito de fazê-lo, pois ela lhe retribuiu com uma vida melhor do que recebeu. Ela estabeleceu o padrão de um homem bom, mostrando a qualidade e a grandeza de um homem bom. Tivesse mais um ano adicionado, seria apenas como o passado.

09. E ainda quanto tempo devemos continuar vivendo? Tivemos a alegria de aprender a verdade sobre o universo. Sabemos de que origens a natureza surge; como ela regula o curso dos céus; por mudanças sucessivas que ela invoca o ano; como ela acabou com todas as coisas que já existiram e estabeleceu-se como o único fim de seu próprio ser. Sabemos que as estrelas se movem por sua própria direção e que nada, exceto a Terra, permanece imóvel, enquanto todos os outros corpos correm com rapidez ininterrupta.[3] Sabemos como a lua ultrapassa o sol; porque é que o mais lento deixa o mais rápido para trás; de que maneira ela recebe a luz, ou a perde de novo; o que traz a noite e o que traz de volta o dia. Para esse lugar você deve ir para que tenha uma visão mais próxima de todas essas coisas.

10. "E, no entanto," diz o sábio: "Eu não partirei mais valentemente por causa dessa esperança – porque julgo que está claro diante de mim o caminho para meus próprios deuses. Certamente, ganhei a admissão à presença deles e, de fato, já estive em suas companhias, eu enviei minha alma para eles como eles já tinham enviado a deles para mim. Mas suponha que eu seja totalmente aniquilado e que, após a morte, não subsista nada mortal, não tenho menos coragem, mesmo que quando eu parta, meu curso não leve a nenhum lugar." "Mas", você diz, "ele não viveu tantos anos quanto poderia ter vivido".

11. Existem livros que contêm poucas linhas admiráveis e úteis, apesar do tamanho deles; e também existem os Anais de Tanúsio[4] – você sabe o volume do livro e o que os homens dizem dele. Este é o caso da longa vida de certas pessoas, um estado que se assemelha aos Anais de Tanúsio!

12. Você considera mais afortunado o gladiador que é morto no último minuto dos jogos do que aquele que morreu no meio das festividades? Você acredita que alguém é tão estupidamente apegado à vida que preferiria ter sua garganta cortada no espoliário[5] do que no anfiteatro? Não é mais um intervalo do que isso que precedemos um ao outro. A morte visita cada um e todos; o assassino logo segue o morto. É uma bagatela insignificante, afinal, que as pessoas discutem com tanta preocupação. E de qualquer forma, o que importa por quanto tempo você evita aquilo de que você não pode escapar?

Mantenha-se Forte. Mantenha-se Bem.

II.
SOBRE O VALOR DO CONSELHO

Saudações de Sêneca a Lucílio.

01. Esse departamento da filosofia que fornece preceitos adequados ao caso individual, em vez de enquadrá-los para a humanidade em geral[6] – o que, por exemplo, aconselha como um marido deve se conduzir em relação a sua esposa ou como um pai deve educar seus filhos, ou como um mestre deve governar seus escravos – este departamento da filosofia, digo, é aceito por alguns como a única parte significativa, enquanto os outros departamentos são rejeitados com o argumento de que eles se desviam para além da esfera de necessidades práticas – como se qualquer homem pudesse dar conselhos sobre uma parcela da vida sem ter adquirido primeiro um conhecimento da vida como um todo!

02. Mas Aríston,[7] o estoico, pelo contrário, acredita que o departamento acima mencionado é de pouca importância – ele afirma que não penetra na mente, não tendo nele mais que preceitos de velhos e que o maior benefício é derivado dos dogmas reais da filosofia e da definição do Bem Supremo. Quando um homem ganha uma compreensão completa dessa definição e aprende tais princípios, diz ele, será capaz de deliberar por si próprio o que fazer em cada situação.

03. Assim como o aluno de lançamento de dardo continua visando um alvo fixo, treina a mão para dar direção ao míssil e quando, por instrução e prática, ganha a habilidade desejada, pode lançá-lo contra qualquer alvo que deseje, tendo aprendido a atingir não qualquer objeto aleatório, mas precisamente o objeto para o qual apontou; também aquele que se equipa para toda a vida não precisa ser aconselhado sobre cada item separado, porque agora está treinado para se opor a seu problema como um todo; pois não sabe apenas como ele deve viver com sua esposa ou seu filho, mas como ele deve viver corretamente. Nesse conhecimento, também está incluída a forma adequada de viver com esposa e filhos.

04. Cleantes sustenta que este departamento da sabedoria é realmente útil, mas que é uma coisa fraca, a menos que seja derivada de princípios gerais, isto é, a menos que seja baseado em um conhecimento dos dogmas reais da filosofia e suas principais rubricas. Este assunto é, portanto, duplo, levando a duas linhas de investigação separadas: primeiro, é útil ou inútil? E, segundo, pode produzir um bom homem? Em outras palavras, é supérfluo ou torna todos os outros departamentos supérfluos?

05. Aqueles que exigem a visão de que este departamento é supérfluo argumentam da seguinte forma: "Se um objeto que é mantido na frente dos olhos interfere com a visão, ele deve ser removido. Porque enquanto estiver no caminho, é uma perda de tempo oferecer tais preceitos como estes: caminhe assim e assim, estenda a mão naquela direção". Da mesma forma, quando algo cega a alma de um homem e impede-a de ver a linha do dever claramente, não adianta aconselhá-lo: "Viva assim e assim com seu pai, assim e assim com sua esposa". Porque os preceitos não servirão de nada, enquanto a mente está nublada de erro, somente quando a nuvem estiver dispersa ficará claro qual é o dever de cada um. Caso contrário, você apenas mostrará ao homem doente o que ele deveria fazer se estivesse bom, em vez de fazê-lo bom.

06. Suponha que você esteja tentando revelar ao homem pobre a arte de "agir como rico"; como se pode realizar isso enquanto sua pobreza não for alterada? Você está tentando deixar claro para um faminto de que maneira ele deve atuar o papel de alguém com um estômago bem preenchido; o primeiro requisito, no entanto, é aliviá-lo da fome que agarra seus sinais vitais. "O mesmo, asseguro-lhe, é válido para as falhas, as próprias falhas devem ser removidas e não devem ser dados preceitos que não possam ser realizados enquanto as falhas permanecem. A menos que você expulse as falsas opiniões sob as quais sofremos, o avarento nunca receberá instrução sobre o uso adequado do seu dinheiro, nem o covarde quanto ao modo de desprezar o perigo."

07. Você deve fazer com que o avarento saiba que o dinheiro não é nem um bem nem um mal, mostre-lhe homens de riqueza que são miseráveis até o último grau. Você deve informar ao covarde que as coisas que geralmente nos assustam são menos temerosas que o boato anuncia, se o objeto do medo é o sofrimento ou a morte, que quando a morte vem – fixada por lei para todos nós – muitas vezes é um grande consolo refletir que nunca pode voltar, que em meio ao sofrimento, a determinação da alma será tão boa como uma cura, pois a alma torna mais leve qualquer fardo que resista com uma determinação corajosa. E lembre-se de que a dor tem essa qualidade excelente: se for prolongada, ela não pode ser grave e, se grave, não pode ser prolongada; e que devemos aceitar corajosamente o que quer que as leis inevitáveis do universo lancem sobre nós.

08. Quando, por meio de tais doutrinas, você trouxer o homem pecador para um senso de sua própria condição, quando souber que a vida feliz não é aquilo que se ajusta ao prazer, mas o que está em conformidade com a Natureza, quando ele cair profundamente apaixonado pela virtude como o único bem do homem e evitar a infâmia como o único mal do homem, e quando ele souber que todas as outras coisas – riqueza, cargos, saúde, força, domínio – ocupam posição intermediária, indiferente e não devem ser contadas nem entre os bens nem entre os males, então ele não precisará de um bedel para cada ação separada, para dizer-lhe: "Caminhe assim e assim, coma assim e assim. Esta é a conduta própria de um homem e a de uma mulher, isto para um homem casado e isto para um solteiro."

09. De fato, as pessoas que se esforçam para oferecer esses conselhos não são capazes de pô-los em prática. É assim que o pedagogo aconselha o menino e que a avó aconselha seu neto, é o professor mais irritadiço da escola que afirma que nunca se deve perder o temperamento. Vá para uma escola primária e você aprenderá que apenas esses pronunciamentos que emanam de filósofos altamente qualificados, podem ser encontrados no livro de aula para meninos!

10. Outro ponto: vocês oferecerão preceitos que são claros ou preceitos que são duvidosos? Aqueles que são claros não precisam de conselheiro e preceitos duvidosos não ganham credibilidade, de modo que a prestação de preceitos é supérflua. Na verdade, você deveria estudar o problema dessa maneira: se você está aconselhando alguém em uma questão obscura e de sentido duvidoso, você deve completar seus preceitos por meio de provas e se deve recorrer a provas, seus meios de prova são mais eficazes e mais satisfatórios em si mesmos.

11. É assim que você deve tratar seu amigo, seu cidadão, seu associado. E por quê? "Porque é justo." No entanto, posso encontrar todo esse material incluído sob o título de Justiça. Acho que o jogo limpo é desejável em si mesmo, não devemos ser forçados a isso pelo medo nem contratados para esse fim via pagamento, e que nenhum homem é justo senão quem é atraído por qualquer coisa além da própria virtude do ato. Depois de convencer-me dessa visão e absorvê-la completamente, o que posso obter de tais preceitos, que só ensinam quem já está treinado? Para quem sabe é supérfluo dar preceitos, para quem não sabe, é insuficiente. Pois deve ser informado, não só o que está sendo instruído a fazer, mas também o porquê.

12. Repito, tais preceitos são úteis para aquele que tem ideias corretas sobre o bem e o mal, ou para quem não tem? O último não receberá nenhum benefício de você; uma ideia que entra em conflito com seu conselho já monopolizou sua atenção. Aquele que tomou uma decisão cuidadosa sobre o que deve ser procurado e o que deve ser evitado sabe o que deve fazer, sem uma única palavra sua. Portanto, todo esse departamento de filosofia pode ser abolido.

13. Há duas razões pelas quais nos extraviamos: ou há na alma uma qualidade má que foi provocada por opiniões erradas ou, mesmo que não possuídas por ideias falsas, a alma é propensa à falsidade e rapidamente corrompida por alguma aparência externa que a atrai na direção errada. Por esta razão, é nosso dever tratar com cuidado a mente doente e liberá-la de falhas ou tomar posse da mente quando ainda está desocupada e ainda inclinada ao que é mal. Ambos os resultados podem ser alcançados pelas principais doutrinas da filosofia, portanto a oferta de tais preceitos não serve de nada.

14. Além disso, se dermos preceitos a cada indivíduo, a tarefa é estupenda. Pois uma classe de preceito deve ser dada ao financista, outra ao fazendeiro, outra ao homem de negócios, outra a quem cultiva as boas graças da realeza, outra a quem procurará a amizade de seus iguais, outra a ele que irá julgar os de menor hierarquia.

15. No caso do casamento, você avisará a uma pessoa como ela deve se comportar com uma esposa que antes de seu casamento era uma donzela e outra como deveria se comportar com uma mulher que anteriormente tinha estado casada com outro; como o marido de uma mulher rica deve agir ou outro homem com uma esposa sem dote. Ou você não pensa que há alguma diferença entre uma mulher estéril e uma que tem filhos, entre uma avançada em anos e uma mera garota, entre uma mãe e uma madrasta? Não podemos incluir todos os tipos e, no entanto, cada tipo requer tratamento separado; mas as leis da filosofia são concisas e são válidas em todos os casos.

16. Além disso, os preceitos da sabedoria devem ser definidos e certos: quando as coisas não podem ser definidas, estão fora da esfera da sabedoria; pois a sabedoria conhece os limites adequados das coisas. Devemos, portanto, acabar com este departamento de preceitos, porque não pode cumprir tudo aquilo que promete apenas a alguns, mas a sabedoria abraça tudo.

17. Entre a insanidade das pessoas em geral e a insanidade que está sujeita a tratamento médico, não há diferença, exceto que esta sofre de doença e a primeira de opiniões falsas. Em um caso, os sintomas da loucura podem ser atribuídos a doenças; no outro, à má saúde da mente. Se alguém oferecer preceitos a um louco – como ele deveria falar, como ele deveria andar, como ele deveria se comportar em público e privado, este seria mais lunático do que a pessoa a quem ele está aconselhando. O que é realmente necessário é tratar a bílis negra[8] e remover a causa essencial da loucura. E isso é o que também deve ser feito no outro caso: o da mente doente. A própria loucura deve ser abalada; caso contrário, suas palavras de conselho desaparecerão no ar.

18. Isto é o que Aríston diz; e eu responderei seus argumentos um a um. Primeiro, em oposição ao que ele diz sobre a obrigação de alguém de remover o que bloqueia o olho e dificulta a visão. Eu admito que essa pessoa não precisa de preceitos para ver, mas que precisa de tratamento para curar sua visão e livrar-se do obstáculo que a prejudica. Pois é a natureza que nos dá a nossa visão e aquele que remove os obstáculos restaura a natureza para sua própria função. Mas a natureza não nos ensina nosso dever em todos os casos.

19. Mais uma vez, se a catarata de um homem é curada, ele não pode, imediatamente após sua recuperação, devolver a visão a outros homens também; mas quando somos libertos do mal, podemos também libertar os outros. Não há necessidade de incentivo ou mesmo de conselho para que o olho possa distinguir cores diferentes; preto e branco podem ser diferenciados sem instigação de outro. A mente, por outro lado, precisa de muitos preceitos para ver o que deve fazer na vida; no tratamento dos olhos o médico não só realiza a cura, mas também dá conselhos na barganha.

20. Ele diz: "Não há nenhuma razão pela qual você deva imediatamente expor sua visão fraca para um brilho perigoso, comece com a escuridão e então entre em meia-luz e, finalmente, seja mais ousado, acostumando-se gradualmente à luz brilhante do dia. Não há razão para que você deva estudar imediatamente depois de comer, não há razão para que você imponha tarefas difíceis aos seus olhos quando estão inchados e inflamados, evite os ventos e as fortes rajadas de ar frio que sopram no seu rosto" – e outras sugestões do mesmo tipo, que são tão valiosas quanto as próprias drogas. A arte do médico complementa remédios por conselho.

21. "Mas," vem a resposta, "o erro é a fonte do pecado, os preceitos não eliminam o erro, nem expulsam nossas falsas opiniões sobre o bem e o mal." Eu admito que os preceitos por si só não são eficazes para derrubar as crenças equivocadas da mente; mas eles, naquela conta, não falham quando acompanhados de outras medidas também. Em primeiro lugar, eles atualizam a memória; em segundo lugar, quando classificados em suas próprias categorias, os assuntos que se mostraram uma massa confusa quando considerados como um todo, podem ser considerados dessa forma com maior cuidado. De acordo com a teoria dos nossos adversários, você pode até dizer que o consolo e a exortação são supérfluos. No entanto, eles não são supérfluos; nem também o é o conselho.

22. "Mas é loucura", replicam, "prescrever o que um homem doente deveria fazer, como se estivesse bom, quando você realmente deveria restaurar sua saúde, porque sem saúde preceitos não valem a pena." Mas não tem homens doentes e homens sadios em comum, no sentido em que eles precisam de conselhos contínuos? Por exemplo, para não atacar avidamente os alimentos e para evitar ficar exausto. Pobre e rico têm em comum certos preceitos válidos a ambos.

23. "Cure a ganância deles, então", as pessoas dizem, "e você não precisará palestrar tanto para os pobres como para os ricos, desde que, no caso de cada um deles, o desejo tenha diminuído." Mas não é uma coisa ser livre do desejo por dinheiro e outra coisa saber como usar esse dinheiro? Os sovinas não conhecem os limites adequados em matéria de dinheiro, mas mesmo aqueles que não são avarentos não conseguem compreender o seu uso. Então vem a resposta: "Evite o erro e seus preceitos se tornam desnecessários". Isso está errado; pois suponha que a avareza é diminuída, que o luxo é confinado, que a imprudência é retida e que a preguiça é estimulada pela espora; mesmo depois que os vícios são removidos, devemos continuar a aprender o que devemos fazer e como devemos fazê-lo.

24. "Nada", diz-se, "será realizado aplicando conselhos sobre faltas mais graves." Não; e nem mesmo medicamentos podem dominar doenças incuráveis; no entanto, são usados em alguns casos como remédio, em outros como alívio. Nem mesmo o poder da filosofia universal, embora convoque toda a sua força para o propósito, removerá da alma o que é agora uma doença teimosa e crônica. Mas a sabedoria, apenas porque ela não tem poder para curar tudo, não é incapaz de fazer curas.

25. As pessoas dizem: "Qual a vantagem de apontar o óbvio?" Muito bom; pois às vezes conhecemos fatos sem prestar atenção neles. O conselho não é para ensinar; ele simplesmente aguça a atenção e nos desperta. Concentra a memória e a impede de perder o controle. Deixamos passar muito do que está diante dos nossos próprios olhos. O conselho é, de fato, uma espécie de exortação. A mente geralmente tenta ignorar mesmo aquilo que está diante de nossos olhos; devemos, portanto, impor a ela o conhecimento de coisas perfeitamente conhecidas. Pode-se repetir aqui o ditado de Calvo[9] sobre Vatínio:[10] "Vocês sabem que o suborno está acontecendo e todos sabem que vocês sabem disso".

26. Você sabe que a amizade deve ser escrupulosamente honrada e, no entanto, você não a mantém honrada. Você sabe que um homem faz errado ao exigir a castidade de sua esposa, enquanto ele mesmo está com esposas de outros homens; você sabe que, assim como sua esposa não deve ter relações com um amante, você também não deve se relacionar com uma amante; e ainda assim você não age de acordo. Portanto, você deve ser continuamente trazido a se lembrar desses fatos; pois eles não devem estar no armazém, mas estar prontos para o uso. E o que quer que seja saudável deve ser frequentemente discutido e muitas vezes trazido à frente da mente, para que possa não apenas nos ser familiar, mas também pronto para o uso. E lembre-se também de que, desta forma, as verdades evidentes se tornam ainda mais evidentes.

27. "Mas se", vem a resposta, "seus preceitos não são óbvios, você será obrigado a adicionar provas, daí as provas e não os preceitos serão úteis". Mas a influência do bedel não pode ser útil, mesmo sem provas? É como as opiniões de um especialista jurídico, que são válidas mesmo que os motivos para elas não sejam entregues. Além disso, os preceitos que são dados são de grande peso em si mesmos, sejam eles narrados no tecido da canção ou condensados em provérbios de prosa, como a famosa sabedoria de Catão: "Não compre o que você deseja, mas o que você deve ter. O que você não precisa, é caro mesmo por um ceitil".[11] Ou aquelas respostas oraculares, como:

28. "Seja econômico com o tempo!". "Conheça a si mesmo!". Porventura precisa ser informado do significado quando alguém lhe repete linhas como estas:

Esquecer os problemas é a maneira de curá-los. A Fortuna favorece os corajosos, mas o covarde fica pelo caminho.	Iniuriarum remedium est oblivio. Audentes fortuna iuvat, piger ipse sibi obstat.[12]

Essas máximas não precisam de nenhum argumento especial; elas vão direto às nossas emoções e nos ajudam simplesmente porque a Natureza está exercendo sua função adequada.

29. A alma carrega dentro de si a semente de tudo o que é honrado, e esta semente é estimulada ao crescimento por conselho, como uma faísca, que ventilada por uma suave brisa, desenvolve seu fogo natural. A virtude é despertada por um toque, um choque. Além disso, há certas coisas que, embora na mente, ainda não estão prontas para serem aplicadas, mas que começam a funcionar facilmente assim que são colocadas em palavras. Certas coisas se espalham em vários lugares e é impossível que a mente não organizada organize-as em ordem. Portanto, devemos levá-las à unidade e juntar-nos a elas, para que elas possam ser mais poderosas e mais uma elevação para a alma.

30. Ou, se os preceitos não servem de nada, então todos os métodos de instrução devem ser abolidos e devemos nos contentar apenas com a Natureza. Aqueles que mantêm esta visão não entendem que um homem é animado e rápido de inteligência, outro é lento e estúpido, e certamente alguns homens têm mais inteligência do que outros. A força do espírito é nutrida e continua crescendo por preceitos; ele acrescenta novos pontos de vista para aqueles que são inatos e corrige ideias depravadas.

31. "Mas suponha", as pessoas replicam, "que um homem não seja possuidor de dogmas sólidos. Como o conselho pode ajudá-lo quando é acorrentado por dogmas viciosos?". Nesse caso, com certeza, ele é libertado disso; pois sua disposição natural não foi esmagada, mas superada e mantida baixa. Mesmo assim, continua tentando se levantar de novo, lutando contra as influências que fazem o mal; mas quando ganha apoio e recebe ajuda de preceitos, cresce mais forte, desde que o problema crônico não tenha corrompido ou aniquilado o homem natural. Nesse caso, nem mesmo o treinamento que vem da filosofia, lutando com todas as suas forças, fará a restauração. Que diferença, de fato, há entre os dogmas da filosofia e os preceitos, a menos que seja isso, que os primeiros são gerais e os últimos especiais? Ambos lidam com conselhos, um através do universal, o outro através do particular.

32. Alguns dizem: "Se alguém está familiarizado com dogmas justos e honestos, será supérfluo aconselhá-lo". De jeito nenhum; pois essa pessoa realmente aprendeu a fazer coisas que deveria fazer; mas não vê com suficiente clareza quais são essas coisas. Pois somos impedidos de realizar ações dignas de louvor, não só por nossas emoções, mas também por falta de prática para descobrir as demandas de uma situação particular. Nossa mente muitas vezes está sob um bom controle e, no entanto, está ao mesmo tempo inativa e inexperiente em encontrar o caminho do dever, e o conselho torna isso claro.

33. Mais uma vez, está escrito: "Retire todas as falsas opiniões relativas ao bem e ao mal, mas substitua-as por opiniões verdadeiras, então o conselho não terá função a executar". A ordem da alma pode, sem dúvida, ser estabelecida dessa maneira; mas estas não são as únicas maneiras. Pois, embora possamos deduzir por provas apenas o que é o bem e o mal, no entanto, os preceitos têm seu próprio papel. A prudência e a justiça consistem em certos deveres; e os deveres são definidos por preceitos.

34. Além disso, o julgamento quanto ao bem e ao mal se fortalece ao seguirmos nossos deveres e os preceitos nos conduzem para esse fim. Pois ambos estão de acordo um com o outro; nem os preceitos podem assumir a liderança, a menos que os deveres os sigam. Observam sua ordem natural; portanto, os preceitos são claramente os primeiros.

35. "Preceitos", diz-se "são inúmeros". Errado de novo! Pois não são inúmeros no que diz respeito a coisas importantes e essenciais. Claro que há pequenas distinções, devido ao tempo ou ao lugar ou à pessoa, mas, mesmo nesses casos, existem preceitos que possuem uma aplicação geral.

36. "Ninguém, no entanto", diz, "cura a loucura por preceitos e, portanto, também não cura a maldade". Há uma distinção; pois se você livrar um homem de insanidade, ele se torna são novamente, mas se removemos falsas opiniões, a visão de uma conduta prática não segue imediatamente. Mesmo assim, o conselho irá, no entanto, confirmar a opinião certa sobre o bem e o mal. E também é errado acreditar que os preceitos não são úteis aos loucos. Apesar de por si só serem inúteis, os preceitos são uma ajuda para a cura. Tanto repreensão como castigo dominam um lunático. Note-se que aqui me referi a lunáticos cujo juízo é perturbado, mas não desesperadamente perdido.

37. "Ainda assim", é objetado, "as leis nem sempre nos fazem fazer o que devemos fazer e o que mais são leis senão preceitos misturados com ameaças?". Agora, antes de tudo, as leis não persuadem exatamente porque ameaçam; preceitos, no entanto, em vez de coação, corrigem os homens com súplicas. Novamente, as leis amedrontam o homem a não cometer crime, enquanto os preceitos incitam o homem ao seu dever. Além disso, podemos dizer mesmo que as leis favorecem os bons costumes, desde que pretendam não só impor, como também instruir.

38. Neste ponto, eu não concordo com Posidônio, que diz: "Não creio que as Leis de Platão deveriam ter os preâmbulos que lhes foram adicionados. Pois uma lei deve ser breve, para que os não iniciados possam compreendê-la com mais facilidade. Deve ser uma voz, por assim dizer, enviada do céu, deve mandar, não debater. Nada me parece mais estúpido ou mais tolo do que uma lei com preâmbulo. Advirta-me, diga-me o que você deseja que eu faça; não estou aprendendo, mas obedecendo". Mas leis moldadas desta maneira são úteis; por isso você notará que um estado com leis defeituosas terá defeitos morais.

39. "Mas", diz-se, "não são úteis em todos os casos." Bem, nem é a filosofia; e, no entanto, a filosofia não é tão ineficaz e inútil no treinamento da alma. Além disso, a filosofia não é a Lei da Vida? Admitamos, se quisermos, que as leis não servem; não é necessariamente verdade que o aconselhamento também não deva servir. Por este motivo, você deve dizer que a consolação não serve e nem a advertência, exortação, repreensão e elogio, uma vez que são todos variações de conselhos. É através de tais métodos que chegamos a uma condição perfeita da mente.

40. Nada é mais bem-sucedido em trazer influências honrosas para suportar a mente ou em endireitar o espírito vacilante que é propenso ao mal, do que a associação com homens bons. Pois a visão frequente, a audição frequente deles pouco a pouco penetra no coração e adquire a força dos preceitos. Somos realmente elevados apenas por conhecer homens sábios; e alguém pode ser ajudado por um grande homem, mesmo quando ele está em silêncio.

41. Eu não poderia facilmente dizer-lhe como isso nos ajuda, embora eu esteja certo do fato de ter recebido ajuda dessa maneira. Fédon[13] diz: "Certos animais pequenos não deixam dor quando nos picam, tão sutil é seu poder, tão enganoso no propósito de danos. A picada é revelada por um inchaço e, mesmo no inchaço, não há ferida visível". Essa também será sua experiência ao lidar com homens sábios, você não descobrirá como ou quando o benefício vem para você, mas descobrirá que o recebeu.

42. "Qual é o ponto desta observação?", você pergunta. É, que bons preceitos beneficiarão você tanto quanto bons exemplos. Pitágoras declara que nossas almas experimentam uma mudança quando entramos em um templo e contemplamos as imagens dos deuses face a face e aguardamos as declarações de um oráculo.

43. Além disso, quem pode negar que mesmo os mais inexperientes são efetivamente atingidos pela força de certos preceitos? Por exemplo, por tais provérbios breves, mas importantes como: "Nada em excesso",[14] "A mente gananciosa não é satisfeita por nenhum ganho", "Você deve esperar ser tratado pelos outros como você mesmo os tratou".[15] Recebemos um tipo de choque quando ouvimos tais palavras; ninguém pensa em duvidar delas ou em perguntar "Por quê?" Tão fortemente, deveras, a mera verdade, não acompanhada por explicações, nos atrai.

44. Se a reverência reina na alma e reprime o vício, por que o conselho não pode fazer o mesmo? Além disso, se a repreensão dá uma sensação de vergonha, por que o conselho não tem o mesmo poder, mesmo se usa preceitos nus? O conselho que ajuda a sugestão por razão – que acrescenta o motivo de fazer uma coisa determinada e a recompensa que aguarda aquele que realiza e obedece a tais preceitos – é mais efetivo e se instala mais profundamente no coração. Se os comandos são úteis, também é o conselho. Mas se alguém é ajudado por comandos; portanto, também é ajudado por conselhos.

45. A virtude é dividida em duas partes – na contemplação da verdade e na conduta. O treinamento ensina a contemplação e a admoestação ensina a conduta. E a conduta correta pratica e revela a virtude. Mas se, quando um homem está prestes a agir, ele é ajudado por conselhos, ele também é ajudado pela admoestação. Portanto, se a conduta correta é necessária para a virtude, e se, além disso, a admoestação deixa clara a conduta correta, então a admoestação também é uma coisa indispensável.

46. Há dois fortes apoios para a alma: confiar na verdade e ter convicção em nós mesmos; ambos são o resultado da admoestação. Pois os homens acreditam neles, e quando a crença é estabelecida, a alma recebe grande inspiração e fica cheia de confiança. Portanto, a admoestação não é supérflua. Marco Agripa, um homem de grande alma, a única pessoa entre aquelas que as guerras civis levaram à fama e ao poder e cuja prosperidade ajudou o Estado, costumava dizer que estava muito endividado com o provérbio: "Harmonia faz crescer as pequenas coisas, a falta de harmonia faz com que as coisas grandes apodreçam".[16]

47. Ele considerava que havia se tornado o melhor dos irmãos e o melhor dos amigos em virtude desse ditado. E se os provérbios de tal tipo, quando aceitos intimamente pela alma, podem moldar essa mesma alma, por que a seção da filosofia que consiste em tais provérbios não pode gozar de influência igual? A virtude depende em parte do treinamento e, em parte, da prática; você deve aprender primeiro e, em seguida, fortalecer sua aprendizagem por ação. Se isso é verdade, não só as doutrinas da sabedoria nos ajudam, mas também os preceitos, que controlam e banem nossas emoções por meio de uma espécie de decreto oficial.

48. Aríston diz: "A filosofia é dividida em conhecimento e estado de espírito. Pois quem aprendeu e entendeu o que deve fazer e evitar, não é um homem sábio até que sua mente seja metamorfoseada na forma daquilo que ele aprendeu. Este terceiro departamento – o de preceito – é composto de ambos os outros, de dogmas de filosofia e estado de espírito. Portanto, é supérfluo no que diz respeito ao aperfeiçoamento da virtude, as outras duas partes são suficientes para esse propósito".

49. Sobre essa base, portanto, mesmo a consolação seria supérflua, uma vez que isso também é uma combinação dos outros dois, assim como a exortação, a persuasão e até mesmo a própria prova. Pois a prova também se origina de uma atitude mental bem ordenada e firme. Mas, embora essas coisas resultem de um estado de mente sã, o estado sadio da mente também resulta delas; é, ao mesmo tempo, tanto o criador delas como resultante delas.

50. Além disso, o que você menciona é a meta de um homem já perfeito, de alguém que atingiu o auge da felicidade humana. Mas a obtenção dessas qualidades é lenta e, entretanto, por questões práticas, o caminho deve ser mostrado em benefício de alguém que ainda esteja longe da perfeição, mas que esteja fazendo progresso. A sabedoria por sua própria força talvez descubra este caminho sem a ajuda da admoestação; pois ela trouxe a alma a um estágio onde esta pode ser impulsionada apenas na direção certa. Os personagens mais fracos, no entanto, precisam de alguém para precedê-los, para dizer: "Evite isto" ou "Faça isto".

51. Além disso, se alguém aguarda o momento em que poderá saber sozinho qual é a melhor linha de ação, algumas às vezes se desviará e, desviando-se, será impedido de chegar ao ponto em que é possível contentar-se consigo próprio. A alma deve, portanto, ser guiada no momento em que está se tornando capaz de se guiar. Os meninos estudam de acordo com a direção. Seus dedos são segurados e guiados por outros para que possam seguir os contornos das letras. Em seguida, eles são obrigados a imitar uma cópia e a alicerçar nela um estilo de caligrafia. Da mesma forma, a mente é ajudada se for ensinada de acordo com a direção.

52. Tais fatos provam que este departamento da filosofia não é supérfluo. A questão em seguida surge se esta parte sozinha é suficiente para tornar os homens sábios. O problema deve ser tratado no devido momento;[17] mas no momento, omitindo todos os argumentos, não é claro que precisamos de alguém a quem possamos invocar como nosso mentor em oposição aos preceitos dos homens em geral?

53. Não há nenhuma palavra que atinja nossos ouvidos sem nos fazer mal; somos feridos tanto por bons desejos quanto por maldições. As orações irritadas de nossos inimigos inculcam medos falsos em nós e o carinho de nossos amigos nos prejudica por seus desejos gentis. Pois esse carinho nos coloca a tatear por bens que estão distantes, inseguros e vacilantes, quando realmente podemos abrir o depósito de felicidades de casa.

54. Não nos permitimos, eu mantenho, viajar por uma estrada direta. Nossos pais e nossos escravos nos atraem para o errado. Ninguém confina seus erros para si mesmo; as pessoas pulverizam insensatez entre os seus vizinhos e recebem-na, por sua vez. Por esta razão, em um indivíduo, você encontra os vícios das nações, porque a nação os deu ao indivíduo. Cada um, ao corromper os outros, corrompe-se; o indivíduo embebe e, em seguida, transmite a maldade, o resultado é uma grande massa de maldade, porque o pior em cada pessoa separada é concentrado em uma massa.

55. Devemos, portanto, ter um guardião, por assim dizer, para nos puxar continuamente pelo ouvido e dissipar rumores e protestar contra entusiasmos populares. Pois você está enganado se supõe que nossas falhas são inatas em nós; elas vieram de fora, foram empilhadas sobre nós. Por isso, ao receber admoestações frequentes, podemos rejeitar as opiniões que retinam sobre nossos ouvidos.

56. A natureza não nos predestinou para nenhum vício; ela nos produziu em saúde e liberdade. Ela não colocou diante de nossos olhos nenhum objeto que pudesse atiçar em nós a coceira da ganância. Ela colocou ouro e prata debaixo de nossos pés e ordenou que os pés pisoteassem e esmagassem tudo o que nos pisa e esmaga. A natureza elevou nosso olhar para o céu e desejou que quiséssemos olhar para cima para contemplar suas obras gloriosas e maravilhosas. Ela nos deu o nascer e o pôr do sol, o curso giratório do mundo apressado que revela as coisas da Terra de dia e os corpos celestes de noite, os movimentos das estrelas, que são lentos se você os compara com o universo, mas mais rápido se você refletir sobre o tamanho das órbitas que descrevem com velocidade; ela nos mostrou os sucessivos eclipses do sol e da lua e outros fenômenos maravilhosos porque ocorrem regularmente ou porque, por causas súbitas, eles ajudam a ver – como trilhas noturnas de fogo, ou relâmpagos no céu aberto não acompanhados pelo som de trovões, ou colunas e vigas e os vários fenômenos de luzes.

57. Ela ordenou que todos esses corpos deveriam prosseguir acima de nossas cabeças; mas ouro e prata, com o ferro que, devido ao ouro e à prata, nunca traz a paz, ela escondeu, como se fossem coisas perigosas para confiar à nossa guarda. Somos nós mesmos que os arrastamos para a luz do dia, para que possamos lutar por eles; somos nós mesmos que, cavoucando a terra inferior, extraímos as causas e ferramentas de nossa própria destruição; somos nós mesmos que atribuímos nossas próprias faltas à Fortuna e não coramos ao considerar como os mais elevados objetos, aqueles que uma vez se encontravam nas profundezas da Terra.

58. Você deseja saber quão falso é o brilho que engana seus olhos? Na verdade, não há nada mais imundo ou mais envolvido na escuridão do que essas coisas da terra, afundadas e cobertas há tanto tempo na lama onde elas pertencem. É claro que elas são sujas; elas foram transportadas por um longo e sombrio poço de mina. Não há nada mais feio que esses metais durante o processo de refinamento e separação do minério. Além disso, assista os próprios operários que devem lidar e peneirar a árida categoria de sujeira, o tipo que vem do fundo; veja como besuntados de fuligem eles são!

59. E, no entanto, as coisas com que eles lidam poluem a alma mais do que o corpo, e há mais impureza no dono da mina do que no trabalhador. Portanto, é indispensável que sejamos admoestados, que tenhamos algum defensor com mente reta e, em meio a todos os tumultos e sons discordantes da falsidade, ouçamos apenas uma voz. Mas qual voz será essa? Certamente, uma voz que, em meio a todo o tumulto da busca de si mesmo, sussurra palavras saudáveis na orelha ensurdecida, dizendo:

60. Você não precisa ter inveja daqueles a quem as pessoas chamam de grandioso e afortunado, os aplausos não precisam perturbar sua atitude serena e sua sanidade mental, você não precisa se sentir enojado com seu espírito calmo porque você vê um grande homem vestido de púrpura, protegido pelos conhecidos símbolos de autoridade, você não precisa julgar o magistrado para quem o caminho é aberto como sendo mais feliz do que você, a quem o funcionário dele empurra da estrada. Se você exerce uma atividade lucrativa para si mesmo e não prejudicial a ninguém, limpe suas próprias falhas do caminho.

61. Há muitos que atearam fogo às cidades; que atacaram guarnições, que permaneceram inexpugnáveis por gerações e seguras por várias eras; que criam montes tão altos como as paredes que estão sitiando; que, com aríetes e catapultas, destroem torres que foram criadas em uma altura maravilhosa. Há muitos que podem enviar suas colunas à frente e pressionar destrutivamente sobre a parte de trás do inimigo, que podem alcançar o Grande Mar gotejando com o sangue das nações. Mas mesmo esses homens, antes que pudessem conquistar seu inimigo, foram conquistados por sua própria ganância. Ninguém suportou seu ataque; mas eles mesmos não podiam suportar o desejo de poder e o impulso à crueldade; no momento em que pareciam estar perseguindo outros, eles próprios estavam sendo perseguidos.

62. Alexandre foi perseguido ao infortúnio e despachado para países desconhecidos por um desejo louco de destruir o território de outros homens. Você acredita que o homem estava em seus sentidos tanto que começou pela Grécia a devastação, a terra onde ele recebeu sua educação? Aquele que arrancou o mais caro tesouro de cada nação, exigindo que os espartanos fossem escravos e que os atenienses ficassem quietos? Não contente com a ruína de todos os estados que Filipe[18] havia conquistado ou subornado a escravidão, derrubou várias comunas em diversos lugares e carregou suas armas em todo o mundo; sua crueldade estava cansada, mas nunca cessou – como uma besta selvagem que rasga em pedaços mais do que sua fome demanda.

63. Ele uniu muitos reinos em um único reino; gregos e persas temem o mesmo senhor; as nações que Dario tinha deixado livre se submeteram ao jugo: ainda assim ele passa além do oceano e do sol, julgando vergonhoso que ele desvie seu curso de vitória dos caminhos que Hércules e Baco haviam pisado; ele ameaça a própria violência da natureza. Ele não deseja ir; mas ele não pode ficar; ele é como um peso que cai de cabeça, seu percurso acaba apenas quando chega ao chão.

64. Não foi virtude ou razão que persuadiu Cneu Pompeu a participar de guerras estrangeiras e civis; era o desejo louco de sua glória irreal. Ora ele atacava a Hispânia e a facção de Sertório; depois se retirava para acorrentar os piratas e subjugar os mares. Estas eram apenas desculpas e pretextos para ampliar seu poder.

65. O que o atraiu para a África, para o Norte, contra Mitrídates, para a Armênia e todos os cantos da Ásia? Certamente era o desejo ilimitado de poder; pois apenas a seus próprios olhos ainda não era suficientemente grande. E o que levou Júlio César à destruição combinada de si mesmo e do Estado? Fama, egoísmo e a ausência de um limite para a primazia sobre todos os outros homens. Ele não podia permitir que uma única pessoa o ultrapassasse, embora o estado permitisse que dois homens ficassem à cabeça.

66. Você acha que Caio Mário, que já foi cônsul (ele recebeu este cargo em uma ocasião e o roubou em todas as outras) cortejou todos os seus perigos por inspiração da virtude quando matava os Teutos e os Cimbros e perseguia Jugurta através das regiões selvagens da África? Mário comandou exércitos, mas quem comandava Mário era a ambição.

67. Quando homens como esses estavam perturbando o mundo, eram eles mesmos perturbados – como os ciclones que turbilhonam o que tomaram, mas que primeiro se turbilhonam a si mesmos e podem por isso se atirar com toda a força, totalmente sem controle; portanto, depois de causar tal destruição para os outros, eles sentem em seu próprio corpo a força ruinosa que lhes permitiu causar estragos para muitos. Não pense que alguém pode ser feliz à custa da infelicidade dos outros.

68. Devemos desvendar todos os casos que são forçados diante de nossos olhos e amontoados em nossos ouvidos; devemos limpar nossos corações, pois eles estão cheios de conversa maligna. A virtude deve ser conduzida no lugar que estas ocuparam – uma espécie de virtude que pode erradicar a falsidade e as doutrinas que transgridam a verdade, ou pode nos separar da multidão na qual confiamos demais e pode nos restaurar para a fruição de opiniões sólidas. Pois esta é a sabedoria – um retorno à Natureza e uma restauração à condição à qual os erros do homem nos conduziram.

69. É uma grande parte da saúde ter abandonado os conselheiros da loucura e ter fugido para longe de uma companhia que é mutuamente prejudicial. Para que você possa conhecer a verdade da minha observação, veja como é diferente a vida de cada indivíduo perante o público daquela de seu eu interior. Uma vida tranquila não dá, por si só, lições de conduta correta; o campo não ensina uma vida simples; não, mas quando testemunhas e espectadores são removidos, as falhas que amadurecem em público calam fundo.

70. Quem veste o manto púrpura para não exibi-lo aos olhos de ninguém? Quem usa peitoral de ouro quando janta sozinho? Quem, enquanto se deita sob a sombra de uma árvore do campo, mostra na solidão o esplendor de seu luxo? Ninguém se torna elegante apenas para sua própria visão ou mesmo para a admiração de alguns amigos ou parentes. Em vez disso, ele espalha seus vícios bem providos em proporção ao tamanho da multidão admiradora.

71. É assim: claquistas e testemunhas são agentes irritantes de todas as nossas fraquezas. Você pode nos fazer cessar de desejar, se apenas nos faz deixar de nos exibir. A ambição, o luxo e o capricho precisam de um palco para agir; você vai curar todos esses males se procurar o isolamento.

72. Portanto, se a nossa morada estiver situada no meio de uma cidade, deve haver um conselheiro que esteja perto de nós. Quando os homens louvam grandes rendas, ele deve louvar a pessoa que pode ser rica com um patrimônio pequeno e que meça sua riqueza pelo uso que faz dela. Em face daqueles que glorificam a influência e o poder, deve, por sua própria vontade, recomendar um tempo dedicado ao estudo e uma alma que abandonou o externo e se encontrou.

73. Ele deve apontar pessoas, felizes na estimativa popular, que cambaleiam em suas invejadas alturas de poder, mas que estão consternadas e mantêm uma opinião muito diferente de si do que os outros detêm. O que outros acreditam ser elevado é para eles um precipício completo. Por isso, eles estão assustados e agitados sempre que olham para baixo e veem o abrupto íngreme de sua grandeza. Pois eles refletem que existem várias maneiras de cair e que o ponto mais alto é o mais escorregadio.

74. Então eles temem aquilo para o que se esforçaram, e a boa Fortuna que os fez importantes aos olhos dos outros pesa mais sobre si mesmos. Então eles louvam o lazer banal e independência; eles odeiam o glamour e tentam escapar enquanto suas fortunas ainda não são prejudicadas. Então, finalmente, você pode vê-los estudando filosofia em meio ao seu medo e caçando conselhos de qualidade quando suas fortunas dão errado. Por estas duas coisas estão, por assim dizer, em polos opostos – boa Fortuna e bom senso; é por isso que somos mais sábios quando estamos em meio à adversidade. É a prosperidade que nos afasta do caminho íntegro.

Mantenha-se Forte. Mantenha-se Bem.

III.
SOBRE A UTILIDADE
DOS PRINCÍPIOS BÁSICOS

Saudações de Sêneca a Lucílio.

01. Você continua pedindo-me para explicar sem adiamento um tópico que eu observei uma vez que deveria ser adiado até o momento apropriado e para informar-lhe, por carta, se este departamento de filosofia que os gregos chamam de "paraenético" (*paraenetice*)[19] e nós, romanos, chamamos de "preceptorial" (*praeceptiva*), é suficiente para nos dar uma sabedoria perfeita. Eu sei que você vai entender se eu me recusar a fazê-lo. Mas aceito o seu pedido de bom grado e me recuso a deixar o ditado comum perder o seu fundamento: "Não peça por aquilo que você desejaria não ter recebido."

02. Pois às vezes buscamos com esforço o que deveríamos recusar se fosse oferecido voluntariamente. Chame isso inconstância ou descaramento[20] – devemos punir o hábito com pronta observância. Há muitas coisas que nós gostaríamos que os homens pensassem que desejamos, mas que realmente não desejamos. Um palestrante às vezes traz ao palco um enorme trabalho de pesquisa escrito na letra mais minúscula e muito dobrado; depois de ler uma grande parte, ele diz: "Eu vou parar, se desejarem"; e surge um grito: "Leia mais, continue lendo!", dos lábios daqueles que estão ansiosos para que o palestrante libere o paço. Muitas vezes queremos uma coisa e oramos por outra, sem contar a verdade nem mesmo aos deuses. O bom é que os deuses ou não nos atendem ou têm pena de nós.

03. Mas, sem piedade, me vingarei e colocarei uma enorme carta sobre seus ombros; por sua parte, se você ler isso com relutância, pode dizer: "Eu trouxe esse fardo a mim mesmo" e pode classificar-se entre aqueles homens cujas esposas muito ambiciosas os deixam frenéticos, ou entre aqueles a que as riquezas, ganhas pelo suor extremo da testa, só trazem angústias, ou entre aqueles que são torturados pelos cargos públicos que procuraram por todo tipo de dispositivo e trabalho e entre todos os outros que são responsáveis por seus próprios infortúnios.

04. Mas devo parar este preâmbulo e abordar o problema em questão. Os homens dizem: "A vida feliz consiste na conduta correta, os preceitos guiam para a conduta correta, portanto os preceitos são suficientes para alcançar a vida feliz". Mas nem sempre nos orientam para a conduta correta; isso ocorre somente quando a vontade é receptiva; e às vezes são aplicados em vão, quando as opiniões erradas atormentam a alma.

05. Além disso, um homem pode agir corretamente sem saber que ele está agindo corretamente. Pois ninguém, exceto aquele treinado desde o início e equipado com uma razão completa, pode desenvolver proporções perfeitas, entender quando deve fazer certas coisas e até que ponto e em cuja companhia e como e por quê. Sem esse treinamento, um homem não pode esforçar-se com todo seu coração ao que é honrado, ou mesmo com firmeza ou alegria, mas sempre estará olhando para trás e hesitando.

06. Também é dito: "Se a conduta honrosa resulta dos preceitos, os preceitos são amplamente suficientes para a vida feliz; como a primeira dessas afirmações é verdadeira, portanto a segunda também é verdadeira". Devemos responder a estas palavras que a conduta honrosa é, com certeza, provocada por preceitos, mas não apenas por preceitos.

07. "Então", vem a resposta, "se as outras artes se contentam com os preceitos, a sabedoria também estará contente com eles, pois a própria sabedoria é uma arte de viver. E no entanto, o piloto é feito por preceitos que lhe dizem isso ou aquilo sobre como virar o leme, colocar suas velas, fazer uso de um vento justo, bordejar, fazer o melhor das brisas inconstantes e variáveis – tudo da maneira correta. Outros artesãos também são guiados por preceitos, portanto, os preceitos serão capazes de gerar o mesmo resultado no caso do nosso artesão na arte de viver".

08. Agora, todas essas artes estão preocupadas com as ferramentas da vida, mas não com a vida como um todo. Portanto, há muito para emaranhar essas artes e complicá-las – como a esperança, a ganância, o medo. Mas essa arte que professa ensinar a arte da vida não pode ser impedida por qualquer circunstância de exercer suas funções; pois sacode as complicações e atravessa os obstáculos. Gostaria de saber o quão diferente é sua posição em relação às outras artes? No caso destas últimas, é mais perdoável errar voluntariamente em vez de por acidente; mas no caso da sabedoria, a pior falha é cometer o pecado deliberadamente.

09. Quero dizer algo assim: um estudioso se ruborizará por vergonha, não se ele cometer um erro gramatical intencionalmente, mas se o fizer involuntariamente; se um médico não perceber que seu paciente está falecendo, é um praticante muito mais pobre do que se reconhecesse o fato e escondesse seu conhecimento. Mas, nesta arte de viver, um erro voluntário é mais vergonhoso. Além disso, muitas artes, sim e as mais liberais de todas, têm sua doutrina especial e não apenas preceitos de conselhos. Na profissão médica, por exemplo, existem as diferentes escolas: de Hipócrates, de Asclepíades,[21] de Temiso.

10. E, além disso, nenhuma arte que se preocupe com teorias pode existir sem suas próprias doutrinas; os gregos chamam de dogmas, enquanto nós, romanos, podemos usar o termo "doutrinas" ou "princípios", ou "princípios adotados",[22] como você encontrará em geometria ou astronomia. Mas a filosofia é tanto teórica como prática; contempla e ao mesmo tempo age. Você está realmente enganado se acha que a filosofia não oferece nada além de ajuda mundana; suas aspirações são mais altas do que isso. Ela chama: "Eu investigo todo o universo, não estou satisfeita me mantendo dentro de uma morada mortal para dar conselhos favoráveis ou desfavoráveis. Os grandes assuntos convidam e estão bem acima de você. Nas palavras de Lucrécio:[23]

11. Para ti, eu revelarei os caminhos do céu

E os deuses, espalhando-se diante de teus olhos	Nam tibi de summa caeli ratione deumque
Os átomos - de onde todas as coisas são trazidas ao nascimento,	Disserere incipiam et rerum primordia pandam ;
Aumentado e promovido pelo poder criativo,	Unde omnis natura creet res, auctet alatque,
E atingem a putrefação quando a Natureza os expulsa.	Quoque eadem rursus natura perempta resolvat.

Filosofia, portanto, sendo teórica, deve ter suas doutrinas.

12. E por quê? Porque nenhum homem pode realizar devidamente as ações certas, exceto aquele que tenha sido dotado da razão, que lhe permitirá, em todos os casos, cumprir todas as categorias de dever. Essas categorias ele não pode observar a menos que receba preceitos para todas as ocasiões e não só pela ocasião em questão. Os preceitos por si próprios são fracos e, por assim dizer, sem raízes se forem prescritos às partes e não ao todo. São as doutrinas que nos fortalecerão e nos apoiarão em paz e calma, que incluirão simultaneamente a totalidade da vida e do universo em sua plenitude. Existe a mesma diferença entre princípios filosóficos e preceitos entre as letras e frases;[24] as últimas dependem das primeiras, enquanto as primeiras são a fonte da última e de todas as coisas.

13. As pessoas dizem: "A sabedoria antiga aconselhava apenas o que se deveria fazer e evitar e, no entanto, os homens de tempos passados eram homens muito melhores. Quando os eruditos apareceram, os sábios tornaram-se raros. Dessa forma, a franca e simples virtude foi transformada em conhecimento escondido e astuto, somos ensinados a debater e não a viver".

14. Claro, como você diz, a sabedoria antiga, especialmente em seus primórdios, era imperfeita; mas também as outras artes, nas quais a destreza desenvolveu com o progresso. Nem naqueles dias havia necessidade de curas cuidadosamente planejadas. A maldade ainda não havia chegado a um ponto tão alto ou se espalhado tão amplamente. Os vícios simples podiam ser tratados com curas simples; agora, no entanto, precisamos de defesas erguidas com todo o cuidado, por causa dos poderes mais fortes pelos quais somos atacados.

15. A medicina consistiu-se uma vez no conhecimento de algumas ervas, para impedir o fluxo de sangue ou para curar feridas; então, gradualmente, atingiu o seu estágio atual de complexa variedade. Não é de admirar que, nos primeiros dias, o medicamento tivesse menos a fazer! O corpo dos homens ainda era sólido e forte; sua alimentação era leve e não estragada pela arte e pelo luxo, pois então começamos a procurar pratos não para a remoção, mas para o despertar do apetite e inventamos inúmeros molhos para estimular a gula, então, o que antes era alimento para um homem faminto tornou-se um fardo para o estômago.

16. Daí vem palidez e um tremor de músculos encharcados pelo vinho e uma magreza repulsiva, devido à indigestão e não à fome. Dessa forma, pequenos passos cambaleantes e uma marcha incerta como a da embriaguez. Daí a hidropisia,[25] espalhando sob toda a pele e a barriga crescendo para uma pança por conta de um hábito de consumir mais do que pode. Daí a icterícia, os semblantes descoloridos e os corpos que apodrecem por dentro, e os dedos que se tornam nodosos quando as articulações se endurecem e os músculos entorpecidos e sem poder de sensação, e a palpitação do coração.

17. Por que razão eu menciono tonturas? Ou falar de dor nos olhos e na orelha, comichão e dor no cérebro febril e úlceras internas em todo o sistema digestivo? Além disso, existem inúmeros tipos de febre, algumas agudas em sua malignidade, outras nos arrasando com danos sutis e outras que vêm acompanhadas de calafrios e severa maleita.

18. Por que devo mencionar as outras doenças inumeráveis, as torturas que resultam de uma vida luxuosa? Os homens costumavam estar livres de tais males, porque eles ainda não haviam diminuído sua força pela indulgência, porque eles tinham controle sobre si mesmos e proviam suas próprias necessidades. Eles enrijeciam seu corpo pela labuta e pelo trabalho real, cansando-se correndo, ou caçando, ou cultivando a terra. Eles eram revigorados por comida da qual apenas um homem faminto poderia ter prazer. Por isso, não havia necessidade de todas as nossas poderosas parafernálias médicas, de tantos instrumentos e caixas de pomadas. Por razões simples, eles gozavam de uma saúde simples; foi necessário um percurso elaborado para produzir doenças elaboradas.

19. Note o número de coisas – tudo a passar por uma única garganta – que o luxo mistura, depois de devastar a terra e o mar. Tantos pratos diferentes certamente devem estar em desacordo; eles são unidos fortemente e são digeridos com dificuldade, cada um acotovelando o outro. E não é de admirar que as doenças resultantes de alimentos variados sejam diversas e variadas; deve haver um transbordamento quando tantas combinações não naturais se misturam. Por isso, há tantas maneiras de se estar doente quanto há de viver.

20. O ilustre fundador da guilda e da profissão da medicina[26] observou que as mulheres nunca perdiam os cabelos nem sofriam dor nos pés; e no entanto, hoje em dia elas ficam sem cabelos e são afligidas pela gota. Isso não significa que o físico da mulher tenha mudado, mas que tenha sido conquistado; ao competir por indulgências masculinas, elas também competem pelos males dos quais os homens são herdeiros.

21. Elas dormem tão tarde e bebem tanto licor quanto eles; elas desafiam os homens na luta e na bebedeira; elas não são menos dadas ao vômito de estômagos distendidos e assim, descarregando todo o vinho novamente; nem estão atrás dos homens em consumir gelo, como um alívio para suas digestões febris. E elas mesmo igualam os homens em suas paixões, embora tenham sido criadas para sentir amor passivamente (que os deuses e deusas possam amaldiçoá-las!). Elas inventam as variedades mais impossíveis de não castidade e na companhia dos homens elas fazem o papel dos homens. Que maravilha, então, que possamos checar a declaração do melhor e mais experiente médico, quando tantas mulheres são carecas e sofrem de gota! Por causa de seus vícios, as mulheres deixaram de merecer os privilégios de seu sexo; elas renegaram sua natureza feminina e, portanto, estão condenadas a sofrer as doenças dos homens.

22. Os médicos da antiguidade não sabiam nada sobre a prescrição de nutrientes frequentes e o sustento do pulso fraco com vinho; eles não entendiam a prática da sangria e de aliviar as queixas crônicas com banhos de vapor; eles não entendiam como, ao enfaixar os tornozelos e os braços, convocar às partes externas a força que havia se refugiado ao centro. Eles não eram obrigados a buscar muitas variedades de alívio, porque as variedades de sofrimento eram muito poucas em número.

23. Hoje em dia, no entanto, a que etapa os males da doença estão avançados! Esses são juros que pagamos pelos prazeres que desejamos além do que é razoável e correto. Você não precisa imaginar que as doenças estão além da conta: conte os cozinheiros! Todos os interesses intelectuais estão em suspenso; aqueles que seguem conferências de cultura em salas vazias, em lugares afastados. Os salões do professor e do filósofo estão desertos; mas que multidão nos cafés! Quantos jovens assediam as cozinhas de seus amigos glutões!

24. Não devo mencionar as tropas de escravos sem Fortuna que devem suportar outros tratamentos vergonhosos depois que o banquete acaba.

Não devo mencionar as tropas de catamitas,[27] classificadas de acordo com a nação e a cor, que devem ter a mesma pele lisa e a mesma maneira de usar os cabelos, de modo que nenhum menino com madeixas lisas possa ficar entre os de cabelos encaracolados. Nem devo mencionar a confusão de padeiros, e o número de garçons que em um determinado aviso correm para transportar os pratos. Oh, deuses! Quantos homens trabalham para divertir uma única barriga!

25. O quê? Você imagina que esses cogumelos, o veneno do *gourmet*, não causam maldade em segredo, mesmo que não tenham tido efeito imediato? O quê? Você acha que sua neve de verão não endurece o tecido do fígado? O quê? Você acha que aquelas ostras, uma comida gosmenta engordada em lodo, não sobrecarregam com o peso da lama? O quê? Você não acha que o chamado "garum – o molho das Províncias", o extrato apodrecido de peixe venenoso, queime o estômago com sua putrefação salgada? O quê? Você acha que os pratos corrompidos que um homem engole quase queimando do fogo da cozinha são apagados no sistema digestivo sem fazer mal? Quão repugnantes e quão insalubres são os seus arrotos e como os homens ficam enojados consigo mesmos quando respiram os vapores da orgia de ontem! Você pode ter certeza de que a comida deles não está sendo digerida, mas está apodrecendo.

26. Lembro-me de ter ouvido uma fofoca sobre um prato notório em que tudo do qual os *gourmets* adoram era amontoado por um restaurante que estava rapidamente entrando em bancarrota; havia dois tipos de mexilhões, e as ostras aparadas na linha onde são comestíveis, separadas a intervalos por ouriços-do-mar; o todo estava flanqueado por tainhas cortadas e servidas sem as espinhas.[28]

27. Nestes nossos dias estamos envergonhados de alimentos separados; as pessoas misturam muitos sabores em um. A mesa de jantar faz o que o estômago deveria fazer. Eu vislumbro em seguida que a comida será servida já mastigada! E quão longe disso estamos quando separamos conchas e ossos, e o cozinheiro executa o trabalho dos dentes? Eles dizem: "É muito difícil levar nossos luxos um a um, deixe-nos ter tudo servido ao mesmo tempo e misturado com o mesmo sabor. Por que eu deveria me contentar com um único prato? Vamos ter muitos chegando ao mesmo tempo, as delícias de vários cursos devem ser combinadas e confundidas".

28. Aqueles que costumavam declarar que isso era feito para exibição e notoriedade devem entender que não é feito para exibição, mas que é uma oblação ao nosso senso de dever! Deixe-nos ter, ao mesmo tempo, embebidos no mesmo molho, pratos que costumam ser servidos separadamente. Não há diferença: deixe as ostras, os ouriços-do-mar, os crustáceos e os salmonetes serem misturados e cozidos no mesmo prato. Um vomitado não formaria uma massa mais caótica!

29. E como a comida em si é complicada, de modo que as doenças resultantes são complexas, inexplicáveis, múltiplas, variadas, os medicamentos começaram a fazer campanha contra eles de muitas maneiras e por muitas regras de tratamento. Agora, eu declaro que a mesma afirmação se aplica à filosofia. Ela era mais simples porque os pecados dos homens eram em menor escala e podiam ser curados com pequena dificuldade; no entanto, em face de toda inversão moral, os homens não devem deixar nenhum remédio não experimentado. E seria possível que essa praga fosse então superada!

30. Estamos loucos, não apenas individualmente, mas em nível nacional. Evitamos o homicídio culposo e assassinatos isolados; mas e a guerra e o tão voraz crime de matar povos inteiros? Não há limites para nossa ganância, nenhuma para nossa crueldade. E enquanto esses crimes forem cometidos escondido e por indivíduos, eles são menos prejudiciais e menos portentosos; mas as crueldades são praticadas de acordo com atos do senado e da assembleia popular e o público é convidado a fazer o que é proibido ao indivíduo.

31. Ações que seriam punidas com a morte quando cometidas em particular, são louvadas por nós, porque os generais uniformizados as realizaram. O homem, naturalmente a classe de ser vivo mais branda, não tem vergonha de se deleitar com o sangue dos outros, de fazer guerra e de encaminhar seus filhos à guerra, quando as feras e os animais selvagens mantêm a paz uns com os outros.

32. Contra esta loucura excessiva e disseminada, a filosofia tornou-se uma questão do maior esforço e tomou forças em proporção às forças ganhas pela oposição. Costumava ser fácil repreender os homens que eram escravos da bebida e que procuravam comida da mais luxuosa. Não seria exigido um esforço poderoso para trazer o espírito de volta à simplicidade de onde apenas há pouco partira. Mas agora

| É preciso a mão rápida, ao mestre artesão. | Nunc manibus rapidis opus est, nunc arte mágistra.[29] |

33. Os homens procuram prazer de todas as fontes. Nenhum vício permanece dentro dos limites; o luxo é precipitado em ganância. Estamos impressionados com o esquecimento daquilo que é honroso. Nada de valor é atraente, é sempre vil. O homem, um objeto de reverência aos olhos do homem, agora é abatido por brincadeira e esporte; e aqueles que costumavam acreditar ser profano treinar com o propósito de infligir feridas, estão expostos e indefesos; e é um espetáculo satisfatório ver um homem feito um cadáver.[30]

34. Em meio a esta condição de inversão da moral, é necessário algo mais forte do que o habitual – algo que sacuda esses males crônicos; a fim de erradicar uma crença profunda em ideias erradas, a conduta deve ser regulada por doutrinas. É somente quando adicionamos preceitos, consolo e encorajamento a estes, que podem prevalecer; por si só são ineficazes.

35. Se fôssemos segurar os homens firmemente atados e os afastar dos males que os agarraram firmemente, eles deveriam aprender o que é maligno e o que é bom. Eles deveriam saber que tudo, exceto a virtude, pode mudar de classificação e merecer umas vezes ser consideradas como más e outras, como boas. Assim como o principal vínculo de união do soldado é seu juramento de fidelidade, seu amor à bandeira e seu horror à deserção, e assim como, após essa etapa, outros deveres podem ser facilmente exigidos dele e confiança pode ser dada a ele uma vez que o juramento já tenha sido administrado; assim também é com aqueles que você traz para a vida feliz: os primeiros fundamentos devem ser colocados, e a virtude trabalhada nesses homens. Que sejam mantidos por uma espécie de adoração supersticiosa da virtude; que eles a amem; deixe-os desejar viver com ela e se recusarem a viver sem ela.

36. "Mas o que, então," dizem, "certas pessoas não ganharam caminho para a excelência sem treinamento complicado? Não fizeram grandes progressos obedecendo apenas preceitos básicos?" Muito verdadeiro; mas seus temperamentos eram propícios e eles pegaram atalho pelo caminho. Pois assim como os deuses imortais, não aprenderam a virtude, tendo nascido com a virtude completa e contendo em sua natureza a essência do bem – mesmo assim certos homens estão equipados com qualidades incomuns e alcançam sem um longo aprendizado o que normalmente é uma questão de ensino, acolhendo coisas honestas assim que as ouvem. Por isso, as mentes escolhidas se apoderam rapidamente da virtude ou então a produzem dentro de si mesmas. Mas seu companheiro embotado e lento, que é prejudicado por seus maus hábitos, deve ter essa ferrugem da alma incessantemente esfregada.

37. Agora, assim como o primeiro tipo, que está inclinado para o bem, pode ser elevado às alturas com mais rapidez: também os espíritos mais fracos podem ser auxiliados e libertados de suas opiniões malignas se confiarmos a eles os princípios aceitos da filosofia; e você pode entender o quão essenciais são esses princípios da seguinte maneira. Certas coisas se afundam em nós, tornando-nos preguiçosos de certa forma e precipitados de outras. Essas duas qualidades, a de imprudência e a outra de preguiça, não podem ser controladas ou despertadas a menos que removamos suas causas, que são admiração equivocada e medo confuso. Enquanto estivermos obcecados por tais sentimentos, você pode nos dizer: "Você deve isso ao seu pai, isso a seus filhos, isso a seus amigos, isso a seus hóspedes"; mas a ganância sempre nos impedirá, não importa como tentemos. Um homem pode saber que ele deve lutar por seu país, mas o medo o dissuadirá. Um homem pode saber que ele deve suar sua última gota de energia em favor de seus amigos, mas o luxo irá proibir. Um homem pode saber que manter uma amante é o pior tipo de insulto para sua esposa, mas a luxúria o levará na direção oposta.

38. Portanto, não servirá dar preceitos a não ser que você primeiro remova as condições que possam prejudicar os preceitos; não servirá de nada colocar as armas ao seu lado e se aproximar do inimigo sem ter as mãos livres para usar essas armas. A alma, para lidar com os preceitos que oferecemos, deve primeiro ser liberada.

39. Suponha que um homem aja como deveria; ele não pode se manter assim de forma contínua ou consistente, já que não saberá o motivo de tal forma

de agir. Parte de sua conduta resultará corretamente por Fortuna ou prática; mas à sua mão não há nenhuma regra que possa regular seus atos e em que ele possa confiar para lhe dizer se o que fez está certo. Aquele que é bom por simples acaso não dá garantia de manter esse caráter para sempre.

40. Além disso, os preceitos talvez o ajudem a fazer o que deve ser feito; mas eles não o ajudarão a fazê-lo da maneira correta; e se eles não o ajudam a esse fim, eles não o conduzem à virtude. Eu admito a você que, se admoestado, um homem fará o que deveria; mas isso não é suficiente, já que o crédito reside, não na ação real, mas na forma como é feito.

41. O que é mais vergonhoso do que uma refeição cara que come a renda mesmo de um equestre?[31] Ou o que é tão digno da condenação do censor como sempre saciar a si mesmo e seu "gênio" interior? – se posso usar os termos dos nossos gastrônomos! E no entanto, muitas vezes um jantar inaugural[32] custa ao homem mais cuidadoso um milhão de sestércios![33] A própria soma é vergonhosa se gasta na gula, mas é irrepreensível se gasta para honrar o cargo! Pois não é luxo, mas uma despesa sancionada pelo costume.

42. Um salmonete de tamanho monstruoso foi oferecido ao imperador Tibério. Dizem que pesava quatro quilos e meio (e por que não deveria fazer cócegas nos palatos de certos glutões mencionando seu peso?). Tibério ordenou que fosse enviado para o mercado de peixe e colocado à venda, observando: "Eu vou ser tomado inteiramente por surpresa, meus amigos, se Apício[34] ou Otávio não comprar esse salmonete". O palpite tornou-se realidade além da expectativa: os dois homens o disputaram, e Otávio ganhou, adquirindo assim uma grande reputação entre os seus íntimos porque comprou por cinco mil sestércios um peixe que o imperador havia vendido e que até Apício não conseguiu comprar. Pagar tal preço foi vergonhoso para Otávio, mas não para o indivíduo que comprou o peixe para presenteá-lo a Tibério – embora eu também estivesse inclinado a culpar o último; mas, de qualquer modo, admirava um presente do qual pensava ser digno de César.

43. Outro exemplo: quando as pessoas se sentam ao lado da cama de seus amigos doentes, nós honramos seus motivos. Mas, quando as pessoas fazem isso com o objetivo de alcançar um legado, são como abutres à espera de carniça. O mesmo ato pode ser vergonhoso ou honorável: a maneira e os princípios que o motivaram fazem toda a diferença. Ora, todas nossas ações serão honestas se nós as conformarmos à moralidade, se pensarmos que a honra e seus resultados sejam o único bem que pode cair na Fortuna do homem; pois outras coisas só são temporariamente boas.

44. Penso, então, que deve haver profundamente implantada uma firme crença que se aplicará à vida como um todo: é o que eu chamo de "princípio". E como essa crença é, assim serão nossos atos e nossos pensamentos. Como nossos atos e nossos pensamentos são, então nossa vida será. Quando um homem está organizando sua existência como um todo, não é suficiente lhe dar conselhos sobre detalhes.

45. Marco Bruto, no livro que ele tem intitulado *Sobre o(s) dever(es)*, dá muitos preceitos a pais, filhos e irmãos; mas ninguém cumprirá seu dever como deveria, a menos que tenha algum princípio no qual possa basear sua conduta. Devemos colocar diante de nossos olhos o objetivo do Bem Supremo, para o qual devemos lutar e no qual todos os nossos atos e palavras devem ter referência – assim como os marinheiros devem orientar seu curso de acordo com certa estrela.

46. A vida sem ideais é errática: assim que um ideal é configurado, as doutrinas começam a ser necessárias. Tenho certeza de que você admitirá que não há nada mais vergonhoso do que uma conduta incerta e vacilante, do que o hábito de um recuo receoso, sem saber onde pôr os pés. Esta será a nossa experiência em todos os casos, se primeiro não eliminarmos as causas que nos entravam e manietam a alma, impedindo-a de dar o melhor de si própria.

47. Preceitos são geralmente ditos sobre como os deuses devem ser adorados. Mas vamos proibir que as luzes sejam acesas no sábado,[35] já que os deuses não precisam de luz, nem os homens apreciam a fuligem. Permitamos que os homens ofereçam saudações matutinas e se aglomerem nas portas dos templos; as ambições mortais são atraídas por tais cerimônias, mas Deus é adorado por aqueles que realmente o conhecem. Permita-nos proibir trazer toalhas e raspadores de banho para Júpiter e oferecer espelhos para Juno; pois Deus não precisa de servos. Claro que não; ele mesmo presta serviço à humanidade, em todos os lugares e a tudo o que está ao seu alcance para ajudar.

48. Embora um homem ouça quais limites deve observar em sacrifício e até onde deve se afastar de superstições onerosas, ele nunca fará progresso suficiente até que tenha concebido uma ideia correta de Deus – referindo-se a Ele como alguém que possui todas as coisas e atribui todas as coisas e as concede sem contrapartida.

49. E por que razão os deuses têm feito ações de bondade? É a sua natureza. Quem pensa que não estão dispostos a fazer mal, está errado; eles não podem fazer mal. Eles não podem receber ou infligir ferimentos, pois causar dano tem a mesma natureza que sofrer danos. A natureza universal, toda gloriosa e toda bonita, tornou-se incapaz de infligir males àqueles que retirou do perigo do mal.

50. O primeiro ato para adorar os deuses é acreditar nos deuses; ao lado de reconhecer sua majestade, reconhecer sua bondade sem a qual não há majestade. Além disso, saber que eles são comandantes supremos no universo, controlando todas as coisas pelo seu poder e agindo como guardiões da raça humana, mesmo que às vezes não sejam conscientes do indivíduo. Eles não dão nem têm o mal, mas eles castigam e restringem certas pessoas e impõem penalidades e, às vezes, punem ao conceder o que parece bom externamente. Você quer ser agradável aos deuses? Então seja um bom homem. Quem os imita, está os adorando suficientemente.

51. Então vem o segundo problema, como lidar com homens. Qual é o nosso propósito? Que preceitos oferecemos? Devemos pedir que se abstenham de derramar sangue? Que pequena coisa não é prejudicar alguém a quem você deveria ajudar! É realmente digno de grandes elogios, quando o homem trata o homem com bondade! Devemos aconselhar esticar a mão para o marinheiro naufragado ou apontar o caminho para ao viajante ou compartilhar uma migalha com o faminto? Sim, se eu puder apenas lhe dizer primeiro tudo o que deve ser concedido ou retido; entretanto, posso estabelecer para a humanidade uma regra curta para os nossos deveres nas relações humanas:

52. Tudo o que você vê, o que abrange o divino e o homem, é um – somos parte de um grande corpo. A natureza nos produziu relacionados uns com os outros, já que ela nos criou da mesma fonte e para o mesmo fim. Ela engendrou em nós um afeto mútuo e nos fez propensos a amizades. Ela estabeleceu equidade e justiça; de acordo com sua decisão, é mais lamentável cometer do que sofrer lesões. Por meio de suas ordens, deixe nossas mãos estarem prontas para todos que precisam ser ajudados.

53. Deixe este verso penetrar seu coração e estar sempre pronto em seus lábios:

> **Sou homem, tudo quanto é humano me concerne.**
>
> **Homo sum, humani nihil a me ahenum puto.**[36]

Deixe-nos possuir coisas em comum; o nascimento é nosso em comum. Nossas relações uns com os outros são como um arco de pedra, que colapsaria se as pedras não se apoiassem mutuamente.

54. Em seguida, depois de considerar deuses e homens, vejamos como devemos fazer uso das coisas. É inútil que possamos ter preceitos, a menos que comecemos por refletir sobre a opinião que devemos ter em relação a tudo – acerca de pobreza, riqueza, renome, desgraça, cidadania, exílio. Deixe-nos banir o rumor e definir um valor em cada coisa, perguntando o que cada coisa é de fato, e não do que os homens a chamam.

55. Passemos agora a uma consideração das virtudes. Algumas pessoas nos aconselharão a avaliar altamente a prudência, apreciar a bravura e ter mais próximo, se possível, a justiça do que todas as outras qualidades. Mas isso não nos fará bem, se não soubermos o que é a virtude, seja simples ou composta, seja uma ou mais do que uma, se suas partes estão separadas ou entrelaçadas umas com as outras; se aquele que tem uma virtude também possui as outras virtudes; e quais são as distinções entre elas.

56. O carpinteiro não precisa investigar sua arte à luz de sua origem ou de sua função, mais do que um artista de pantomima precisa investigar a arte de dançar; se essas artes se entendem, nada falta, pois não se referem à vida como um todo. Mas a virtude significa o conhecimento de outras coisas além de si mesma: se quisermos aprender a virtude, devemos aprender tudo sobre a virtude.

57. A conduta não terá razão, a menos que a vontade de agir seja correta; pois esta é a fonte de conduta. Nem, novamente, a vontade estará certa sem uma atitude correta da mente; pois esta é a fonte da vontade. Além disso, essa atitude de espírito não será encontrada mesmo no melhor dos homens, a menos que tenha aprendido as leis da vida como um todo e tenha elaborado um julgamento adequado sobre tudo e a menos que tenha reduzido os fatos a um padrão de verdade. A paz mental é desfrutada apenas por aqueles que alcançaram um padrão de julgamento fixo e imutável. O resto da humanidade é continuamente raso e vagante em suas decisões, flutuando em uma condição onde alternadamente rejeita as coisas e as busca. Permanece indeciso sem saber se há de levar ou não até ao fim os seus propósitos.

58. E qual é a razão desse jogar de um lado para o outro? É porque nada é claro para eles, porque eles usam o critério mais inseguro – a opinião comum. Se você quiser sempre desejar a mesma coisa, você deve desejar a verdade. Mas não se pode alcançar a verdade sem princípios básicos; os princípios abraçam toda a vida. As coisas boas e más, honestas e vergonhosas, justas e injustas, obedientes e desleais, as virtudes e a prática delas, a posse de confortos, valor e respeito, saúde, força, beleza, agilidade dos sentidos – todas essas qualidades exigem quem seja capaz de avaliá-las. À pessoa deve ser concedido saber qual o valor de cada objeto a ser classificado.

59. Por vezes, você é enganado e acredita que certas coisas valem mais do que seu real valor; na verdade, você é enganado pois acha que deva valorar em mera moeda aquelas coisas que nós, homens, considera-mos valer mais, por exemplo, riqueza, influência e poder. Você nunca entenderá isso, a menos que tenha investigado o padrão real pelo qual essas condições são relativamente avaliadas. Como as folhas não podem prosperar por meio de seus próprios esforços, mas precisam de um ramo ao qual elas possam se apegar e de onde possam tirar a seiva, então seus preceitos, quando levados sozinhos, desaparecem; eles devem ser enxertados em uma escola de filosofia.

60. Além disso, aqueles que eliminam os princípios não entendem que os princípios são provados pelos próprios argumentos que estes mesmos homens usam para refutá-los. Pois o que esses homens estão dizendo? Eles estão dizendo que os preceitos são suficientes para desenvolver a vida e que os princípios de sabedoria (em outras palavras, dogmas) são supérfluos. E, no entanto, esse próprio enunciado deles é um princípio, como se eu devesse agora observar que é preciso dispensar os precei-tos com o fundamento de serem supérfluos, que é preciso fazer uso de princípios e que nossos estudos devem ser direcionados exclusivamente para esse fim; assim, pela minha própria afirmação de que os preceitos não devem ser levados a sério, eu estaria proferindo um preceito!

61. Existem alguns assuntos em filosofia que precisam de admoestação; há outros que precisam de prova, e uma grande prova, porque eles são complicados e dificilmente podem ser esclarecidos com o maior cuidado e a maior habilidade dialética. Se as provas forem necessárias, também são as doutrinas; as doutrinas deduzem a verdade por meio do raciocínio. Alguns assuntos são claros e outros são vagos: aqueles que os sentidos e a memória podem abraçar são claros; aqueles que estão fora do alcance deles são vagos. Mas a razão não é satisfeita por fatos óbvios; sua função mais alta e mais nobre é lidar com coisas ocultas. As coisas escondidas precisam de prova; a prova não pode vir sem princípios; portanto, princípios são necessários.

62. O que leva a um acordo geral, e semelhante a um perfeito, é uma crença segura em certos fatos; mas se, sem essa garantia, todas as coisas estão à deriva em nossas mentes, então os princípios são indispensáveis; pois eles dão às nossas mentes os meios de uma decisão inabalável.

63. Além disso, quando aconselhamos um homem a considerar seus amigos tão altamente como a si mesmo, para refletir que um inimigo pode se tornar um amigo, a estimular o amor no amigo e aplacar o ódio no inimigo, acrescentamos: "Isso é justo e honroso." Agora, o elemento justo e honroso em nossos princípios é abraçado pela razão; portanto, a razão é necessária; pois sem ela os princípios também não podem existir.

64. Mas vamos unir as duas. Pois, de fato, os ramos são inúteis sem suas raízes, e as raízes são fortalecidas pelos ramos que produziram. Todos podem entender quão úteis são as mãos; elas obviamente nos ajudam. Mas o coração, a fonte do crescimento, do poder e do movimento das mãos, está escondido. E posso dizer o mesmo sobre os preceitos: eles são manifestos, enquanto os princípios da sabedoria estão escondidos. E como somente os iniciados conhecem a porção mais sagrada dos ritos então, na filosofia, as verdades ocultas são reveladas apenas aos que são membros e foram admitidos nos ritos sagrados. Mas os preceitos e outros assuntos são familiares mesmo para os não iniciados.

65. Posidônio sustenta que não só a dação de preceitos (não há nada para impedir que use essa palavra), mas mesmo a persuasão, a consolação e o encorajamento são necessários. Para isso, ele acrescenta a investigação das causas (mas não consigo ver por que eu não deveria ousar chamar isso de "etiologia",[37] uma vez que os estudiosos que monitoram a língua latina usam o termo como tendo o direito de fazê-lo). Ele observa que também será útil ilustrar cada virtude particular; esta ciência, Posidônio chama *etologia*, enquanto outros a chamam de *caracterismo*. Dá os sinais e as marcas que pertencem a cada virtude e vício de modo que, por meio deles, a distinção pode ser feita entre coisas semelhantes.

66. Sua função é a mesma que a do preceito. Pois aquele que profere preceitos diz: "Se você quiser ter autocontrole, aja assim e assim". Aquele que ilustra diz: "O homem que age assim e assim e se abstém de certas outras coisas, possui autocontrole". Se você perguntar qual é a diferença aqui, digo que uma pessoa dá os preceitos da virtude, a outra dá sua personificação. Essas ilustrações ou, para usar um termo comercial, essas amostras, têm, eu confesso, certa utilidade; basta colocá-las à exposição com boas recomendações e você encontrará homens para copiá-las.

67. Você, por exemplo, julgaria ser útil ter evidências para que reconhecesse um cavalo de puro sangue e não fosse enganado em sua compra ou desperdiçasse seu tempo por um animal inferior? Mas quanto mais útil é conhecer as marcas de uma alma insuperável – marcas que alguém pode apropriar de outro para si mesmo!

68. Imediatamente, o potro de raça pura pisa a terra,	Continue pecoris generosi pullus in arvis
Marchando com um passo animado;	Altius ingreditur et mollia crura reponit;
É o primeiro a caminhar e a atravessar os rios de peito aberto	Primus et ire viam et fluvios temptare minantis
Com ousadia, confia na ponte desconhecida,	Audet et ignoto sese committere ponti,
Não temendo estrondo vazio. Seu pescoço elevado	Nec vanos horret strepitus. I lli ardua cervix
E cabeça ágil, barriga curta e costas fortes,	Argutumque caput, brevis alvus obesaque terga,
Seu peito com espírito exibe seus nervos... ... Então, se a guerra ressoa ao longe	Luxuriatque toris animosum pectus...
Não pode descansar, mas pica os ouvidos com os membros curiosos,	...Turn, si qua sonum procul arma dederunt. Stare loco nescit, micat auribus et tremit artus
Reunindo sob suas narinas, espirala fogo.	Conlectumque premens volvit sub naribus ignem.[38]

69. A descrição de Virgílio, **embora** se refira a outra coisa, poderia perfeitamente ser o retrato de **um** homem corajoso; de qualquer forma, eu mesmo não selecionaria nenhum outro símile para um herói. Se eu tivesse que descrever Catão, que estava desesperado no meio da guerra civil, que primeiro atacou os exércitos que já marchavam para os Alpes, que mergulhou de frente no conflito civil, esse é exatamente o tipo de expressão e atitude que eu deveria dar a ele.

70. Certamente, ninguém poderia mais "marchar com um passo animado" do que aquele que se levantou contra César e Pompeu ao mesmo tempo e quando alguns estavam apoiando o partido de César e outros, o de Pompeu, lançou um desafio aos dois líderes, mostrando assim que a república também tinha alguns apoiadores. Pois não basta dizer que Catão "não treme ao ouvir ruídos vãos". Claro que ele não tem medo! Ele não recua frente a ruídos reais e iminentes. Diante de dez legiões, reforços gauleses e uma multidão de cidadãos e estrangeiros, ele pronuncia palavras repletas de liberdade, encorajando a República a não falhar na luta pela liberdade, mas a lutar contra todos os perigos; ele declara que é mais honrado cair em servidão do que estar de acordo com ela.

71. Que força e energia ele tem! Que confiança ele exibe em meio ao pânico geral! Ele sabe que é o único cuja situação não está em questão e que os homens não perguntam se Catão é livre, mas se ele ainda está entre os livres. Daí o seu desprezo pelo perigo e pela espada. Que prazer dizer, admirando a firmeza constante de um herói, que não caiu quando todo o Estado estava em ruínas: "Um peito másculo, abundante em coragem!"

72. Será útil não apenas indicar qual é a qualidade usual dos homens bons e delinear suas figuras e características, mas também relacionar e estabelecer que homens desse tipo existiram. Podemos imaginar a última e mais valente ferida de Catão, através da qual a Liberdade expirou por último; ou o sábio Lélio e sua vida harmoniosa com seu amigo Cipião; ou os nobres atos do outro Catão, o velho, em feitos públicos ou privados; ou os bancos de madeira de Q. Tubero com pele de cabra em vez de tapeçarias, e vasos de barro expostos para o banquete frente ao próprio santuário de Júpiter! O que mais significou, exceto consagração da pobreza diante do próprio Capitólio? Embora eu não conheça nenhum outro seu para o classificar entre os Catões, este não é o suficiente? Era uma censura pública, não um banquete.

73. Quão lamentavelmente os que desejam a glória, mas não conseguem entender o que é a glória ou de que maneira deve ser procurada! Naquele dia, a população romana viu a mobília de muitos homens; ficou maravilhada apenas com a de um! O ouro e a prata de todos os outros foram quebrados e derretidos várias vezes; mas os copos de barro de Tubero persistirão pela eternidade.

Mantenha-se Forte. Mantenha-se Bem.

IV.
SOBRE O ENFRENTAMENTO DE DIFICULDADES

Saudações de Sêneca a Lucílio.

01. Apesar de tudo, você ainda se irrita e se queixa, não entendendo que em todos os males a que se refere existe realmente apenas um – o fato de que você se irrita e se queixa! Se você me perguntar, acho que para um homem não há aflição além da própria circunstância de ele julgar que a natureza contém em si motivos de aflição. Não me tolerarei mais no dia em que eu achar algo intolerável. Estou doente; mas isso é parte da minha Fortuna. Meus escravos caíram doentes, minha renda desapareceu, minha casa ficou insalubre, fui atacado por perdas, acidentes, fadiga e medo; isso é algo comum. Não, isso foi uma atenuação; isso é algo inevitável.

02. Tais condições são feitas por ordem e não por acidente. Se você confia em mim, essas são minhas emoções mais íntimas que acabo de revelar: quando tudo parecia ser difícil e árduo, eu formei o meu carácter em meio a todo tipo de circunstâncias aparentemente desfavoráveis e duras, eu me treinei não apenas para obedecer a Deus, mas para concordar com Suas decisões. Eu O segui porque minha alma quer e não porque eu deva. Nunca me acontecerá algo que eu receba com mau humor ou com um rosto retorcido. Devo pagar todos os meus impostos voluntariamente. Agora, todas as coisas que nos fazem gemer ou recuar, são parte do imposto da vida – coisas, meu querido Lucílio, que você nunca deve esperar, nem sequer pedir isenção.

03. Era doença da bexiga que o fazia apreensivo; cartas depressivas vieram de você; você estava cada vez pior; vou tocar a verdade mais de perto e dizer que você temeu por sua vida. Mas venha, você não sabia que, quando rezava por uma longa vida, que era por isso que orava? Uma longa vida inclui todos esses problemas, assim como uma longa jornada inclui pó, e lama, e chuva.

04. "Mas", você chora, "eu queria viver e ao mesmo tempo ser imune a todos os males". Um grito tão afeminado não faz crédito a um homem. Considere em que atitude você receberá esta oração minha (eu a ofereço não só em um bom, mas em um nobre espírito): "Que todos os deuses proíbam que a Fortuna o mantenha em luxo!"

05. Pergunte-se voluntariamente, o que escolheria se algum deus lhe desse a escolha – uma vida em um mercado ou vida em um acampamento. E, no entanto, a vida, Lucílio, é realmente uma batalha. Por esta razão, aqueles que são jogados no mar, aqueles que seguem subindo e descendo sobre penhascos e alturas, aqueles que seguem campanhas que trazem o maior perigo, são heróis e combatentes de primeira linha; mas as pessoas que vivem em um ócio podre e fácil enquanto outras trabalham, são meras "rolinhas" covardes que se escondem dos ataques. Os homens as desprezam.

Mantenha-se Forte. Mantenha-se Bem.

V.
SOBRE A DEGENERAÇÃO DA ÉPOCA

Saudações de Sêneca a Lucílio.

01. Você está enganado, meu querido Lucílio, se você acha que o luxo, a negligência aos bons costumes e outros vícios são especialmente característicos de nossa época. Não, são os vícios da humanidade e não dos tempos. Nenhuma era na história esteve isenta de culpa. Além disso, se você começar a levar em conta as irregularidades típicas a qualquer época particular, você encontrará – para a vergonha do homem – que o pecado nunca foi mais explícito do que na própria presença de Catão.

02. Alguém acreditaria que o dinheiro mudou de mão no julgamento quando Clódio[39] foi acusado de adultério com a esposa de César, quando ele violou o mistério ritual[40] daquele sacrifício que se é oferecido em nome do povo, quando todos os homens são tão rigorosamente removidos do recinto, tanto que até imagens de todas as criaturas masculinas estão cobertas? E, no entanto, o dinheiro foi dado ao júri e, mais vil do que essa pechincha, crimes sexuais foram exigidos de mulheres casadas e jovens rapazes como uma espécie de contribuição adicional.

03. O crime denunciado envolveu menos pecado do que sua absolvição, pois o réu por adultério parcelou os adultérios e não tinha certeza de sua própria absolvição até ter feito dos jurados criminosos como ele. Tudo isso foi feito no julgamento em que Catão deu testemunho, embora essa fosse sua única participação. Vou citar as reais palavras de Cícero, porque os fatos são tão ruins quanto inacreditáveis:

04. "Ele distribuiu cargos, promessas, súplicas e presentes. E mais do que isso (Céus misericordiosos, que estado de coisas abandonado!) a vários jurados, para completar sua recompensa ele concedeu o gozo de certas mulheres e encontros com jovens nobres."[41]

05. É supérfluo ficar chocado com o suborno, pois as adições ao suborno foram piores. "Você tem interesse na esposa desse indivíduo austero, A? Muito bom. Ou de B, o milionário? Eu garantirei que você possa se deitar com ela. Se você não cometeu adultério, condene Clódio. Essa beldade que você deseja deve visitá-lo. Garanto-lhe uma noite em companhia dessa mulher sem demora, minha promessa deve ser realizada fielmente dentro do prazo legal de pagamento." É mais grave distribuir esses crimes do que os cometer; significa chantagear matronas dignas.

06. Esses jurados no julgamento de Clódio pediram ao Senado uma guarda – um favor que só seria necessário para um júri prestes a condenar o acusado; e seu pedido foi concedido. Daí a observação espirituosa de Catulo depois de o réu ter sido absolvido: "Por que nos pediram a guarda? Tiveram medo de ter seu dinheiro roubado?" E, no entanto, em meio a gracejos como estes, ele ficou impune, ele que antes do julgamento era um adúltero, durante o julgamento, um gigolô e que escapou da condenação mais vilmente do que merecia.

07. Você acredita que qualquer coisa poderia ser mais vergonhosa do que esses padrões morais – quando a luxúria não pode se manter afastada nem do culto religioso, nem dos tribunais? No próprio inquérito realizado em sessão especial por ordem do Senado, mais crimes foram cometidos do que investigados. A questão em debate era se alguém poderia estar seguro depois de cometer adultério; foi demonstrado que não se poderia estar seguro sem cometer adultério!

08. Toda essa negociata ocorreu na presença de Pompeu e César, de Cícero e Catão, sim, esse próprio Catão cuja presença, segundo dizia, fazia com que as pessoas se abstivessem de exigir as provocações e caprichos usuais de atrizes nuas na Florália[42] – se você puder acreditar que os homens eram mais rigorosos em sua conduta em um carnaval do que em um tribunal! Tais coisas serão feitas no futuro, como já foram feitas no passado e a licenciosidade das cidades às vezes diminuirá através da disciplina e do medo, nunca por si mesma.

09. Portanto, você não precisa acreditar que somos nós quem mais nos entregamos para a luxúria e menos para a lei. Pois os homens jovens de hoje vivem vidas muito mais simples do que as de uma época em que um réu se declararia inocente de uma acusação de adultério perante os juízes, e os juízes confessariam perante o arguido. Época quando foi praticada a devassidão para garantir um veredicto e quando Clódio, favorecido pelos próprios vícios dos quais ele era culpado, fez o papel de gigolô durante a audiência do caso. Poderíamos acreditar nisso? Aquele a quem um adultério levou a um inquérito foi absolvido por causa de muitos.

10. Todas as eras produzirão homens como Clódio, mas nem todas as eras, homens como Catão. Degeneramos facilmente porque não nos faltam mentores nem associados em nossa maldade e a perversidade continua por si mesma, mesmo sem mentores ou associados. O caminho para o vício não é apenas morro abaixo, mas em declive acentuado. Muitos homens são tornados incorrigíveis pelo fato de que, enquanto que no artesanato todos os erros trazem vergonha aos bons artesãos e causam vergonha para aqueles que se desviaram, os erros da vida são uma fonte positiva de prazer.

11. O piloto não está contente quando seu navio emborca; o médico não está contente quando enterra seu paciente; o advogado não está contente quando o réu perde um caso por sua culpa; mas, por outro lado, cada homem goza de seus próprios crimes. A se deleita em uma intriga, pois era a dificuldade que o atraía a ela. B delicia-se em falsificação e roubo e só está descontente com o pecado quando seu pecado não atinge o alvo. E tudo isso é o resultado de hábitos pervertidos.

12. Por outro lado, no entanto, para que você possa saber que há uma ideia de boa conduta presente subconscientemente em almas que foram conduzidas até mesmo nas formas mais depravadas e que os homens não são ignorantes do que o mal é, mas indiferentes, eu digo que todos os homens escondem seus pecados e mesmo que o caso seja bem-sucedido aproveita os resultados enquanto esconde os próprios pecados. Uma boa consciência, no entanto, deseja sair e ser vista pelos homens, já a maldade teme a própria sombra.

13. Por isso, considero Epicuro o mais adequado: "Um criminoso pode ter a sorte de conservar-se oculto, mas não pode estar seguro de assim permanecer",[43] ou, se você acha que o significado pode ser mais claro desta forma: "A razão pela qual não é nenhuma vantagem para os transgressores permanecerem ocultos é que, embora tenham a Fortuna, eles

não têm a certeza de permanecer em segurança". É o que quero dizer: os crimes podem ser bem guardados, mas estar livre da ansiedade não é possível.

14. Esta visão, eu mantenho, não está em desacordo com os princípios da nossa escola, se assim for explicado. E por quê? Porque a primeira e a pior penalidade do pecador é ter cometido o pecado. E o crime, embora a Fortuna se divirta com seus favores, embora ela o proteja e o tome sob sua guarda, nunca pode ficar impune, uma vez que a punição do crime reside no próprio crime. Mas, no entanto, essas segundas penalidades seguem de perto as primeiras: medo constante, terror constante e desconfiança na própria segurança. Por que, então, eu deveria colocar a perversidade livre de tal punição? Por que não hei de deixá-la sempre em suspenso?

15. Deixe-nos discordar de Epicuro em um único ponto, quando ele declara que não existe uma justiça natural e que o crime deve ser evitado porque não se pode escapar do medo que resulta dele; deixe-nos concordar com ele em outro ponto, que as más ações são açoitadas pelo chicote da consciência e essa consciência é torturada em maior grau porque a ansiedade interminável a perturba e chicoteia, e não pode confiar nos fiadores de sua própria paz mental. Por isso, Epicuro é a própria prova de que somos, por natureza, relutantes em cometer crimes, porque mesmo em circunstâncias de segurança, não há quem não sinta medo.

16. Boa fortuna libera muitos homens do castigo, mas nenhum homem do medo. E por que seria assim, se não fosse enraizada em nós uma aversão por aquilo que a natureza condenou? Daí mesmo os homens que escondem seus pecados nunca podem contar com o fato de ficarem ocultos; pois a consciência os convence e revela os crimes a si mesmo. Mas é propriedade da culpa ter medo. Ela nos faz doentes devido aos muitos crimes que escapam à vingança da lei e às punições prescritas para que as graves ofensas contra a natureza sejam pagas em dinheiro vivo e porque, em lugar de sofrer a punição, sofremos com o medo.

Mantenha-se Forte. Mantenha-se Bem.

VI.
SOBRE A INCONSTÂNCIA DA FORTUNA

Saudações de Sêneca a Lucílio.

01. Você nunca deve acreditar que qualquer pessoa que dependa da felicidade esteja feliz! É um apoio frágil esse prazer em coisas forasteiras, a alegria que veio de fora partirá algum dia. Mas essa alegria que brota completamente de si próprio é leal e sólida, aumenta e nos atende até o fim enquanto todas as outras coisas que provocam a admiração da multidão são apenas bens temporários. Você pode responder: "O que você quer dizer? Não é possível que essas coisas sirvam tanto para utilidade quanto para trazer satisfação?" Claro. Mas somente se elas dependerem de nós, e não nós delas.

02. Tudo o que a Fortuna tem sob sua alçada torna-se produtivo e agradável somente se aquele que o possui é também possuidor de si mesmo e não está no poder daquilo que lhe pertence. Pois os homens cometem um erro, meu querido Lucílio, se consideram que qualquer coisa boa, ou má também, é concedida pela Fortuna. Ela nos dá simplesmente a matéria-prima dos bens e males que, em nossa guarda, se tornarão bens e males. Pois a alma é mais poderosa do que qualquer tipo de Fortuna, por conta própria orienta seus assuntos em ambas as direções e por si própria pode produzir uma vida feliz ou uma miserável.

03. Um homem ruim torna tudo ruim, mesmo coisas que vieram com a aparência do melhor. Mas o homem reto e honesto corrige os erros da Fortuna e suaviza dificuldades e amarguras, porque sabe como suportá-las, ele também aceita prosperidade com apreciação e moderação e enfrenta problemas com firmeza e coragem. Embora um homem seja prudente, embora ele conduza todos os seus interesses com um julgamento bem equilibrado, embora ele não tente nada além de suas forças, ele não alcançará o bem, que está livre e fora do alcance das ameaças, a menos que tenha certeza de lidar com habilidade com aquilo que é incerto.

04. Se você prefere observar outros homens – pois é mais fácil chegar a uma conclusão ao julgar os assuntos dos outros – ou se você se observa, com todo o preconceito deixado de lado, você perceberá e reconhecerá que não há utilidade em todas essas coisas desejáveis e amadas a menos que você se equipe em oposição à inconstância do acaso e suas consequências e a menos que você repita com frequência e com indiferença, em cada transtorno, as palavras: "Os deuses decretaram o contrário".[44]

05. Não, em vez disso, adote uma frase que seja mais corajosa e mais próxima da verdade – uma sobre a qual você possa suportar com segurança seu espírito. Diga a si mesmo, sempre que as coisas se revelem contrárias à sua expectativa: "Os deuses decretaram o melhor!" Se você estiver com essa disposição de espírito, nada irá afetá-lo. Essa disposição você conseguirá se refletir sobre os possíveis altos e baixos nos assuntos humanos antes de testar a força da Fortuna, se vier a considerar filhos ou esposa ou propriedade com a ideia de que não os possuirá necessariamente para sempre e que não será mais miserável apenas porque os tenha deixado de possuir.

06. É trágico que a alma esteja apreensiva pelo futuro e miserável em antecipação à miséria, consumada com um ansioso desejo de que os objetos que dão prazer permaneçam em sua posse até o fim. Pois tal alma nunca estará em repouso. Na espera do futuro, perderá as bênçãos presentes que poderia já desfrutar. E não há diferença entre o sofrimento por algo perdido e o medo de perdê-lo.

07. Mas, por isso, não aconselho você a ser indiferente. Em vez disso, se afaste do que pode causar medo. Certifique-se de prever tudo o que possa ser previsto no planejamento. Observe e evite, muito antes de acontecer, qualquer coisa que seja suscetível de causar prejuízo. Para realizar isso, sua melhor assistência será um espírito confiante e uma mente fortemente decidida a suportar todas as coisas. Aquele que pode suportar a Fortuna, também pode se precaver contra a Fortuna. De qualquer forma, não há turbilhão de ondas quando o mar está calmo. E não há nada mais miserável ou tolo do que o medo prematuro. Que loucura é antecipar os problemas!

08. Muito bem, para expressar meus pensamentos em passo rápido e retratar em uma frase aqueles homens intrometidos e autotorturadores que estão tão descontrolados em meio a seus problemas como estão antes dos problemas: "Sofre mais do que é necessário, quem sofre antes que seja necessário". Tais homens não pesam a quantidade de seus sofrimentos, por causa da mesma deficiência que os impede de estarem prontos para isso e com a mesma falta de restrição imaginam ingenuamente que sua Fortuna durará para sempre e imaginam ingenuamente que seus ganhos devem aumentar, assim como simplesmente continuar. Eles esquecem esse trampolim sobre o qual as coisas mortais são jogadas e acreditam garantir a si mesmos uma continuação infinita das dádivas da chance.

09. Por essa razão, considero excelente a frase de Metrodoro,[45] em uma carta de consolo à sua irmã pela perda de seu filho, um menino de grande promessa: "Todo o bem relativo aos mortais é mortal".[46] Ele está se referindo aos bens para os quais os homens se atiram em cardumes. Pois o bem real não perece, é certo e duradouro e consiste em sabedoria e virtude – é a única coisa imortal que é concedida aos mortais.

10. Mas os homens são tão instáveis e tão esquecidos do seu objetivo e do ponto para onde todos os dias os empurram, que ficam surpresos com a perda de qualquer coisa, embora algum dia eles sejam obrigados a perder tudo. Qualquer coisa de que você tenha o título de proprietário está em sua posse, mas não é sua, pois não há força naquilo que é fraco, nem qualquer coisa duradoura e invencível naquilo que é frágil. Devemos perder nossas vidas tão seguramente quanto perderemos nossa propriedade e isso, se compreendemos a verdade, é em si mesmo um consolo. Perca então com serenidade, pois você deve perder sua vida também.

11. Que recurso encontramos, então, diante dessas perdas? Simplesmente isto: manter em memória as coisas que perdemos e não sofrer pela perda do gozo que deriva delas. Pois "ter" pode ser tirado de nós, "ter tido", nunca. Um homem é ingrato no mais alto grau se, depois de perder algo, ele não sinta nenhum agradecimento por tê-lo recebido. A Fortuna nos rouba a coisa, mas nos deixou a utilidade e prazer que tiramos dela – e perdemos isso se somos tão injustos a ponto de nos arrepender de tê-la tido ao mesmo tempo que exigimos continuar a possuí-la.

12. Apenas diga a si mesmo: "De todas essas experiências que parecem tão assustadoras, nenhuma delas é insuperável. As provações variadas foram superadas por muitos: fogo por Múcio,[47] crucificação por Régulo,[48] veneno por Sócrates, exílio por Rutílio[49] e uma morte infligida pela espada por Catão, portanto, permitamo-nos também superar algo".

13. Novamente, aqueles objetos que atraem a multidão, sob a aparência de beleza e felicidade, foram desprezados por muitos homens e em muitas ocasiões. Fabrício,[50] quando era general, recusou riquezas e quando foi censor as marcava com desaprovação. Túbero considerou a pobreza digna de si mesmo e da divindade no Capitólio quando, ao usar pratos de barro em um festival público, mostrou que o homem deveria estar satisfeito com o que os deuses ainda podiam usar. O ancião Séxtio rejeitou as honras do cargo, ele nasceu com a obrigação de participar de assuntos públicos e, no entanto, não aceitou a faixa larga[51] mesmo quando o divino Júlio lhe ofereceu. Pois ele entendia que o que pode ser dado também pode ser retirado. Deixe-nos também, portanto, realizar algum ato corajoso por nossa própria iniciativa, deixe-nos ser incluídos entre os tipos ideais da história.

14. Por que ficamos negligentes? Por que desanimamos? O que poderia ser feito, pode ser feito se apenas purificarmos nossas almas e seguirmos a natureza; pois quando se afasta da natureza, se é obrigado a desejar, e temer, e ser escravo das coisas do acaso. Podemos retornar ao caminho verdadeiro, podemos ser restaurados ao nosso estado adequado. Deixe-nos, então, ser assim, para que possamos suportar a dor, sob qualquer forma que atacar nossos corpos, e dizer à Fortuna: "Você está lidando com um homem, procure alguém a quem você possa conquistar!"[52]

15. Por essas palavras e palavras de um tipo semelhante, a malignidade da úlcera é acalmada; e espero que possa ser reduzida, e seja curada ou interrompida, e envelheça junto com o próprio paciente. No entanto, estou confortável em relação a ele. O que agora estamos discutindo é a nossa própria perda: a partida de um excelente homem velho. Pois ele viveu uma vida plena e qualquer coisa adicional pode ser desejada por ele, não por sua própria causa, mas por causa daqueles que precisam de seus serviços.

16. Ele continua cheio de vida, e se deseja que esta se prolongue não é por si mesmo, mas por aqueles a quem a sua presença é útil. Outra pessoa poderia ter acabado com esses sofrimentos, mas o nosso amigo considera não menos vil fugir da morte do que fugir para a morte. "Mas", vem a resposta, "se as circunstâncias justificarem, ele não tomará a partida?". Claro, se ele não pode mais ser útil a ninguém, se todo o seu negócio passar a ser lidar com a dor.

17. Isto, meu querido Lucílio, é o que queremos dizer ao estudar filosofia enquanto a aplicamos, praticando-a na verdade – anote a coragem que um homem prudente possui contra a morte e contra a dor quando se vê assediado por uma e golpeado pela outra. O que devemos fazer deve ser aprendido com quem faz.

18. Até agora, lidamos com argumentos – se alguém pode resistir à dor, ou se a aproximação da morte pode abater até grandes almas. Por que discutir isso ainda mais? Aqui há um fato imediato para nós enfrentarmos – a morte não torna nosso amigo mais valioso para enfrentar a dor nem a dor para enfrentar a morte. Em vez disso, ele confia em si mesmo diante de ambas. Ele não sofre com resignação porque espera a morte, nem morre com prazer porque está cansado de sofrer. À dor ele resiste, a morte ele espera.

Mantenha-se Forte. Mantenha-se Bem.

VII.
SOBRE CONSOLO A QUEM SE ENCONTRA EM LUTO

Saudações de Sêneca a Lucílio.

01. Anexei uma cópia da carta que escrevi a Marulo[53] na ocasião da perda de seu filho em tenra idade – morte que, fiquei sabendo, ele suportou com quase nula coragem, comportando-se de forma bastante afeminada em sua dor. Nesta carta não observei a forma habitual de condolências: pois não acreditava que ele deveria ser tratado suavemente já que, na minha opinião, ele merecia críticas e não consolação. Quando um homem é atingido e está achando difícil suportar um ferimento grave, devemos fazer sua vontade por um tempo: permitamos que ele satisfaça seu pesar ou, de qualquer forma, dissipe o primeiro choque, até que a dor vá esmorecendo e perca a violência inicial.

02. Mas aqueles que adotam indulgência no sofrimento devem ser repreendidos imediatamente e devem saber que existe alguma insensatez, mesmo nas lágrimas.[54] "É consolação que você procura? Deixe-me dar-lhe uma repreensão em vez disso! Você se comporta como uma mulher na maneira em que encara a morte do seu filho, o que faria se tivesse perdido um amigo íntimo? Um filho, um filho pequeno de futuro incerto está morto, apenas um fragmento de tempo foi perdido!"

03. Nós caçamos desculpas para o sofrimento, nós até mesmo proferimos queixas injustas sobre a Fortuna, como se a Fortuna nunca nos desse motivos para reclamar! Mas eu realmente acreditava que você possuísse espírito suficiente para lidar com problemas concretos, sem contar os problemas irreais sobre os quais os homens se lamentam por força do hábito. Se você tivesse perdido um amigo (o maior golpe de todos),[55] mesmo assim você deveria tentar se regozijar por tê-lo possuído em vez de lamentar sua perda.

04. Mas muitos homens não conseguem contar quão variados foram seus ganhos, quão ótimas foram as suas alegrias. Sofrimento como o seu tem isso entre outros males: não é apenas inútil, mas ingrato. Foi tudo em vão ter tido tantos amigos? Durante tantos anos, em meio a associações tão próximas, depois de uma comunhão tão íntima de interesses pessoais, nada foi realizado? Você enterra a amizade com um amigo? E por que lamentar-se por ter perdido, se não foi útil tê-lo tido? Acredite-me, grande parte daqueles que amamos, embora o acaso tenha removido suas pessoas, ainda permanecem conosco. O passado é nosso e não há nada mais seguro para nós do que aquilo que se foi.

05. Nós somos ingratos pelos ganhos passados porque esperamos o futuro, como se o futuro (na hipótese de lá chegarmos) não fosse ser rapidamente misturado com o passado. As pessoas estabelecem um limite estreito para suas alegrias se elas só as aproveitam no presente, tanto o futuro quanto o passado servem para nosso deleite: um pela antecipação e o outro pelas memórias, mas o primeiro é contingente e pode não acontecer, enquanto o segundo é certo. Que loucura é, portanto, perder o controle sobre o que é o mais certo de tudo? Vamos descansar contentes com os prazeres que nos foram dados a desfrutar, se no entanto, enquanto nós os desfrutamos, a alma não foi perfurada como uma peneira, apenas para perder novamente o que havia recebido.

06. Existem inúmeros casos de homens que, sem lágrimas, enterraram filhos no auge da vida – homens que voltaram da pira funerária para a câmara do Senado ou para quaisquer outros deveres oficiais e imediatamente se ocuparam de outra coisa. E com razão, pois, em primeiro lugar, é inútil se afligir se não for receber ajuda da aflição. Em segundo lugar, é injusto se queixar sobre o que aconteceu com um homem, mas que está reservado a todos. Mais uma vez, é tolo lamentar a perda, quando existe um intervalo tão curto entre os perdidos e os perdedores. Portanto, devemos ser mais resignados em espírito, porque acompanharemos de perto aqueles que perdemos.

07. Observe a rapidez do Tempo – a mais rápida das coisas –, considere a brevidade do curso ao longo do qual aceleramos à velocidade máxima, perceba essa multidão de humanos que se esforça para o mesmo ponto com breves intervalos entre eles – mesmo quando eles parecem mais longos, aquele que você conta como morto simplesmente se postou à frente.[56] E o que é mais irracional do que lamentar o seu antecessor, quando você mesmo deve viajar a mesma jornada?

08. Um homem lamenta um evento que ele sabe que irá acontecer? Ou, se não pensar que a morte está no futuro do homem, se enganou. Um homem lamenta um evento que admite ser inevitável? Quem se queixa da morte de alguém, está se queixando de que ele era humano. Todos estamos vinculados pelo mesmo termo: aquele que tem o privilégio de nascer está destinado a morrer.

09. Períodos de tempo nos separam, a morte nos nivela. O período que se situa entre o nosso primeiro dia e o nosso último é inconstante e incerto: se você o contar pelos problemas, é longo até para um rapaz, se por sua velocidade, é escasso mesmo para um idoso. Tudo é instável, traiçoeiro e mais incerto do que qualquer clima. Todas as coisas são jogadas e se deslocam para os seus opostos ao comando da Fortuna, em meio a esta turbulência de assuntos mortais, nada além da morte está mais certamente reservado a qualquer um. E, no entanto, todos os homens se queixam da única coisa da qual nenhum deles é iludido.

10. "Mas ele morreu na infância." Eu ainda não estou preparado para dizer que aquele que rapidamente chega ao fim de sua vida conseguiu o melhor da barganha, voltemos a considerar o caso daquele que atingiu a velhice. Quão exíguo é o tempo que ele tem de vantagem sobre a criança! Pondere a grande extensão do abismo do tempo e considere o universo e depois contraste nossa vida humana com o infinito, então você verá quão breve é aquilo pelo que oramos e que procuramos alongar.

11. Quanto deste tempo é desperdiçado com o choro, quanto com preocupação! Quanto com orações para a morte antes da chegada da morte, quanto com nossa saúde, quanto com nossos medos! Quanto é ocupado por nossos anos de inexperiência ou de esforço inútil! E metade de todo esse tempo é desperdiçado em dormir. Adicione, além disso, nossos problemas, nossas dores, nossos perigos e você compreenderá que, mesmo da vida mais longa, a vida real é a menor parcela.

12. No entanto, quem irá admitir algo como: "Não está em melhor condição um homem que tem permissão para voltar para casa rapidamente, cuja jornada é realizada antes que ele fique cansado?" A vida não é um bem nem um mal: é simplesmente o lugar onde o bem e o mal existem. Por isso, este menino não perdeu nada além de uma aposta onde a chance de perder era mais provável que a de ganhar. Ele poderia ter se tornado sóbrio e prudente, ele poderia, via educação cuidadosa, ter sido moldado ao melhor padrão, mas (e esse medo é mais razoável), ele poderia ter se tornado exatamente como muitos.

13. Observe os jovens da linhagem mais nobre cuja extravagância os jogou na arena,[57] note aqueles homens escravos de suas paixões próprias e as de outros em luxúria mútua, cujos dias nunca passam sem embriaguez ou algum ato vergonhoso, assim será claro para você que havia mais a temer do que a esperar. Por esta razão, você não deve dar desculpas para o sofrimento ou exasperar os ligeiros revezes, indignando-se.

14. Eu não estou exortando você a fazer um esforço e se levantar a grandes alturas, pois a minha opinião sobre você não é tão baixa que me faça pensar que é necessário que invoque todos os seus poderes para enfrentar esse problema que não é dor, é uma mera picada – e é você mesmo quem está transformando isso em dor. Sem dúvida, a filosofia lhe fará bom serviço, se você puder suportar corajosamente a perda de um menino que ainda era melhor conhecido por sua babá do que por seu pai.

15. E então? Quer dizer que agora, neste momento, estaria eu aconselhando você a ter um coração duro, desejando que você mantenha seu semblante imóvel na cerimônia fúnebre e não permitindo que sua alma sinta mesmo uma pitada de dor? De modo algum! Isso significaria insensibilidade e não virtude – participar da cerimônia de enterro daqueles próximos e queridos com a mesma expressão que você vê suas formas vivas e não mostrar nenhuma emoção pela primeira privação de seus familiares. Ainda assim, suponha que eu proíba você de mostrar emoção, há certos sentimentos que reivindicam seus direitos próprios. As lágrimas caem, não importa como tentamos controlá-las e, sendo derramadas, aliviam a alma.

16. O que, então, devemos fazer? Deixe-nos permitir que caiam, mas não as ordenemos a fazê-lo, deixe-as, de acordo com a emoção, inundar os nossos olhos, mas não como a mera atuação. Deixe-nos, de fato, não adicionar nada ao sofrimento natural, nem o aumentar seguindo o exemplo dos outros. A exibição do sofrimento faz mais demandas do que o próprio sofrimento. Como poucos homens estão tristes em sua própria companhia! Eles lamentam mais alto para serem ouvidos, pessoas, que reservadas e silenciosas quando sozinhas, são induzidas a novos acessos de lágrimas quando veem outras perto delas! Nessas ocasiões, elas se debatem, embora pudessem fazer isso com mais facilidade se ninguém estivesse presente para controlá-las, nessas ocasiões elas rezam pela morte, nessas ocasiões elas se revolvem em seus leitos. Mas seu sofrimento afrouxa com a saída dos espectadores.

17. Neste assunto, como em outros também, cometemos a falha de nos ajustar ao padrão dos muitos e de atuarmos de acordo com o que é convencional e não com o que é certo. Nós abandonamos a natureza e nos rendemos à multidão, que nunca é boa conselheira em nada e, a este respeito, como em todos os outros, é modelo de inconstância. As pessoas veem um homem que sofre seu sofrimento com bravura: o chamam de desalmado e selvagem; elas veem um homem que colapsa e se agarra aos seus mortos: o chamam de afeminado e fraco.

18. Tudo, portanto, deve ser baseado na razão. Mas nada é mais tolo do que cortejar uma reputação de tristeza e sancionar lágrimas, pois eu acredito que, em um homem sábio, algumas lágrimas caem por consentimento, outras por sua própria força. Eu vou explicar a diferença da seguinte maneira: quando a primeira notícia de alguma grave perda nos choca, quando abraçamos o corpo que em breve passará de nossos braços para as chamas funerárias, então as lágrimas são expelidas de nós pela necessidade da natureza. E a força vital, ferida pelo golpe de tristeza, sacode o corpo inteiro e também os olhos que, pressionados, fazem fluir a umidade que neles se encontra.

19. Lágrimas como essas caem por um processo próprio, processo esse involuntário, mas diferentes são as lágrimas que permitimos escapar quando meditamos em memória daqueles que perdemos. E há nelas certa tristeza quando lembramos o som de uma voz agradável, uma conversa cordial e os afazeres de outrora, em tal momento os olhos se afrouxam, por assim dizer, com alegria. A esse tipo de lágrimas nos entregamos, já o primeiro tipo nos subjuga.

20. Não há, portanto, somente porque um grupo de pessoas está em sua presença ou sentado ao seu lado, nenhum motivo para você segurar ou derramar suas lágrimas, sejam elas impedidas ou derramadas, elas nunca são tão vergonhosas como quando fingidas. Deixe-as fluir naturalmente. Mas é possível que as lágrimas fluam dos olhos daqueles que estão quietos e em paz. Elas costumam fluir sem prejudicar a influência do sábio, com tanta restrição que elas não mostram nenhuma carência de sentimento ou autorrespeito.

21. Podemos, asseguro-lhe, obedecer à natureza e ainda manter a nossa dignidade. Vi homens dignos de reverência, durante o enterro daqueles próximos e queridos, com semblantes sobre os quais o amor foi escrito, claro, mesmo depois que todo o aparato do luto foi removido e que não mostrou outra conduta do que aquela de verdadeira emoção. Há uma graciosidade mesmo no sofrimento. Isso deve ser cultivado pelo sábio, mesmo em lágrimas; assim como em outros assuntos também, há certa suficiência, é com o imprudente que tanto as dores quanto as alegrias transbordam.

22. Aceite com um espírito sereno o que é inevitável. Por acaso lhe aconteceu algo inacreditável, extraordinário? Ou que seja inédito? Quantos homens neste momento estão fazendo arranjos para funerais! Quantos estão comprando roupas de luto! Quantos estão chorando, quando você mesmo encerrou seu luto! Tão frequentemente quanto você reflete sobre a perda de seu filho, reflita também sobre o homem, que não tem nenhuma promessa segura de nada, a quem a Fortuna não acompanha inevitavelmente os confins da velhice, mas deixa-o ir apenas até qualquer ponto que julga adequado.

23. Você pode, no entanto, falar com frequência sobre os falecidos e celebrar sua memória na medida do possível. Essa memória irá retornar a você com mais frequência se você receber sua chegada sem amarguras, pois ninguém gosta de conversar com alguém que é triste e muito menos com a própria tristeza. As conversas dele, as brincadeiras de infância que fazia, se você as escutava com prazer, relembre delas frequentemente, afirme com decisão que ele poderia ter realizado todas as esperanças que você concebeu em seu espírito paterno.

24. De fato, esquecer os amados mortos, enterrar a memória junto com seus corpos, encharcá-los com lágrimas e depois deixar de pensar neles: essa é a marca de uma alma inferior à do homem. Pois é assim que os pássaros e as bestas amam seus jovens, seu afeto é rapidamente despertado e quase atinge loucura, mas esfria totalmente quando seu objeto morre. Essa qualidade não beneficia um homem de bom senso. Este deve continuar a lembrar, mas deve deixar de lamentar.

25. E, em nenhum caso, aprovo a observação de Metrodoro, de que há certo prazer inerente à tristeza e que se deve obter esse prazer em momentos como estes. Estou citando as palavras reais de Metrodoro em "Cartas de Metrodoro à irmã": "Há certo prazer que nasce simultaneamente com a dor e que é preciso captar no próprio momento".[58]

26. Não tenho dúvidas sobre quais serão seus sentimentos nesses assuntos, pois o que é mais vil do que "perseguir" o prazer no meio do luto – sim, em luto – e mesmo entre as lágrimas de alguém perseguir o que dará prazer? Estes são os homens que nos acusam de um rigor muito grande, caluniando nossos preceitos por causa da suposta dureza – porque, dizem eles, declaramos que o sofrimento não deve ser colocado na alma, ou então deve ser descartado imediatamente. Mas qual é o mais incrível ou desumano: não sentir nenhum sofrimento pela perda de um amigo ou ir à procura do prazer no meio do sofrimento?

27. O que nós, estoicos, aconselhamos é honrável: quando a emoção provoca um fluxo moderado de lágrimas e, por assim dizer, deixa de efervescer, a alma não deve ser entregue ao sofrimento. Mas o que você quer dizer, Metrodoro, ao afirmar que na grande dor deveria haver uma mistura de prazer? Esse é o método doce para pacificar as crianças, essa é a maneira como acalmamos os gritos dos bebês, derramando leite em suas gargantas! Mesmo no momento em que o corpo do seu filho está na pira, ou seu amigo em seu último suspiro, você não sofrerá a suspensão do prazer, em vez de agradar seu próprio sofrimento com prazer? O que é o mais honrado: remover o sofrimento de sua alma ou admitir o prazer até mesmo na companhia do sofrimento? Eu disse "admitir"? Não, eu quero dizer "perseguir" e também por meio do próprio sofrimento.

28. Metrodoro diz: "Há certo prazer que nasce simultaneamente com a dor". Nós, estoicos, podemos dizer isso, mas você não pode. O único bem que você reconhece é o prazer e o único mal, a dor. Que relação pode haver entre um bem e um mal? Mas suponha que tal relação exista; agora, a todo tempo, deveria ser descartada? Devemos examinar o sofrimento também e ver com que elementos de deleite e prazer está rodeado?

29. Certos remédios, que são benéficos para algumas partes do corpo, não podem ser aplicados a outras partes porque a estas são, de certa forma, irritantes e impróprios. O que, em certos casos, funcionaria para um bom propósito sem qualquer prejuízo ao respeito próprio, pode tornar-se impróprio por causa da situação da ferida. Você também não ficaria envergonhado de curar a tristeza com o prazer? Não, este ponto dolorido deve ser tratado de forma mais drástica. Isto é o que você deve recomendar de preferência: que nenhuma sensação de mal pode alcançar alguém que esteja morto, pois se pode alcançá-lo, ele não está morto.

30. E eu digo que nada pode machucar aquele que é tão insignificante, pois se um homem pode ser ferido, ele está vivo. Você acha que ele está mal porque ele não existe mais ou porque ele ainda existe como alguém? E, no entanto, nenhum tormento pode vir a ele pelo fato de não existir mais, pois que sentimento pode pertencer a alguém que não existe? Tampouco do fato de que ele existe, pois ele escapou da maior desvantagem que a morte tem em si, ou seja, a inexistência.

31. Digamos, portanto a um homem que chora com saudades de um filho arrebatado na primeira infância: no que concerne à brevidade da existência, todos nós, jovens ou velhos, em comparação com o universo, estamos em pé de igualdade. O que nos cabe de toda a sucessão dos tempos é menos que uma ínfima parte, porque uma parte, mesmo ínfima, é uma parte, enquanto o tempo da nossa vida é praticamente nada. E ainda assim, ó loucura humana, que planos grandiosos nós fazemos para esta nulidade que é a existência!

32. Estas palavras que eu escrevi para você, não com a ideia de que você deva esperar de mim uma cura em uma data tão tardia – pois é claro para mim que você se contou tudo o que vai ler na minha carta – mas com a ideia de que eu deveria repreendê-lo, mesmo pelo leve atraso durante o qual você regrediu de seu verdadeiro ser e que eu deva encorajá-lo para o futuro, despertar seu espírito contra a Fortuna e ficar atento a todos os seus golpes, não como se eles fossem possíveis, mas como se fossem inevitáveis e certos de chegar.

Mantenha-se Forte. Mantenha-se Bem.

VIII.
SOBRE OS ESCRITOS DE FABIANO

Saudações de Sêneca a Lucílio.

01. Você me escreve que leu com a maior disposição o trabalho de Papirio Fabiano[59] intitulado "Os deveres de um cidadão" e que não atingiu suas expectativas; então, esquecendo que você está lidando com um filósofo, você procede a criticar seu estilo de escrita. Suponha agora, que sua afirmação seja verdadeira – que ele derrame, em lugar de colocar suas palavras. Deixe-me, no entanto, desde o início, dizer-lhe que esta característica da qual você fala tem um charme peculiar e que é uma graça apropriada para um estilo de suave compreensão. Pois, eu mantenho, é importante se o texto tropeça ou flui. Além disso, há também certa deferência a este respeito, como eu deixarei claro para você:

02. Fabiano parece-me não "verter" palavras mas sim ter um "fluxo", deixa as palavras fluírem. Tão abundante é, sem confusão, e ainda não sem velocidade.[60] Isto é, de fato, o que seu estilo declara e anuncia: que ele não passou muito tempo trabalhando o assunto e retocando-o. Mas mesmo supondo que os fatos sejam como você diz, o homem está construindo caráter em vez de palavras e está escrevendo essas palavras mais para a mente do que para os ouvidos.

03. Além disso, se ouvisse ele lendo o próprio texto você não teria tido tempo para considerar os detalhes – todo o trabalho lhe teria entusiasmado. Por regra geral, o que satisfaz pela rapidez é de menor valor quando tomado em consideração para a leitura. No entanto, essa mesma qualidade, de atrair à primeira vista, é uma grande vantagem, não importa se uma investigação cuidadosa pode descobrir algo a criticar.

04. Se você me perguntar, devo dizer que aquele que arrebata a aprovação é maior do que aquele que a merece; e ainda sei que o último é mais seguro, eu sei que ele pode dar garantias mais confiantes para o futuro.

Uma maneira meticulosa de escrever não se adequa ao filósofo, se ele é tímido quanto às palavras, quando será valente e firme? Quando realmente mostrará seu valor?

05. O estilo de Fabiano não era negligente, mas assegurado. É por isso que você não encontrará nada de qualidade inferior em seu trabalho: suas palavras são bem escolhidas e mesmo assim não são caçadas. Elas não são artificialmente inseridas e invertidas, de acordo com a moda atual, mas possuem distinção, mesmo que elas sejam distantes do discurso mais vulgar. Lá você tem ideias honestas e esplêndidas, não encadeadas em aforismos, mas faladas com maior liberdade. Devemos, naturalmente, notar passagens que não são suficientemente podadas, não construídas com cuidado suficiente e que não possuem o esmalte que está em voga hoje em dia. Mas depois de considerar o todo você verá que não encontraremos futilidades nem obscuridades resultantes do excesso de concisão.

06. Pode ser, sem dúvida, que não haja nenhuma variedade de mármores, nenhum abastecimento de água corrente de um apartamento para outro, nenhum "quarto pobre",[61] ou qualquer outro dispositivo que o luxo acrescente quando insatisfeito com encantos simples; mas é, sim, aquilo que chamamos de "uma boa casa para se viver". Além disso, as opiniões variam em relação ao estilo. Alguns desejam que ele seja polido de toda aspereza e alguns tomam um grande prazer na maneira abrupta que intencionalmente qualquer passagem se rompe, e então se espalha mais suavemente, dispersando as palavras finais de tal forma que as frases possam soar inesperadas.

07. Leia Cícero: seu estilo tem unidade, ele se move com um ritmo modulado e é gentil sem ser afeminado. O estilo de Asínio Polião,[62] por outro lado, é "acidentado", brusco, parando quando você menos espera.[63] E, finalmente, Cícero sempre termina de forma gradual; enquanto Polião se interrompe, exceto nos poucos casos em que ele cliva em um ritmo definido, aliás sempre de um único padrão.

08. Além disso, você diz que tudo em Fabiano parece-lhe comum e sem elevação, mas eu considero que ele é livre dessa culpa. Pois esse estilo seu não é comum, mas simplesmente calmo e ajustado à sua mente pacífica e bem ordenada – não em um nível baixo, mas em um plano uniforme. Falta a verve e os grandes rasgos de orador (os quais você está procurando) e um choque súbito de epigramas.[64] Mas olhe, por favor, em todo o trabalho, quão bem ordenado é: há uma distinção nele. Seu estilo talvez não possua, mas sugere, dignidade.

09. Mencione alguém a quem você possa classificar antes de Fabiano. Cícero, digamos, cujos livros sobre filosofia são quase tão numerosos como os de Fabiano. Concordo com este ponto, mas não é pouco ser menos do que o maior. Ou Asínio Polião, digamos. Eu vou me render novamente e me contento respondendo: "É uma distinção ser o terceiro em tão grande campo". Você também pode incluir Tito Lívio,[65] pois Lívio escreveu os diálogos que devem ser classificados como história e obras que declaradamente lidam com a filosofia. Eu também cederei no caso de Lívio. Mas considere quantos escritores Fabiano ultrapassa, se ele é superado apenas por três, e esses três são os maiores mestres da eloquência!

10. Mas, pode-se dizer, ele não oferece tudo: embora seu estilo seja elevado, não é forte; embora ele venha em profusão, falta força e envergadura; não é translúcido, mas é lustroso. "Alguém iria falhar", você insiste, "em encontrar nele qualquer crítica dura ao vício, quaisquer palavras corajosas diante do perigo, qualquer desafio orgulhoso da Fortuna, quaisquer ameaças desdenhosas contra o egoísmo. Desejo ver o luxo repreendido, a luxúria condenada, o capricho esmagado. Deixe-o nos mostrar o entusiasmo pela oratória, a beleza da tragédia, a sutileza da comédia". Você deseja que ele confie na menor das coisas, fraseologia; mas ele jurou fidelidade à grandeza de seu assunto e carrega a eloquência atrás dele como uma espécie de sombra, mas não como propósito primário.

11. Nosso autor, sem dúvida, não investigará todos os detalhes, nem submeterá à análise, nem inspecionará e enfatizará cada palavra separada. Isso eu admito. Muitas frases ficam aquém, ou deixam de atingir o alvo e, às vezes, o estilo é indolente; mas há muita luz ao longo do trabalho. Existem longos trechos que não cansam o leitor. E, finalmente, ele oferece essa qualidade de deixar claro o que ele quis dizer ao escrever, e o escreveu de coração. Percebe-se que ele agiu assim para o leitor saber o que agradava *a ele*, e não para ele agradar ao leitor. Todo o seu trabalho visa progresso moral e sabedoria, sem qualquer busca de aplausos.

12. Não duvido que seus escritos sejam do tipo que descrevi, embora eu esteja me recordando deles em vez de manter uma lembrança certa, e embora o tom geral de seus escritos permaneça na minha mente, não devido à leitura cuidadosa e recente, mas em esboço, como é natural de um conhecimento antigo. Contudo, certamente, sempre que o ouvi dar uma palestra pareceu-me o trabalho dele não apenas sólido, mas completo, o tipo que inspiraria os jovens de talento e despertaria a ambição de se tornarem como ele, sem fazê-los sem esperança de superá-lo; e esse método de encorajamento me parece o mais eficaz de todos. Pois é desanimador inspirar em um homem o desejo da emulação e tirar-lhe a esperança. De qualquer forma, sua escrita era fluente e, embora não fosse possível aprovar todos os detalhes, o efeito geral era nobre.

Mantenha-se Forte. Mantenha-se Bem.

IX.

SOBRE A FUTILIDADE DO PLANEJAMENTO PRÉVIO

Saudações de Sêneca a Lucílio.

01. Todos os dias e todas as horas revelam-nos quão pouco somos e nos lembram, com uma nova evidência, de que nos esquecemos das nossas fraquezas e fragilidades; então, enquanto planejamos a eternidade, eles nos obrigam a olhar a morte sobre nossos ombros. Você me pergunta o que significa esse preâmbulo? Refere-se a Cornélio Sinésio, um equestre romano distinto e capaz que você conheceu. De origem humilde, ele atingiu o grande sucesso, e o resto do caminho já se mostrava fácil diante dele. Pois é mais fácil crescer em dignidade social do que começar a ascensão.

02. E o dinheiro é muito lento para chegar onde há pobreza; até que possa fugir dela, vai hesitante, mas quando ultrapassa um pouco esse nível, nunca mais para. Sinésio já estava ao lado da riqueza, ajudado nessa direção por dois ativos muito poderosos: saber como ganhar dinheiro e como conservá-lo também, pois qualquer um desses dois poderia ter feito dele um homem rico.

03. Aqui estava uma pessoa que vivia muito simplesmente, cuidadoso com a saúde e riqueza. Ele, como de costume, me visitou no início da manhã e então passou o dia inteiro, até o anoitecer, à beira do leito de um amigo que estava séria e irremediavelmente doente. Depois de um jantar confortável, de repente, ele foi apanhado por um agudo ataque de angina e, com a respiração firmemente bloqueada por sua garganta inchada, mal viveu até o amanhecer. Então, dentro de poucas horas depois de cumprir todos os deveres de um homem sadio e saudável, ele caiu morto!

04. Aquele que estava aventurando investimentos por terra e mar, que também entrara na vida pública e não deixara nenhum tipo de negócio sem ser testado, durante a própria realização do sucesso financeiro e durante a própria investida dos bens pecuniários aos seus cofres, foi arrebatado deste mundo!

> **Enxerte agora as suas peras, Meliboeus, e ponde suas videiras em ordem!**
>
> **Insere nunc, Meliboee, piros, pone ordine vites.**[66]

Mas quão tolo é delimitar e fazer planos para uma longa vida, quando nem sequer se é proprietário do dia seguinte! Que loucura é traçar esperanças de grande alcance! Dizer: "Vou comprar e construir, emprestar a juros e receber dinheiro, ganhar títulos de honra e, então, velho e cheio de anos, vou me entregar a uma vida privada para estudos estando bem provido".

05. Acredite em mim quando digo que tudo é duvidoso, mesmo para aqueles que são prósperos. Ninguém tem o direito de desenhar para si mesmo seu futuro. Aquilo que nós seguramos desliza através de nossas mãos e a sorte nos corta exatamente na hora que estamos com estoque cheio. O tempo escoa por lei racional, mas na escuridão para nós; e o que significa para mim saber que o curso da natureza é certo, quando o meu é incerto?

06. Planejamos viagens distantes e adiamos o retorno depois de percorrer costas estrangeiras, planejamos o serviço militar e as recompensas lentas de campanhas difíceis, buscamos poder e as promoções de um cargo a outro e, ao mesmo tempo, a morte está ao nosso lado. Mas como nunca pensamos nisso, a não ser que afete ao nosso próximo, os casos de morte nos pressionam dia a dia, para permanecer em nossa mente apenas enquanto despertam nossa surpresa.

07. No entanto, o que é mais tolo do que nos admirar que algo que pode acontecer todos os dias aconteceu um dia? Existe de fato um limite fixado para nós, exatamente onde a lei sem remorso do destino o colocou, mas nenhum de nós sabe o quão perto se está desse limite. Portanto, deixe-nos agir como se tivéssemos chegado ao fim. Não adiemos nada, deixe-nos acertar a conta da vida todos os dias.

08. A maior falha na vida é que está sempre imperfeita, a se completar, e que certa parte dela é adiada. Aquele que diariamente coloca os toques finais de sua vida nunca está com falta de tempo. E, no entanto, a partir desse desejo surge o medo e a ânsia de um futuro que destrói a alma. Não há mais miserável situação do que vir a esta vida sem se saber qual o rumo a seguir nela; o espírito inquieto debate-se com o inelutável receio de saber quanto e como ainda nos resta para viver, nossas almas perturbadas são colocadas em um estado de medo inexplicável.

09. Como, então, devemos evitar essa ansiedade? Há apenas um jeito, que a nossa vida não se projete para o futuro, mas se concentre em si mesma. Só sente ansiedade pelo futuro aquele cujo presente é vazio. Pois só está preocupado com o futuro aquele a quem o presente não é satisfatório. Mas quando eu pago à minha alma o devido, quando uma mente equilibrada sabe que um dia não difere da eternidade, seja qual for o dia ou o problema que o futuro possa trazer, nesse caso a alma se destaca em alturas elevadas e ri sinceramente para si mesma quando pensa na sucessão interminável dos tempos. Pois quais distúrbios podem resultar da mudança e da instabilidade da Fortuna, se nós estivermos firmes perante a instabilidade?

10. Portanto, meu querido Lucílio, comece imediatamente a viver e conte cada dia separado como sendo uma vida separada. Aquele que assim se preparou, aquele cuja vida cotidiana tenha sido um todo arredondado, está tranquilo em sua mente; aquele que vive de esperanças, pelo contrário, mesmo o dia seguinte lhe escapa, e depois vem a avidez de viver e o medo de morrer, medo desgraçado, e que mais não faz do que desgraçar tudo. Daí veio aquela oração mais degradada, na qual Mecenas não se recusa a sofrer fraqueza, deformidade e, como clímax, até mesmo a dor da crucificação apenas para que prolongasse o sopro da vida em meio a esses sofrimentos:[67]

11. Faça-me fraco na mão, fraco com pé mancando,	
	Debilem facito manu, debilem pede coxo,
Imponha uma corcunda inchada, afrouxe meus dentes instáveis;	
	Tuber adstrue gibberum, lubricos quate dentes ;
Enquanto exista vida, estou bem; mantenha-me indo	
	Vita dum superest, benest; hanc mihi, vel acuta
Mesmo que eu, à dura cruz, fique empalado.	
	Si sedeam cruce, sustine.

12. Lá está ele, orando por aquilo que, se tivesse sucedido a ele, seria a coisa mais lamentável do mundo! E buscando um adiamento do sofrimento, como se estivesse pedindo por vida! Deveria considerá-lo mais desprezível se desejasse viver até o momento da crucificação: "Não!", ele chora, "você pode enfraquecer meu corpo somente se deixar o sopro de vida na minha carcaça maltratada e ineficaz! Mutile-me se quiser, mas permita-me, disforme e deformado como eu estou, apenas um pouco mais de tempo no mundo! Você pode me pregar e colocar meu lugar na cruz lancinante!". Vale a pena aturar a própria ferida e manter-se empalado sobre um pelourinho, que só pode adiar algo que é o bálsamo dos problemas, o fim da punição? Vale a pena tudo isso apenas para possuir o sopro de vida que finalmente deverá ser entregue?

13. O que você pediria para Mecenas, a não ser a indulgência dos deuses? O que ele quer dizer com versos tão afeminados e indecentes? O que ele quer dizer ao contemporizar com tal medo? O que ele quer dizer com mendigar vil à vida? Ele nunca ouviu Virgílio ler as palavras:

Diga-me, a morte é tão miserável quanto isso?	Usque adeone mori miserum est ?[68]

Ele pede o clímax do sofrimento e – o que é ainda mais difícil de suportar – prolongamento e extensão do sofrimento. E o que ele ganha desse modo? Simplesmente o benefício de uma existência mais longa. Mas que tipo de vida é uma morte vagarosa?

14. Pode ser encontrado quem prefira consumir-se por dor, morrer membro por membro ou deixar a vida esvair gota por gota, em vez de expirar de uma vez por todas? Pode alguém ser encontrado disposto a ser preso à árvore amaldiçoada,[69] há muito doente, já deformado, inchado com tumores no peito e nos ombros e respirando a vida em meio a uma agonia prolongada? Eu acho que teria muitas desculpas para morrer mesmo antes de montar a cruz! Negue agora se puder, que a natureza é muito generosa ao tornar a morte inevitável.

15. Muitos homens estão preparados para entrar em pechinchas ainda mais vergonhosas: trair amigos para viver mais ou voluntariamente aviltar seus filhos e, assim, aproveitar a luz do dia que é testemunha de todos os seus pecados. Devemos nos livrar desse desejo de vida e aprender que não faz diferença quando o seu sofrimento vem, porque em algum momento você é obrigado a sofrer. O ponto não é quão longamente você vive, mas quão nobremente você vive. E, muitas vezes, essa vida nobre significa que você não poderá viver por muito tempo.

Mantenha-se Forte. Mantenha-se Bem.

X.
SOBRE AS INDICAÇÕES
DE NOSSA IMORTALIDADE

Saudações de Sêneca a Lucílio.

01. Assim como um homem é importuno quando desperta um sonhador de seus sonhos agradáveis – pois ele está arruinando um prazer que pode ser irreal, mas, no entanto, tem a aparência da realidade –, da mesma maneira sua carta me causou ruptura. Pois me trouxe de volta abruptamente, absorvido que estava em uma meditação agradável e pronto para prosseguir se tivesse sido permitido.

02. Estava prazerosamente investigando a imortalidade da alma ou melhor, pelos deuses, acreditando nessa doutrina! Pois eu estava dando crédito às opiniões dos grandes autores, que não só aprovam, mas prometem essa condição agradável. Eu estava me entregando a uma esperança tão nobre, pois eu já estava cansado de mim, começando a desprezar os fragmentos da minha existência aniquilada e sentindo que estava destinado a passar para a infinidade do tempo e na herança da eternidade, quando de repente fui despertado pelo recebimento de sua carta e perdi meu lindo sonho. Mas, assim que eu puder me liberar de você, eu vou tentar rememorar minha linha de pensamento e salvá-la.

03. Havia uma observação, no início da sua carta, de que eu não havia explicado todo o problema ao tentar provar uma das crenças da nossa escola, que a reputação adquirida após a morte é um bem, pois não resolvi o problema com o qual geralmente somos confrontados: "Nenhum bem resulta de soluções de continuidade, mas a reputação é constituída por uma solução de continuidade".

04. O que você está perguntando, meu querido Lucílio, pertence a outro tópico do mesmo assunto e foi por isso que adiei os argumentos, não só sobre esse tópico, mas também em outros tópicos que abordaram o mesmo fundamento. Pois, como você sabe, certas questões lógicas são misturadas com questões éticas. Consequentemente, lidei com a parte essencial do assunto que tem a ver com a conduta moral[70] – ou seja, se é tolo e inútil se preocupar com o que está além do nosso último dia, ou se nossos bens morrem com a gente e não resta mais nada daquele homem que cessou de existir, ou ainda se, de uma coisa que nós não perceberemos quando ela suceder, é possível, antes que suceda, perceber ou ambicionar o que ela possa valer.

05. Todas essas coisas têm uma visão moral as conduzindo e, portanto, foram inseridas sob o tópico apropriado. Mas as observações dos dialéticos em oposição a essa ideia tiveram que ser peneiradas e, portanto, foram deixadas de lado. Agora que você exige uma resposta para todas elas, eu examinarei todas as suas afirmações em bloco e depois as refutarei individualmente.

06. A menos que eu faça uma observação preliminar, será impossível entender minhas refutações. E qual é essa observação preliminar? Simplesmente isto: existem certos corpos contínuos, como um homem; existem certos corpos compostos, como navios, casas e tudo o que é o resultado da união de partes separadas em uma soma total. Existem certos outros constituídos por coisas distintas, cada membro permanecendo separado – como um exército, uma população ou um senado – pois as pessoas que constituem tais corpos estão unidas em virtude de lei ou função, mas, por sua natureza, são distintas e individuais. Bem, quais outras observações preliminares ainda desejo fazer?

07. Simplesmente isso: acreditamos que nada é bom, se for composto de coisas distintas. Pois um único bem deve ser enquadrado e controlado por uma única alma, e a qualidade essencial de cada bem individual deve ser única. Isso poderia ser provado quando você desejar, entretanto, mesmo assim, teve que ser posto de lado, porque nossas próprias armas estão sendo usadas contra nós.

08. Os adversários falam assim: "Você diz que nenhum bem pode ser composto de coisas que são distintas? No entanto, essa reputação da qual você fala é simplesmente a opinião favorável dos homens de bem. Assim como a reputação não consiste em observações de uma pessoa e como uma má reputação não consiste na desaprovação de uma pessoa, tal renome não significa que apenas agradamos a uma pessoa boa. Para se constituir em renome, é necessário o acordo de muitos homens dignos e louváveis. Isso resulta da decisão de um número – em outras palavras, de pessoas que são distintas. Portanto, a reputação não é um bem".

09. A segunda objeção diz, novamente: "A reputação é o louvor dado a um homem bom por homens de bem. Louvor significa fala: agora a fala é um enunciado com um significado particular e uma expressão, mesmo dos lábios dos homens de bem, não é um bem em si. Pois qualquer ato de um bom homem não é necessariamente bom, ele grita seus aplausos e silva sua desaprovação, mas não se chama o grito ou a vaia de bens, mesmo que sua conduta possa ser admirada e louvada – não mais do que alguém poderia aplaudir um espirro ou uma tosse. Portanto, a reputação não é um bem".

10. "Finalmente, diga-nos se o bem pertence àquele que louva ou a quem é louvado: se você diz que o bem pertence a quem é louvado, você estaria em um caminho tolo como se dissesse que é minha a boa saúde do meu vizinho. Mas louvar homens dignos é uma ação honrosa; assim, o bem é exclusivamente do homem que faz o louvor, do homem que realiza a ação, e não de nós, que estamos sendo louvados. E, no entanto, essa é a questão em discussão, que você quer provar."

11. Devo agora responder apressadamente às distintas objeções. A primeira pergunta ainda é, se qualquer coisa boa pode consistir em coisas distintas – e há votos emitidos nos dois lados. Mais uma vez, a reputação precisa de muitos votos? A reputação pode ser satisfeita com a decisão de um único homem: é um bom homem que decide que somos homens de bem.

12. Então a réplica é: "O quê! Você definiu a reputação como a estima de um indivíduo e a má reputação como a conversa fiada rancorosa de um único homem? Glória, também, levamos a ser mais generalizada, pois exige o acordo de muitos homens". Mas a posição dos muitos é diferente daquela de um. E por quê? Porque se o bom homem pensa bem de mim, isso equivale praticamente a ser bem pensado por todos os homens bons; pois todos vão pensar o mesmo, se eles me conhecerem. O seu julgamento é semelhante e idêntico. O efeito da verdade é igual. Eles não podem discordar, o que significa que eles necessariamente manteriam a mesma visão, não podendo manter juízos diferentes.

13. "A opinião de um homem", você diz, "não é suficiente para criar glória ou renome". No primeiro caso, um julgamento é uma ponderação universal porque todos, se lhes fosse pedido, teriam uma única opinião; no outro caso, no entanto, homens de caráter diferente dão juízos divergentes. Você encontrará emoções desconcertantes – tudo duvidoso, inconstante, não confiável. E você pode supor que todos os homens são capazes de manter uma opinião? Até mesmo um indivíduo não mantém uma única opinião. Com o bom homem é a verdade que causa a crença, e a verdade tem apenas uma função e uma semelhança; enquanto na segunda classe de que falei, as ideias com as quais eles concordam são infundadas. Além disso, aqueles que são falsos nunca são firmes: são irregulares e discordantes.

14. "Mas o louvor", diz o objetor, "não é senão um enunciado e um enunciado não é um bem." Quando eles dizem que o renome é o louvor concedido ao bem pelo bem, o que eles referem não é um enunciado, mas um julgamento. Pois um bom homem pode permanecer em silêncio; mas se ele decide que certa pessoa é digna de louvor, essa pessoa é objeto de louvor.

15. Além disso, o louvor é uma coisa, e discurso laudatório é outra. O último exige um enunciado também. Portanto, ninguém fala de "um louvor fúnebre", mas diz "discurso laudatório" – pois sua função depende da fala. E quando dizemos que um homem é digno de louvor, asseguramos haver bondade nele, não em palavras, mas em julgamento. Portanto, a boa opinião, mesmo de alguém que em silêncio sente aprovação interior de um homem bom, é louvor.

16. Mais uma vez, como eu disse, o louvor é uma questão de alma e não de discurso; pois a fala traz o louvor que a mente concebeu e publica-o à atenção dos muitos. Pois julgar um homem digno de louvor é louvá-lo. E quando nosso trágico poeta nos canta que é maravilhoso "ser louvado por um herói muito louvado", ele quer dizer, "por alguém digno de louvor". Mais uma vez, quando um bardo igualmente venerável diz: "Louvor dá vida às artes", ele não significa dar louvor, pois isso prejudica as artes. Nada tem corrompido oratória e todos os outros estudos que dependem de ouvir tanto quanto a aprovação popular.

17. A reputação exige necessariamente palavras, mas a glória pode se contentar com os julgamentos dos homens e é suficiente sem a palavra falada. É satisfeita não só em aprovação silenciosa, mas mesmo diante de protestos abertos. Existe, na minha opinião, essa diferença entre reputação e glória – a última depende dos julgamentos dos muitos; mas a reputação, dos julgamentos de homens de bem.

18. A réplica vem: "Mas de quem é o bem deste renome, esse louvor prestado a um homem bom por homens bons? É de quem é louvado por alguém ou de quem louva?" Dos dois, eu digo. É meu próprio bem, porque sou louvado, porque naturalmente nasço para amar todos os homens e me alegro por ter feito boas ações e me felicito por eu ter encontrado homens que expressam suas ideias de minhas virtudes com gratidão; que eles sejam gratos, é um bem para muitos, mas também é um bem para mim. Pois o meu espírito está assim ordenado, que posso considerar o bem dos outros homens como meus – em qualquer caso, aqueles de cujo bem eu sou a causa.

19. Este bem é também o bem daqueles que fazem o louvor, pois é aplicado por meio da virtude. E todo ato de virtude é um bem. Meus amigos não poderiam ter encontrado essa bênção se eu não tivesse sido um homem de estampa correta. É, portanto, uma boa pertença a ambos os lados – o que é louvado quando se merece – tão verdadeiramente quanto uma boa decisão é o bem daquele que toma a decisão e também daquele a favor de quem a decisão foi tomada. Você duvida de que a justiça seja uma bênção para o seu possuidor, bem como para o homem a quem o louvor devido foi pago? Louvar o merecedor é a justiça, portanto, o bem pertence a ambos os lados.

20. Esta será uma resposta suficiente para esses comerciantes em sutilezas. Mas não deve ser nosso propósito discutir as coisas com inteligência e arrastar a filosofia de sua majestade a jogos de palavras tão insignificantes. Quão melhor é seguir a estrada aberta e direta, em vez de planejar uma rota tortuosa que você deve retraçar com problemas infinitos! Pois tal argumentação nada mais é do que o esporte de homens que habilmente fazem malabarismos uns com os outros.

21. Diga-me quão de acordo com a natureza é permitir que a mente atinja o universo ilimitado! A alma humana é uma coisa grande e nobre, não permite limites, exceto aqueles que podem ser compartilhados até mesmo com deuses. Em primeiro lugar, não dá anuência a lugar de nascimento, como Éfeso ou Alexandria ou qualquer terra que seja ainda mais densa ou ricamente povoada do que estas. A pátria da alma é todo o espaço que circunda a altura e a largura do firmamento, toda a cúpula arredondada dentro da qual a terra e o mar, dentro do qual o ar que separa o humano do divino também os une e onde todas as estrelas tomam turno em sentinela.

22. Mais uma vez, a alma não suportará uma extensão estreita da existência. "Todas as eras", diz a alma, "são minhas, nenhuma época está fechada para grandes mentes, todo o tempo está aberto para o progresso do pensamento. Quando chegar o dia de separar o celestial de sua mistura terrena, eu vou deixar o corpo aqui onde eu o encontrei e, por minha própria vontade, me entregarei aos deuses. Agora não estou separada deles, mas sou simplesmente detida em uma prisão lenta e terrena."

23. Estes atrasos da existência mortal são um prelúdio para a vida mais longa e melhor. Da mesma forma que o ventre materno nos mantém por nove meses, nos preparando, não para o próprio útero, mas para a existência em que seremos enviados quando finalmente nos preparamos para respirar e viver ao ar livre; assim, ao longo dos anos, estendendo-se entre a infância e a velhice, estamos nos preparando para outro nascimento. Um começo diferente, uma condição diferente, nos aguarda.

24. Ainda não podemos, exceto em intervalos raros, suportar a luz do céu, portanto, olhe para a frente sem temer a hora marcada, a última hora do corpo, mas não da alma. Examine tudo o que reside em você, como se fosse bagagem em um quarto de hotel: você deve viajar. A natureza deixa-lhe tão desnudo na partida quanto como na entrada.

25. Você não pode levar mais do que trouxe, além disso, deve descartar a maior parte do que trouxe com você para a vida: será despojado da própria pele que o cobre, que foi sua última proteção, você será despojado da carne e perderá o sangue que circulou pelo seu corpo, você será despojado de ossos e nervos, a armação dessas partes fracas e transitórias.

26. Aquele dia que você teme como sendo o fim de todas as coisas, é o nascimento de sua eternidade. Por que postergar? Deixe de lado seu fardo, como se você não tivesse deixado previamente o corpo que era o seu esconderijo! Você se agarra ao seu fardo, você luta. No seu nascimento também foi necessário um grande esforço da parte da sua mãe para libertá-lo. Você chora e lamenta e, no entanto, esse mesmo choro aconteceu no nascimento também. Mas naquela ocasião podia ser desculpado – pois você veio ao mundo inteiramente ignorante e inexperiente. Quando você deixou a proteção calorosa e cuidadosa do útero de sua mãe, um ar mais livre passou em seu rosto, então você estremeceu com o toque de uma mão áspera e olhou com surpresa para objetos desconhecidos, ainda frágil e ignorante de todas as coisas.

27. Mas agora não é novidade ser separado daquilo de que você já fez parte. Deixe seus membros já inúteis com resignação e dispense esse corpo em que você morou por tanto tempo. Será despedaçado, enterrado fora da vista e decomposto. Por que se abater? Isto é o que normalmente acontece: quando nascemos, as secundinas[71] sempre perecem. Por que amar uma coisa como se fosse sua própria posse? Era apenas a sua cobertura. Chegará o dia que irá rompê-la e irá para longe da companhia do ventre desagradável e fétido.

28. Afaste-se disso o máximo que puder e afaste-se do prazer, exceto daqueles que podem estar ligados a coisas essenciais e importantes. Afaste-se disso mesmo agora e reflita sobre algo mais nobre e mais elevado. Algum dia os segredos da natureza serão revelados a você, a névoa será removida de seus olhos e a luz brilhante fluirá em você de todos os lados. Imagine-se o quão grande é o resplendor quando todas as estrelas misturam seus brilhos, nenhuma sombra perturbará o céu limpo. Toda a extensão do céu brilhará uniformemente, pois o dia e a noite são trocados apenas na atmosfera mais baixa. Então você vai dizer que viveu na escuridão, depois de ter visto, em seu estado perfeito, a luz perfeita – aquela luz que agora você vê sombriamente com visão constrangida até o último grau. E, no entanto, tão distante quanto esteja, você já olha para ela com admiração, o que você acha que será a luz celestial quando você a vir em seu próprio âmbito?

29. Esses pensamentos não permitem que nada mesquinho se estabeleça na alma, nada vil, nada cruel. Eles sustentam que os deuses são testemunhas de tudo. Eles nos ordenam encontrar a aprovação dos deuses, nos preparar para nos juntarmos a eles em algum momento futuro e planejar a imortalidade. Aquele que apreendeu essa ideia não retrocede frente a nenhum exército atacante, não é aterrorizado pela trombeta e nem é intimidado por nenhuma ameaça.

30. Um homem que aguarda com expectativa pela morte, não sente medo. Mesmo aquele também, que acredita que a alma permanece somente enquanto for agrilhoada ao corpo, que se dispersa imediatamente após o perecimento,[72] mesmo quem assim pensa e age, pode continuar a ser útil depois de morto. Pois embora seja tirado da visão dos homens, ainda assim,

a grande virtude do herói, a grande nobreza da sua raça continua a viver no nosso espírito.	Multa viri virtus animo multusque recursat Gentis honos.[73]

Considere o quanto somos ajudados pelo bom exemplo; você entenderá assim que a presença de um homem nobre não é menos útil do que sua memória.

Mantenha-se Forte. Mantenha-se Bem.

XI.
SOBRE OS PERIGOS DA ASSOCIAÇÃO COM NOSSOS PRÓXIMOS[74]

Saudações de Sêneca a Lucílio.

01. Por que você está procurando por problemas que talvez possam vir a seu encontro, mas que, de fato, podem não chegar a seu caminho? Quero dizer incêndios, edifícios caindo e outros acidentes do tipo que são meros eventos e não tramas contra nós, sem o propósito deliberado de nos causarem mal. Melhor faria em procurar evitar os perigos reais que nos espreitam na intenção de nos apanhar à traição. Os acidentes, embora possam ser sérios, são poucos e raros – como naufragar ou cair de uma carruagem. Mas é do próximo que vem o perigo cotidiano de um homem. Equipe-se contra isso, vigie isso com um olho atento. Não há nenhum mal mais frequente, nenhum mal mais persistente, nenhum mal mais insinuante.

02. Mesmo a tempestade, antes de se iniciar, dá um aviso; casas trincam antes de caírem; e a fumaça é o precursor do fogo. Mas o dano provocado pelo homem é instantâneo e de quanto mais próximo ele vem, mais cuidadosamente está escondido. Você está errado em confiar na fisionomia daqueles que encontra. Eles têm o aspecto de homens, mas almas de bestas. A única diferença é que os animais selvagens lhe causam dano ao primeiro encontro, aqueles que passaram por nós não voltam para nos perseguir. Pois nada os incita a causar dano, exceto quando a necessidade os obriga: é a fome ou o medo que os instiga a lutar. Mas o homem se delicia em arruinar o homem.

03. Você deve, no entanto, refletir o perigo que corre na mão do homem, para que possa deduzir qual é o seu dever como homem. Evite, em suas relações com os outros, prejudicar, para que não seja prejudicado. Você deve se alegrar com todos em suas alegrias e simpatizar com todos em seus problemas, lembrando-se dos serviços que deve prestar e os perigos que deve evitar.

04. E o que você pode alcançar vivendo uma vida dessas? Não necessariamente a imunidade contra danos, mas pelo menos liberdade de engano; pelo menos consegue que não o tomem por tolo. Dessa forma, quando for capaz, refugie-se na filosofia: ela irá cuidar de você em seu seio e em seu santuário você estará seguro ou, pelo menos, mais seguro do que antes. As pessoas colidem apenas quando viajam pelo mesmo caminho.

05. Mas essa mesma filosofia nunca deve ser alardeada por você; pois a filosofia quando empregada com insolência e arrogância tem sido perigosa para muitos. Deixe-a retirar suas falhas, em vez de ajudá-lo a criticar as falhas dos outros. Não deixe que ela se afaste dos costumes da humanidade, nem faça com que ela condene o que ela mesma não faz. Um homem pode ser sábio sem alarde e sem provocar inimizade.

Mantenha-se Forte. Mantenha-se Bem.

XII.
SOBRE O CUIDADO COM A SAÚDE E A PAZ MENTAL

Saudações de Sêneca a Lucílio.

01. Eu fugi para minha casa em Nomento, por que propósito, você acha? Para escapar da cidade? Não; para livrar-me de uma febre que seguramente estava a caminho do meu organismo. Já se apoderava de mim. Meu médico continuou insistindo que, quando a circulação está irregular, perturbando o equilíbrio natural, a doença está a caminho. Eu, portanto, ordenei que minha carruagem fosse preparada de imediato e insisti em partir, apesar dos esforços de minha esposa, Paulina, para me impedir; pois me lembrei das palavras do meu estimado Gálio,[75] quando ele começou a desenvolver uma febre em Acaia e pegou o navio imediatamente, insistindo que a doença não era do corpo, mas do lugar.

02. Foi o que observei para minha querida Paulina, que sempre pede para que cuide de minha saúde. Eu sei que seu próprio sopro de vida vai e vem com o meu e eu estou começando, em minha solicitude por ela, a ser solícito comigo. E, embora a velhice tenha me deixado corajoso para suportar muitas coisas, gradualmente estou perdendo essa bênção que a idade avançada confere. Pois vem à minha mente que neste velho homem há também um jovem e a juventude precisa de ternura. Portanto, como não posso prevalecer sobre ela para que me ame com mais coragem, ela prevalece sobre mim para me estimular a ser mais cuidadoso.

03. Pois é preciso se entregar a emoções genuínas; às vezes, mesmo apesar de fortes razões, o sopro da vida deve ser chamado de volta e mantido em nossos próprios lábios, mesmo ao preço de grande sofrimento, por causa daqueles que consideramos queridos; porque o homem de bem não deve viver tanto quanto queira, mas tanto quanto deve. Aquele que não valoriza sua esposa ou seu amigo o suficiente para demorar mais na vida, aquele que obstinadamente persiste em morrer, é um sibarita.[76] A alma também deve impor esse comando sobre si sempre que as necessidades dos parentes exigirem; deve deter-se e fazer a vontade daqueles próximos e queridos, não só quando ela deseja, mas mesmo quando começa a morrer.

04. Dá prova de um grande coração ao voltar à vida por causa dos outros. E homens nobres muitas vezes fizeram isso. Mas esse procedimento também, acredito, indica o maior tipo de bondade: que, embora a maior vantagem da velhice seja a oportunidade de ser mais negligente em relação à autopreservação e a usar a vida de forma mais aventurada, deve-se cuidar da velhice com ainda maior cuidado se alguém entender que essa ação é agradável, útil ou desejável aos olhos de uma pessoa amada.

05. Isso também não é uma fonte de alegria mesquinha ou lucro; pois o que é mais encantador do que ser tão valorizado pela esposa que a própria existência se torna mais valiosa para si mesmo por esse motivo? Daí minha querida Paulina é capaz de me tornar responsável, não só por seus medos, mas também pelo meus.

06. Então você tem curiosidade em saber o resultado desta prescrição de viagem? Assim que escapei da atmosfera opressiva da cidade e daquele horrível odor de cozinhas que, quando em uso, derramam uma ruína de vapor e fuligem pestilentos, percebi imediatamente que minha saúde estava se reparando. E quão mais forte você acha que me senti quando cheguei às minhas vinhas! Sendo, por assim dizer, deixado sair para pastar, eu regularmente andei até minhas refeições! Então eu sou o meu "eu antigo" novamente, não sentindo agora nenhum langor no meu sistema ou qualquer letargia em meu cérebro. Estou começando a trabalhar com toda minha energia.

07. Mas o mero lugar ajuda pouco neste propósito, a menos que a mente seja totalmente mestre de si mesma, e possa, a seu gosto, encontrar retiro mesmo em meio a negócios. O homem, no entanto, que sempre está selecionando sítios e buscando tranquilidade, encontrará sempre algo para perturbar sua alma em todos os lugares. Sócrates respondeu, quando certa pessoa se queixou de não ter recebido nenhum benefício de suas viagens: "Isso serve bem a você! Viajou o tempo todo em sua própria companhia!"[77]

08. Oh, que bênção seria para alguns homens se afastarem de si mesmos! Como são, eles causam a si próprios aborrecimento, preocupação, desmoralização e medo! Que lucro há em cruzar o mar e em ir de uma cidade para outra? Se você quer escapar de seus problemas, não precisa de outro lugar, mas de outra personalidade. Talvez você tenha chegado a Atenas, ou talvez a Rodes; escolha qualquer país de que goste, qual a importância de seu caráter? Que importância têm os costumes dessa nova cidade se você leva os próprios para lá?

09. Suponha que você acredite que a riqueza seja um bem: a pobreza então irá angustiá-lo e, o que é mais lamentável, será uma pobreza imaginária. Pois você pode ser rico e, no entanto, porque seu vizinho é mais rico, você se considerará pobre na mesma quantidade em que fica atrás do seu vizinho. Você pode considerar sua posição social como boa; ficará irritado com a nomeação de outra pessoa ao consulado; ficará com ciúmes sempre que ler um nome várias vezes nos registros do Estado. Sua ambição será tão frenética que se considerará o último na corrida se houver alguém na sua frente.

10. Ou você pode considerar a morte como o pior dos males, embora não haja nenhum mal lá, exceto o que precede a chegada da morte – o medo. Você ficará assustado, não só pelo real, mas por perigos imaginados e será lançado para sempre ao mar da ilusão. Que benefício será então

ter passado por tantas cidades, Argos em seu voo pelo meio do inimigo?	evasisse tot urbes Argolicas mediosque fugam tenuisse per hostis ?[78]

Pois a própria paz proporcionará maior apreensão. Mesmo em meio à segurança, você não terá confiança se a sua mente já tiver recebido um choque; uma vez que tenha adquirido o hábito de pânico cego, é incapaz de fornecer mesmo a sua própria segurança. Pois não evita o perigo, mas foge dele. No entanto, estamos mais expostos ao perigo quando viramos as costas.

11. Você pode julgar como o mais grave dos males perder qualquer um dos que você ama; enquanto tudo isso não seria menos insensato do que chorar porque as árvores que atraem seus olhos e adornam sua casa perdem sua folhagem. Considere tudo o que lhe agrada como se fosse uma planta florescente. Aproveite ao máximo enquanto está em folha, pois diferentes plantas em diferentes estações devem cair e morrer. Mas assim como a perda de folhas é uma coisa leve, pois elas nascem de novo, assim também é com a perda daqueles a quem você ama e considera o deleite da sua vida, pois podem ser substituídos mesmo que não possam nascer de novo.

12. "Novos amigos, no entanto, não serão os mesmos." Não, nem você tampouco permanecerá o mesmo, você muda com todos os dias e a cada hora. Mas nos outros homens, você vê mais facilmente o que o tempo saqueia. Em seu próprio caso, a mudança está oculta, porque não ocorre visivelmente. Outros são arrebatados da vista, nós estamos sendo furtivamente afastados de nós mesmos. Você não pensará em nenhum desses problemas, nem aplicará remédios para essas feridas. Você, por sua própria vontade, estará semeando uma safra de problemas por alternância de esperança e desespero. Se você é sábio, misture esses dois elementos: não espere sem desespero, nem se desespere sem esperança.

13. Qual o benefício que a viagem em si mesma já conseguiu dar a qualquer um? Não restringiu o prazer, nem refreou o desejo, nem controlou o mau humor, nem aniquilou os assaltos selvagens da paixão, nem deu a oportunidade de livrar a alma do mal. Viajar não pode nos dar discernimento ou livrar-nos dos nossos erros, apenas mantém nossa atenção por um momento em certa novidade, enquanto as crianças param para se perguntar sobre algo que não é familiar.

14. Além disso, isso nos irrita, através da vacilação de uma mente que sofre de um agudo ataque de enjoo; o próprio movimento o torna mais agudo e inquieto. Daí os pontos que tínhamos procurado mais ansiosamente, deixamos ainda mais ansiosamente, os atravessamos voando como aves, vão-se ainda mais depressa do que vieram.

15. O que a viagem dará é familiaridade com outras nações: ela irá revelar-lhe montanhas de formas estranhas, ou estratos desconhecidos de planície, ou vales que são regados por riachos perenes, ou as características de algum rio que vem à nossa atenção. Observamos como o Nilo sobe e incha no verão, ou como o Tigre desaparece, correndo no subsolo através de espaços escondidos e depois aparece com grande amplidão. Ou

como o rio Meandro,[79] esse assunto repetido e brinquedo de poetas, gira em curvas frequentes e muitas vezes em sinuosas torsões se aproxima de seu próprio canal antes de continuar seu curso. Mas esse tipo de informação não vai fazer de nós homens melhores ou mais saudáveis.

16. Devemos passar nosso tempo no aprendizado e cultivar aqueles que são mestres da sabedoria, estudando algo que foi investigado, mas não resolvido; com isso, a mente pode ser livrada da mais miserável servidão e conquistar sua liberdade. Na verdade, enquanto você ignorar o que deveria evitar ou procurar, ou o que é necessário ou supérfluo, ou o que é certo ou errado, você não estará viajando, mas simplesmente vagando.

17. Não haverá benefício para você nesta corrida de um lado para outro; pois você estará viajando com suas emoções e será seguido por suas aflições. Seguido não! Na realidade, você as está carregando e não as conduzindo. Daí elas pressionam você por todos os lados, continuamente o irritando e desgastando. É por remédio, e não paisagem, o que o doente deve procurar.

18. Suponha que alguém quebrou uma perna ou deslocou uma articulação, ele não embarca para outras regiões, mas ele chama o médico para arrumar o membro fraturado ou para movê-lo de volta ao seu lugar apropriado nas articulações. O que, então? Quando o espírito está quebrado ou arruinado, você acha que essa mudança de lugar pode curá-lo? A enfermidade é muito profunda para ser curada por uma viagem.

19. Viajar não faz um médico ou um orador, nenhuma arte é aprendida simplesmente vivendo em um determinado lugar. Onde está a verdade, então? A sabedoria, a maior de todas as artes, pode ser obtida em uma viagem? Eu lhe asseguro, viaje quanto quiser, nunca poderá estabelecer-se além do alcance do desejo, além do alcance do mau humor ou do alcance do medo; se fosse assim, a raça humana teria se reunido e peregrinado a tal local. Tais males, contanto que carregue com você suas causas, o sobrecarregarão e o preocuparão em suas perambulações sobre terra e mar.

20. Você duvida que não adianta fugir deles? É disso que você está fugindo, daquilo que tem dentro de si. Consequentemente, reforme a si mesmo, tire o peso de seus próprios ombros e mantenha dentro de limites seguros os desejos que devem ser removidos. Limpe sua alma. Se você quiser aproveitar as suas viagens, faça com que o companheiro de suas viagens seja saudável. Enquanto esse companheiro é avaro e significante, a ganância irá controlar você; e enquanto você se junta a um homem arrogante, suas maneiras autoritárias também estarão próximas. Viva com um carrasco e você nunca se livrará da sua crueldade. Se um adúltero é seu companheiro, ele irá acender as paixões mais vulgares.

21. Se você quer ser despojado de suas falhas, deixe para trás os exemplos de falhas. O avarento, o trapaceiro, o valentão, o sádico, que lhe farão muito mal por estarem perto de você, estão dentro de você. Mude, portanto, para melhores associações: viva com os Catãos, com Lélios, com Tuberão. Ou, se você gosta de viver com os gregos também, passe seu tempo com Sócrates e com Zenão: o primeiro irá mostrar-lhe como morrer se for necessário; o último como morrer antes que a necessidade o imponha.

22. Viva com Crisipo, com Posidônio:[80] eles farão você conhecer as coisas terrenas e as coisas celestiais, eles irão lhe oferecer trabalho árduo sobre algo mais do que certos rebusques de linguagem e frases para o entretenimento dos ouvintes, eles irão lhe oferecer coragem e como crescer frente a ameaças. O único porto protegido das tempestades da sua vida é o desprezo pelo futuro, uma posição firme, uma prontidão para receber os ataques da Fortuna direto no peito, sem se esconder nem virar as costas.

23. A natureza nos trouxe braveza de espírito e, assim como ela implantou em certos animais um espírito de ferocidade, em outros astúcia, em outros terror, da mesma forma ela nos deu um espírito ambicioso e elevado, o que nos leva a buscar uma vida de grande honra, e não da maior segurança, que mais se assemelha à alma do universo, que segue e imita tanto quanto nossas medidas mortais permitem. Este espírito avança em frente, confiante do sucesso e da consideração.

24. É superior a todos, monarca de tudo o que vê; assim não deve ser subordinado a nada, não encontrando nenhuma tarefa muito pesada e nada forte o suficiente para pesar seus ombros, vergar sua energia.

Formas temerosas de olhar, de labuta ou morte;	Terribiles visu formae letumque labosque;[81]

Não são nem um pouco terríveis, se alguém pode olhá-las com um olhar implacável e pode perfurar as sombras. Muitas vistas aterrorizadoras na noite, tornam-se ridículas de dia. "Formas temerosas de olhar, de labuta ou morte", nosso Virgílio disse com excelência que essas formas são temíveis, não na realidade, mas apenas "de olhar" – em outras palavras, elas parecem terríveis, mas não são.

25. E nessas visões, o que há lá, eu pergunto, tão inspirador do medo que o rumor proclamou? Por que, meu querido Lucílio, um homem tem medo de trabalho pesado ou uma implacável morte? Inúmeros casos ocorrem na minha mente de homens que pensam que o que eles mesmos não conseguem fazer é impossível, que afirmam que pronunciamos palavras que são muito grandes para a natureza do homem.

26. Mas quanto mais eu estimo esses homens! Eles podem fazer essas coisas, mas recusam fazê-las. A quem que já tentou, essas tarefas se mostraram falsas? O que já fez o homem, que parecesse fácil de fazer? Nossa falta de confiança não é o resultado da dificuldade. A dificuldade vem da nossa falta de confiança. Não é porque as coisas são difíceis que não ousamos; é porque não ousamos que as coisas são difíceis.

27. Se, no entanto, você deseja um modelo, tome de Sócrates, um ancião que sofreu muito tempo, que foi atacado por todas as dificuldades e ainda assim não foi derrotado pela pobreza (já que seus problemas domésticos se tornaram mais onerosos) e pelo trabalho, incluindo o trabalho árduo do serviço militar. Ele foi muito tentado em casa, se pensarmos em sua esposa, uma mulher de maneiras ásperas e de língua rabugenta ou pelas crianças cuja irascibilidade se mostrou mais como da mãe do que do pai. E se você considerar os fatos, ele viveu em tempo de guerra, sob a tirania e sob democracia, que é mais cruel do que guerras e tiranos.

28. A guerra durou vinte e sete anos; findas as hostilidades o estado tornou-se vítima dos trinta tiranos, dos quais muitos eram inimigos pessoais.[82] Por último, veio o clímax da condenação sob as mais graves acusações: acusaram-no de perturbar a religião do estado e de corromper

a juventude, porque declararam ter influenciado a juventude a desafiar os deuses, desafiar o conselho e desafiar o Estado em geral. Em seguida, veio a prisão e o copo de veneno. Mas todas essas medidas mudaram a alma de Sócrates tão pouco que nem mudaram suas feições. Que distinção maravilhosa e rara! Ele manteve essa atitude até o fim e nenhum homem viu Sócrates eufórico ou deprimido. Em meio a todos os distúrbios da Fortuna, ele não estava perturbado.

29. Você deseja outro caso? Pegue o do Marco Catão, o jovem, a quem a Fortuna tratou de uma forma mais hostil e mais persistente. Mas ele resistiu, em todas as ocasiões, e em seus últimos momentos, no momento da morte, mostrou que um homem corajoso pode viver apesar da Fortuna, pode morrer apesar dela. Toda a sua vida foi passada em guerra civil, ou sob um regime político que logo criaria uma guerra civil. E você pode dizer que ele, tanto quanto Sócrates, declarou lealdade à liberdade em meio à escravidão – a menos que você pense que Pompeu, César e Crasso foram aliados da liberdade!

30. Ninguém jamais viu Catão mudar, não importa a frequência com que a república mudou: ele manteve-se o mesmo em todas as circunstâncias – como pretor, na derrota, sob acusação, na sua província, perante a assembleia, no exército, na morte. Além disso, quando a república estava em uma crise de terror, quando César estava de um lado com dez legiões emboscadas em seu controle, auxiliado por tantas nações estrangeiras; e quando Pompeu estava do outro, satisfeito de ficar sozinho contra todas as pessoas e quando os cidadãos estavam inclinados para César ou Pompeu, Catão sozinho estabeleceu um partido definitivo para a república.

31. Se você obtiver uma imagem mental desse período, você pode imaginar de um lado as pessoas e todo o proletariado ansioso pela revolução; do outro, os senadores e os cavaleiros, os homens escolhidos e honrados da comunidade; e havia entre eles a República e Catão. Eu lhe digo, você ficará maravilhado quando você vir

O filho de Atreu e Príamo, e Aquiles, inimigo dos dois.	Atriden Priamumque et saevom ambobus Achillen.[83]

Seguindo Aquiles, Catão acusa um tanto quanto acusa o outro, procura que ambas as facções deponham suas armas.

32. E este é o voto que ele lança a respeito de ambos: "Se César vencer, eu me mato, se Pompeu vencer, eu vou para o exílio". O que temeria quem, seja na derrota ou na vitória, tivesse atribuído a si próprio um destino que poderia ter sido atribuído a ele por seus inimigos em sua maior raiva? Então ele morreu por sua própria decisão.

33. Você vê que o homem pode suportar o trabalho: Catão, a pé, liderou um exército através dos desertos africanos. Você vê que a sede pode ser suportada: ele percorreu colinas cobertas de sol, arrastando os restos de um exército espancado e sem suprimentos, passando por falta de água e vestindo uma armadura pesada. Sempre foi o último a beber das poucas fontes que encontraram. Você vê que a honra e a desonra também podem ser desprezadas: pois relatam que no próprio dia em que Catão foi derrotado nas eleições para a pretura, ele jogou um jogo de bola. Você vê também que o homem pode ser livre do medo de superiores: porque Catão atacou César e Pompeu ao mesmo tempo, em um momento em que ninguém ousou entrar em conflito com um sem se esforçar para agradar o outro. Você vê que a morte pode ser desprezada, bem como o exílio: Catão infligiu o exílio sobre si mesmo e, finalmente, a morte. Entre um e outro, a guerra.

34. E, se apenas estivermos dispostos a retirar nosso pescoço do jugo, podemos manter um coração tão forte contra tantos terrores como esses. Mas antes de mais nada, devemos rejeitar os prazeres; eles nos tornam fracos e afeminados; eles nos fazem grandes demandas e, além disso, nos compelem a fazer grandes exigências da Fortuna. Em segundo lugar, devemos desprezar a riqueza: a riqueza é o diploma da escravidão. Abandone o ouro e a prata e qualquer outra coisa que seja um fardo sobre nossas casas ricamente mobiliadas. A liberdade não pode ser obtida de mão beijada. Se você definir um alto valor para a liberdade, você deve definir um valor reduzido para todo o resto.

Mantenha-se Forte. Mantenha-se Bem.

XIII.

SOBRE ENFRENTAR O MUNDO COM CONFIANÇA E A PAZ DE ESPÍRITO

Saudações de Sêneca a Lucílio.

01. Devo dizer-lhe certas coisas às quais deve prestar atenção para viver com mais segurança, sem sobressaltos. No entanto, escute meus preceitos como se eu estivesse aconselhando você a manter sua saúde em seu território em Ardea. Reflita sobre as coisas que levam o homem a destruir o homem: você descobrirá que elas são a esperança, a inveja, o ódio, o medo e o desprezo.

02. Agora, de tudo isso, o desprezo é o menos nocivo, tanto assim que muitos haviam se escondido atrás dele como uma espécie de cura. Quando um homem o despreza, ele o fere, com certeza, mas ele prossegue; e ninguém persistentemente ou com propósito determinado machuca uma pessoa que despreza. Mesmo na batalha, os soldados prostrados são negligenciados: os homens lutam com aqueles que se mantêm firmes.

03. E você pode evitar as esperanças invejosas dos ímpios, desde que você não tenha nada que possa agitar os maus desejos dos outros e enquanto não possuir nada de notável. Pois as pessoas anseiam mesmo coisas pequenas, se estas capturarem a atenção ou forem de ocorrência rara. Você escapará da inveja se não se expuser à visão pública, se não se vangloriar de suas posses, se entender como desfrutar das coisas de forma privada. O ódio ocorre ao entrar em conflito com outros, e isso pode ser evitado ao nunca provocar ninguém; ou então, às vezes, não é motivado por nada e o senso comum irá mantê-lo a salvo dele. No entanto, essa espécie de ódio tem sido perigosa para muitos; algumas pessoas foram odiadas sem terem tido razões para inimizade pessoal.

04. Quanto a não ser temido, uma Fortuna moderada e uma disposição fácil garantirão isso; os homens devem saber que você é o tipo de pessoa que pode ser ofendido sem perigo e sua reconciliação deve ser fácil e segura. Além disso, é tão problemático ser temido em casa como no exterior; é tão ruim ser temido por um escravo quanto por um homem livre. Pois cada um tem força o suficiente para causar algum dano. Além disso, aquele que é temido teme também. Ninguém conseguiu despertar o terror e viver em paz.

05. O desprezo continua a ser discutido. Aquele que fez dessa qualidade um complemento de sua própria personalidade, que é desprezado porque deseja ser desprezado e não porque deve ser desprezado, tem a medida do desprezo sob seu controle. Qualquer inconveniente a este respeito pode ser dissipado por ocupações honrosas e por amizades com homens que tenham influência com uma pessoa influente; com estes homens, lhe será útil ter contato, mas não se enredar, para que a proteção não custe mais do que o próprio risco.

06. Nada, no entanto, irá ajudá-lo tanto quanto manter-se quieto – falando muito pouco com os outros, e tanto quanto queira consigo mesmo. Pois há uma espécie de encanto sobre a conversa, algo muito sutil e persuasivo que, como a embriaguez ou o amor, extrai segredos de nós. Ninguém mantém segredo do que ouve. Ninguém dirá a outro apenas o quanto ouviu. E aquele que conta histórias também contará nomes. Todo mundo tem alguém a quem confia tudo o que lhe foi confiado. Embora controle sua própria tagarelice e se contente com um ouvinte, irá trazer sobre ele uma multidão, se o que recentemente era um segredo se tornar uma conversa comum.

07. O mais importante para a paz mental é nunca fazer o mal. Aqueles que não têm autocontrole conduzem vidas perturbadas e tumultuadas, seus crimes são equilibrados por seus medos e eles nunca estão tranquilos. Pois eles tremem após a ação e ficam envergonhados; suas consciências não permitem que eles se ocupem de outros assuntos e continuamente requerem atenção, numa ansiedade constante. Quem teme o castigo, acaba por recebê-lo e quem merece castigo, está sempre à espera dele.

08. Onde há uma consciência maligna, algo pode trazer segurança, mas nada pode trazer tranquilidade; pois um homem imagina que, mesmo que ele não esteja preso, ele pode ser apanhado em breve. Seu sono é perturbado quando ele fala sobre o crime de outro homem, ele reflete sobre o dele, que nunca lhe parece estar suficientemente escurecido nem suficientemente escondido da visão. Um malfeitor, às vezes, tem a sorte de escapar, mas nunca a certeza disso.

Mantenha-se Forte. Mantenha-se Bem.

XIV.
SOBRE A CORPOREIDADE DA VIRTUDE

Saudações de Sêneca a Lucílio.

01. O meu atraso na resposta à sua carta não foi devido à pressão de negócios. Não escute esse tipo de desculpas, eu estou livre, e também está quem quer que queira estar. Nenhum homem está à mercê dos negócios. Ele fica enredado neles por sua própria vontade e depois se lisonjeia de que estar ocupado é uma prova de felicidade. Muito bem, você sem dúvida quer saber porque não respondi à carta mais cedo. O assunto sobre o qual você me consultou está relacionado ao projeto em que agora me ocupo.

02. Pois você sabe que estou planejando cobrir toda a filosofia moral e resolver todos os problemas que a ela se relacionam.[84] Por isso, hesitei em fazê-lo esperar até chegar o momento adequado para este assunto ou em pronunciar um julgamento fora da ordem lógica; mas pareceu-me mais gentil não fazer esperar aquele que vem de tamanha distância.

03. Então, proponho ambos os caminhos, colocar essa fora da sequência apropriada e também enviar posteriormente, sem ser solicitado, o que quer que tenha a ver com questões do mesmo tipo. Você pergunta que questões seriam essas afinal. São perguntas cujas respostas são mais prazerosas do que benéficas; por exemplo, aquela que me colocou na sua carta: "O bem é um corpo?"

04. O bem é ativo, porque é benéfico; e o que é ativo, é corpóreo. O bem estimula a mente e, de certo modo, molda e abraça o que é essencial para o corpo. Os bens do corpo são corporais, portanto, corpóreos devem ser os bens da alma. Pois a alma também é corpórea.

05. Logo, o bem do homem deve ser corpóreo, já que o próprio homem é corpóreo. Estou tristemente enganado se os elementos que sustentam o homem e preservam ou restauram sua saúde não forem corporais;

portanto, o bem é um corpo. Eu não suponho que você duvide que as emoções são corpos (para abordar um novo ponto sobre o qual você não havia perguntando) – por exemplo, raiva, amor, tristeza –, a menos que você duvide que eles mudem nossa expressão, sulquem nossa sobrancelha, relaxem o rosto, invoquem um rubor ou induzam à palidez. E então? Você acha que essas marcas óbvias no corpo podem ser infligidas por algo diferente de um corpo? [85]

06. Se as emoções são corpos, também são as doenças de nossas almas, como a ganância e a crueldade, defeitos que se endureceram e chegaram ao estado de incorrigibilidade. Então, também, são vícios e todas as suas espécies, malícia, inveja e orgulho.

07. Então, também são os bons traços – primeiro porque são seus contrários e segundo porque produzirão em você os mesmos sinais. Ou você não vê a quantidade de energia dada aos olhos pela coragem? Quão firme é o olhar da sabedoria prática? Quanta moderação e calma são dadas pela reverência? Quão tranquila é uma atitude dada pela alegria? Quanta firmeza é dada por uma autodisciplina rígida? Quanto relaxamento pela gentileza? Assim, as coisas que alteram a cor e a disposição dos corpos e exercem seu domínio nos corpos são elas próprias corpos. Mas todas as virtudes que eu mencionei são bens, e assim é tudo o que vem delas.

08. Certamente não há dúvida de que aquilo que pode ser tocado é um corpo? "Nada pode tocar ou ser tocado exceto um corpo",[86] como diz Lucrécio.[87] Mas todas as coisas que mencionei não alterariam o corpo, a menos que elas o tocassem. Portanto, elas são corpos.

09. Além disso, o que tem poder suficiente para colocar algo em movimento e dirigi-lo, ou para mantê-lo de volta e restringi-lo, é um corpo. Bem então? O medo não nos retém? A ousadia não nos coloca em movimento? A coragem não nos envia para a frente e nos dá unidade? A temperança não nos restringe e nos traz de volta? A alegria não nos levanta e a tristeza não nos deprime?

10. Finalmente, tudo o que fazemos realizamos pelo comando do vício ou da virtude. O que comanda o corpo é um corpo, o que traz força ao corpo é um corpo. O bem do corpo é corpóreo e o bem de um ser humano é o bem de um corpo. E por isso é corpóreo.

11. Agora que satisfiz seus desejos, devo dizer a mim mesmo o que posso prever que você vai me dizer: "Estamos jogando damas aqui!"[88] A precisão técnica está sendo abusada em inúmeras superfluidades. Essas coisas não produzem pessoas boas, meramente estudadas, eruditas.

12. A sabedoria é mais simples do que isso; além disso, é claramente melhor usar a literatura para a melhoria da mente, em vez de desperdiçar a própria filosofia enquanto desperdiçamos outros esforços em coisas supérfluas. Assim como sofremos por excesso em todas as coisas, então sofremos por excesso na literatura; assim aprendemos nossas lições, não para a vida, mas para a sala de aula.

Mantenha-se Forte. Mantenha-se Bem.

XV.
SOBRE A OBEDIÊNCIA À VONTADE UNIVERSAL

Saudações de Sêneca a Lucílio.

01. Onde está esse seu bom senso? Onde está aquela habilidade em examinar as coisas? A grandeza de alma? Você se viu atormentado por pouco? Seus escravos consideraram seu interesse nos negócios como uma oportunidade para fugir. Bem, se seus amigos o enganaram (deixe-os ter o nome que nós incorretamente lhes concedemos, e assim os chamemos, para que possam incorrer em mais vergonha por não serem tais amigos)...[89] mas o fato é que seus assuntos foram liberados para sempre e também todas as pessoas em quem todos os seus problemas estavam sendo desperdiçados e que o consideraram insuportável.

02. Nenhuma dessas coisas é incomum ou inesperada. É tão absurdo se abater por tais eventos como por queixar-se de ser respingado no balneário, ser empurrado na multidão ou ficar sujo de lama na rua. O programa da vida é o mesmo que o de um estabelecimento de banho, uma multidão ou uma jornada: às vezes as coisas serão jogadas em você e às vezes elas vão lhe atacar por acidente. A vida não é um negócio delicado. Você começou uma longa jornada; você é obrigado a escorregar, colidir, cair, ficar cansado e gritar, sem sinceridade, "*Ó morte!*". Ou, em outras palavras, contar mentiras. Em um estágio você vai deixar um camarada atrás de você, em outro, vai enterrar alguém, em outro, ficará apreensivo. É em meio a problemas desse tipo que você deve viajar nesta jornada acidentada.

03. Alguém deseja morrer? Deixe a alma estar preparada para encontrar tudo; deixe-a saber que alcançou as alturas em torno das quais o trovão estronda. Deixe-a saber que chegou onde

Perdas e vingança estabeleceram seus quartéis de governo, E a doença pálida habita, e escura idade avançada.	**Luctus et ultrices posuere cubilia curae Pallentesque habitant morbi tristisque senectiis.**[90]

Com esses problemas, você deve passar seus dias. Evitá-los, não pode, mas desprezá-los sim. E você vai desprezá-los, se você costuma pensar e antecipar o futuro.

04. Todo mundo se aproxima corajosamente de um perigo para o qual se preparou para encontrar muito antes, e resiste mesmo às dificuldades se já praticou como enfrentá-las. Mas, ao contrário, os despreparados entram em pânico, mesmo com as coisas mais insignificantes. Precisamos nos preparar para que nada venha sobre nós de imprevisto. E uma vez que as coisas são ainda mais sérias quando não são familiares, reflexão contínua lhe dará o poder, não importa qual mal possa atacar, de não fazer o papel de recruta inexperiente.[91]

05. "*Meus escravos fugiram de mim!*" Sim, outros homens foram roubados, chantageados, mortos, traídos, massacrados, atacados por veneno ou pela calúnia; não importa o problema que você mencione, aconteceu com muitos. Novamente, existem vários tipos de dardos que são lançados contra nós. Alguns são espetados em nós, alguns estão sendo brandidos e neste momento estão a caminho, alguns que foram destinados a outros homens nos atingem.

06. Não devemos manifestar surpresa em qualquer tipo de condição a que estamos destinados, condição que não deveria ser lamentada por ninguém, simplesmente porque é igualmente ordenada para todos. Sim, eu digo, igualmente ordenada; pois um homem pode ter experimentado até mesmo o que ele escapou. E uma lei equitativa consiste, não daquilo que todos efetivamente usam, mas do que é garantido para uso de todos. Certifique-se de prescrever à sua mente essa sensação de equidade; devemos pagar sem reclamar o imposto de nossa mortalidade.

07. O inverno traz frio; e devemos tremer. O verão volta, com seu calor; e devemos suar. O clima extemporâneo perturba a saúde; e devemos nos adoecer. Em certos lugares, podemos nos encontrar com animais selvagens ou com homens que são mais destrutivos que qualquer animal. Inundações ou incêndios nos causarão perda. E não podemos mudar essa ordem de coisas; mas o que podemos fazer é adquirir corações fortes, dignos de homens de bem e corajosamente suportar a Fortuna e colocar-nos em harmonia com a natureza.

08. E a natureza modera este reino terrestre que você vê, por suas estações em mudança: o tempo limpo segue o nublado; depois de uma calmaria, vem a tempestade; os ventos sopram em turnos; o dia sucede a noite; alguns dos corpos celestes se elevam e alguns se põem. A eternidade consiste em opostos.

09. É a esta lei que nossas almas devem se ajustar, a essa é que devem seguir, que devem obedecer. Seja lá o que aconteça, suponha que isso estava determinado a acontecer e não esteja disposto a lutar contra a natureza. O que você não pode reformar, é melhor suportar sem reclamar às divindades que tudo comandam; pois é um soldado ruim aquele que resmunga ao seguir seu comandante.

10. Por esta razão, devemos receber as nossas ordens com energia e vigor, não devemos deixar de seguir o curso natural deste mais belo universo, no qual todos os nossos sofrimentos futuros são tecidos. Vamos falar a Júpiter, o piloto desta massa mundial, assim como o nosso grande Cleantes nas linhas mais eloquentes – linhas que eu me permitirei escrever em latim, com o exemplo do eloquente Cícero. Se você gostar delas, aproveite-as ao máximo; se elas lhe desagradarem, você entenderá que eu simplesmente seguia a prática de Cícero:

> **11.** Guia-me, ó Mestre dos céus,
> Meu Pai, onde quer que deseje .
> Não devo hesitar, mas
> obedecer com rapidez.
> E, embora não o deseje,
> eu irei e sofrerei, Em pecado
> e tristeza, o que eu
> poderia ter feito
> Em virtude nobre. Sim,
> a alma disposta
> O Destino lidera, mas o
> relutante se arrasta.

> Due, o parens celsique
> dominator poli,
> Quocumque placuit ;
> nulla parendi mora est.
> Adsum inpiger. Fac nolle,
> comitabor gemens
> Malusque patiar,
> facere quod licuit bono.
> Ducunt volentem fata,
> nolentem trahunt.[92]

12. Vivamos e falemos assim; deixe o destino nos encontrar prontos e alertas. Aqui está uma grande alma: a do homem que se entregou ao destino; por outro lado, é fraco e degenerado o homem que luta e amaldiçoa a ordem do universo e prefere reformar os deuses do que reformar-se.

Mantenha-se Forte. Mantenha-se Bem.

XVI.
SOBRE AS ABORDAGENS DA FILOSOFIA

Saudações de Sêneca a Lucílio.

01. O tópico sobre o qual você me pergunta é um daqueles em que nossa única preocupação é o simples prazer de o solucionar. No entanto, porque é importante e você está com pressa; você não está disposto a esperar pelos livros que estou neste momento organizando e que abraçam todo o departamento de filosofia moral. [93] Devo enviar-lhe os livros imediatamente; mas antes de fazer isso eu devo escrever e dizer-lhe como essa vontade de aprender, a qual eu vejo que está ardente em você, deve ser regulada, de modo que não tropece em si mesma.

02. As coisas não devem ser acumuladas aleatoriamente; nem devem ser avidamente atacadas a granel; alguém chegará ao conhecimento do todo estudando as partes. O fardo deve ser adequado à sua força, você não deve enfrentar mais do que pode lidar adequadamente. Absorva não tudo o que deseja, mas tudo o que pode assimilar neste momento. Tenha uma mente sólida, e então você poderá aguentar tudo o que desejar no futuro. Pois quanto mais a mente recebe, mais ela se expande.

03. Este foi o conselho, lembro, que Átalo[94] me deu nos dias em que praticamente sitiei sua sala de aula, eu era o primeiro a chegar e o último a sair. Mesmo enquanto ele caminhava para cima e para baixo, eu o desafiava a várias discussões, pois ele não só se manteve acessível aos seus alunos, mas encontrou-os a meio caminho. Suas palavras eram: "O mesmo propósito deve possuir tanto o mestre quanto o aprendiz – uma ambição em um caso para ser útil ao seu discípulo, e no outro para progredir e tirar benefício do convívio com o mestre".

04. Aquele que estuda com um filósofo deve obter dele uma coisa boa todos os dias: deve retornar a casa um homem mais completo ou no caminho para se tornar mais sábio. E assim ele retornará, pois é uma das funções da filosofia ajudar não só aqueles que a estudam, mas também aqueles que se associam a ela. Aquele que anda sob o sol, embora não ande com esse propósito, deve ser queimado pelo sol. Aquele que frequenta a loja de perfumistas, e permanece mesmo por pouco tempo, levará com ele o cheiro do lugar. E aquele que segue um filósofo é obrigado a obter algum benefício disso, o que o ajudará mesmo que seja negligente. Marque o que eu digo: "negligente", não "recalcitrante ou indisciplinado".

05. "O que, então?" Você diz: "Não conhecemos certos homens que se sentaram por muitos anos aos pés de um filósofo e ainda não adquiriram a menor matiz de sabedoria?" Claro que conheço esses homens. Na verdade, há cavalheiros perseverantes que se apegam a isso; não os chamo de discípulos do sábio, mas sim de "inquilinos".

06. Certos deles vêm ouvir e não aprender, assim como somos atraídos para o teatro para satisfazer os prazeres da audição, seja por um discurso, seja por uma música ou por uma peça de teatro. Esta classe, como você verá, constitui uma grande parte dos ouvintes, que considera a sala de conferências do filósofo apenas como uma espécie de sala de estar para seu lazer. Eles não se dispõem a deixar de lado quaisquer falhas lá, ou a receber uma regra de vida, pela qual eles poderão testar seu caráter; eles simplesmente desejam desfrutar plenamente as delícias da orelha. E, no entanto, alguns chegam mesmo com cadernos, não para anotar o assunto, mas apenas as palavras, para que possam repeti-las novamente para outros com tão pouco lucro para estes como para os próprios quando as ouviram.

07. Certo número é agitado por frases grandiloquentes e se adapta às emoções do falante com uma viva mudança de rosto e mente – assim como os sacerdotes emasculados de Frígia[95] que costumam ser despertados pelo som da flauta. Mas o verdadeiro ouvinte é arrebatado e agitado pela beleza do assunto, não pelo tinir de palavras vazias. Quando uma palavra ousada é proferida desafiando a morte ou arremessada insolentemente em desafio à Fortuna, nos imaginamos agir imediatamente sobre o que ouvimos. Os homens ficam impressionados com essas palavras e se tornam o que são convidados a ser, caso tal intenção permaneça na mente, mas a população, que desencoraja as coisas honestas, não espera para imediatamente roubar esse impulso nobre; apenas alguns levam de volta para casa a atitude mental com a qual eles foram inspirados.

08. É fácil despertar um ouvinte para que ele implore a justiça, pois a natureza lançou as bases e plantou as sementes da virtude em todos nós. E todos nós nascemos com esses privilégios gerais, portanto, quando o estímulo é adicionado, o bom espírito é agitado como se fosse libertado de algemas. Você não notou como o teatro reverbera sempre que qualquer palavra é dita, cuja verdade nós apreciamos e confirmamos por unanimidade.

> **9. Aos pobres falta muito;**
> **Ao homem ganancioso falta tudo.**
>
> **Um homem ganancioso não**
> **faz o bem a ninguém,**
> **ele faz o pior a si mesmo.**
>
> **Desunt inopiae multa,**
> **avaritiae omnia.**
>
> **In nullum avarus bonus est,**
> **in se pessimus.**[96]

Em versos como esses, o mais desprezível miserável aplaude e se alegra em ouvir seus próprios pecados insultados. Quanto mais você acha que isso é verdade, quando essas coisas são proferidas por um filósofo, quando ele apresenta versos entre seus salutares preceitos, para que possa fazer esses versículos penetrarem mais efetivamente na mente do neófito!

10. Cleantes costumava dizer: "À medida que a nossa respiração produz um som mais alto quando passa através da abertura longa e estreita da trombeta e escapa por um buraco que se amplia ao final, da mesma forma as regras de poesia acentuam nosso pensamento"[97] As mesmas palavras são mais negligentemente recebidas e nos deixam menos impressionados, quando são faladas em prosa; mas quando o ritmo poético é adicionado e quando a prosódia regular comprimiu uma ideia nobre, então o próprio pensamento vem, por assim dizer, se atirando a uma aventura mais completa.

11. Falamos muito sobre desprezar o dinheiro e damos conselhos sobre este assunto nos longos discursos, tanto que a humanidade pode acreditar que as verdadeiras riquezas existem na mente e não na conta bancária, e que o homem que se adapta ao seu pequeno rendimento e se torna rico com uma pequena soma é o homem verdadeiramente rico; mas nossas mentes são mais eficazes quando um versículo como este é repetido:

Precisa de pouco quem deseja pouco. **Tem tudo quanto quer quem só quer o indispensável.**	**Is minimo eget mortalis, qui minimum cupit.** **Quod vult habet, qui velle quod satis est potest.** [98]

12. Quando ouvimos palavras como essas, somos levados a uma confissão da verdade. Mesmo os homens, em cuja opinião nada é suficiente, maravilham-se e aplaudem quando ouvem tais palavras e juram o ódio eterno contra o dinheiro. Quando você os vê assim dispostos, atinja o alvo, mantenha-os assim e responsabilize-os com esse dever, deixando cair todos os significados duplos, silogismos, minúcias e as outras atividades secundárias de inteligência ineficaz. Pregue contra a ganância, pregue contra a vida de luxos. E quando você percebe que fez progressos e impressionou as mentes de seus ouvintes, permaneça ainda mais duramente. Você não pode imaginar quanto progresso pode ser provocado por um discurso dessa natureza, quando está empenhado em curar seus ouvintes e é absolutamente dedicado aos seus melhores interesses. Pois quando a mente é jovem, pode ser mais facilmente conquistada para desejar o que é honroso e justo. A verdade, se puder obter um argumento adequado, terá mãos fortes sobre aqueles que ainda podem ser ensinados, aqueles que foram apenas superficialmente estragados.

13. De qualquer forma, quando eu costumava ouvir Átalo denunciando o pecado, o erro e os males da vida, muitas vezes sentia pena da humanidade e considerava Átalo como um ser nobre e majestoso, acima de nossas alturas mortais. Ele se considerava como um rei, mas eu pensava dele mais que um rei, porque ele tinha o direito de julgar os reis.

14. E, na verdade, quando ele começou a defender a pobreza e mostrar o fardo inútil e perigoso que era tudo o que passava da medida de nossa necessidade, muitas vezes eu desejava deixar sua sala de aula como um pobre homem. Sempre que criticava severamente nossas vidas na busca de prazer e exaltava a pureza pessoal, a moderação na dieta e uma mente livre de supérfluos, para não falar de prazeres ilegais, vinha sobre mim o desejo de limitar minha comida e bebida.

15. E é por isso que alguns desses hábitos ficaram comigo, Lucílio. Pois eu tinha planejado toda a minha vida com grande determinação. E mais tarde, quando voltei aos deveres de um cidadão, eu realmente mantive algumas dessas boas resoluções. É por isso que abandonei as ostras e os cogumelos para sempre; uma vez que eles não são realmente alimentos, mas atrativos para intimidar o estômago saciado a comer mais, como é a elaboração dos gourmands e aqueles que se entopem além de seus poderes de digestão. Engolem rapidamente e vomitam rapidamente!

16. É por isso que também durante a minha vida evitei perfumes; porque o melhor aroma para a pessoa é nenhum perfume. É por isso que meu estômago é desacostumado ao vinho. É por isso que durante toda a minha vida eu evitei os balneários e acreditei que exercitar o corpo e o suar até a magreza é ao mesmo tempo inútil e afeminado. Outras resoluções foram quebradas, mas, de tal modo que, nos casos em que deixei de praticar a abstinência, observei um limite que, de fato, está próximo da abstinência. Talvez seja um pouco mais difícil, porque é mais fácil para a vontade cortar certas coisas por completo do que usá-las com moderação.

17. Na medida em que eu comecei a explicar-lhe quão maior era o meu impulso de abordar a filosofia na minha juventude do que de continuar na minha velhice, não me envergonharei em dizer que zelo ardente Pitágoras inspirou em mim. Sótion[99] costumava me dizer por qual motivo Pitágoras se absteve de comida de origem animal e por qual, nos últimos tempos, Séxtio também. Em cada caso, a razão era diferente, mas era, em cada caso, uma razão nobre.

18. Séxtio acreditava que o homem pode obter sustento suficiente sem recorrer ao sangue e que um hábito de crueldade é formado sempre que o abate é praticado por prazer. Além disso, ele pensava que deveríamos restringir as fontes do nosso luxo. Ele argumentava que uma dieta variada era contrária às leis da saúde e não era adequada às nossas constituições.

19. Pitágoras, por outro lado, considerava que todos os seres estavam inter-relacionados e que havia um sistema de troca entre as almas que transmigravam de uma forma corporal para outra. Segundo ele, nenhuma alma perece ou cessa suas funções, exceto por um pequeno intervalo – quando está sendo vertida de um corpo para outro. Podemos questionar a que horas e depois de que estações de mudança a alma retorna ao homem, após percorrer muitas moradias. Ele fez com que os homens temessem a culpa e o parricídio, pois podiam, sem saber, atacar a alma de seu pai e feri-la com faca ou com dentes – se, como seria possível, o espírito aparentado habitasse temporariamente este pedaço de carne!

20. Quando Sótion expunha esta doutrina, complementando-a com suas próprias provas, ele exclamava: "Você não acredita que as almas são atribuídas, primeiro a um corpo e depois a outro e que a nossa chamada morte é meramente uma mudança de residência? Você não acredita que no gado ou em animais selvagens ou em criaturas das profundezas, a alma daquele que já foi um homem pode habitar? Você não acredita que nada nesta terra seja aniquilado, mas apenas troque de covil? E que os animais também têm ciclos de progresso e, por assim dizer, uma órbita para suas almas, nada menos que os corpos celestes, que giram em circuitos fixos? Os grandes homens colocaram fé nessa doutrina.

21. "Portanto, enquanto mantém a sua própria visão, mantenha toda a questão em suspenso em sua mente. Se a teoria é verdadeira, é uma marca de pureza abster-se de comer carne, se for falso, é economia. E que dano faz dar credibilidade? Estou apenas privando você de comida que sustenta leões e abutres."

22. Fui imbuído desse ensinamento e comecei a abster-me de comida animal; no final de um ano, o hábito era tão agradável quanto fácil. Eu estava começando a sentir que minha mente estava mais ativa, embora eu não diria positivamente se era ou não realidade. Você pergunta como eu vim abandonar a prática? Foi assim: os dias da minha juventude coincidiram com o início do principado de Tibério César.[100] Alguns ritos estrangeiros estavam naquele momento sendo criticados e a abstinência de certos tipos de alimentos animais foi estabelecida como prova de interesse de práticas estrangeiras.[101] Assim, a pedido de meu pai, que não temia perseguição, mas que detestava a filosofia, voltei aos meus hábitos anteriores. E não foi muito difícil induzir-me a jantar mais confortavelmente.

23. Átalo costumava recomendar um colchão que não se submetia ao corpo. E agora, depois de velho como estou, uso um tão duro que não deixa vestígios após a pressão. Eu mencionei tudo isso para mostrar-lhe como são os zelosos neófitos em relação aos seus primeiros impulsos para os ideais mais elevados, desde que alguém faça sua parte em exortá-los e acender seu ardor. Na verdade, erros são cometidos, por culpa de nossos conselheiros, que nos ensinam a debater e não a como viver; também há erros cometidos pelos alunos, que vêm a seus professores para desenvolver, não suas almas, mas suas inteligências. Assim, o estudo da sabedoria torna-se o estudo das palavras.

24. Faz uma grande diferença o que você tem em mente quando se aproxima de um determinado assunto. Se um homem quer ser um erudito e está examinando as obras de Virgílio, ele não interpreta a nobre passagem

O tempo voa e não pode ser restaurado.	fugit inreparabile tempus.[102]

No sentido que se segue: "Devemos nos levantar, a menos que nos apressemos, seremos deixados para trás. O tempo passa rapidamente e nos enrola nele. Somos carregados ignorando o nosso destino, organizamos todos os nossos planos para o futuro e à beira de um precipício estamos tranquilos". Em vez disso, ele traz à nossa atenção a frequência com que Virgílio, ao falar da rapidez do tempo, emprega a palavra "foge" (*fugit*).

Os melhores dias da infeliz vida humana Voam primeiro; Doença e velhice amarga sucedem, E trabalhe, até que a morte áspera arrebate rudemente tudo.	Optima quaeque dies miseris mortalibus aevi Prima fugit; subeunt morbi tristisque senectus Et labor, et durae rapit inclementia mortis.[103]

25. Aquele que considera essas linhas no espírito de um filósofo comenta as palavras em seu próprio sentido: "Virgílio nunca diz: 'O tempo passa', mas 'o tempo voa', porque o último é o movimento mais rápido e em todos os casos, nossos melhores dias são os primeiros a serem arrebatados, por que, então, hesitamos em nos preparar para que possamos acompanhar o ritmo de todas as coisas rápidas?" O bom passa voando e o ruim toma seu lugar.

26. Assim como o vinho mais puro flui do topo do frasco e as escórias mais grossas se instalam no fundo, então, em nossa vida humana, o melhor é o primeiro. Devemos permitir que outros homens vivenciem o melhor e manter a escória para nós mesmos? Deixe esta frase penetrar sua alma, você deve estar satisfeito assim como se fosse proferida por um oráculo: "Os melhores dias da mísera vida humana voam primeiro".

27. Por que "Melhores dias?". Porque o que está por vir é incerto. Por que "Melhores dias?". Porque em nossa juventude somos capazes de aprender, podemos inclinar, para fins mais nobres, mentes que estão propensas e ainda flexíveis, porque este é o momento do trabalho, o tempo para manter nossas mentes ocupadas no estudo e no exercício de nossos corpos com esforço útil. Pois o que resta é mais lento e sem espírito – mais perto do fim. Vamos, portanto, esforçar-nos com toda coragem, evitando distrações pelo caminho, deixe-nos lutar com um único propósito, já que, quando ficamos para trás, compreendemos muito tarde a velocidade do tempo rápido, cujo curso não podemos mais acompanhar. Considere todos os dias, logo que vierem, que sejam bem-vindos como sendo o melhor dia, e deixe que sejam de nossa própria posse.

28. Devemos agarrar o que procura fugir-nos. Agora, aquele que examina com os olhos de estudioso as linhas que acabei de citar, não reflete que nossos primeiros dias são os melhores porque a doença está se aproximando e a velhice pesa sobre nós e paira sobre nossas cabeças enquanto ainda pensamos em nossa juventude. Ele pensa antes na colocação habitual de doença e velhice de Virgílio, e com razão. Pois a velhice é uma doença que não podemos curar.

29. "Além disso", diz ele a si mesmo, "pense no epíteto que acompanha a velhice, Virgílio a chama de amarga. Doença e velhice amarga sucedem." E em outro lugar, Virgílio diz:

> **Há uma doença pálida e uma velhice amarga.**
>
> **Pallentesque habitant morbi tristisque senectus.**[104]

Não há motivo para se maravilhar que cada homem possa coletar da mesma fonte um assunto adequado para seus próprios estudos, pois no mesmo prado a vaca pasta, o cão caça a lebre e a cegonha persegue o lagarto.

30. Quando o livro de Cícero, *Da República*,[105] é aberto por um filólogo, um estudioso ou um seguidor da filosofia, cada homem persegue sua investigação a seu modo. O filósofo se pergunta que tanto poderia ter sido dito nele contra a justiça. O filólogo toma o mesmo livro e comenta o texto da seguinte maneira: havia dois reis romanos – um sem pai e outro sem mãe. De fato nada se sabe ao certo da mãe de Sérvio Túlio,[106] enquanto Anco Márcio[107] não teve pai registrado, dizendo-se dele apenas que era neto de Numa.

31. O filólogo também observa que o oficial a quem chamamos ditador e sobre quem lemos nas nossas histórias sob esse título, era chamado em tempos antigos de *"magister Populi"*,[108] tal é o nome que existe hoje nos registros de augúria,[109] provado pelo fato de que aquele que o ditador escolhia como o segundo em comando era chamado *"magister equitum"*. Ele também observará que Rômulo encontrou seu fim durante um eclipse; que houve um apelo às pessoas mesmo pelos reis.

32. Quando o gramático desenrola esse mesmo volume, ele coloca em seu caderno as formas de palavras, observando que *"reapse"*, equivalente a *"re ipsa"*, é usada por Cícero e *"sepse"* tão frequentemente, que significa *"se ipse"*. Em seguida, ele volta sua atenção para as mudanças no uso atual da palavra. Cícero, por exemplo, diz: "Na medida em que somos convocados de volta do próprio calx[110] por sua interrupção". Hoje, a linha do hipódromo que chamamos de "linha de meta" era chamada de *calx* por homens de tempos antigos.

33. Novamente, ele junta alguns versos de Ênio, especialmente aqueles que se referiam a Africano:

Um homem para quem nem amigo nem inimigo poderiam conceder Devida recompensa por todos os seus esforços e sua ação.	cui nemo civis neque hostis Quibit pro factis reddere opis pretium.[111]

A partir desta passagem, o estudioso declara que ele infere a palavra *opis* como significando anteriormente não apenas assistência, mas esforços.

Pois Ênio queria dizer que nem amigo nem inimigo poderiam pagar a Cipião uma recompensa digna de seus esforços.

34. Em seguida, ele se felicita por encontrar a fonte das palavras de Virgílio:

Sobre cuja cabeça o poderoso portão do Céu troveja.	quem super ingens porta tonat caeli.[112]

Observando que Ênio roubou a ideia de Homero, e Virgílio, de Ênio. Pois há um par de versos por Ênio, preservado neste mesmo livro de Cícero, *Da República*:

Se for correto para um mortal escalar as regiões do céu, Então o enorme portão do céu abre em glória para mim.	Si fas endo plagas caelestum ascendere cuiquam est. Mi soli caeli maxima porta patet.[113]

35. Mas também eu, quando engajado em outra tarefa, não pude entrar no departamento do filólogo ou do gramático, meu conselho é este – que todo o estudo da filosofia e toda a leitura devam ser aplicadas à ideia de viver uma vida feliz, que não devemos perseguir palavras arcaicas ou rebuscadas e metáforas e figuras de discurso excêntricas, mas que devemos buscar preceitos que nos ajudem, enunciados de coragem e espírito que possam ser transformados em fatos. Devemos aprender, assim, que as palavras podem tornar-se ações.

36. E considero que nenhum homem tratou a humanidade pior do que aquele que estudou filosofia como se fosse um comércio, que vive de maneira diferente daquela que aconselha. Pois esses são responsáveis por todas as falhas que criticam e anunciam-se como padrões de treinamento inútil.

37. Um professor como esse não pode me ajudar, não mais do que um timoneiro que sente enjoo pode ser eficiente em uma tempestade. Ele deve segurar o leme quando as ondas estão batendo, ele deve lutar, por assim dizer, com o mar; ele deve enrolar suas velas quando a tempestade se enfurece; que utilidade tem um timoneiro assustado e vomitando?

E quanto maior, pense, é a tempestade da vida do que aquela que ataca qualquer navio! É preciso dirigir, não falar. Todas as palavras que esses homens proferem e manipulam frente a uma multidão que escuta, pertencem aos outros.

38. Elas foram faladas por Platão, faladas por Zenão, por Crisipo ou por Posidônio e por toda uma série de estoicos tão numerosos quanto excelentes. Devo mostrar-lhe como os homens podem provar que as palavras são suas: fazendo o que têm falado. Já que eu lhe dei a mensagem que eu queria transmitir, agora vou satisfazer seu desejo e reservarei para uma nova carta uma resposta completa para sua convocação; para que você não se aproxime cansado de um assunto que é espinhoso e que deve ser seguido com uma mente concentrada e cuidadosa.

Mantenha-se Forte. Mantenha-se Bem.

XVII.

SOBRE A ASSOCIAÇÃO COM HOMENS SÁBIOS

Saudações de Sêneca a Lucílio.

01. Você expressou o desejo de saber se um sábio pode ajudar um homem sábio. Pois dizemos que o homem sábio é completamente dotado de todo bem e alcançou a perfeição; consequentemente, surge a questão de como é possível que alguém ajude uma pessoa que já possui o bem supremo. Os homens bons são mutuamente úteis, pois cada um dá prática às virtudes do outro e, portanto, mantém a sabedoria em seu nível adequado. Cada um precisa de outro homem de bem com quem possa fazer comparações e investigações.

02. Os lutadores qualificados são mantidos assim pela prática, um músico é induzido à ação por um de igual proficiência. O homem sábio também precisa ter suas virtudes em prática e mesmo estando disposto a fazer as coisas, ele também se sente estimulado por outro homem sábio.

03. Como um sábio pode ajudar outro sábio? Ele pode acelerar seus impulsos e apontar para ele oportunidades de ação honrosa. Além disso, ele pode desenvolver algumas de suas próprias ideias, ele pode transmitir o que descobriu. Pois mesmo no caso do homem sábio, algo sempre permanecerá para descobrir, algo para o qual sua mente possa fazer novos empreendimentos.

04. Os homens perversos prejudicam os homens perversos, cada um ativa o outro despertando sua ira, aprovando sua grosseria e louvando seus prazeres; os homens perversos estão em seu pior estágio quando suas faltas estão mais completamente misturadas e sua maldade foi, por assim dizer, combinada em parceria. Por outro lado, um homem de bem ajudará outro homem de bem. "Como?", você pergunta.

05. Porque ele vai trazer alegria para o outro, ele fortalecerá sua fé e, a partir da contemplação de sua tranquilidade mútua, o prazer de ambos será aumentado. Além disso, eles trocarão o conhecimento de certos fatos, pois o homem sábio não é onisciente.[114] E mesmo se tivesse todo o conhecimento, alguém poderia inventar e apontar atalhos, para que todo o assunto pudesse ser mais facilmente divulgado.

06. O sábio ajudará os sábios, não por causa de sua própria força meramente, mas por causa da força do homem a quem ele auxilia. O último, é verdade, pode por si mesmo desenvolver suas próprias partes, no entanto, mesmo quem esteja correndo bem é ajudado por alguém que lhe lance uma voz de incitamento. Uma possível objeção será: "Mas o sábio realmente não ajuda o sábio, ele apenas se ajuda. Deixe-me dizer-lhe isto: tire de um deles seu poder especial e o outro não conseguirá nada".

07. Você também pode, nessa base, dizer que a doçura não está no mel, pois é a própria pessoa que o come, que está equipada, tanto com a língua quanto com o paladar, para provar esse tipo de comida que o sabor especial atrai, e qualquer outra coisa desagrada. Pois existem certos homens tão afetados por doença que consideram o mel amargo. Ambos os homens devem estar em boa saúde para que um possa ser útil e o outro possa ser ajudado.

08. Novamente, eles dizem: "Quando o maior grau de calor é alcançado, é inútil aplicar mais calor, e quando o bem supremo foi alcançado, é supérfluo ter um ajudante. Um fazendeiro completamente abastecido pede mais suprimentos de seus vizinhos? Um soldado suficientemente armado em ação precisa de mais armas? Muito bem, o homem sábio também não, pois ele está suficientemente equipado e suficientemente armado para a vida".

09. A minha resposta a isto é que, quando algo é aquecido ao mais alto grau, é preciso ter o calor continuado para manter a temperatura em seu auge. E se for defendido que o calor é autopreservado, eu digo que existem grandes distinções entre as coisas que você está comparando; pois o calor é uma coisa única, mas a utilidade é de muitos tipos. Novamente, o calor não é ajudado pela adição de calor, mas o sábio não pode manter seu padrão mental sem ter uma relação com amigos de sua própria espécie com quem ele possa compartilhar seus bens.

10. Além disso, há uma espécie de amizade mútua entre todas as virtudes. Assim, aquele que ama as virtudes de seus pares e, por sua vez, exibe a sua própria para ser amada, é útil. Assim como as coisas dão prazer, especialmente quando são honradas e quando os homens sabem que há uma aprovação mútua.

11. E, além disso, ninguém, senão um homem sábio, pode induzir a alma de outros sábios de maneira inteligente, assim como o homem só pode ser alertado de maneira racional pelo homem. Portanto, a razão é necessária para o incitamento da razão, então, para provocar uma razão perfeita, é necessária uma razão perfeita.

12. Alguns dizem que somos ajudados mesmo por aqueles que nos concedem os chamados benefícios "indiferentes", como dinheiro, influência, segurança e todos os outros acessórios valiosos ou essenciais para a vida. Se pensarmos dessa maneira, o mais verdadeiro tolo poderia ajudar um homem sábio. Ajudar, no entanto, significa realmente induzir a alma de acordo com a natureza, tanto pela excelência do instigador quanto pela excelência daquele que é instigado. E isso não pode acontecer sem benefício para o ajudante também. Pois para treinar a excelência do outro, um homem deve necessariamente treinar sua própria.

13. Mas, para omitir da discussão os bens supremos ou as coisas que os produzem, os sábios podem, pelo menos, ser mutuamente úteis. Pois a simples descoberta de um sábio por um sábio é em si um evento desejável, uma vez que tudo o que é bom é naturalmente estimado pelo homem de bem e por isso este se sente bem na presença de um homem de bem, assim como se sente bem consigo próprio.

14. É necessário que eu passe deste tópico para outro, a fim de provar o meu ponto. Põe-se a pergunta se o sábio vai tomar sozinho suas deliberações, ou se ele pedirá a outros aconselhamento. Ele é obrigado a fazer isso quando se aproxima dos deveres do Estado e domésticos, tudo, por assim dizer, que seja mortal. Ele precisa de conselhos externos sobre tais assuntos, assim como o médico, o piloto, o advogado ou um juiz de instrução. Por isso, os sábios às vezes ajudam os sábios; pois eles se persuadirão. Mas também nesses assuntos de grande importância, sim, de importação divina, como eu os chamo, o homem sábio também pode ser útil discutindo coisas honestas em comum e contribuindo com seus pensamentos e ideias.

15. Além disso, é de acordo com a natureza mostrar carinho por nossos amigos e se alegrar de seu avanço como se fosse absolutamente nosso. Pois, se não fizermos isso, mesmo a virtude, que cresce forte apenas por meio do exercício de nossas percepções, não permanecerá conosco. A virtude nos aconselha a organizar o presente bem, a pensar sobre o futuro, deliberar e aplicar nossas mentes. Assim, aquele que conversa com um amigo, pode aplicar sua mente mais facilmente e resolver seu problema. Portanto, ele procurará o homem sábio perfeito ou aquele que progrediu até um ponto que faz fronteira com a perfeição. O sábio perfeito, além disso, nos ajudará se apresentar bom senso comum.

16. Dizem que os homens veem melhor os assuntos dos outros do que os seus. Um defeito de caráter causa isso naqueles que são cegos pelo amor-próprio e cujo medo na hora do perigo tira sua visão clara daquilo que é útil. Será quando um homem estiver mais à vontade e libertado do medo que ele começará a ser sábio. No entanto, existem certos assuntos em que até mesmo os homens sábios veem os fatos mais claramente no caso dos outros do que em seu próprio caso. Além disso, o homem sábio, em companhia de seu sábio companheiro, confirmará a verdade desse mais doce e honroso provérbio: "Sempre desejar e sempre recusar exatamente as mesmas coisas"; assim obterão um resultado nobre quando ambos suportarem a carga "com igual jugo".

17. Respondi assim a sua demanda, embora tenha sido alvo de assuntos que incluo nos meus volumes sobre a filosofia moral. Reflita, como costumo dizer, que não há nada em tais tópicos para nós, exceto a ginástica mental. Pois eu volto repetidamente à questão: "Que bem isso faz a mim? Me deixa mais corajoso, mais justo, mais comedido? Ainda não tive a oportunidade de usar meu treinamento, pois ainda preciso do médico!

18. "Por que você me pede um conhecimento inútil? Você prometeu coisas ótimas, teste-me, observe-me! Você me assegurou que eu estaria sem medo, embora espadas estivessem passando em volta de mim, embora a ponta da lâmina estivesse arranhando minha garganta. Você me assegurou que eu ficaria à vontade, embora incêndios estivessem ardendo em torno de mim, ou embora um turbilhão repentino devesse arrebatar meu navio e transportá-lo mar afora. Agora, ajude-me então, para que eu saiba como desprezar o prazer e a glória. Depois disso, você deve me ensinar a resolver problemas complicados, a resolver pontos duvidosos, a ver o que não é claro, ensine-me agora apenas o que é necessário eu saber!"

Mantenha-se Forte. Mantenha-se Bem.

XVIII.
SOBRE VERDADEIRAS E FALSAS RIQUEZAS

Saudações de Sêneca a Lucílio.

01. Da minha vila de Nomento, envio-lhe saudações e convido-o a manter um espírito sadio dentro de você, em outras palavras, que ganhe a bênção de todos os deuses, pois aquele que se torna uma bênção a si mesmo é assegurado das graças e favores. Deixe de lado a crença de certas pessoas – que um deus é atribuído a cada um de nós como uma espécie de atendente – não uma divindade de estatura regular, mas uma de menor grau – uma daquelas que Ovídio chama de "a plebe divina".[115] No entanto, ao deixar de lado essa crença, gostaria que você se lembrasse que nossos antepassados, que seguiam tal credo, tornaram-se os maiores estoicos, pois atribuíram um gênio ou uma juno[116] a cada indivíduo.

02. Mais tarde, investigaremos se os deuses têm tempo suficiente para cuidar das preocupações dos particulares. Entretanto, você deve saber se estamos destinados a guardiões especiais ou se somos negligenciados e consignados à Fortuna, você não pode amaldiçoar um homem a uma maldição mais pesada do que rezar para que ele esteja em inimizade consigo mesmo. Não há razão, no entanto, para que você peça aos deuses que sejam hostis a quem você considere merecer o castigo; eles são hostis a essa pessoa, eu afirmo, mesmo que ela pareça avançar por seus favores.

03. Ponha em prática uma investigação cuidadosa, considerando como nossos assuntos realmente estão e não o que os homens dizem deles; então você entenderá que os males são mais propensos a nos ajudar do que nos prejudicar. Por quantas vezes a chamada aflição tem sido a fonte e o início da felicidade! Quantas vezes os privilégios que recebemos com grande expressão de gratidão criaram degraus para o topo de um precipício, elevando homens que já eram distintos, como se estivessem anteriormente em uma posição de onde poderiam cair em segurança!

04. Mas esta mesma queda não tem nada de mau, se você considerar o fim, após o qual a natureza não deixa nenhum homem mais baixo.[117] O limite universal está próximo; sim, há perto de nós o ponto em que o homem próspero se julga expulso e o ponto onde o infeliz é liberado. Somos nós mesmos que expandimos esses dois limites, estendendo-os por nossas esperanças e pelos nossos medos. Se, no entanto, você é sábio, mede todas as coisas de acordo com o estado do homem; restringe ao mesmo tempo tanto suas alegrias quanto seus medos. Além disso, não vale a pena se alegrar com nada por muito tempo, da mesma forma que não deve temer nada por muito tempo.

05. Mas por que limito o escopo deste mal? Não há razão para se supor que se tema qualquer coisa. Todas essas coisas que nos agitam e mantêm--nos apreensivos são coisas vazias. Nenhum de nós provou a verdade; passamos o medo um para o outro; ninguém se atreveu a se aproximar do objeto que causa seu medo e a compreender a natureza do medo – sim, o bem por trás disso. É por isso que a falsidade e a vaidade ainda ganham crédito, porque não são refutadas.

06. Deixe-nos considerar que vale a pena examinar de perto o assunto; então ficará claro quão fugazes, quão inseguras e quão inofensivas são as coisas que tememos. O distúrbio em nossos espíritos é semelhante ao que Lucrécio detectou:

Como meninos que se acovardam no escuro,	**Nam veluti pueri trepidant atque omnia caecis**
Então, os adultos à luz do dia sentem medo.	**In tenebris metuunt, ita nos in luce timemus**[118]

O que, então? Não somos mais tolos do que qualquer criança, nós que *"à luz do dia sentimos medo"*?

07. Mas você estava errado, Lucrécio; não temos medo à luz do dia; nós transformamos tudo em um estado de escuridão. Não vemos o que prejudica nem o que nos beneficia. Passamos toda nossa vida a correr, a tropeçar às cegas e nem por isso somos capazes de parar ou de prestar atenção onde colocamos os pés. Mas você vê que loucura é correr para a frente no escuro. Na verdade, estamos empenhados em nos chamar de volta de uma longa distância, e embora não conheçamos nosso objetivo, ainda nos apressamos com velocidade selvagem na direção para onde estamos nos esforçando.

08. A luz, no entanto, pode começar a brilhar, desde que estejamos dispostos. Mas tal resultado pode ocorrer apenas de uma forma: se adquirimos pelo conhecimento essa familiaridade com coisas divinas e humanas, se não somente nos inundarmos, mas nos inclinarmos neles, se um homem analisa os mesmos princípios, mesmo que ele os compreenda e aplique-os de novo e de novo em si mesmo, se ele investigou o que é bom, o que é maligno e o que tem sido falsamente assim chamado; e, finalmente, se ele investigou a honra e a infâmia e a providência.

09. O alcance da inteligência humana não está confinado dentro desses limites, também pode explorar fora do universo: seu destino e sua fonte e a ruína para a qual toda a natureza se apressa tão rapidamente. Retiramos a alma dessa contemplação divina e a arrastamos para tarefas precárias e mesquinhas, de modo que pudesse ser escrava da ganância, a fim de que ela abandonasse o universo e seus limites e, sob o comando de mestres que tentam todos os possíveis esquemas, espreita debaixo da terra e procura o mal que pode arrancar de lá,[119] descontente com o que foi livremente oferecido a ela.

10. Agora, Deus, que é o pai de todos nós, colocou à nossa mão as coisas que ele pretendia para o nosso bem. Ele não esperou por nenhuma busca de nossa parte e Ele nos deu tudo voluntariamente. Mas o que seria prejudicial, Ele enterrou profundamente na terra. Nós não podemos reclamar de nada além de nós mesmos; pois trazemos à luz os materiais para a nossa destruição, contra a vontade da natureza, que os escondeu. Aprisionamos nossas almas ao prazer, cujo serviço é a fonte de todo o mal; nos entregamos ao egoísmo e reputação e a outros objetivos igualmente vazios e inúteis.

11. O que, então, eu o encorajo a fazer agora? Nada de novo, não estamos tentando encontrar curas para novos males, mas antes de tudo saber claramente o que é necessário e o que é supérfluo. O que é necessário pode ser encontrado em todos os lugares; o que é supérfluo sempre deve ser caçado e com grande esforço.

12. Mas não há nenhuma razão pela qual você deva se lisonjear demais se você desprezar sofás dourados e móveis com joias. Pois que virtude reside em desprezar coisas inúteis? A hora de admirar sua própria conduta é quando você vier a desprezar as necessidades. Você não faz nada de bom se puder viver sem pompa real, se não sentir nenhum desejo por javalis que pesam mil libras ou por línguas de flamingo,[120] ou por outros absurdos de um luxo que já se cansou de caça cozida inteira e que escolhe diferentes pedaços de animais separados. Eu só o admirarei quando tiver aprendido a desprezar até mesmo o pão comum, quando você se fizer acreditar que a grama cresce tanto para as necessidades dos homens quanto para as do gado, quando descobrir que brotos de árvores podem preencher a barriga, na qual entulhamos coisas de valor como se pudesse manter o que recebeu. Devemos satisfazer nossos estômagos sem ser muito seletivos. O que importa aquilo que o estômago recebe, uma vez que deve perder o que recebeu?

13. Você aprecia as iguarias cuidadosamente planejadas que são capturadas na terra e no mar; algumas são mais agradáveis se forem trazidas frescas para a mesa, outras, após uma longa alimentação e engorda forçada, quase derretem e dificilmente podem reter sua própria gordura. Você gosta do sabor sutilmente elaborado desses pratos. Mas asseguro-lhe que tais pratos cuidadosamente escolhidos e variados, uma vez que entram no estômago, serão digeridos pela mesma corrupção, transformando-se em uma massa repugnante. Para desprezar o prazer da mesa, nada melhor do que ver em que se transformam os alimentos!

14. Lembro-me de algumas palavras de Átalo,[121] que provocaram aplausos gerais: "As riquezas me enganaram por muito tempo. Eu costumava ficar atordoado quando pegava algum brilho delas aqui e ali. Eu costumava pensar que sua influência escondida combinava com o seu show visível. Mas uma vez, em um determinado entretenimento elaborado, vi trabalho em relevo em prata e ouro igualando a riqueza de uma cidade inteira, e cores e tapeçarias concebidas para combinar objetos que superaram o valor do ouro ou da prata – trazidas não apenas além de nossas próprias fronteiras, mas de além das fronteiras de nossos inimigos. Escravos notáveis por seu treinamento e beleza, de outro lado, multidões de mulheres escravas e todos os outros recursos que um império próspero e poderoso poderia oferecer depois de rever suas posses.

15. "O que mais é isso, eu disse para mim mesmo, do que um despertar dos anseios do homem, que são provocadores de luxúria por si mesmos? Qual o significado de toda essa exibição de dinheiro? Nós nos reunimos apenas para saber o que a ganância é? Por minha parte, eu deixei o lugar com menos desejo do que eu tinha quando entrei. Eu vim a desprezar riquezas, não por causa de sua inutilidade, mas por causa de sua mesquinhez.

16. "Você notou como, dentro de algumas horas, esse show, por mais lento que fosse e cuidadosamente organizado, estaria findo e acabado? Um negócio encheu toda a nossa vida, o que não poderia preencher um dia inteiro? Eu também tinha outro pensamento: as riquezas me pareciam tão inúteis para os possuidores como para os espectadores.

17. "De acordo com isso, digo para mim mesmo sempre que um show desse tipo deslumbra meus olhos, sempre que vejo um esplêndido palácio com um corpo bem preparado de atendentes e belos portadores carregando uma liteira: por que se maravilhar? Por que admirar-se? É tudo show, tais coisas são exibidas, não possuídas, enquanto elas passam.

18. "Foque-se de preferência nas verdadeiras riquezas. Aprenda a se contentar com pouco e a gritar com coragem e com grandeza de alma: 'Temos água, temos mingau, vamos competir em felicidade com o próprio Júpiter'. E por que não, lhe peço, faça esse desafio mesmo sem mingau e água! Porque é tão vil que a vida feliz dependa da prata e do ouro como é vil que dependa da água e do mingau. 'Mas, alguns vão dizer, o que eu poderia fazer sem essas coisas?'

19. "Você pergunta qual é a cura para o desejo? É fazer com que a fome satisfaça a fome; pois, de qualquer outra forma, que diferença existe na pequenez ou na amplitude das coisas que o forçam a ser um escravo? O que importa quão insignificante é o que a Fortuna recusa a você?

20. "Seu próprio mingau e água podem cair sob a jurisdição de outro; e, além disso, a liberdade vem, não para aquele sobre quem a Fortuna tem pouco poder, mas para aquele sobre quem ela não tem poder. Isto é o que quero dizer: você não deveria desejar nada, se você pudesse rivalizar com Júpiter; pois Júpiter não anseia nada." Foi o que Átalo[122] nos disse. Se você está disposto a pensar muitas vezes sobre essas coisas, você se esforçará não para dar a impressão de felicidade, mas para ser feliz e, além disso, para parecer feliz para você e não aos outros.

Mantenha-se Forte. Mantenha-se Bem.

XIX.
SOBRE A FUTILIDADE DA GINÁSTICA MENTAL (SOFISMAS)

Saudações de Sêneca a Lucílio.

01. Você me pediu para lhe dar uma palavra latina para a "sophismata"[123] do grego. Muitos tentaram definir o termo, mas nenhuma tradução acabou sendo aceita. Isso é natural, na medida em que a própria coisa não foi admitida em uso geral entre nós; o nome também encontrou a oposição. Mas a palavra que Cícero usou parece-me mais adequada: ele os chama de "cavillationes".[124]

02. Se um homem se entregou a ela, ele tece uma sutileza complicada, mas não faz nenhum progresso em direção à vida real. Ele não se torna mais valente, nem mais comedido, nem mais elevado em espírito. Aquele, no entanto, que pratica a filosofia para efetuar sua própria cura, torna-se de grande alma, cheio de confiança, invencível e maior à medida que se aproxima da filosofia.

03. Este fenômeno é visto no caso de montanhas altas, que parecem menos elevadas quando vistas de longe, mas que demonstram claramente quão altos são os picos quando você se aproxima delas; assim, meu querido Lucílio, é nosso verdadeiro filósofo, verdadeiro por seus atos e não por seus truques. Ele está em um lugar alto, digno de admiração, elevado e realmente ótimo. Ele não se estica nem anda na ponta dos pés como aqueles que procuram melhorar sua altura por truques, desejando parecer mais altos do que realmente são. Ele está contente com sua própria grandeza.

04. E por que ele não estaria contente em ter crescido a tal altura que a Fortuna não possa mais alcançar com suas mãos? Ele está, portanto, acima das coisas terrenas, impassível em todas as condições, se o curso da vida é livre, ou se ele é atacado e viaja em mares perturbados e desesperados; mas essa firmeza não pode ser obtida por meio de sutilezas como acabei de mencionar. A mente brinca com elas, mas não há lucro; a mente em tais casos está simplesmente arrastando a filosofia de suas alturas para o chão.

05. Eu não proibiria você de praticar tais exercícios ocasionalmente, mas que seja em momentos em que você não deseja fazer nada. A pior característica, no entanto, que essas indulgências apresentam é que elas adquirem uma espécie de charme inato, ocupando e prendendo a alma por uma demonstração de sutileza. Embora assuntos tão mais importantes reivindiquem nossa atenção e toda uma vida pareça insuficiente para aprender o princípio único do desprezo à vida. "O quê? Você não quis dizer 'controle' em vez de 'desprezo'?" Não; "controlar" é a segunda tarefa; pois ninguém controla sua vida a menos que tenha aprendido a desprezá-la.

Mantenha-se Forte. Mantenha-se Bem.

XX.
SOBRE REFORMAR PECADORES CONTUMAZES

Saudações de Sêneca a Lucílio.

01. Estou realmente desejoso de que seu amigo seja moldado e treinado, de acordo com seus desejos. Mas ele foi levado em um estado muito endurecido, ou melhor dizendo – e este é um problema mais difícil –, em um estado muito amolecido, quebrado por hábitos ruins e arraigados. Gostaria de lhe dar uma ilustração do meu próprio trabalho manual.[125]

02. Não é toda videira que admite o processo de enxerto, se for velha e decaída ou se for fraca e esguia, a videira não receberá o enxerto ou não o alimentará tornando-o parte de si mesma, nem se acomodará às qualidades e natureza da parte enxertada. Por isso, normalmente, cortamos a videira acima do solo, de modo que se não obtivermos resultados no início, podemos tentar um segundo empreendimento, enxertando abaixo do chão.

03. Agora, essa pessoa, sobre quem você me enviou sua mensagem por escrito, não tem força; porque ele mimou seus vícios. Ele, ao mesmo tempo, tornou-se flácido e endurecido. Ele não pode receber razão, nem pode nutri-la. "Mas", você diz, "ele deseja a razão de sua própria vontade". Não acredite nele. Claro que não quero dizer que ele está mentindo para você, pois ele realmente pensa que ele deseja. A luxúria simplesmente molesta seu estômago, ele logo se reconciliará com isso novamente.

04. "Mas ele diz que ele abandonou seu modo de vida anterior". Muito provável. Quem não o fez? Os homens amam e odeiam seus vícios ao mesmo tempo. Será a estação adequada para julgá-lo quando ele nos der uma garantia de que realmente odeia a libertinagem; a situação agora é que, a luxúria e ele simplesmente não estão se falando, estão "de mal".

Mantenha-se Forte. Mantenha-se Bem.

XXI.
SOBRE A VAIDADE DA ALMA
E SEUS ATRIBUTOS

Saudações de Sêneca a Lucílio.

01. Você deseja que eu lhe apresente minha opinião sobre esta questão, que foi discutida em nossa escola, ou seja, se a justiça, a coragem, a prudência e demais virtudes são coisas animadas.[126] Com tantas minúcias como esta, meu amado Lucílio, fizemos as pessoas pensarem que aguçamos nossa inteligência em objetivos inúteis e desperdiçamos nosso tempo de ócio em discussões que não serão lucrativas. No entanto, eu devo fazer o que você pede e devo apresentar o assunto conforme nossa escola. Por mim, eu confesso a outra crença: considero que existam certas coisas que somente se adequam a um portador de sapatos brancos e um manto grego.[127] Mas quais crenças que agitaram os antigos ou aquelas que os antigos agitaram para discussão, eu vou explicar a você.

02. A alma, os homens estão de acordo, é uma coisa viva, animada, pois por si só pode fazer coisas vivas e porque os *"seres animados"* herdaram o seu nome a partir dela. Mas a virtude não é senão uma alma em certa condição, portanto, é uma coisa viva. Mais uma vez, a virtude é ativa e nenhuma ação pode ocorrer sem impulso. E se uma coisa tem impulso, deve ser uma coisa viva, pois ninguém, exceto um ser vivo, possui impulso.

03. Uma objeção a isso seria: "Se a virtude é um ser animado, a virtude própria possui virtude". É claro que possui a si própria! Assim como o sábio faz tudo por causa da virtude, a virtude cumpre tudo por causa de si mesma. "Nesse caso", dizem eles, "todas as artes também são coisas vivas e todos os nossos pensamentos e tudo o que a mente compreende. Portanto, segue que muitos milhares de seres vivos habitam no coração minúsculo do homem e que cada indivíduo entre nós consiste, ou pelo menos contém, muitos seres vivos". Você está irritado por esta observação? Quer saber como se pode responder a esta objeção? Dizendo que cada um desses será um ser vivo, sem que formem um conjunto de seres animados. E por quê? Eu vou explicar, se você aplicar toda sua argúcia e concentração às minhas palavras.

04. Cada ser vivo deve ter uma substância separada, mas como todas as coisas mencionadas acima têm uma alma única, consequentemente podem ser seres vivos separados, mas sem pluralidade. Eu mesmo sou um ser vivo e um homem; mas você não pode dizer que há dois de mim por esse motivo. E por quê? Porque, se fosse assim, eles deveriam ser duas existências separadas. Isto é o que quero dizer: um teria que ser separado do outro para produzir dois. Mas sempre que você tem o que é múltiplo em um todo, ele cai na categoria de uma única natureza e, portanto, é único.

05. Minha alma é uma coisa viva e eu também, mas não somos dois seres separados. E por quê? Porque a alma é parte de mim mesmo. Só será considerada como algo definido em si mesma quando subsistir individualmente. Mas, enquanto for parte de outro, não pode ser considerada distinta. E por quê? Eu lhe direi: é porque o que é distinto deve ser pessoal e peculiar em si mesmo, um todo e completo fechado sobre si mesmo.

06. Eu mesmo já havia dito ser de opinião diferente, pois, se adotarmos essa crença, não só as virtudes serão seres vivos, mas também os seus vícios opostos e as emoções, como a ira, o medo, o sofrimento e a desconfiança. Não, o argumento nos levará ainda mais longe – todas as opiniões e todos os pensamentos serão coisas vivas. Isso não é admissível, já que qualquer coisa que o homem faça não é necessariamente o próprio homem.

07. "O que é justiça?", as pessoas perguntam. A justiça é uma alma que se mantém em certa atitude. "Então, se a alma é um ser vivo, também é a justiça". De jeito nenhum. Pois a justiça é realmente um estado, uma espécie de poder da alma e essa mesma alma se transforma em várias similitudes e não se torna um tipo diferente de ser vivo sempre que age de forma distinta. Nem o resultado da ação da alma é uma coisa viva.

08. Se a justiça, a coragem e as outras virtudes tiverem vida real, elas deixam de ser seres vivos e então começam a viver novamente ou são sempre seres vivos? Mas as virtudes não podem deixar de existir. Portanto há muitos, ou melhor, inúmeros seres vivos que residem temporariamente nesta alma.

09. "Não", é a resposta, "nem muitos, porque estão todos ligados a um, sendo partes e membros de um todo único". Estamos então retratando para nós uma imagem da alma como a de uma hidra de múltiplas cabeças – cada cabeça separada lutando e destruindo de forma independente. E, no entanto, não há coisa viva separada para cada cabeça. É a cabeça de uma coisa viva, e a própria hidra é uma única coisa viva. Ninguém jamais acreditou que a Quimera[128] continha um leão vivo ou uma serpente viva; estas eram apenas partes da quimera inteira e partes não são coisas vivas.

10. Então, como você pode inferir que a justiça é uma coisa viva? "Justiça", as pessoas respondem, "é ativa e útil, o que age e é útil, possui impulso, e aquele que possui impulso é um ser vivo". É verdade, se o impulso é próprio. Mas, no caso da justiça, não é, o impulso vem da alma.

11. Todo ser vivo existe na mesma natureza em que se iniciou até a morte; um homem, até que ele morra, é um homem, um cavalo é um cavalo, um cachorro é um cachorro. Eles não podem se transformar em nada mais. Agora, conceda que a justiça, que é definida como "uma alma em uma determinada atitude", seja uma coisa viva. Vamos supor que seja assim. Então a coragem também está viva, sendo "uma alma com certa atitude". Mas qual alma? A que foi definida antes como justiça? A alma é mantida dentro do primeiro ser nomeado e não pode transmutar para outro, deve durar a sua existência no meio onde teve sua origem.

12. Além disso, não pode haver uma alma para dois seres vivos, muito menos para muitos seres vivos. E se justiça, coragem, prudência e todas as outras virtudes são seres vivos, como elas terão uma alma? Elas devem possuir almas separadas ou então não são coisas vivas.

13. Vários seres vivos não podem ter um só corpo, isso é admitido por nossos próprios adversários. Agora, o que é o "corpo" da justiça? "A alma", eles assumem. E da coragem? "A alma também". E, no entanto, um único corpo não pode pertencer em simultâneo a dois seres animados.

14. "A mesma alma, no entanto", eles respondem, "assume a aparência da justiça ou coragem ou prudência." Isso seria possível se a coragem estivesse ausente quando a justiça estiver presente e se prudência estivesse ausente quando coragem estiver presente; como é o caso agora, todas as virtudes existem ao mesmo tempo. Então como virtudes separadas podem ser seres vivos, se você admite que existe uma única alma, que não pode criar mais do que um único ser vivo?

15. Novamente, nenhum ser vivo faz parte de outro ser vivo. Mas a justiça é parte da alma; portanto, a justiça não é uma coisa viva. Parece que estava perdendo tempo em algo que é um fato reconhecido, pois alguém deveria criticar esse tópico em vez de debatê-lo. E não há dois seres vivos iguais. Considere os corpos de todos os seres: cada um tem a sua cor, forma e tamanho particulares.

16. E entre as outras razões para se maravilhar com o gênio do divino criador é, eu acredito, isto: que, em toda essa abundância, não há repetição; mesmo aparentemente semelhantes, as coisas são, em comparação, distintas. A divindade criou todo o grande número de folhas que vemos: cada uma, no entanto, está marcada com seu padrão especial. De todos os muitos animais: nenhum se parece com outro – sempre há alguma diferença! O criador estabeleceu a tarefa de fazer coisas diferentes e desiguais; mas todas as virtudes, como seu argumento afirma, são iguais. Portanto, elas não são coisas vivas.

17. Todo ser vivo age por si só; mas a virtude não faz nada por si mesma; deve agir em conjunto com o homem. Todos os seres vivos são dotados de razão, como homens e deuses, ou são irracionais, como animais selvagens ou domésticos. As virtudes, em qualquer caso, são racionais. E mesmo assim não são homens nem deuses portanto, elas não são coisas vivas.

18. Todo ser vivo possuído de razão é inativo se não for provocado pela primeira vez por alguma impressão externa; então o impulso vem, e finalmente o consentimento confirma o impulso. Agora, o que é consentimento, eu vou explicar. Suponha que eu queira dar um passeio: eu ando, mas só depois de pronunciar o comando para mim e ter aprovado esta minha opinião. Ou suponha que eu deva me sentar; eu me sento, mas só depois do mesmo processo. Esse consentimento não é parte da virtude.

19. Vamos supor que seja prudência; como irá a prudência concordar com a opinião: "Devo eu dar uma volta?" A natureza não permite isso. Pois a prudência cuida dos interesses de seu possuidor e não de si mesmo.

A prudência não pode andar nem se sentar. Consequentemente, não possui o poder do consentimento e não é um ser vivo possuído de razão. Mas se a virtude é uma coisa viva, é racional. Mas não é racional, portanto, não é um ser vivo.

20. Se a virtude é uma coisa viva e a virtude é um bem – não seria então, todo bem um ser vivo?[129] Isto é o que nossa escola professa. Agora, salvar a vida de um pai é um bem, também é um bem pronunciar no senado a opinião de uma pessoa criteriosa e é um bem entregar opiniões justas, portanto, o ato de salvar a vida de um pai é uma coisa viva, também o ato de pronunciar opiniões criteriosas. Nós esticamos este argumento absurdo tanto que você não pode evitar de rir de maneira definitiva: o prudente silêncio do sábio é um bem e também é um jantar frugal; portanto, silêncio e jantar são coisas vivas.

21. Na verdade, eu nunca deixarei de fazer cócegas na minha mente e fazer esporte por meio desta bela idiotice. Justiça e coragem, se elas são seres vivos, certamente seriam animais terrestres. Agora, todo ser terreno sente frio, fome ou sede; portanto, a justiça sente um pouco de frio, a coragem está com fome, e a prudência anseia uma bebida!

22. E o que vem depois? Não devo perguntar aos nossos ilustres adversários o que forma esses seres vivos? É o homem ou cavalo ou animal selvagem? Se eles dizem uma forma redonda, como a de um deus, devo perguntar se a ganância, a luxúria e a loucura são igualmente redondas.[130] Pois estas também são "seres vivos". Se eu achar que dão uma forma arredondada para estas também, eu vou chegar ao ponto de perguntar se uma forma modesta de andar é uma coisa viva, eles devem admitir isso, de acordo com este argumento e continuar a dizer que uma marcha é uma coisa viva, e uma coisa viva arredondada ainda por cima!

23. Agora, não imagine que eu sou o primeiro da nossa escola que não segue o manual, mas tem sua própria opinião: Cleantes e seu discípulo Crisipo não conseguiram concordar em como definir o ato de andar. Cleantes afirmou que era espírito transmitido aos pés pela essência primordial, enquanto Crisipo sustentava que era a essência primordial em si mesma.[131] Por que, seguindo o exemplo do próprio Crisipo, não deveria todo homem reivindicar sua própria liberdade e rir de todos esses "seres vivos", tão numerosos que o próprio universo não pode contê-los?

24. Pode-se dizer: "As virtudes não são muitas coisas vivas e, no entanto, elas são coisas vivas. Pois assim como um indivíduo pode ser poeta e orador em um só, mesmo assim essas virtudes são seres vivos, mas não são muitos. A alma é a mesma, pode ser ao mesmo tempo justa, prudente e corajosa, mantendo-se em certa atitude em relação a cada virtude".

25. A disputa está resolvida e, portanto, estamos de acordo. Pois devo admitir, entretanto, que a alma é uma coisa viva com a condição de que, mais tarde, eu possa votar definitivamente; mas eu nego que os atos da alma sejam seres vivos. Caso contrário, todas as palavras e todos os versos estarão vivos; pois se o discurso prudente é um bem e todo bem é um ser vivo, então o discurso é um ser vivo. Uma linha prudente de poesia é um bem, tudo vivo é um bem; portanto, a linha de poesia é uma coisa viva. E então, "Eu canto de armas e heróis" é uma coisa viva, mas eles não podem chamar isso de redondo, porque tem seis pés![132]

26. "Toda essa proposição", você diz, "que estamos discutindo neste momento, é uma teia completamente enredada!".[133] Eu me ponho a rir quando reflito que os solecismos e os barbarismos e os silogismos são seres vivos e, como um artista, dou a cada um uma aparência adequada. É isso que discutimos com a feição contraída e a testa enrugada? Não posso dizer agora, como Célio, "que insignificância melancólica!". É mais do que isso; é absurdo. Por que não preferimos discutir algo que seja útil e saudável para nós mesmos, buscando como podemos alcançar as virtudes e encontrar o caminho que nos levará naquela direção?

27. Ensine-me, não se a coragem é uma coisa viva, mas a provar que nenhum ser vivo é feliz sem coragem, isto é, a menos que tenha crescido forte para se opor aos perigos e superar todos os ataques da Fortuna ensaiando e antecipando seu golpe. E o que é coragem? É a fortaleza inexpugnável da nossa fraqueza mortal; quando um homem se cercou dela, ele pode manter-se livre da ansiedade durante o cerco da vida; pois ele está usando sua própria força e suas próprias armas.

28. Neste ponto, eu citaria um ditado do nosso filósofo Posidônio: "Nunca há ocasiões em que você deva se considerar seguro porque você usa as armas da Fortuna, lute com a sua própria! A Fortuna não fornece armas contra si mesma; por isso os homens estão equipados contra seus inimigos, mas desarmados contra a Fortuna".

29. Alexandre, com certeza, saqueou e colocou em fuga os persas, os hirca-
nianos, os indianos e todas as outras raças que o oriente espalha até o
oceano; mas ele mesmo, enquanto matava um amigo ou perdia outro,
deitava na escuridão lamentando às vezes seu crime, e às vezes sua
perda. Ele, o conquistador de tantos reis e nações, foi abatido por raiva
e tristeza! Pois ele tinha feito seu objetivo ganhar o controle sobre tudo,
exceto sobre as próprias emoções.

30. Com que grandes erros os homens são obcecados, que desejam empurrar os limites de seu império além dos mares, que se julgam prósperos
quando ocupam muitas províncias com suas forças armadas e anexam
um novo território aos antigos! Pouco eles conhecem desse reino que
está em igualdade com os céus na grandeza: o poder de nos dominarmos
a nós mesmos!

31. Deixe ensinar-me que uma coisa sagrada é a justiça que considera o
bem de outro e não busca nada para si, exceto seu próprio emprego.
Não deve ter nada a ver com ambição e reputação, deve se satisfazer
em si mesma. Deixe cada homem convencer-se disso antes de tudo –
"Eu devo ser justo sem buscar recompensa". E isso não é suficiente;
deixe-me convencê-lo também disto: "Por esta inestimável virtude
devemos estar prontos para arriscar a vida, abstendo-nos o mais possível de quaisquer considerações de comodidade pessoal". Você não
precisa procurar a recompensa por uma ação justa; uma ação justa em
si oferece o maior retorno.

32. Coloque fundo em sua mente o que eu disse agora: que não faz diferença a quantidade de pessoas que estão familiarizadas com sua retidão.
Aqueles que desejam que suas virtudes sejam anunciadas não estão
lutando pela virtude, mas pelo renome. Você não está disposto a ser
justo sem ser reconhecido? Pois fique sabendo: muitas vezes não poderá
ser justo sem que façam mau juízo de você! Em tal circunstância, se
você for sábio, deixe a má reputação, bem ganha, ser um deleite. Adeus.

Mantenha-se Forte. Mantenha-se Bem.

XXII.
SOBRE O ESTILO COMO
UM ESPELHO DO CARÁTER

Saudações de Sêneca a Lucílio.

01. Você me perguntou por que, em certos períodos, aparece um estilo de fala degenerado e como é que a inteligência dos homens cai em certos vícios de tal forma que a linguagem, ao mesmo tempo, assume um tipo de força exagerada e em outro torna-se macia e modulada como a música de uma peça de concertos. Você se pergunta por que às vezes as ideias ousadas – mais ousadas do que se poderia acreditar – foram tidas como favoráveis e por que outras vezes se confrontam com frases que estão desconectadas e cheias de insinuações, nas quais se deve ler mais significado do que se destinava a atender a orelha. Ou por que houve épocas que defenderam o direito a um uso descarado da metáfora. Para responder, aqui está uma frase que você costuma notar no discurso popular, uma que os gregos fizeram em um provérbio: "O discurso do homem é um reflexo da sua vida".[134]

02. Exatamente como as ações individuais de cada homem parecem falar, o estilo de expressão das pessoas muitas vezes reproduz o caráter geral da época, se a moral do público se relaxou e se entregou à afeminação. Liberalidade em discurso é prova da dissolução social se é popular e na moda e não se limita a uma ou duas instâncias individuais.

03. A habilidade de um homem não pode ser de um tipo e sua alma de outro. Se sua alma é saudável, bem ordenada, séria e restrita, sua habilidade também é sólida e sóbria. Por outro lado, quando a pessoa degenera, a alma também está contaminada. Você não vê que quando a alma de um homem se tornar preguiçosa, seus membros se arrastam e seus pés se movem indolentemente? Se é afeminada, pode-se detectar a afeminação por seu próprio caminhar? Que uma alma afiada e confiante acelera o passo? Que loucura na alma, ou raiva (que se assemelha a loucura), precipita nossos movimentos corporais do caminhar até o correr? Todos estes sintomas se tornarão mais evidentes ainda no que concerne ao espírito, já que este está totalmente impregnado pela alma, da qual recebe a sua forma, da qual obedece aos comandos, a cuja lei se submete!

04. Como Mecenas vivia é muito conhecido por todos atualmente. Sabemos como ele andava, quão afeminado ele era e como ele desejava se exibir; também, quão relutante era para que seus vícios escapassem despercebidos. O que, então? A frouxidão de seu discurso não combina com seu traje indolente? Seus hábitos, seus atendentes, sua casa, sua esposa, estão menos marcados que suas palavras? Ele teria sido um homem de grandes poderes, se ele se dirigisse por um caminho direto, se ele não tivesse se eximido de se fazer entender, se ele não estivesse tão frouxo no estilo de sua fala. Você verá, portanto, que sua eloquência era a de um homem embriagado – distorcendo, girando, ilimitado em sua displicência.

05. O que é mais indecoroso do que as palavras: "Um córrego e uma margem cobertos com longas madeiras trançadas?". E veja como "os homens cruzam o canal com barcos e, subindo as águas rasas, deixam jardins atrás deles". Ou: "Ele enrola suas madeixas de senhora, contas e bicos e começa a suspirar, como um senhor da floresta que oferece orações com pescoço curvado". Ou, "Uma equipe pecaminosa, eles buscam as pessoas nas festas e assaltam os lares com o copo de vinho e, pela esperança, morte exata". Ou, "Um gênio dificilmente pode dar testemunho de sua própria festa"; ou "fios de minúsculos círios e estalidas refeições; mães ou esposas que vestem a soleira".[135]

06. Você não pode imaginar imediatamente, ao ler essas palavras, que este foi o homem que sempre desfilou pela cidade com uma túnica fluida? Pois, mesmo que ele estivesse cumprindo os deveres do imperador ausente, ele estava sempre em desvantagem quando lhe pediam a assinatura. Ou que este era o homem que, como juiz no tribunal, ou como orador, ou em qualquer função pública, apareceu com a capa envolvida em sua cabeça, deixando apenas os ouvidos expostos, como os escravos fugitivos do milionário na farsa? Ou que este era o homem que, no momento em que o Estado estava envolvido em conflitos civis, quando a cidade estava em dificuldades e sob a lei marcial, era atendido em público por dois eunucos – ambos mais homens do que ele? Ou que este era o homem que tinha apenas uma esposa e ainda assim celebrou seu casamento inúmeras vezes?

07. Essas palavras dele, colocadas tão defeituosamente, jogadas tão descuidadamente e dispostas em contraste tão acentuado com a prática usual, declaram que o caráter de seu escritor era igualmente incomum, insípido e excêntrico. Com certeza, conferimos a ele o maior elogio por sua benevolência. Ele era comedido com a espada e se absteve de derramamento de sangue. E ele deu mostras de seu poder apenas no curso de sua vida desregrada, mas ele estragou, por um estilo tão absurdo, esse elogio genuíno, que lhe era devido.

08. Pois é evidente que ele não era realmente brando, mas afeminado, como é provado por sua palavra enganosa, suas expressões invertidas e os pensamentos surpreendentes que muitas vezes contiveram algo grande, mas ao encontrar expressão tornaram-se sem energia. Pode-se dizer que sua cabeça foi transformada por um sucesso muito grande. Esta falha é devida às vezes ao homem e às vezes a sua época.

09. Quando a prosperidade espalha o luxo por todo o lado, os homens começam por prestar mais atenção à sua aparência pessoal. Então ficam loucos pela mobília. Em seguida, eles dedicam atenção às suas casas – como ocupar mais espaço com elas, como se fossem casas de campo, como fazer as paredes brilharem com mármore que foi importado pelos mares, como adornar um telhado com ouro, para que então possa combinar com o brilho dos pisos. Depois disso, eles transferem seu sabor requintado para a mesa do jantar, tentando conseguir aprovação pela novidade e pelas saídas da ordem habitual dos pratos, de modo que os pratos que estamos acostumados a servir no final da refeição podem ser servidos primeiro e para que os hóspedes que partem possam participar do tipo de comida que nos dias anteriores fora servida na chegada.

10. Quando a mente adquire o hábito de desprezar as coisas usuais da vida e considerar como medíocre o que era habitual, começa a buscar novidades na fala também; agora convoca e exibe palavras obsoletas e antiquadas; agora aplica palavras desconhecidas ou as usa com erro. E agora um uso metafórico arrojado e frequente é uma característica especial de estilo, de acordo com a moda que acabou de se tornar predominante.

11. Alguns cortam curto os pensamentos, na esperança de fazer uma boa impressão deixando o significado em dúvida e fazendo com que o ouvinte suspeite de sua própria falta de inteligência. Alguns se debruçam sobre eles e os alongam. Outros, também, se aproximam da falha – pois um homem deve realmente fazer isso se ele quiser alcançar um efeito imponente – mas, de fato, ama a falha por conta própria. Em suma, sempre que você percebe que um estilo degenerado satisfaz os críticos, pode ter certeza de que a moralidade também se desviou do padrão certo. Assim como os banquetes luxuosos e o vestido elaborado são indicações de doença na sociedade, do mesmo modo um estilo leniente, se é popular, mostra que a mente (que é a fonte da linguagem) perdeu seu equilíbrio. Na verdade, você não deve imaginar que o discurso corrupto seja comum não apenas pela multidão mais miserável, mas também pelo nosso círculo mais culto; pois é apenas nas vestes e não em seus discernimentos que se diferem.

12. Você pode imaginar que não só os efeitos dos vícios, mas até os próprios vícios, sejam aprovados. Pois já foi assim: nenhuma habilidade de alguém foi aprovada sem que algo tenha sido perdoado. Mostre-me qualquer homem, por mais famoso que seja; posso dizer o que era que sua época perdoava nele e o que era que sua época negligenciava. Posso mostrar-lhe muitos homens cujos vícios não causaram nenhum mal, e não poucos que foram até mesmo ajudados por esses vícios. Sim, vou mostrar-lhe pessoas de maior reputação, tidas como modelos para nossa admiração e, no entanto, se você tentar corrigir seus erros, você os destruirá; pois os vícios estão tão entrelaçados com as virtudes que eles arrastam as virtudes junto com eles.

13. Além disso, o estilo não tem leis fixas; é alterado pelo uso das pessoas, nunca é o mesmo por qualquer período de tempo. Muitos oradores retornam a épocas anteriores para o seu vocabulário, falando na linguagem das Doze Tábuas.[136] Graco, Crasso e Curião, aos seus olhos, são muito refinados e muito modernos; então de volta a Ápio e Coruncânio! Por outro lado, certos homens, em seu esforço para manter nada além do bem usado e comum, caem em um estilo enfadonho.

14. Essas duas classes, cada uma à sua maneira, são degeneradas e não é menos degenerado utilizar palavras, exceto aquelas que são visíveis, sonoras e poéticas, evitando o que é familiar e de uso comum. Um é, segundo acredito, tão defeituoso quanto o outro: uma classe é razoavelmente elaborada, a outra é negligente; os primeiros depilam a perna, o último nem a axila.

15. Passemos agora à disposição das palavras. Neste departamento, inúmeras variedades de falhas eu posso mostrar a você! Algumas são todas por brusquidão e desigualdade de estilo, desarranjando propositalmente qualquer coisa que pareça ter um fluxo suave de linguagem. Eles precisavam ter solavancos em todas as suas transições; eles consideram como forte e viril o que quer que seja que cause uma impressão desigual no ouvido. Com alguns outros, não é tanto um "arranjo" de palavras, mas um cenário para a música; assim, o seu estilo de deslizamento é suave e agudo.

16. E o que devo dizer desse arranjo em que as palavras são adiadas e, depois de esperar por muito tempo, apenas conseguem entrar no final de uma frase? Ou, mais uma vez, esse estilo de conclusão suave, a moda de Cícero, com uma descida gradual e suavemente equilibrada e sempre com o arranjo habitual do ritmo! Nem a culpa é apenas no estilo das frases, se elas são triviais e infantis, ou degradantes, com mais ousadias que a modéstia deva permitir, ou se elas são floridas e enjoativas, ou se acabarem no vazio, realizando mero som e nada mais.

17. Alguns indivíduos colocam esses vícios na moda – uma pessoa que controla a eloquência do dia – o resto segue sua liderança e compartilha o hábito entre outros. Assim, quando Salústio[137] estava em sua glória, as frases foram cortadas, as palavras chegaram a um fim inesperado e a concisão obscura era equivalente à elegância. Lúcio Arrúncio, um homem de rara simplicidade, autor de um trabalho histórico sobre a Guerra Púnica, era membro e forte defensor da escola de Salústio. Há uma frase em Salústio: "*exercitum argento fecit*", que significa que ele recrutou um exército por meio de dinheiro do próprio bolso. Arrúncio começou a gostar desta ideia. Ele, portanto, inseriu o verbo "*facio*" por todo seu livro. Assim, em uma passagem, "*nostris fecere*" em outra "*Hiero, rex Syracusanorum, bellum fecit*". E em outra "*quae audita Panhormitanos dedere Romanis fecere*".

18. Eu simplesmente desejei dar-lhe uma prova; todo o livro está entretecido com coisas como esta. O que Salústio reservava para uso ocasional,

Arrúncio faz um hábito frequente e quase contínuo. E havia um motivo: pois Salústio usava as palavras quando elas ocorriam em sua mente, enquanto o outro escritor vai longe em busca delas. Então você vê os resultados de se copiar os vícios de outro homem.

19. Mais uma vez, Salústio disse: "*Aquis hiemantibus*". Arrúncio, em seu primeiro livro sobre a Guerra Púnica, usa as palavras: "*Repente hiemavit tempestas*". E em outros lugares, desejando descrever um ano excepcionalmente frio, ele diz: "*Totus hiemavit annus*". E em outra passagem: "*Inde sexaginta onerarias leves praeter militem et necessarios nautarum hiemante aquilone misit*"; e ele continua a reforçar muitas passagens com essa metáfora. Em certo lugar, Salústio usa as palavras: "*Inter arma civilia aequi bonique famaspetit*" e Arrúncio não pode restringir-se de mencionar de imediato, no primeiro livro, que havia extensos "lembretes" sobre Régulo.

20. Essas e falhas semelhantes, que imitam o estilo de alguém, não são necessariamente indicações de padrões frouxos ou de mente degradada; pois elas são obrigadas a ser pessoais e peculiares ao escritor, permitindo que julgue, assim, o temperamento de um autor particular. Assim como um homem irritado conversará de uma maneira irritada, um homem excitável, de uma maneira turbulenta e um homem afeminado, com um estilo suave e indeciso.

21. Você observa essa tendência naqueles que arrancam suas barbas, ou que cortam e raspam o lábio superior, preservando o resto da barba e permitindo que ela cresça, ou naqueles que usam mantos de cores esquisitas, que usam togas transparentes e que nunca se dignam fazer nada que escape à notificação geral. Eles se esforçam para excitar e atrair a atenção dos homens e eles se colocam até sob risco de censura, desde que possam anunciar-se. Esse é o estilo de Mecenas e todos os outros que se desviam do caminho, não por casualidade, mas consciente e voluntariamente.

22. Este é o resultado do grande mal da alma. Como no caso de beber, a língua não tropeça até que a mente seja superada sob sua carga e ceda ou se traia; do mesmo modo que a intoxicação do estilo – o que mais que isso, posso chamá-la? – nunca dá problemas a ninguém, a menos que a alma comece a cambalear. Portanto, eu digo, cuide da alma; pois da alma surgem nossos pensamentos, da alma nossas palavras, da alma

nossas disposições, nossas expressões e nossa própria marcha. Quando a alma é sólida e forte, o estilo também é vigoroso, enérgico, viril; mas se a alma perder o equilíbrio, o resto está em ruínas.

> **23. Quando o rei está incólume um só espírito reina, mas morto rompem-se os laços sociais.**
>
> **Rege incolumi mens omnibus una est; Amisso rupere fidem.**[138]

A alma é o nosso rei. Se estiver segura, as outras funções permanecem em serviço e servem com obediência, mas a menor falta de equilíbrio na alma faz com que elas vacilem junto. E quando a alma cede ao prazer, suas funções e ações se tornam fracas e qualquer empreendimento vem de uma fonte sem energia e instável.

24. Para persistir no uso desse símile – nossa alma é ao mesmo tempo um rei, e em outro, um tirano. O rei, na medida em que respeita estritamente a moralidade, vigia o bem-estar do corpo que é confiado à sua carga e não dá a esse corpo comandos vis ou ignóbeis. Mas uma alma descontrolada, apaixonada e afeminada muda a liderança para a mais terrível e detestável qualidade – a tirania; então, torna-se uma presa das emoções descontroladas, que segue seus passos, exaltada no início, com certeza, como uma população ociosamente saciada com uma dádiva que acabará por destruir e estragar o que não pode consumir.

25. Mas, quando a doença gradualmente consome a força, e os hábitos luxuosos penetraram na medula e nos nervos, tal alma triunfa à vista de membros que, por meio de sua indulgência, tornaram inútil. Em vez de seus próprios prazeres, ela vê os de outros; torna-se a intermediária e a testemunha das paixões que, como resultado da autogratificação, não podem mais sentir. A abundância de delícias não é tão agradável para aquela alma como é amarga, porque não pode enviar todas as iguarias de antes através da garganta e do estômago sobrecarregados, porque não pode mais rebolar-se entre uma multidão de pederastas e prostitutas, e é melancólica porque uma grande parte de sua felicidade é cortada, por meio das limitações do corpo.

26. Não é loucura, Lucílio, nenhum de nós refletir sermos mortais? Ou frágeis? Ou novamente que somos apenas indivíduos? Olhe para nossas cozinhas e os cozinheiros que se agitam sobre tantos fogões; será, pense, por uma única barriga que toda essa agitação e preparação de alimentos ocorre? Olhe para as antigas marcas de vinhos e armazéns preenchidos com as safras de muitas eras; será, pense, que uma única barriga irá receber o vinho armazenado, selado com os nomes de tantos cônsules e recolhido de tantos vinhedos? Olhe e perceba em quantas regiões os homens aram a terra e quantos milhares de agricultores estão cultivando e cavando; será, pense, para uma única barriga que grãos são plantados na Sicília e na África?

27. Devemos ser sensíveis e nossa vontade mais razoável; se cada um de nós fizesse um inventário de si mesmo, e também medisse suas necessidades corporais e entendesse o pouco que pode consumir e por quanto tempo! Mas nada lhe dará tanta ajuda para a moderação, como o pensamento frequente de que a vida é curta e incerta aqui na Terra; o que quer que você esteja fazendo, nunca deixe de pensar na morte.

Mantenha-se Forte. Mantenha-se Bem.

XXIII.
SOBRE AS BÊNÇÃOS SUPERFICIAIS

Saudações de Sêneca a Lucílio.

01. Desejo, meu querido Lucílio, que você não seja muito detalhista em relação às palavras e ao seu estilo; eu tenho maiores questões do que essas para recomendar seus cuidados. Você deve procurar o que escrever, em vez de como escrevê-lo – e mesmo que não seja para escrever, mas para sentir, que você possa fazer o que sentiu mais seu e, por assim dizer, estabelecer uma marca nisto.

02. Sempre que você perceber um estilo que é muito cuidadoso e muito rebuscado, pode ter certeza de que vem de uma alma também não menos absorvida em pequenas bagatelas. O homem realmente grande fala informal e facilmente; o que quer que ele diga, ele fala com segurança e não com preocupação estilística. Você está familiarizado com os jovens janotas, bem como suas barbas e madeixas, frescos da barbearia. Você nunca pode esperar deles nenhuma força ou qualquer solidez. O estilo é a aparência: se for cortado, tingido ou tratado, mostra que existem defeitos e uma certa quantidade de falhas na alma. Não é coisa digna de homens o cuidado extremo com elegância e vestuário!

03. Se tivéssemos o privilégio de olhar para a alma de um bom homem, que rosto justo, santo, magnífico, gracioso e brilhante deveríamos contemplar – radiante de um lado com justiça e temperança, de outro com bravura e sabedoria! E, além disso, a frugalidade, a moderação, a resistência, o refinamento, a afabilidade e, embora difícil de acreditar, o amor aos homens, o bem que é tão raro no homem, tudo isso verteria sua própria glória sobre aquela alma. Lá, também, a premeditação combinada com a elegância e, como resultado, uma excelente grandeza de alma (a mais nobre de todas essas virtudes) – de fato, que encanto, ó céus, que autoridade e dignidade mostrariam! Que maravilhosa combinação de doçura e poder! Ninguém poderia chamar tal rosto de cativante sem também chamá-lo de venerável.

04. Se alguém pudesse contemplar esse rosto, mais exultante e radiante do que o olho mortal está acostumado, esse alguém não faria uma pausa, como se fosse paralisado por uma visita superior, e pronunciaria uma oração silenciosa, dizendo: "Seria sacrilégio ter visto isso?" E então, liderados pela bondade encorajadora de sua expressão, não deveríamos nos curvar e adorar? Não deveríamos, depois de muita contemplação de um semblante superior, superior àqueles que costumamos olhar, de olhos tão suaves e ainda assim brilhando com fogo vivificante – não deveríamos então, eu digo, com reverência e admiração, dar pronúncia às famosas linhas do nosso poeta Virgílio:

> **05. Ó donzela, as palavras são fracas!**
>
> **Seu rosto é mais**
>
> **Do que mortal e sua voz soa mais doce**
>
> **Do que o homem mortal;**
>
> -----
>
> **Bendito seja você;**
>
> **E, quem você for, liberte**
>
> **Nossos pesados fardos.**

> **O quam te memorem, virgo?**
>
> **Namque haut tibi vultus**
>
> **Mortalis nee vox hominem sonat.**
>
> ----
>
> **Sis felix, nostrumque leves quaecumque laborem.**[139]

E essa visão certamente será uma ajuda e um alívio para nós, se estivermos dispostos a adorá-la. Mas essa adoração não consiste no sacrifício de touros gordos ou em pendurar oferendas de ouro ou prata, ou em atirar moedas a um tesouro do templo; em vez disso, consiste em uma vontade que é respeitosa e justa.

06. Não há nenhum de nós, eu declaro a você, que não arderia com amor por essa visão de virtude, se tivesse o privilégio de vê-la; por enquanto, há muitas coisas que atrapalham nossa visão, perfurando-a com uma luz muito forte ou obstruindo-a com muita escuridão. Se, no entanto, como certas drogas costumam ser usadas para afiar e limpar a visão, também estivermos dispostos a libertar a mente dos obstáculos, então poderemos perceber a virtude, embora esteja enterrada no corpo

– mesmo que a pobreza fique no caminho e mesmo que a baixeza e a desgraça bloqueiem o caminho. Devemos, então, digo, ver essa verdadeira beleza, não importando que esta se esconda num corpo deformado, meio oculta pela miséria, sob a aparência capciosa de uma humilde posição social.

07. Por outro lado, teremos uma visão do mal e das influências maléficas de uma alma carregada de tristeza – apesar do obstáculo que resulta do brilho generalizado das riquezas e, apesar da falsa luz – do cargo oficial de um lado ou grande poder do outro – que batem impiedosamente no espectador.

08. Então, estará em nosso poder entender quão desprezíveis são as coisas que nós admiramos – como crianças que consideram cada brinquedo como uma coisa de valor, que apreciam colares comprados ao preço de um mero tostão como mais queridos do que seus pais ou do que seus irmãos. E qual, como diz Aríston, é a diferença entre nós e essas crianças, exceto que os adultos ficam loucos por pinturas e esculturas e que nossa loucura nos custa mais caro? As crianças ficam satisfeitas com os seixos lisos e matizados que elas pegam na praia, enquanto nos deleitamos em colunas altas de mármore raiado trazido de areias egípcias ou de desertos africanos para manter uma colunata ou uma sala de jantar grande o suficiente para conter uma multidão.

09. Admiramos paredes revestidas com uma fina camada de mármore, embora conheçamos os defeitos que o mármore esconde. Nós enganamos a nossa própria visão, e quando cobrimos nossos tetos com ouro, o que mais é senão uma mentira em que tomamos tanto prazer? Pois sabemos que, sob toda essa decoração, espreita uma madeira feia. Não só uma decoração tão superficial se espalhou apenas por paredes e tetos; além disso, todos os homens famosos que você observa pavoneando com a cabeça no ar, não têm nada além de uma prosperidade de folha de ouro. Olhe com cuidado e você saberá quanto mal está sob aquela fina camada de títulos.

10. Observe a mercadoria que mantém a atenção de tantos magistrados e tantos juízes, e que cria magistrados e juízes – o dinheiro, eu digo, que desde que começou a ser considerado com respeito, causou a ruína da verdadeira honra das coisas. Nos tornamos alternadamente comerciantes e mercadorias e perguntamos não o que realmente é, mas quanto custa. Nós cumprimos deveres se formos pagos ou os negligenciamos se nos pagarem e seguimos um curso honrado, desde que incentivem nossas expectativas, prontos para virar para o curso oposto, se a conduta desonesta promete mais.

11. Nossos pais nos incutiram respeito pelo ouro e pela prata; em nossos primeiros anos, o desejo foi implantado, estabelecendo-se profundamente dentro de nós e foi desenvolvido com nosso crescimento. Então, toda a nação, embora em desacordo em qualquer outro assunto, concorda com isso; isto é o que eles consideram, isto é o que eles pedem para seus filhos, isto é o que eles dedicam aos deuses quando eles desejam mostrar sua gratidão – como se fosse o maior de todos os bens do homem! E, finalmente, a opinião pública chegou a um tal ponto que a pobreza é uma vaia e uma censura, desprezada pelos ricos e detestada pelos pobres.

12. Versos de poetas também são adicionados à conta – versos que contribuem para nossas paixões, versos em que a riqueza é louvada como se fosse o único crédito e glória do homem mortal. As pessoas parecem pensar que os deuses imortais não podem dar nenhum presente melhor do que a riqueza – ou mesmo possuir qualquer coisa melhor:

13. O palácio do deus do sol, com colunas altas, e brilhando com ouro.	Regia Solis erat sublimibus alta columnis Clara micante auro.[140]

Ou descrevem a carruagem do sol:

O ouro foi o eixo, dourado suporta a viga, E ouro os pneus que cobrem as rodas, E prata todos os raios das rodas.	Aureus axis erat, temo aureus, aurea summae Curvatura rotae, radiorum argenteus ordo.[141]

E finalmente, quando eles louvam uma época como a melhor, eles a chamam de "Idade de Ouro".

14. Mesmo entre os poetas trágicos gregos, há alguns que consideram riqueza melhor do que pureza, saúde ou boa reputação:

Me chame um canalha, mas me chame de rico!	
Todos perguntam o quão ótimas são as minhas riquezas, mas ninguém	Sine me vocari pessimum, ut dives vocer.
Se a minha alma é boa. Ninguém pergunta o meio ou a fonte de sua propriedade,	An dives, omnes quaerimus, nemo, an bonus.
Mas meramente quanto isso totaliza. Todos os homens valem tanto quanto o que eles possuem.	Non quare et unde, quid habeas, tantum rogant.
O que é mais vergonhoso para nós possuir? Nada!	Ubique tanti quisque, quantum habuit, fuit.
Se a riqueza me abençoa, eu adoraria viver;	Quid habere nobis turpe sit quaeris? Nihil.
No entanto, eu prefiro morrer, se pobre for.	Aut dives opto vivere aut pauper mori.
Um homem morre nobremente em busca da riqueza.	Bene moritur, quisquis moritur dum lucrum facit.
Dinheiro, essa bênção à raça do homem,	Pecunia, ingens generis humani bonum,
Não pode ser acompanhado pelo amor da mãe, ou o balbuciar das crianças, ou a honra devida ao pai.	Cui non voluptas matris aut blandae potest Par esse prolis, non sacer meritis parens;
E se a doçura do olhar do amante fosse só metade tão encantadora, o amor atiçaria com vontade os corações dos deuses e dos homens para a adoração.	Tarn dulce si quid Veneris in vultu micat, Merito ilia amores caelitum atque hominum movet.[142]

15. Quando essas últimas linhas citadas foram pronunciadas em uma exposição de uma das tragédias de Eurípides, toda a audiência levantou de comum acordo para vaiar o ator e silenciar a peça. Mas Eurípides[143] levantou-se, reclamou uma audiência e pediu-lhes que esperassem a conclusão e vissem o destino que estava reservado para aquele homem que ficou embasbacado pelo ouro. Belerofonte, nesse drama particular, teve que pagar a pena que é exigida de todos os homens no drama da vida.[144]

16. A avareza ou ganância nunca passa sem castigo, embora o pior dos castigos seja a sua própria existência. Quantas lágrimas e dificuldades o dinheiro arranca de nós! A ganância é miserável naquilo que anseia e miserável naquilo que obtém! Pense além da preocupação diária que aflige cada possuidor em proporção ao seu ganho! A posse de riquezas significa uma maior agonia de espírito do que a aquisição de riquezas. E como nos atormentamos por nossas perdas – perdas que caem sobre nós e ainda assim parecem ainda mais pesadas! E, finalmente, embora a Fortuna possa deixar a nossa propriedade intacta, o que quer que não possamos ganhar, é visto como um prejuízo!

17. "Mas", você vai me dizer, "as pessoas acolá chamam o homem feliz e rico, elas rezam para que um dia possam igualá-lo nas posses." Muito verdadeiro. O que, então? Você acha que há uma Fortuna mais desprezível na vida do que possuir miséria e ódio também? Será que aqueles que estão condenados a desejar riqueza poderiam comparar notas com o homem rico? Ah, se os que desejam um cargo político pudessem conferir com homens ambiciosos que alcançaram as mais procuradas honras! Eles certamente alterariam suas orações, visto que esses grandes sempre estão esbaforidos atrás de um novo ganho, renegando o que já foi obtido no passado por eles. Pois não há ninguém no mundo que esteja satisfeito com sua prosperidade, por muito rapidamente que a alcance. Os homens reclamam sobre seus planos e o resultado de seus planos, eles sempre preferem o que não conseguiram ganhar.

18. Então, a filosofia pode solucionar esse problema para você e permitir, na minha opinião, a maior bênção que existe – ausência de arrependimento pela própria conduta. Esta é uma felicidade segura; nenhuma tempestade pode derrubá-la. Contudo você não pode ser conduzido de forma segura através de palavras sutilmente tecidas ou de qualquer linguagem suavemente fluida. Deixe as palavras prosseguirem como quiserem, desde que apenas sua alma mantenha sua própria ordem, desde que sua alma seja ótima e seja imperturbável nos seus ideais, satisfeita em si mesma por causa das mesmas coisas que desagradam aos outros, uma alma que torna a vida a prova de seu progresso e acredita que sua sabedoria está na proporção exata da liberdade do desejo e da liberdade do medo.

Mantenha-se Forte. Mantenha-se Bem.

XXIV.
SOBRE AUTOCONTROLE

Saudações de Sêneca a Lucílio.

01. A questão já foi muitas vezes levantada: se é melhor ter paixões moderadas ou nenhuma. Os filósofos da nossa escola, os estoicos, rejeitam as paixões; os peripatéticos as mantêm sob controle. Eu, no entanto, não entendo como uma doença, por ligeira que seja, pode ser saudável ou útil. Não tema. Eu não estou roubando você de quaisquer privilégios que você não esteja disposto a perder! Eu devo ser gentil e indulgente com os objetivos para os quais você se esforça – aqueles que você espera serem necessários para nossa existência, ou úteis, ou agradáveis; limito-me a retirar-lhe o vício. Pois, depois de ter emitido minhas proibições contra os desejos, eu ainda permitirei que você deseje fazer as mesmas coisas sem medo e com maior precisão de julgamento e a sentir os prazeres mais do que antes; e como esse prazer ajuda a chegar mais prontamente ao seu objetivo se você é seu senhor e não seu escravo!

02. "Mas", você se opõe, "é natural que eu sofra quando sou despojado de um amigo, conceda alguns privilégios às lágrimas que têm o direito de fluir! Também é natural ser afetado pelas opiniões dos homens e ficar abatido quando são desfavoráveis, então por que você não me permite o direito, tão legítimo, de recear que façam mau juízo de mim?". Não há vício a que não falte algum fundamento; não há nenhum vício que no início não seja modesto e facilmente rogado; mas depois o problema se espalha mais amplamente. Se você permitir que ele comece, você não pode garantir o seu fim.

03. Toda paixão no começo é fraca. Depois disso, ela se levanta e ganha força pelo progresso; é mais fácil prevenir que abandonar. Quem não admite que todas as paixões fluem como se fossem de uma determinada fonte natural? Somos dotados pela natureza com interesse em nosso próprio bem-estar; mas esse interesse, quando ultrapassado, torna-se um vício. A natureza entrelaçou o prazer com as coisas necessárias – não para que devêssemos buscar o prazer, mas para que a adição do prazer pudesse tornar os meios indispensáveis de existência atraentes para nossos olhos. Se reivindicar direitos próprios, caímos na libertinagem. Portanto, resistamos a essas falhas quando pedem entrada, porque, como eu disse, é mais fácil negar a admissão do que fazê-las partir.

04. E se você chora: "Deve ser admitida certa quantia de luto e certa quantidade de medo". Eu respondo que a "certa quantia" pode ser muito prolongada e se recusar a parar quando você assim desejar. O sábio pode seguramente controlar-se sem ficar ansioso. Ele pode parar suas lágrimas e seus prazeres à vontade; mas, no nosso caso, porque não é fácil retraçar nossos passos, é melhor não avançar.

05. Eu acho que Panécio[145] respondeu muito bem a um determinado jovem que lhe perguntou se o sábio deveria se tornar um amante: "Quanto ao homem sábio, veremos mais tarde, mas você e eu, que ainda estamos longe da sabedoria, não devemos confiar em nós mesmos para cair em um estado que é desordenado, descontrolado, escravizado por outro, desprezível para si. Se nosso amor não é tratado com desprezo, estamos entusiasmados com a sua bondade, se é desprezado, somos incendiados pelo nosso orgulho. Um amor facilmente conquistado nos prejudica tanto quanto um que é difícil de vencer, somos capturados pelo que é complacente e lutamos com o que é difícil. Portanto, sabendo da nossa fraqueza, mantenhamo-nos quietos. Não nos deixemos expor esse espírito instável às tentações da bebida, beleza ou lisonjas, ou qualquer coisa que alicie e persuada".

06. Agora, o que Panécio respondeu à pergunta sobre o amor pode ser aplicado, acredito, a todas as paixões em geral. Na medida em que podemos, vamos nos afastar de lugares escorregadios. Mesmo em terra seca, é difícil o suficiente assumir uma posição firme.

07. Neste ponto, eu sei, você vai confrontar-me com essa queixa comum contra os estoicos: "Suas promessas são muito otimizadas e seus preceitos muito difíceis. Nós somos meros manequins, incapazes de nos negar tudo. Nós teremos tristeza, mas não em grande medida, sentiremos desejos, mas com moderação, daremos lugar à ira, mas nos apaziguaremos".

08. E você sabe por que não temos o poder de atingir este ideal estoico? É porque nos recusamos a acreditar que temos esse poder. Ou melhor, de uma certeza, há algo mais que desempenha um papel a levar em conta: é porque estamos enamorados por nossos vícios; nós os defendemos e preferimos criar desculpas por eles, em vez de eliminá-los. Nós, os mortais, somos dotados de força suficiente por natureza, se apenas usarmos essa força, se apenas concentrarmos nossos poderes e despertarmos todos a nos ajudar ou, pelo menos, a não nos atrapalhar. A falta de forças não passa de pretexto; o que temos na realidade é falta de vontade!

Mantenha-se Forte. Mantenha-se Bem.

XXV.

SOBRE A FILOSOFIA REAL SER SUPERIOR ÀS SUTILEZAS SILOGÍSTICAS

Saudações de Sêneca a Lucílio.

01. Você estará me causando muito problema, me envolvendo inconscientemente em uma grande discussão e em um incômodo considerável, ao colocar perguntas insignificantes como estas; pois, para resolvê-las, eu não posso discordar dos meus companheiros estoicos sem prejudicar minha posição entre eles, nem posso subscrever suas ideias sem prejudicar minha consciência! A sua consulta é se a crença estoica é verdadeira: que "a sabedoria" é um bem, mas que "ser sábio" não é um bem.[146] Devo primeiro apresentar a visão estoica, e então vou ser ousado o suficiente para dar minha própria opinião.

02. Nós da escola estoica acreditamos que o bem é corpóreo, porque o bem é ativo e o que quer que seja ativo, é corpóreo. O que é um bem, é útil. Mas, para ser útil, deve ser ativo, então, se for ativo, é corpóreo. Eles (os estoicos) declaram que a sabedoria é um bem, segue, portanto, que também se deva considerá-la corpórea.

03. Mas eles não acreditam que ser sábio possa ser classificado na mesma base. Pois é incorpóreo[147] e acessório a outra coisa, ou seja, à sabedoria; por isso não é ativo ou útil. "O que, então?", é a resposta, "por que não dizemos que ser sábio é um bem?". Nós dizemos isso, mas apenas referindo-se ao que depende, em outras palavras, à própria sabedoria.

04. Deixe-me dizer-lhe as respostas que outros filósofos dão a esses objetores, antes de eu mesmo começar a formar meu próprio credo e a ocupar meu lugar inteiramente do outro lado. "Julgado sob essa luz", eles dizem, "nem mesmo viver com felicidade é um bem. A torto e a direito, tais pessoas devem responder que a vida feliz é um bem, mas que viver com felicidade não é um bem."

05. E esta outra objeção também é levantada contra a nossa escola: "Você deseja ser sábio. Portanto, ser sábio é uma coisa a desejar. E se for algo a desejar, é um bem." Portanto, nossos filósofos são forçados a torcer suas palavras e a inserir outra sílaba no verbo *expetere* (desejar) – uma sílaba que nosso idioma normalmente não permite inserir. Mas, com sua permissão, devo adicioná-la. Eles dizem: "É desejado (*expetendum*) aquilo que é um bem, é desejável (*expetibile*) aquilo que obtemos quando atingimos um bem. Esse algo não procuramos como se fosse um bem, mas é um acréscimo ao bem que foi procurado".

06. Eu mesmo não concordo com essa visão e julgo que nossos filósofos chegaram a esse argumento porque já estão manietados pelo primeiro elo da cadeia e, por isso, não podem alterar sua definição. As pessoas costumam conceder muito valor às coisas que todos os homens consideram como assumidas; aos nossos olhos, o fato de que quase todos os homens concordam com algo, é uma prova de sua verdade. Nós inferimos, por exemplo, que os deuses existem e por isso é que está implantada em todos uma ideia sobre a divindade, não havendo pessoa que não acredite ao menos em deuses de algum tipo. E, quando discutimos a imortalidade da alma, somos influenciados em grande medida pela opinião geral da humanidade que teme ou adora os espíritos do mundo inferior. Eu aproveito ao máximo essa crença geral: você não pode encontrar ninguém que não considere que a sabedoria seja um bem e ser sábio também.

07. Não devo apelar para a população, como um gladiador derrotado; vou, sim, contestar usando nossas próprias armas. Quando algo afeta um determinado objeto, ele está fora ou dentro do objeto que afeta? Se estiver dentro do objeto que afeta, é tão corpóreo quanto o objeto que afeta. Pois nada pode afetar outro objeto sem tocá-lo e o que toca é corpóreo. Se estiver fora, se retira depois de ter afetado o objeto. E a retirada significa movimento. E o que possui movimento é corpóreo.

08. Você espera que eu suponha que negar que "corrida" difere de "correr", que "calor" difere de "ser quente", que "luz" difere de "iluminar". Eu concedo que há diferenças nesses pares, mas acredito que não estejam em classes separadas. Se a boa saúde é uma qualidade indiferente, então, também é o "estar em boa saúde"; se a beleza é uma qualidade indiferente, então também é o ser belo. Se a justiça é um bem, então também o é "ser justo". E se a imoralidade é um mal, então é um mal ser imoral – tanto quanto, se olhos doloridos são um mal, o estado de ter olhos doloridos também é um mal. Nenhuma dessas qualidades, você pode ter certeza, pode existir sem a outra. Aquele que é sábio, é um homem de sabedoria; aquele que é um homem de sabedoria, é sábio. Tão verdade é, que não podemos duvidar da qualidade de um para igualar a qualidade do outro, que ambos são considerados por certas pessoas como um e o mesmo.

09. Aqui está uma questão, no entanto, que eu deveria estar contente de colocar: considerando que todas as coisas são boas ou más ou indiferentes – a que classe "ser sábio" pertence? As pessoas negam seja um bem, e como obviamente não é um mal, deve, portanto, ser uma das "intermediárias". Ora, nós consideramos como intermédios e indiferentes aqueles atributos que tanto afetam um indivíduo bom como um mau, por exemplo, a riqueza, a beleza, a nobreza. Como esta característica – "ser sábio" – só pode pertencer a um indivíduo bom, logo, não é uma qualidade indiferente. Igualmente, não pode ser um mal, já que não pode pertencer a um indivíduo mau; logo, é um bem. É um bem aquilo que só um indivíduo bom pode possuir; a qualidade de "ser sábio" só um indivíduo bom a pode possuir; logo, é um bem.

10. O objetor responde: "É apenas um acessório de sabedoria". Muito bem, então digo, essa qualidade que você chama de sábia – produz ativamente a sabedoria ou é uma concomitância passiva da sabedoria? É corpórea em ambos os casos. Pois o que é agido e o que age, são igualmente corpóreos e, se corpóreo, é um bem. A única qualidade que poderia impedir que isso fosse um bem, seria o fato de ser incorpóreo.

11. Os peripatéticos acreditam que não há distinção entre sabedoria e ser sábio, já que qualquer um deles implica o outro também. Agora, você acha que qualquer homem pode ser sábio, exceto aquele que possui sabedoria? Poderemos, porventura, pensar que aquele que é sábio não possui sabedoria?

12. Os antigos mestres da dialética, no entanto, distinguem entre essas duas concepções; e essa classificação chegou aos estoicos. Que tipo de classificação é essa, eu vou explicar: um campo é uma coisa e a "posse do campo" é outra coisa; claro, porque "possuir o campo" refere-se ao possuidor e não ao campo em si. Do mesmo modo, a sabedoria é uma coisa e ser sábio outra. Você concederá, suponho, que essas duas são ideias separadas – possuído e possuidor: a sabedoria é aquilo que se possui, e aquele que é sábio é seu possuidor. Agora, a sabedoria é a alma perfeita e desenvolvida ao mais alto e melhor grau. Pois é a arte da vida. E o que é ser sábio? Não posso chamá-lo de "espírito aperfeiçoado", mas sim o estado de quem possui um "espírito aperfeiçoado"; assim, um espírito justo é uma coisa e a chamada "posse de um espírito justo", outra.

13. Existem, diz-se, certas classes naturais de corpos: "Este é um homem, isto é um cavalo. Então, há nas naturezas corporais certos movimentos da mente que declaram algo sobre o corpo. E estas têm certa qualidade essencial que é separada do corpo, por exemplo: 'vejo Catão andando'. Os sentidos indicam isso, e a mente acredita. O que eu vejo é o corpo, e sobre isso concentro meus olhos e minha mente. Mais uma vez, eu digo: 'Catão anda!'." Eles continuam: "Não é corpo, é certo fato declarativo em relação ao corpo – chamado várias vezes de 'uma expressão', uma 'declaração', uma 'afirmação'. Assim, quando dizemos 'sabedoria', queremos dizer algo relacionado ao corpo, quando dizemos 'ele é sábio', estamos falando sobre o corpo. E há uma diferença considerável se você menciona diretamente um ser ou fala acerca de um ser".

14. Supondo agora que estas são duas concepções separadas (repare que ainda não estou preparado para dar a minha opinião), o que impede a existência ainda de uma terceira – o que, no entanto, é um bem? Eu observei há pouco que um "campo" era uma coisa, e a "posse de um campo", outra; é claro, pois possuidor e possuído são de naturezas diferentes; o último é a terra, e o primeiro é o homem que possui a terra. Mas, em relação ao ponto agora em discussão, ambos são da mesma natureza – o possuidor da sabedoria e a própria sabedoria.

15. Além disso, no primeiro caso, o objeto possuído e o possuidor são dois seres distintos; no segundo caso, coisa possuída e possuidor coexistem no mesmo ser e pertencem à mesma categoria. Um terreno é possuído de acordo com a lei, a sabedoria o é pela natureza; aquele pode ser alienado, entregue a outro dono, esta nunca se aparta do seu possuidor. Consequentemente, não há nenhuma razão pela qual você deva tentar comparar coisas que são tão diferentes entre si. Eu tinha começado a dizer que estas podem ser duas concepções distintas e, no entanto, que ambas podem ser bens – por exemplo, a sabedoria e o sábio sendo duas coisas separadas e ainda outorgadas por você como sendo igualmente boas. E assim como não há objeção a respeito da sabedoria e do possuidor da sabedoria como bens, então não há objeção em considerar como "um bem" a sabedoria e a posse de sabedoria, ou seja, ser sábio.

16. Pois só desejo "possuir sabedoria" para ser sábio. E o que, então? Não é um bem algo sem a posse de um outro bem? Você certamente admite que a sabedoria, se dada sem o direito de ser usada, não deve ser bem-vinda! E em que consiste o uso da sabedoria? Em ser sábio; esse é o seu atributo mais valioso, se você retirar isso, a sabedoria torna-se supérflua. Se os processos de tortura são males, então ser torturado é um mal – com esta reserva, de fato, que se você tirar as consequências, os primeiros não estão mais na categoria de mal. A sabedoria é uma condição de "espírito aperfeiçoado", e ser sábio é o emprego deste "espírito aperfeiçoado". Ora, como é possível não considerar um bem aquilo que, sem aplicação prática, não é um bem?

17. Se eu perguntar se a sabedoria é desejável, você admitirá que é. Se eu lhe perguntar se o emprego da sabedoria deve ser desejado, você também admite o fato; pois você diz que não receberá sabedoria se não tiver permissão para empregá-la. Agora, o que se deseja é um bem. Ser sábio é o emprego da sabedoria, assim como é da eloquência para fazer um discurso ou dos olhos para ver as coisas. Portanto, ser sábio é o emprego da sabedoria e o emprego da sabedoria é desejável. Portanto, ser sábio é uma coisa a se desejar; e se é uma coisa a se desejar, é um bem.

18. Oh, por muitos anos eu tenho me condenado por imitar esses homens no momento em que eu os critico e de desperdiçar palavras sobre um assunto perfeitamente evidente. Pois quem pode duvidar disso, se o calor é um mal, também é um mal estar quente? Ou que, se o frio é um mal, é um mal estar frio? Ou que, se a vida é um bem, então também o é estar vivo? Todos esses assuntos estão na periferia da sabedoria, não na própria sabedoria. Mas nosso lugar de permanência deve estar na própria sabedoria, é com esta que nós devemos nos preocupar.

19. Mesmo que alguém tenha vontade de divagar, a sabedoria tem retiros amplos e espaçosos: podemos investigar a natureza dos deuses, o combustível que alimenta as constelações ou todos os cursos variados das estrelas. Podemos especular se nossos negócios se movem em harmonia com as estrelas, se o impulso ao movimento vem desde então às mentes e corpos de todos, e se mesmo esses eventos que chamamos de fortuitos são encadernados por leis rígidas e nada neste universo é imprevisível ou não regulamentado em suas revoluções. Tais tópicos foram retirados das aulas de moral, mas elevam a mente e aumentam o escopo do assunto discutido; os assuntos, no entanto, dos quais eu falava há algum tempo, desgastam e rebaixam a mente, não a aguçando (como você e os seus mantêm), mas enfraquecendo-a.

20. E eu lhe pergunto: devemos desperdiçar esse estudo necessário que devemos a temas maiores e melhores, ao discutir uma questão que, não direi falsa, mas que certamente não serve de nada? Como isso me ajudará? Saber se a sabedoria é uma coisa e ser sábio, outra? Como isso me beneficiará saber que um é e que o outro não é um bem? Suponha que eu jogue nessa aposta: "Sabedoria para você e ser sábio para mim". Vamos sair empatados!

21. Tente, em vez disso, me mostrar o caminho pelo qual eu posso alcançar esses fins. Diga-me o que evitar, o que procurar, o que estudar para fortalecer minha mente cambaleante, como posso rejeitar as ondas que me atingem e me afastam do meu curso, como eu posso lidar com todos os meus males e por que meios eu posso me livrar das calamidades que afundaram em mim e aquelas em que eu mesmo mergulhei. Ensina-me a suportar o peso da tristeza sem um gemido e a suportar a prosperidade sem que os outros sofram; também, não como evitar a espera do fim derradeiro e inevitável, mas sim a buscá-lo eu mesmo quando me parecer oportuno.

22. Eu acho que nada é mais imoral do que rezar pela morte. Pois se você deseja viver, por que você reza pela morte? E se você não deseja viver, por que pergunta aos deuses por que eles nos deram o nascimento? Pois mesmo que, contra sua vontade, tenha sido resolvido que você deva morrer algum dia, então o tempo em que você deseja morrer está em suas próprias mãos. Um fato é uma necessidade, o outro é um privilégio.

23. Eu li ultimamente uma doutrina muito desonesta, proferida (mais uma vergonha para ele!) por um cavalheiro instruído:[148] "Que eu possa morrer o mais rápido possível!" Tolo, você está orando por algo que já é seu! "Então que eu possa morrer o mais rápido possível!" Talvez você envelheça enquanto pronuncia essas palavras! De qualquer forma, o que lhe impede? Ninguém o detém; escape da forma que quiser! Selecione qualquer parte da natureza e ofereça-lhe um meio de partida! Estes, a saber, são os elementos pelos quais o trabalho do mundo é realizado – água, terra e ar. Todas essas não são mais causas da vida do que formas da morte.

24. "Então que eu possa morrer o mais rápido possível!" E qual é o seu desejo em relação a isso, "o mais rápido possível"? Que dia você selecionou para o evento? Pode ser mais cedo do que seus pedidos de oração. Palavras como estas vêm de uma mente fraca, de uma que os tribunais têm piedade por tanta maldição; aquele que reza pela morte não quer morrer. Rogue aos deuses pela vida e pela saúde; se você estiver resolvido a morrer, a recompensa da morte é ter acabado com orações.

25. É com esses problemas, meu querido Lucílio, que devemos lidar, por tais problemas, que devemos moldar nossas mentes. Esta é a sabedoria, isto é o que significa ser sábio – não fazer submissões vazias em discussões ociosas e mesquinhas. A Fortuna colocou frente a você tantos problemas – que ainda não resolveu –, e você ainda está com picuinhas? Quão tolo é desferir golpes no vazio depois de ter ouvido o sinal da batalha! Fora com todas essas armas falsas; você precisa de armadura para uma briga até o final. Diga-me por quais meios a tristeza e o medo podem ser impedidos de perturbar minha alma, por que meios eu posso afastar esse fardo de desejos secretos. Faça alguma coisa!

26. "A sabedoria é um bem, mas ser sábio não é um bem"; tal conversa resulta para nós no julgamento de que não somos sábios e nos tornamos motivo de riso de todo este campo de estudo – pois desperdiçamos esforço em coisas inúteis. Suponha que você soubesse que essa questão também foi debatida: se a sabedoria futura é um bem? Pois eu imploro, como pode-se duvidar que os celeiros não sentem o peso da colheita que está por vir, e essa infância não tem premonições de se aproximar da juventude por qualquer força e poder? A pessoa doente, no período a sobrevir, não é ajudada pela saúde que está por vir, não mais do que um corredor ou um lutador é revigorado pelo período de repouso que se seguirá muitos meses depois.

27. Quem ignora que uma coisa futura não pode ser um bem pelo próprio fato de ainda estar para vir? Pois o que é um bem, é necessariamente útil. E a menos que as coisas estejam no presente, elas não podem ser úteis; e se uma coisa não é útil, não é um bem; se útil, já é. Devo ser sábio algum dia; e este bem será meu quando eu for um sábio, mas, entretanto, é inexistente. Uma coisa deve existir primeiro, então pode ser de certo tipo.

28. Como, eu pergunto, pode o que ainda é nada, ser um bem? E em que melhor maneira você deseja que seja provado que certa coisa não é, do que dizer: "Ainda está para ser"? Pois é claro que algo que está a caminho ainda não chegou. "A primavera seguirá": eu sei que o inverno está aqui agora. "O verão seguirá": eu sei que não é verão. A melhor prova de que uma coisa ainda não está presente é que ela ainda está por vir.

29. Espero que algum dia seja sábio, mas, enquanto isso, não sou sábio. Pois, se eu possuísse aquele bem, eu deveria estar livre desse mal. Algum dia eu serei sábio; por esse fato, você pode entender que ainda não sou sábio. Não posso, ao mesmo tempo, viver naquele estado de bem e neste estado do mal; as duas ideias não se harmonizam, nem o mal e o bem existem juntos na mesma pessoa.

30. Deixe-nos ultrapassar todas essas tolices engenhosas e apressar-nos com o que nos dará uma ajuda real. Nenhum homem que esteja correndo preocupado procurando uma doula para sua filha em trabalho de parto se deterá para ler o edital do pretor ou a ordem dos eventos nos jogos. Ninguém que esteja correndo para salvar sua casa das chamas irá analisar um jogo de damas para especular como a peça bloqueada pode ser libertada.

31. Mas bons céus! No seu caso, todos os tipos de notícias são anunciadas em todos os lados – sua casa está em chamas, seus filhos em perigo, seu país em estado de sítio, sua propriedade saqueada. Adicione a isso naufrágio, terremoto e todas outras fontes de pavor; assediado em meio a esses problemas, você está tomando tempo para assuntos que servem apenas para entretenimento mental? Você pergunta que diferença existe entre sabedoria e ser sábio? Você amarra e desata os nós enquanto uma avalanche se precipita sobre sua cabeça?

32. A natureza não nos deu um espaço de tempo tão generoso e livre que possamos ter tempo para desperdiçar. Marque também o quanto é perdido, mesmo quando os homens são muito cuidadosos: as pessoas são roubadas de uma coisa pela doença e de outra coisa por doença na família; uma hora uma tarefa doméstica, em outra pública, o negócio absorve a atenção; e durante todo o tempo o sono divide nossas vidas com a gente. Desse tempo tão curto e passageiro, que nos leva em seu voo, que proveito é gastar a maior parte em coisas inúteis?

33. Além disso, nossas mentes estão acostumadas a procurar prazer, em vez de se curar, a criar um prazer estético da filosofia, quando a filosofia realmente deveria ser um remédio. Qual a distinção entre sabedoria e ser sábio, eu não sei; mas eu sei que não faz diferença para mim se eu conheço tais assuntos ou sou ignorante deles. Diga-me: quando eu descobrir a diferença entre sabedoria e ser sábio, serei sábio? Por que, então, você me ocupa com as palavras e não com as obras da sabedoria? Faça-me mais corajoso, faça-me mais calmo, faça-me à altura da Fortuna, faça-me ser superior a ela. E eu posso ser seu superior, se eu aplicar para este fim tudo o que eu aprendo.

Mantenha-se Forte. Mantenha-se Bem.

XXVI.
SOBRE A FUTILIDADE DA BUSCA DE CARGOS

Saudações de Sêneca a Lucílio.

01. Você tem exigido cartas mais frequentes de mim. Mas se compararmos as contas, você não estará no lado do crédito. Nós realmente fizemos o acordo de que sua parte é dada primeiro, que você deve escrever as primeiras cartas e que eu deveria responder. No entanto, não devo ser desagradável; eu sei que é seguro confiar em você, então eu vou pagar antecipado, mas ainda assim não fazer como o eloquente Cícero que pediu a Ático: "Mesmo que você não tenha nada a dizer, escreva o que passar por sua cabeça".[149]

02. Pois sempre haverá algo sobre o que escrever, mesmo omitindo-se todos os tipos de notícias com que Cícero preenchia sua correspondência: qual candidato está em dificuldades; qual está em campanha com dinheiro emprestado e quem por si só; quem é candidato ao consulado que confia em César, ou em Pompeu, ou em sua própria caixa registradora; até que ponto Cecílio é um implacável agiota, ele de quem nem seus amigos conseguem tirar um centavo por menos de um por cento ao mês. Mas é preferível lidar com os próprios males e não com os alheios – pois se nos analisarmos e vermos para quantas coisas vãs nos candidatamos e votamos... e não nos deixamos eleger por nenhuma delas.

03. Isso, meu querido Lucílio, é uma coisa nobre, isso traz paz e liberdade – não se debater por nada e passar por todas as escolhas da Fortuna. Como você pode achar agradável, quando os partidos são convocados e os candidatos estão fazendo oferendas em seus templos favoritos – alguns deles prometendo brindes em dinheiro e outros fazendo negócios por meio de um agente ou desgastando as mãos com os beijos aqueles que recusarão o mínimo toque depois de serem eleitos – quando todos estão entusiasmados esperando o anúncio do mensageiro, você já imaginou como é agradável ficar à margem a observar esta feira de vaidades sem pretender comprar ou vender nada?

04. Quão maior alegria sente quem olha sem preocupação, não apenas para a eleição de um pretor ou de um cônsul, mas para essa grande luta em que alguns procuram honras efêmeras e outros, o poder permanente, e outros, o triunfo e o resultado próspero da guerra, e outras riquezas, ou o casamento e a prole, ou o bem-estar de si mesmo e de seus parentes! Que ação grandiosa é ser a única pessoa que não procura por nada, não oferecendo orações a nenhum homem e dizendo: "Fortuna, não tenho nada a ver com você. Eu não estou ao seu serviço. Eu sei que homens como Catão são rejeitados por você e homens como Vatínio[150] feitos por você. Não peço favores para mim". Esta é a maneira de reduzir a Fortuna ao seu lugar, cortar seu poder pela base.

05. Estas são, então, as coisas sobre as quais podemos escrever por sua vez, e este é o material sempre novo que podemos desenterrar enquanto examinamos as inúmeras multidões de homens que, para alcançar algo ruinoso, lutam por meio do mal objetivando o mal. Tanto buscam o que eles deveriam evitar, que acham!

06. Já viu alguém contentar-se com uma coisa que, antes de a obter, lhe parecia mais que suficiente? A felicidade não é, como os homens pensam, uma coisa gananciosa. É uma coisa humilde, por essa razão, nunca cai no desejo de um homem, nunca sacia ninguém. Você considera elevados os objetivos que procura, porque você está em um nível baixo e, portanto, está longe deles; mas eles são ruins à vista daquele que já os alcançou. E estou muito enganado se este não desejar escalar ainda mais alto. O que você considera como o topo é apenas um degrau na escada.

07. Agora, todos os homens sofrem com a ignorância da verdade; enganados por um relato comum, eles lutam por estes fins como se fossem bons e, depois de terem ganhado o desejo deles, e sofrerem muito, eles os consideram ruins ou vazios ou menos importantes do que antes acreditavam ser. A maioria dos homens admira o que os ilude à distância, e a multidão considera que as coisas boas devam ser grandes.

08. Agora, para que isso não aconteça também em nosso caso, perguntemos o que é o bem. Foi explicado de várias maneiras; homens diferentes descreveram isso de diferentes modos. Alguns o definem dessa maneira:

"O que atrai e chama o espírito para si é um bem". Mas a objeção surge de imediato – e se atrair, mas direto para a ruína? Você sabe quão sedutores são os males. O que é verdadeiro difere daquilo que parece a verdade; daí o bem está conectado com o verdadeiro, pois não é um bem, a menos que também seja verdadeiro. Mas o que atrai e seduz é apenas semelhante ao verdadeiro; rouba sua atenção, exige seu interesse e o atrai para si mesmo.

09. Portanto, alguns outros deram esta definição: "O bem é tudo quanto desperta a vontade de si mesmo, que provoca um movimento da alma na sua direção". Existe a mesma objeção a essa ideia; pois muitas coisas despertam os impulsos da alma e ainda assim a busca por elas é prejudicial para quem as procura. A seguinte definição é melhor: "É um bem aquilo que desperta o impulso da alma para si mesmo de acordo com a natureza, e que só devemos procurar obter quando começa a tornar-se merecedor desse empenho". Isto é por sua vez uma coisa honrosa; pois é uma coisa que vale completamente a pena procurar por ser totalmente desejável.

10. O tópico atual sugere que eu indique a diferença entre o bem geral e o bem moral. Agora eles têm certa qualidade que os combina e é inseparável de qualquer um: nada pode ser um bem, a menos que contenha um elemento do moral, e o moral é necessariamente um bem. Qual é, então, a diferença entre essas duas qualidades? O bem moral é o bem perfeito e a vida feliz é realizada assim; por sua influência, outras coisas também são bem-sucedidas.

11. Eu quero dizer algo assim: há certas coisas que não são nem boas nem ruins – como serviço militar ou diplomático ou o pronunciamento de decisões judiciais. Quando essas atividades são conduzidas de maneira moral, elas começam a ser boas e elas mudam da classe "indiferente" para a categoria do bem. Os bens resultam da parceria com o bem moral, mas o moral é bom em si mesmo. O bem vem do moral, mas o último de si mesmo. O que é bom pode ter sido ruim; o que é moral nunca poderia ter sido nada além de bom.

12. Alguns filósofos ainda definiram o seguinte: "Um bem é tudo aquilo que está de acordo com a natureza, agora repare na minha própria afirmação: tudo quanto é bom está conforme à natureza; mas isso não implica que tudo o que está conforme à natureza seja um bem; pois muitas coisas se harmonizam com a natureza, mas são tão insignificantes que não é adequado chamá-las de um bem. Pois são sem importância e merecem ser desprezadas. Mas não existe um bem tão pequeno e desprezível, pois, desde que seja escasso, não é bom, e quando começa a ser bom, ele deixa de ser escasso. Como então o bem pode ser reconhecido? Somente se for completamente de acordo com a natureza.

13. As pessoas dizem: "Você admite que o que é bom está de acordo com a natureza, pois esta é a sua qualidade peculiar. Você admite também que há outras coisas de acordo com a natureza que, no entanto, não são bens. Como pode o primeiro ser bom e o último não? Como pode haver uma alteração na qualidade peculiar de uma coisa, quando cada uma tem em comum com a outra, o atributo especial de estar de acordo com a natureza?"

14. Certamente por sua magnitude. Não é uma nova ideia de que certos objetos mudam à medida que crescem. Uma pessoa, uma vez que é criança recém-nascida, depois se torna jovem; sua qualidade peculiar é transformada; pois a criança não podia raciocinar, mas o jovem possui razão. Certas coisas não só crescem em tamanho como elas se desenvolvem, crescem em algo diferente.

15. Alguns respondem: "Mas o que se torna maior não se torna necessariamente diferente. Não importa se você derrama vinho em um cantil ou em um barril, o vinho mantém sua qualidade peculiar em ambos os recipientes. Pequenas e grandes quantidades de mel não são distintas no gosto". Mas estes são casos diferentes que você menciona; pois o vinho e o mel têm uma qualidade uniforme; não importa o quanto a quantidade seja ampliada, a qualidade é a mesma.

16. Pois algumas coisas sofrem de acordo com seu tipo e suas qualidades peculiares, mesmo quando são ampliadas. Há outras no entanto, que após vários incrementos, são alteradas pela última adição; há um caráter novo carimbado sobre o personagem, diferente do antigo. Uma pedra faz um arco de abóbada – a pedra que calça os lados inclinados e mantém o arco em conjunto pela sua posição no meio. E por que a última adição, embora quantitativamente diminuta, faz uma grande diferença? Porque não aumenta; completa, traz a plenitude.

17. Algumas coisas, devido ao desenvolvimento, abandonam sua forma anterior e são alteradas em uma nova figura. Quando a mente desenvolve há muito tempo alguma ideia e a tentativa de entender sua magnitude torna-se cansativa, essa coisa começa a ser chamada de "infinito". E então, isso se tornou algo muito diferente do que era quando parecia grande, mas finita. Do mesmo modo, pensamos em algo tão difícil de dividir; no final, à medida que a tarefa cresce cada vez mais, a coisa é "indivisível". Da mesma forma, a partir do que dificilmente ou com dificuldade pode ser movido, avançamos de pouco em pouco até chegar ao "imóvel". Pelo mesmo raciocínio, certa coisa estava de acordo com a natureza; sua grandeza se alterou em alguma qualidade peculiar e tornou-a um bem.

Mantenha-se Forte. Mantenha-se Bem.

XXVII.
SOBRE A NATUREZA COMO NOSSA MELHOR FORNECEDORA

Saudações de Sêneca a Lucílio.

01. Sempre que faço uma descoberta, não espero que você grite "Compartilhe!". Eu digo isso em seu nome. Se você deseja saber o que encontrei, abra seu bolso; é um lucro certo. O que eu vou ensinar é a capacidade de se tornar rico o mais rápido possível. Quão ansioso para ouvir tais notícias! E com razão; eu devo guiá-lo por um atalho para as maiores riquezas. No entanto, será necessário que você consiga um empréstimo; para poder fazer negócios, você deve contrair uma dívida, embora eu não deseje que você organize o empréstimo por intermédio de um fiador, nem eu desejo que os prestamistas discutam sua classificação de crédito.

02. Vou lhe fornecer um credor pronto, o famoso de Catão, que diz: "Nunca peça emprestado senão de si próprio!" Por menor que seja, será suficiente se conseguimos apenas compensar o déficit com nossos próprios recursos. Pois, meu querido Lucílio, não importa se você não deseja nada ou se você possui muito. O princípio importante em ambos os casos é o mesmo – liberdade da preocupação, ausência de desejo. Mas eu não aconselho você a negar nada à natureza – pois a natureza é insistente e não pode ser sobrepujada; ela exige o que lhe é devido, mas você deve saber que qualquer coisa a mais do que pedido pela natureza é um mero "extra" e não é necessário.

03. Se estou com fome, devo comer. A natureza não se importa se o pão é grosseiro ou o trigo, o melhor; ela não deseja que o estômago seja entretido, mas seja preenchido. E se estou com sede, a natureza não se preocupa se eu bebo água do reservatório mais próximo ou se eu a resfriarei artificialmente, afundando-a em grandes quantidades de neve. A natureza ordena apenas que a sede seja saciada e não importa se usa um cálice de ouro, ou de cristal, ou vitral, ou um púcaro de Tibur, ou a mão oca.

04. Olhe para a finalidade última de todos os assuntos e então você descartará coisas supérfluas. A fome me chama, deixe-me esticar minha mão para o que está mais próximo; minha fome tornou atrativo aos meus olhos aquilo que está à mão. Um homem faminto não despreza nada.

05. Você pergunta, então, em que isso me agrada? É este nobre ditado que descobri: "O homem sábio é o mais perspicaz para as riquezas da natureza". "O que", você pergunta, "você me dá um prato vazio? O que quer dizer? Eu já havia arranjado meus cofres, eu já estava prestes a procurar um caminho em que eu poderia embarcar para fins comerciais, algumas receitas do Estado com que eu possa lidar e algumas mercadorias que eu poderia importar. Isso é fraude – me mostrar a pobreza depois de me prometer riquezas." Mas, amigo, você considera pobre um homem que nada mais deseja? "É, no entanto," você responde, "graças a si mesmo e à sua resiliência, e não graças à sua Fortuna." Você, então, acredita que esse homem não é rico só porque sua riqueza nunca pode falhar e é, por natureza, ilimitada?

06. Você preferiria ter muito ou o suficiente? Aquele que tem muito deseja mais – uma prova de que ainda não adquiriu o suficiente; mas aquele que tem o suficiente alcançou o que nunca foi atingido pelos ricos – um ponto de parada. Você acha que esta condição a que me refiro não é riqueza só porque nenhum homem jamais foi proscrito como resultado de possuí-la? Ou porque filhos e esposas nunca nos envenenam por ela? Ou porque no tempo de guerra essas riquezas não são molestadas? Ou porque elas trazem o descanso em tempo de paz? Ou porque não é perigoso possuí-las, ou incômodo administrá-las?

07. "Mas um possui muito pouco, se estiver apenas livre do frio, fome e sede." O próprio Júpiter, no entanto, não está melhor. O suficiente nunca é muito pequeno e o não suficiente nunca é muito. Alexandre era pobre mesmo após sua conquista de Dario e das Índias. Estou errado? Ele ainda procurava algo a mais que pudesse conquistar, explorando mares desconhecidos, enviando novas frotas sobre o oceano e, por assim dizer, quebrando os próprios limites do universo. Mas o que é suficiente para a natureza, não é suficiente para o homem.

08. Descobriram-se pessoas que desejam algo mais depois de obter tudo; tão cego é o juízo dessas e tão facilmente cada homem esquece de seus primeiros passos depois que começou a caminhada. Aquele que era, há pouco, o senhor de um canto desconhecido do mundo, é abatido quando, depois de alcançar os limites do globo, retorna através de um mundo que já era seu.

09. O dinheiro nunca tornou um homem rico; pelo contrário, ele sempre castiga os homens com um desejo maior por mais. Você pergunta o motivo disso? Aquele que possui mais começa a ser capaz de possuir ainda mais. Para resumir, você pode apresentar para a nossa inspeção qualquer dos milionários cujos nomes são censurados. Por exemplo, quando se fala de Crasso e Licínio. Deixe-o trazer sua classificação de crédito e sua propriedade atual e suas expectativas futuras e deixe-o somar todos juntos: tal homem, segundo minha opinião, é pobre; de acordo com a sua, ele pode ser pobre algum dia.

10. Aquele, no entanto, que arranjou seus assuntos de acordo com as exigências da natureza é livre do medo, bem como da sensação da pobreza. E para que você possa saber o quão difícil é restringir os interesses de alguém até os limites da natureza – mesmo essa mesma pessoa de quem falamos, o sábio a quem você chama de pobre, possui algo na realidade supérfluo.

11. A riqueza, no entanto, cega e atrai a multidão, quando vê uma grande quantidade de dinheiro trazido da casa de um homem ou mesmo as paredes dele cobertas abundantemente de ouro ou um séquito que é escolhido pela beleza física ou pela atratividade do vestuário. A prosperidade de todos esses homens se mostra à opinião pública; mas o homem ideal, a quem tiramos do controle das pessoas e da Fortuna, está feliz por dentro.

12. Pois as pessoas em questão, em cujas mentes a pobreza inquieta roubou o título de riqueza – esses indivíduos têm riquezas, assim como dizemos que "temos febre", quando realmente a febre nos tem. Por outro lado, estamos acostumados a dizer: "A febre apoderou-se dele". E da mesma forma, devemos dizer: "As riquezas o agarram". Por conseguinte, não há conselhos – e de tais conselhos, ninguém pode ter demais – que eu prefira dar do que esse: que você deve medir todas as coisas pelas exigências da natureza; pois essas demandas podem ser satisfeitas sem custo ou então por custo muito baixo. Basta não misturar nenhum vício com essas demandas.

13. Por que você precisa perguntar como sua comida deve ser servida, em que tipo de mesa, com que tipo de prata, com que servos jovens bem escolhidos e de boa aparência? A natureza não exige nada, exceto simples comida.

Tu procuras, quando a sede inflama a garganta, um copo de ouro? Tu desprezas tudo que não seja carne de pavão ou robalo Quando a fome vem sobre ti?	Num tibi, cum fauces urit sitis, aurea quaeris Pocula? Num esuriens fastidis omnia praeter Pavonem rhombumque?[151]

14. A fome não é ambiciosa; está bastante satisfeita em chegar ao fim; nem se importa muito com qual comida será levada ao fim. Essas coisas são apenas os instrumentos de um luxo que não é "felicidade"; um luxo que procura como pode prolongar a fome, mesmo após a saciedade, que procura como estufar o estômago, não o preencher e como despertar a sede que ficou satisfeita com a primeira bebida. As palavras de Horácio são, portanto, mais excelentes quando ele diz que é indiferente para a sede quão caro é o cálice, ou quão elaborado é o processo em que a água é servida. Pois, se você acredita que é importante como está o cabelo de seu escravo ou quão transparente é a taça que ele oferece, você não está com sede.

15. Entre outras coisas, a natureza nos concedeu esta bênção especial: prover sem artifícios a quanto nos é indispensável. As coisas supérfluas admitem a escolha; nós dizemos: "Isto não é adequado"; "Isto não é bem recomendado"; "Isto é desagradável à minha visão". O construtor do universo, que estabeleceu para nós as leis da vida, se preocupou em nos manter em bem-estar, mas não no luxo. Tudo o que conduz para o nosso bem-estar está preparado e pronto para as nossas mãos; mas o que o luxo requer nunca pode ser conseguido, exceto com miséria e ansiedade.

16. Utilizemos, portanto, essa bênção da natureza, considerando-a entre as coisas de grande importância; reflitamos que o melhor título da natureza para nossa gratidão é que tudo o que desejamos, por pura necessidade, aceitamos sem reticências.

Mantenha-se Forte. Mantenha-se Bem.

XXVIII.
MAIS SOBRE VIRTUDE

Saudações de Sêneca a Lucílio.

01. Sua carta divagou por vários problemas menores, mas finalmente se ocupou de um que deseja ser tratado por completo, pedindo explicação: "Como adquirimos um conhecimento daquilo que é um bem e o que é moral?" Na opinião de outras escolas, essas duas qualidades são distintas; entre os nossos seguidores, no entanto, elas são meramente distintos aspectos de uma realidade única.

02. Isto é o que quero dizer: alguns acreditam que o bem é tudo aquilo que é útil; eles concedem esse título a riquezas, cavalos, vinhos e sapatos; de forma tão barata eles veem o bem, e para tais usos aviltados eles deixam que desça. Eles consideram "moralidade" o que concorda com o princípio da conduta correta – como cuidar obedientemente de um pai idoso, aliviar a pobreza de um amigo, mostrar bravura em uma batalha e pronunciar opiniões prudentes e equilibradas.

03. Nós, no entanto, consideramos o bem e o moral duas coisas distintas, mas as fazemos conexas: somente o moral pode ser um bem; também que o moral é necessariamente um bem. Considero que é supérfluo adicionar a distinção entre essas duas qualidades, na medida em que as mencionei tantas vezes. Mas devo dizer mais uma coisa – que não consideremos nada como um bem se puder ser usado de forma incorreta por qualquer pessoa. E você vê por si mesmo a que fins errados muitos homens colocam suas riquezas, sua posição elevada ou seus poderes físicos. Para retornar ao assunto do qual você deseja informações: "Como adquirimos um conhecimento daquilo que é um bem e o que é moral?"

04. A natureza não pode nos ensinar isso diretamente; ela nos deu as sementes do conhecimento, mas não o próprio conhecimento. Alguns dizem que simplesmente "tropeçamos" com esse conhecimento; mas é inacreditável que uma visão de virtude pudesse se apresentar a qualquer pessoa por simples chance. Acreditamos que é inferência devido à observação, uma comparação de eventos que ocorreram com frequência; nossa escola de filosofia sustenta que o moral e o bem foram compreendidos por analogia. Uma vez que a palavra "analogia" ganhou cidadania na língua popular pelos estudiosos latinos, não acho que isso deveria ser condenado, mas acho que deveria conseguir a cidadania que pode justamente reivindicar. Devo, portanto, usar a palavra, não apenas como admitido, mas conforme estabelecido no uso corrente. Agora, o que essa "analogia" é, eu vou explicar.

05. Compreendemos o que é a saúde corporal, e dessa base deduzimos a existência de determinada saúde mental também. Conhecemos também força corporal, e dessa base inferimos a existência de robustez mental. As ações gentis, as ações humanitárias, os atos valentes, às vezes nos surpreendiam; então começamos a admirá-los como se fossem perfeitos. Por baixo, no entanto, havia muitas falhas escondidas pela aparência e pelo brilho de certos atos conspícuos; para esses, fechamos os olhos. A natureza nos oferece amplificar coisas louváveis – todos exaltam o renome além da verdade. E assim, de tais atos, deduzimos a concepção de um grande bem inexcedível.

06. Fabrício[152] rejeitou o ouro do rei Pirro, considerando ser maior que a coroa de um rei desprezar o dinheiro de um rei. Fabrício também, quando o médico real planejava dar veneno ao seu mestre, advertiu Pirro sobre a traição. O próprio homem teve a determinação de se recusar a ser conquistado pelo ouro ou a vencer pelo veneno. Então, sentimo-nos cheios de admiração por esse grande homem que não se deixou aliciar nem pelas promessas do rei nem pelas dos traidores ao rei, firme em sua estima ao ideal do bem e mesmo em plena guerra conservando as mãos limpas – coisa bem difícil de conseguir! Estava na guerra sem pecado; pois ele acreditava que os erros poderiam ser cometidos mesmo contra um inimigo, e naquela extrema pobreza que ele havia feito a sua glória, deixou de receber riquezas enquanto ele recusou usar veneno. Ele gritou: "Viva, ó Pirro, agradeça a mim e se alegre em vez de sofrer como você fez até agora, porque Fabrício não pode ser subornado!"

07. Horácio Cocles[153] bloqueou a ponte estreita e ordenou que a mesma fosse destruída, para que o caminho do inimigo pudesse ser impedido; então, ele resistiu longamente aos seus agressores até que o ruído das vigas, quando elas entraram em colapso com uma enorme queda, tocou seus ouvidos. Quando ele olhou para trás e viu que seu país, por seu próprio perigo, estava livre de perigo: "Quem quer que seja", ele gritou, "que deseje me seguir dessa maneira, deixá-lo vir!". Ele mergulhou de cabeça ao rio, tendo muito cuidado para sair armado do canal. Ele saiu ileso e voltou preservando a glória de suas armas conquistadoras com segurança, como se tivesse atravessado o rio sobre a ponte.

08. Essas ações e outras do mesmo tipo nos revelaram um retrato do que é a virtude. Eu acrescentarei algo que talvez possa surpreendê-lo: as coisas más às vezes ofereceram a aparência do que é moral e o que é melhor já se manifestou através do seu oposto. Pois há, como você sabe, vícios que estão ao lado das virtudes; e mesmo o que está perdido e degradado pode se parecer com o que é justo. Assim, o perdulário falsamente imita o homem generoso – embora seja muito importante se um homem sabe como dar ou sabe como poupar seu dinheiro. Eu lhe asseguro, meu querido Lucílio, que há muitos que não dão, mas simplesmente jogam fora e não chamo de homem generoso quem está irritado com seu dinheiro. O descuido se parece com a tranquilidade e a temeridade, com a coragem.

09. Esta semelhança nos obrigou a observar atentamente e a distinguir entre coisas que são por aparência externa intimamente ligadas, mas que, na verdade, estão muito em desacordo uma com a outra; e ao assistir aqueles que se distinguiram como resultado de algum esforço nobre, somos obrigados a observar que algumas pessoas fizeram algum ato com espírito nobre e impulso elevado, mas o fizeram apenas uma vez. Notamos um homem corajoso em guerra e covarde em assuntos civis, suportando a pobreza com coragem mas a desgraça com vergonha. Em tal situação, nós louvamos a ação, mas desprezamos o homem.

10. Em contrapartida, notamos outro homem que é amável com seus amigos e tolerante com seus inimigos, que exerce seus negócios políticos e pessoais com devoção escrupulosa, não faltando em longanimidade onde há algo que deva ser suportado nem faltando com prudência quando alguma ação precisa ser tomada. Nós o notamos dando com uma mão pródiga quando era seu dever fazer um pagamento e, quando obrigado a trabalhar, esforçando-se resolutamente e aliviando seu cansaço corporal por sua determinação. Além disso, ele sempre foi o mesmo, consistente em todas as suas ações, não apenas em seu bom julgamento, mas treinado pelo hábito de tal forma que ele não só pode agir corretamente, mas não pode evitar agir com justiça. Formamos a concepção de que, em tal homem, existe uma virtude perfeita.

11. Nós separamos essa virtude perfeita em suas várias partes. Os desejos tinham que ser dominados, o medo tinha que ser suprimido, as ações apropriadas tinham que ser providenciadas, a cada um devia ser dado o que lhe é devido; concebemos assim as noções de temperança, de coragem, de prudência e de justiça – atribuindo a cada qualidade sua função especial. Como, então, formamos a concepção da virtude? A virtude nos foi manifestada pela forma, pela propriedade, pela firmeza, pela harmonia de ação absoluta e pela grandeza de alma que se eleva a tudo. Daí foi derivada a nossa concepção de uma vida feliz, fluindo segundo um curso constante, completamente sob seu próprio controle.

12. Como, então, descobrimos esse fato? Eu lhe direi: aquele homem perfeito, que alcançou a virtude, nunca amaldiçoou sua Fortuna e nunca recebeu os resultados do acaso com abatimento; aquele que acreditava ser cidadão e soldado do universo, aceitando suas tarefas como se fossem suas ordens. O que quer que tenha acontecido, ele não o desprezou como se fosse algo perverso e levado a ele por mal; ele aceitou como se fosse designado para ser seu dever. "Suceda o que suceder", diz ele, "é meu lote, é difícil e é brutal, mas preciso trabalhar diligentemente minha tarefa."

13. Necessariamente, portanto, o homem mostra-se grande, quando nunca se entristece nos dias doentios e nunca lamenta seu destino; ele dá uma concepção clara de si mesmo a muitos homens; ele brilha como uma luz na escuridão e atrai para si os pensamentos de todos os homens, porque é gentil, calmo e igualmente complacente com as ordens dos homens e dos deuses.

14. Ele possui perfeição de alma, desenvolvida até suas capacidades mais elevadas, inferior apenas à mente divina – de quem uma parte flui até

mesmo para o coração de um mortal. Mas este coração nunca é mais divino do que quando reflete sobre sua mortalidade e entende que o homem nasceu com o propósito de cumprir sua vida e que o corpo não é uma habitação permanente, mas uma espécie de estalagem (de breve permanência) que deve ser deixada para trás quando se percebe que é um fardo para o estalajadeiro.

15. A maior prova, como sustento, meu querido Lucílio, de que uma alma procede de alturas mais elevadas, é quando julga sua situação presente como humilde e limitada e não tem medo de partir. Pois quem se lembra de onde veio, sabe para onde deve partir. Não vemos quantos desconfortos nos deixam irritados e como é incompatível a nossa comunhão com o próprio corpo?

16. Nos queixamos num tempo de nossas dores de cabeça, das nossas más digestões, em outro de nosso peito e nossa garganta. Às vezes, os nervos nos incomodam, às vezes os pés; agora é diarreia e novamente é o catarro;[154] estamos em um momento vigorosos, em outro, anêmicos; ora isso nos incomoda, ora aquilo, e nos obriga a nos afastarmos: é exatamente o que acontece com aqueles que habitam a casa de outro.

17. Mas nós, a quem esses corpos corruptíveis foram alocados, colocamos a eternidade diante de nossos olhos e, em nossas esperanças, agarramos o máximo espaço de tempo para o qual a vida do homem pode ser estendida, sem haver riqueza ou poder que nos sacie! O que pode ser mais desavergonhado ou tolo do que isso? Nada é suficiente para nós, embora devamos morrer algum dia, ou melhor, já estamos morrendo; pois ficamos cada dia mais perto da beira e cada hora de tempo nos empurra para o precipício no qual devemos cair.

18. Veja como nossas mentes estão cegas! O que eu coloco como futuro, está acontecendo neste momento e uma grande parte disso já aconteceu; pois consiste em nossas vidas passadas. Mas estamos enganados em temer o último dia, vendo que cada dia, como ele passa, conta tanto quanto qualquer outro ao crédito da morte. O passo fraco não produz, apenas anuncia a fadiga. A última hora atinge, mas cada hora se aproxima da morte. A morte vai nos colhendo gradualmente, não nos arrebata de repente. Por essa razão, a alma nobre, conhecendo a sua melhor natureza, ao mesmo tempo que se responsabiliza por se comportar moralmente e dignamente no posto de trabalho onde está colocada, não assume nenhum desses objetos estranhos como seus próprios, mas os usa como se fossem um empréstimo, como um visitante estrangeiro apressando-se a caminho.

19. Quando vemos uma pessoa de tal firmeza, como podemos evitar sermos conscientes da imagem de uma natureza tão incomum? Particularmente se, como observei, mostra verdadeira grandeza pela consistência. Na verdade, é consistência que permanece; coisas falsas não duram. Alguns homens são, por turnos, como Vatínio ou como Catão; às vezes eles não pensam que Cúrio[155] seja severo o suficiente ou que Fabrício seja pobre o suficiente ou que Tuberão seja suficientemente frugal e contente com coisas simples; enquanto outras vezes eles competem com Licínio em riqueza, com Apício em banquetes ou com Mecenas em janotice.

20. A maior prova de um espírito infeliz é a instabilidade e a contínua vacilação entre a pretensão da virtude e o amor ao vício.

Ele teria às vezes duzentos escravos à mão	
E às vezes dez. Ele falaria de reis e grande	habebat saepe ducentos,
Mogul e nada além de grandeza. Então ele dizia:	Saepe decern servos ; modo reges atque tetrarchas,
"Me dê uma mesa de três pernas e uma bandeja	Omnia magna loquens, "modo sit mihi mensa tripes et
De sal bem limpo e apenas um vestido grosso	Concha salis puri, toga quae defendere frigus
Para manter o frio fora. "Se você o paga a menos	Quamvis crassa queat"; decies centena dedisses
(Assim, poupando e contente!) Um milhão a vista,	Huic parco, paucis contento ; quinque diebus
Em cinco dias, ele seria um tolo sem um centavo.	Nil erat.[156]

21. Os homens dos quais eu falo são deste selo; eles são como o homem que Horácio descreveu – um homem que nunca é o mesmo, nem sequer como ele mesmo; até certo ponto ele perambula por opostos. Eu disse que muitos são assim? É o caso de quase todos. Todos mudam seus planos e orações diariamente. Agora ele teria uma esposa, e agora uma amante; agora ele seria rei, e novamente ele se esforçaria para conduzir--se para que nenhum escravo seja mais adulador; agora ele se envaidece até ficar impopular; novamente, ele se encolhe e se contrai em humildade maior até do que aqueles que são realmente despretensiosos; em um momento ele distribui dinheiro, em outro ele o rouba.

22. É assim que uma mente tola é mais claramente demonstrada: ela se mostra primeiro desta forma e depois naquela e nunca é como ela mesma – o que é, na minha opinião, a mais vergonhosa das qualidades. Acredite, é um grande papel – desempenhar o papel de um só homem. Mas ninguém pode ser uma só pessoa senão o homem sábio. O resto de nós geralmente troca as máscaras. Às vezes, você vai achar-nos econômicos e frugais, em outras ocasiões, depravados e ociosos. Nós mudamos continuamente nossos personagens e desempenhamos um papel contrário ao que descartamos. Você deve, portanto, forçar-se a manter até o final do drama da vida o personagem que você assumiu no início. Faça isso para que os homens possam louvá-lo; se não, deixe-os pelo menos reconhecê-lo. Na verdade, no que diz respeito ao homem que você viu ontem, a pergunta pode ser devidamente feita: "Quem é este?" – tal a mudança que neles houve!

Mantenha-se Forte. Mantenha-se Bem.

XXIX.
SOBRE O INSTINTO EM ANIMAIS

Saudações de Sêneca a Lucílio.

01. Você vai ajuizar um processo contra mim, tenho certeza, quando eu apresentar para você o pequeno problema de hoje, o qual já tateamos por tempo suficiente. Você vai gritar novamente: "O que isso tem a ver com a moral?" Grite se você quiser, mas deixe, em primeiro lugar, eu lhe apresentar outros adversários contra os quais você pode litigar, como Posidônio e Arquidemo;[157] esses homens aceitarão de bom grado litigar com você. Em seguida, continuarei a dizer que nem tudo que diz respeito aos costumes contribui para o aperfeiçoamento moral.

02. O homem precisa de uma coisa para sua alimentação, outra para seu exercício, outra para sua roupa, outra para sua instrução e outra para seu lazer. Tudo tem referência às necessidades do homem, embora isso tudo não o faça melhor. O caráter é afetado por diferentes coisas de maneiras diferentes: algumas coisas servem para corrigir e regular o caráter e outras investigam sua natureza e origem.

03. E quando busco a razão pela qual a natureza criou o homem e o colocou acima de outros animais, você acha que eu deixaria o estudo do caráter na retaguarda? Não; isso seria errado. Pois como você saberia qual caráter é desejável, a menos que você tenha descoberto o que é mais adequado para o homem? Ou a menos que você tenha estudado sua natureza? Você só pode descobrir o que deve fazer e o que deve evitar, quando aprender o que é exigido pela sua própria natureza.

04. "Eu desejo", você diz, "aprender como posso me aborrecer menos e temer menos. Retire minhas crenças irracionais. Prove a mim que a chamada 'felicidade' é inconstante e vazia, e que a palavra admite facilmente aumento de um prefixo!"[158] Devo cumprir sua vontade, encorajando suas virtudes e atando seus vícios. As pessoas podem decidir que eu sou muito zeloso e virulento neste aspecto; mas nunca deixarei de perseguir a maldade, controlar as emoções mais desenfreadas, suavizar a força dos prazeres que resultarão em dor e menosprezar as orações dos homens. Claro que vou fazer isso; pois são os maiores males pelos quais oramos e, daquilo que nos fez dar graças, vem tudo o que exige consolação.

05. Enquanto isso, permita-me discutir cuidadosamente alguns pontos que podem parecer agora bastante remotos ao presente inquérito. Nós já estávamos discutindo se todos os animais têm algum sentimento sobre suas "faculdades naturais". Que isso é verdadeiro pode ser provado particularmente por fazerem movimentos de tal aptidão e agilidade que parecem ter sido treinados para isso. Todo ser é inteligente em sua própria maneira. O trabalhador qualificado lida com suas ferramentas com facilidade nascida da experiência; o timoneiro sabe dirigir seu navio habilmente; o artista pode aplicar agilmente as cores que ele preparou com grande variedade com a finalidade de criar a semelhança, e transfere com facilidade a tinta da paleta para a tela. Do mesmo modo, um animal é ágil em tudo o que diz respeito ao uso de seu corpo.

06. Podemos nos perguntar dos dançarinos profissionais e seus gestos perfeitamente adaptados ao significado da peça e às emoções que as acompanham e dos seus movimentos que combinam com a velocidade do diálogo. Mas o que a arte dá ao artesão, é dado ao animal pela natureza. Nenhum animal lida com seus membros com dificuldade, nenhum animal desconhece como usar seu corpo. Essa função eles já exercem imediatamente no nascimento. Eles vêm ao mundo com esse conhecimento; eles já nasceram treinados.

07. Mas as pessoas respondem: "A razão pela qual os animais são tão habilidosos no uso de seus membros é que, se os moverem de forma anormal, sentirão dor. Eles são obrigados a fazer assim, de acordo com a sua escola, e é o medo e não a força de vontade que os move na direção certa". Essa ideia está errada. Os corpos conduzidos por uma força externa movem-se lentamente; mas aqueles que se movem por conta própria possuem vivacidade. A prova de que não é o medo da dor que os move desta forma é que, mesmo quando a dor os aflige, eles lutam para realizar seus movimentos naturais.

08. Assim também, a criança que está tentando ficar de pé e está se acostumando a carregar o próprio peso, começando a testar sua força, cai e ergue-se repetidas vezes com lágrimas, até que, através do esforço doloroso, ela se treina às exigências da natureza. E certos animais com carapaças duras, quando virados de costas, torcem e tateiam com os pés e fazem movimentos laterais até serem restaurados para a posição correta. A tartaruga de costas não sente dor; mas ela está inquieta porque sente falta de sua condição natural e não deixa de se agitar até que se coloque mais uma vez sobre suas quatro patas.

09. Então, todos esses animais têm consciência de sua constituição física e por isso podem controlar seus membros tão prontamente; não temos prova melhor de que eles tenham sido equipados de nascença com esse conhecimento do que o fato de que nenhum animal não é qualificado no uso de seu corpo.

10. Mas alguns objetam o seguinte: "De acordo com sua explicação, a constituição de alguém consiste em um poder dominante na alma que tem certa relação com o corpo.[159] Mas como uma criança pode compreender esse princípio intrincado e sutil, que mal posso explicar até mesmo a você? Todos os seres vivos deveriam nascer versados em lógica, de modo a entender uma definição que é obscura para a maioria dos cidadãos romanos!"

11. Sua objeção seria verdade se eu falasse de criaturas vivas que entendessem de "uma definição de constituição" e não de "sua constituição". A natureza é mais fácil de entender do que de explicar; portanto, a criança de quem falamos não entende o que é "constituição", mas entende sua própria constituição. Ela não sabe o que é "uma criatura viva", mas ela sente que está viva.

12. Além disso, essa mesma constituição própria ela só entende confusamente, de forma superficial e nublada. Sabemos também que possuímos almas, mas não conhecemos a essência, o lugar, a qualidade ou a fonte da alma. Tal como é a consciência de nossas almas, ignorantes como somos de sua natureza e posição, assim também todos os animais possuem consciência de suas próprias constituições. Pois devem necessariamente sentir isso, porque é pela mesma maneira pela qual eles sentem outras coisas também; eles devem necessariamente ter um sentimento do princípio que eles obedecem e pelo qual eles são controlados.

13. Cada um de nós entende que há algo que atiça nossos impulsos, mas não sabemos o que é. Sabemos que temos uma consciência do esforço, embora não saibamos o que é ou qual a sua fonte. Assim, mesmo crianças e animais têm consciência do seu elemento primário, mas este não é muito claramente delineado ou retratado.

14. "Você defende", diz o oponente, "que todo ser vivo está no início adaptado à sua constituição, mas a constituição desse homem é uma pensante e, portanto, o homem é adaptado a si mesmo não apenas como um ser vivo, mas como um ser pensante? Pois o homem é grato àquilo que o faz dele um homem. Como então uma criança, sem ser ainda dotada de razão, se adapta a uma constituição racional?".

15. Mas cada idade tem sua própria constituição, diferente no caso da criança, do menino e do velho; estão todos adaptados à constituição em que se encontram. A criança está desdentada e ela está preparada para esta condição. Então, seus dentes crescem e ela também está preparada para essa condição. A vegetação que se transformará em grãos e frutas também tem uma constituição especial quando jovem e mal começa a aparecer sobre os topos dos sulcos; outra quando está reforçada e se ergue sobre uma haste suave, mas forte o suficiente para suportar seu peso e ainda outra quando a cor muda para amarelo e profetiza a debulha ao se endurecer na espiga – independentemente da constituição momentânea em que a planta esteja, é a esta que se submete, é a esta que se adapta.

16. Os períodos de infância, juventude, maturidade e velhice são diferentes; mas eu, que fui criança, menino e jovem, ainda sou o mesmo. Assim, embora cada um tenha em diferentes momentos uma constituição diferente, a adaptação de cada um à sua constituição é a mesma. Porque a natureza não entrega para mim a infância, a juventude ou a velhice; a natureza me entregou a elas. Portanto, a criança está adaptada a essa constituição que é ela no momento da infância, e não àquilo que será dela na juventude. Pois, mesmo que haja uma fase superior em que ela deve ascender, o estado em que nasceu também está de acordo com a natureza.

17. Em primeiro lugar, o ser vivo é adaptado a si mesmo, pois deve haver um padrão ao qual todas as outras coisas possam ser referidas. Busco prazer; para quem? Para mim. Estou cuidando de mim mesmo. Eu me afasto da dor; em nome de quem? De mim mesmo. Portanto, estou cuidando de mim mesmo. Uma vez que analiso todas as minhas ações com referência ao meu próprio bem-estar, estou cuidando de mim mesmo antes de tudo. Essa qualidade existe em todos os seres vivos – não enxertada, mas inata.

18. A natureza cuida de sua própria prole e não as expulsa; e porque a segurança mais adequada é aquela que é mais próxima, cada homem foi confiado a si próprio. Portanto, como observei no decorrer das minhas correspondências anteriores,[160] mesmo os animais jovens, ao saírem do útero da mãe ou do ovo, sabem de imediato o que é nocivo para eles e evitam as coisas que causam a morte. Eles até se encolhem quando percebem a sombra das aves de rapina que sobrevoam sobre suas cabeças. Nenhum animal, quando entra na vida, é livre do medo da morte.

19. As pessoas podem perguntar: "Como um animal no nascimento pode entender as coisas como sendo saudáveis ou destrutivas?" A primeira questão, no entanto, é se pode ter tal entendimento e não como pode entender. E é claro que eles têm tal entendimento pelo fato de que, mesmo que você adicione entendimento, eles não agirão mais adequadamente do que eles faziam em primeiro lugar. Por que a galinha não tem medo do pavão ou do ganso, mas corre do falcão, que é um animal muito menor? Por que as galinhas jovens temem um gato e não um cachorro? Essas aves têm claramente pressentimento dos riscos – um não baseado em experimentos reais; porque elas evitam uma coisa antes de poderem ter experiência do perigo.

20. Além disso, para que você não suponha que isso seja o resultado do acaso, elas não fogem de outras coisas que você esperaria que temessem, nem nunca esquecem a vigilância e o cuidado a esse respeito; todos possuem igualmente a faculdade de evitar o que é destrutivo. Além disso, seu medo não cresce à medida que suas vidas se prolongam. Por conseguinte, é evidente que esses animais não atingiram tal condição por conta da experiência; mas sim por causa de um desejo inato de autopreservação. Os ensinamentos da experiência são lentos e irregulares; mas o que a natureza ensina pertence igualmente a todos e vem imediatamente.

21. Se, no entanto, você precisar de uma explicação, devo dizer-lhe como é que todo ser vivo tenta entender o que é prejudicial? Ele sente que é construído de carne e assim percebe até que ponto a carne pode ser cortada, ou queimada, ou esmagada e quais animais estão equipados com o poder de causar esse dano; é desse tipo de animais que deriva uma ideia desfavorável e hostil. Essas tendências estão intimamente relacionadas; pois cada animal, ao mesmo tempo, considera sua própria segurança, buscando o que o ajudará e fugindo daquilo que o prejudicará. Os impulsos para objetos úteis e repugnância, ao contrário, estão de acordo com a natureza; sem qualquer reflexão para induzir a ideia e sem qualquer conselho, tudo o que a natureza prescreve é executado.

22. Você não vê como as abelhas são hábeis em construir seus alvéolos? Quão completamente harmoniosas em compartilhar e suportar o trabalho? Você não vê como a aranha tece uma teia tão sutil que a mão do homem não pode imitá-la; e que tarefa é arrumar os fios, alguns direcionados para o centro, com o objetivo de tornar a teia sólida, e outros correndo em círculos e diminuindo em espessura – com a finalidade de enrolar e pegar em uma espécie de rede insetos menores?

23. Essa arte é inata, não ensinada, e por esse motivo nenhum animal é mais experiente do que qualquer outro. Você notará que todas as teias de aranha são igualmente boas e que as formas de todas as células de favo de mel são idênticas. O que a arte transmite é incerto e desigual; mas as atribuições da natureza são sempre uniformes. A natureza não transmitiu nada além do dever de cuidar de si e da habilidade para fazê--lo; é por isso que a vida e o aprendizado começam ao mesmo tempo.

24. Não é de admirar que os seres vivos nasçam com uma dádiva cuja ausência faria o nascimento inútil. Este é o primeiro equipamento que a natureza lhes concedeu para a manutenção de sua existência – a qualidade da adaptabilidade e do amor-próprio. Eles não poderiam sobreviver, exceto por querer fazê-lo. Nem esse desejo sozinho os teria feito prosperar, mas sem ele nada poderia prosperar. Em nenhum animal você pode observar qualquer baixa estima, ou mesmo qualquer descuido de si mesmo. As bestas estúpidas, preguiçosas em outros aspectos, são espertas em viver. Então você verá que as criaturas que são inúteis e rebeldes para ajudar os outros estão alertas para sua própria preservação.

Mantenha-se Forte. Mantenha-se Bem.

XXX.
SOBRE A ESCURIDÃO COMO UM VÉU PARA A MALDADE

Saudações de Sêneca a Lucílio.

01. Os dias já estão começando a ficar mais curtos, mas ainda assim permitirão um bom espaço de tempo se alguém se eleva, por assim dizer, com o próprio dia. Somos mais industriosos e somos homens melhores se anteciparmos o dia e o recebemos no amanhecer; mas nós somos mesquinhos se dormimos quando o sol está alto nos céus ou se acordamos somente quando o meio-dia chega; e para muitos parece que mesmo ao meio-dia ainda não amanheceu.

02. Alguns invertem as funções do dia e da noite; eles abrem os olhos pesados com a devassidão de ontem apenas na aproximação da noite. É como a condição daqueles povos que, de acordo com Virgílio, a natureza escondeu e colocou em uma morada diretamente oposta à nossa:

> Quando em nosso rosto
> o alvorecer com corcéis
> ofegantes respira,
> Para eles a noite avermelhada
> acende seus incêndios
> com atraso.

> Nosque ubi primus equis
> Oriens adflavit anhelis,
> Illis sera rubens accendit
> lumina Vesper.[161]

Não é só a morada desses homens, tanto quanto suas vidas, que é "diretamente oposta" à nossa.

03. Pode haver antípodas[162] morando nessa mesma cidade que, nas palavras de Catão, "nunca viram o sol se levantar ou se pôr".[163] Você acha que esses homens sabem como viver, se eles não sabem quando viver? Esses homens dizem temer a morte, mas eles se enterraram vivos! Eles são tão de mau agouro quanto os pássaros da noite.[164] Embora passem suas horas de escuridão em meio ao vinho e aos perfumes, embora passem toda a extensão de suas horas não naturais de vigília a comer jantares – e daqueles cozidos separadamente para fazer muitos pratos –, eles não estão realmente banqueteando; eles estão realizando os próprios serviços funerários. E os mortos pelo menos têm seus banquetes à luz do dia. Mas para quem está ativo, nenhum dia é longo. Então, prolonguemos nossas vidas; pois o dever e a prova de vida consistem em ação. Faça a noite curta, use um pouco dela para o dia de negócios.

04. As aves que estão sendo preparadas para o banquete, que podem ser engordadas facilmente pela falta de exercício, são mantidas na escuridão. E, da mesma forma, se os homens vegetam sem atividade física, seus corpos ociosos são sobrecarregados com a carne e banha, e com sua vida nas sombras, a gordura da indolência cresce sobre eles. Além disso, os corpos daqueles que juraram lealdade às horas da escuridão têm uma aparência repugnante. Suas cores são mais alarmantes do que as de anêmicos inválidos; são apáticos e flácidos pela hidropisia;[165] embora ainda vivos, eles já são carniça. Mas, a meu ver, seria um dos seus males menores. Quão mais escuridão há em suas almas! Esse homem está internamente atordoado; sua visão está escurecida; ele inveja os cegos. E qual homem já teve olhos com o propósito de ver no escuro?

05. Você me pergunta como esta depravação vem sobre a alma – esse hábito de reverter a luz do dia e dar toda a existência à noite? Todos os vícios se rebelam contra a natureza; todos abandonaram a ordem estabelecida. É o lema da vida libertina aproveitar o que é incomum e não apenas afastar-se do que é certo, mas deixá-lo o mais longe possível e, finalmente, assumir uma posição de oposição.

06. Você não acredita que os homens vivam contrários à natureza quando bebem em jejum, quando tomam vinho em veias vazias e passam para a comida já em estado de intoxicação? E, no entanto, este é um dos vícios populares da juventude – aperfeiçoar sua força para beber no próprio limiar da piscina, em meio aos banhistas nus; até mesmo embeber-se em vinho e, em seguida, imediatamente esfregar o suor que promoveram por muitos copos quentes de licor! Para eles, um copo após o almoço ou um depois do jantar é coisa simplória; é o que os escravos do campo fazem, que não são conhecedores do prazer. Este vinho não misturado os delicia apenas porque não há comida para flutuar nele, porque ele entra facilmente nos seus nervos; esta bebida lhes agrada apenas porque o estômago está vazio.

07. Você não acredita que os homens vivam contrários à natureza quando trocam a moda de suas roupas com as mulheres? Os homens não vivem contrários à natureza quando se esforçam para parecer frescos e juvenis em uma idade inadequada para tal tentativa? O que poderia ser mais cruel ou mais miserável? Não seria possível que o tempo e as posses deste homem o levassem além de uma infância artificial?

08. Os homens não vivem contrários à natureza quando desejam rosas no inverno ou buscam criar uma flor de primavera como o lírio por meio de aquecedores de água e mudanças artificiais de temperatura? Os homens não vivem contrários à natureza quando cultivam árvores frutíferas no topo de um muro? Ou constroem florestas ondulantes sobre os telhados e as muralhas de suas casas – raízes que começam em um ponto em que seria extravagante que os topos das árvores chegassem? Os homens não vivem contrários à natureza quando colocam os alicerces dos banheiros no mar e não imaginam que possam nadar, a menos que sua piscina aquecida seja açoitada pelas ondas de uma tempestade?

09. Quando os homens começam a desejar todas as coisas em oposição aos caminhos da natureza, terminam abandonando completamente os caminhos da natureza. Eles clamam: "É dia – vamos dormir! É o momento em que os homens descansam: agora para o exercício, agora para o nosso passeio, agora para o almoço! Oh, o amanhecer se aproxima: é hora do jantar! Não faça como a humanidade faz. É baixo e mesquinho viver da maneira usual e convencional. Deixe-nos abandonar o dia comum. Tenhamos uma manhã que seja uma característica especial nossa, peculiar a nós mesmos!"

10. Tais homens estão, na minha opinião, tão bons quanto mortos. Eles não estão senão presentes em um funeral – e prematuro – quando vivem em meio a tochas e velas? Lembro-me de que esse tipo de vida estava muito à moda em um tempo: entre homens como Acílio Buta, um pretor que desperdiçou uma tremenda herança, confessando sua falência a Tibério, recebeu a seguinte resposta: "Você acordou muito tarde!"

11. Júlio Montano estava uma vez lendo um poema em voz alta, ele era um poeta sofrível, conhecido por sua amizade com Tibério, bem como por sua queda em desgraça. Ele costumava preencher seus poemas com uma generosa chuva de nasceres e pores do sol. Assim, quando certa pessoa estava reclamando que Montano tinha lido o dia inteiro e declarou que nenhum homem deveria comparecer a nenhuma das suas leituras, Pinário Nata observou: "Eu não poderia fazer uma pechincha mais justa do que isto: estou pronto para ouvi-lo do nascer ao pôr do sol!"

12. Montano estava lendo e tinha chegado às palavras:

> Aqui começa a manhã
> brilhante a espalhar suas
> chamas claras;
>
> O amanhecer vermelho
> dispersa sua luz;
>
> E a andorinha de olhos
> tristes volta a seus filhotes,
> trazendo a comida dos
> palradores, e compartilhando
> e servindo o doce.

> Incipit ardentes Phoebus
> producere flammas,
>
> Spargere se rubicunda dies,
> iam tristis hirundo
>
> Argutis reditura cibos
> inmittere nidis
>
> Incipit et molli partitos
> ore ministrat,

Então Varo, um cavaleiro romano, o bajulador de Marco Vinício e um parasita em jantares elegantes aos quais ganhava acesso com seu espírito degenerado, gritou: "Hora de dormir para Buta!"

13. E mais tarde, quando Montano declamou:

> Eis que os pastores dobraram
> seus rebanhos e a escuridão
> lenta começa a espalhar o
> silêncio sobre terras que
> estão embaladas em topor.

> Iam sua pastores stabulis
> armenta locarunt,
>
> Iam dare sopitis nox
> pigra silentia terris
>
> Incipit,

O mesmo Varo observou: "O quê? Noite já? Vou fazer a minha visita matinal a Buta!" Você vê, nada era mais notório do que a maneira de vida de Buta. Mas esta vida, como eu disse, estava na moda aquele tempo.

14. E a razão pela qual alguns homens vivem assim não é porque eles pensam que a noite em si oferece alguma atração maior, mas porque o que é normal não lhes dá prazer particular; a luz, sendo uma amarga inimiga, dá má consciência. Além disso, quando alguém valoriza ou despreza as coisas na medida de seu preço, a iluminação pela qual não se paga é objeto de desprezo. Igualmente, a pessoa luxuosa deseja ser objeto de fofoca durante toda a vida; se as pessoas estão em silêncio sobre ela, acha que está desperdiçando seu tempo. Por isso, fica desconfortável sempre que qualquer de suas ações escapa à notoriedade. Muitos homens consomem todas suas propriedades e muitos homens mantêm amantes, mas se você quiser ganhar uma reputação entre essas pessoas, deve fazer de seu programa não apenas um de luxo, mas um de notoriedade; em uma comunidade assim ocupada, uma perversão vulgar não é matéria para conversas!

15. Ouvi esses dias Albinovano Pedo,[166] o mais cativante contador de histórias, falando de sua residência no condomínio de Séxtio Papinio. Papinio pertencia à tribo daqueles que evitam a luz. "Cerca das nove horas da noite, ouço o som dos chicotes. Pergunto o que está acontecendo e eles me contam que Papinio está examinando suas contas. Cerca de doze horas há um grito extenuante; pergunto qual é o problema e eles dizem que ele está exercitando sua voz. Cerca de duas da manhã, eu pergunto o significado do som das rodas, eles me dizem que ele está fora para um passeio.

16. "E no amanhecer há uma tremenda confusão de escravos e mordomos e pandemônio entre os cozinheiros. Pergunto o significado disso também e eles me contam que Papinio pediu o seu tônico e seu aperitivo, depois de sair do banho, seu jantar. Seu jantar nunca foi além do dia, pois ele vivia com muita moderação, ele era pródigo com tudo, exceto da noite." E quando alguns de nós chamamos o homem de sórdido e avarento, Albinovano acrescentou: "Até poderíamos dizer que ele vivia de óleo de candeia!"

17. Você não deve se surpreender ao encontrar tantas manifestações especiais dos vícios; pois os vícios variam e há inúmeras fases deles, nem todos os seus vários tipos podem ser classificados. O método para manter a integridade é simples. O método para manter a perversidade é complicado e tem infinita oportunidade de mudar de direção. E o mesmo vale para os costumes; se você seguir a natureza, o caráter é fácil de gerenciar, livre e com tons de diferença muito leves; mas o tipo de pessoa que mencionei possui caráter muito deformado, fora de harmonia com todas as coisas, incluindo ele próprio.

18. A principal causa, no entanto, desta doença parece-me ser uma revolta severa contra a existência normal. Assim como essas pessoas se distinguem das outras nas vestes, ou no arranjo elaborado de seus jantares, ou na elegância de suas carruagens; assim também elas desejam tornar-se peculiares por sua maneira de dividir as horas do dia. Elas não estão dispostas a ser perversas do modo convencional, porque a notoriedade é a recompensa de seu tipo de perversão. A notoriedade é o que todos esses homens procuram – homens que estão, por assim dizer, vivendo às avessas.

19. Por este motivo, Lucílio, deixe-nos manter o caminho que a natureza traçou para nós e não nos desviemos disso. Se seguirmos a natureza, tudo é fácil e desobstruído; mas se combatermos a natureza, a nossa vida não difere da dos homens que remam contra a corrente.

Mantenha-se Forte. Mantenha-se Bem.

XXXI.
SOBRE O CONFLITO
ENTRE PRAZER E VIRTUDE

Saudações de Sêneca a Lucílio.

01. Mais cansado pelo desconforto do que com a duração da minha jornada, cheguei a minha vila em Alba tarde da noite e não encontrei nada preparado, exceto meu apetite. Então, estou me livrando da fadiga na minha mesa de escrita: eu obtive algo bom desse atraso por parte do meu cozinheiro e meu padeiro. Pois eu estou comungando comigo mesmo neste tópico – que nada é difícil se alguém o aceita com um coração leve e que nada precisa provocar a ira de alguém se não adicionar a raiva a sua pilha de problemas.

02. Meu padeiro está sem pão; mas o zelador, ou o feitor da casa, ou um dos meus inquilinos, pode me fornecer. "Pão de segunda!", você dirá. Mas apenas espere; ele se tornará bom. A fome tornará o pão delicado e do melhor sabor. Por essa razão, não devo comer até que a fome me ordene; então eu espero e não devo comer até que eu possa obter um bom pão ou então deixar de ser melindroso sobre isso.

03. É necessário que alguém se acostume a uma alimentação simples: porque há muitos problemas de tempo e lugar que atravessarão o caminho, mesmo do homem rico e bem equipado para o prazer. Ter tudo o que se deseja não está ao poder de ninguém; está ao poder de todos não desejar o que não tem, mas alegremente empregar o que se tem. Um grande passo para a independência é um estômago bem educado, que esteja disposto a suportar um tratamento grosseiro.

04. Você não pode imaginar quanto prazer tirei do fato de meu cansaço ter se reconciliado consigo mesmo; eu não procuro nenhum escravo para me massagear, nenhum banho e nenhum outro fortificante, exceto o tempo. Pois o que o trabalho acumulou, o descanso pode aliviar. Esta refeição, seja lá o que for, me dará mais prazer do que um banquete inaugural.[167]

05. Pois eu tive que julgar meu espírito de improviso – um teste mais simples e mais verdadeiro. Na verdade, quando um homem faz preparativos e se dá uma convocação formal para ser paciente, não é igualmente clara a quantidade de força real de sua alma. As provas mais convincentes de firmeza de alma são as que surgem de improviso: aceitar os contratempos não só com calma, mas também com boa disposição; não se irritar, não resmungar; suprir as carências com a ausência de desejos, convencer-se de que aos seus hábitos pode faltar qualquer coisa, mas que a si mesmo nada falta!

06. Quantas coisas supérfluas não conseguimos perceber até que elas comecem a faltar. Nós simplesmente estamos acostumados a usá-las não porque precisávamos delas, mas porque nós as possuíamos. E quantas compramos simplesmente porque nossos vizinhos haviam comprado ou porque a maioria dos homens as possui! Muitos dos nossos problemas podem ser explicados pelo fato de que vivemos de acordo com um padrão e, em vez de organizar nossas vidas de acordo com a razão, somos desviados pela moda. Há coisas que, se feitas por poucos, recusamos a imitar; ainda assim, quando a maioria começa a fazê-las, seguimos essa maioria – como se qualquer coisa fosse mais honrada apenas por ser mais frequente! Além disso, visões erradas, quando se tornam predominantes, alcançam a nossos olhos o padrão de justiça.

07. Todo mundo agora viaja com batedores numidianos que o precedem, com uma tropa de escravos para abrir o caminho; nós julgamos vergonhoso não ter atendentes que irão acotovelar a multidão da rua, ou provarão, por uma grande nuvem de poeira, que um alto dignitário se aproxima! Todos agora possuem mulas carregadas de copos de cristal e mirra criados por artistas de grande renome; é horrível que toda a sua bagagem seja composta daquilo que pode ser dispensado sem perigo. Todo mundo tem pajens que viajam com rostos cobertos de pomadas para que o calor ou o frio não prejudiquem a sua pele delicada; é vergonhoso que nenhum dos seus escravos possa mostrar uma bochecha saudável, não coberta de cosméticos.

08. Você deve evitar a conversa com todas essas pessoas: elas são o tipo que espalha e implanta seus maus hábitos de um para outro. Nós costumávamos pensar que a pior variedade desses homens era aquela que se vangloriava por suas palavras; mas há certos homens que se vangloriam da sua maldade. Sua conversa é muito prejudicial; pois, embora não sejam imediatamente convincentes, ainda assim deixam as sementes da angústia na alma, e o mal que certamente surgirá em um novo broto nos seguirá mesmo quando nos separarmos deles.

09. Assim como aqueles que comparecem a um concerto carregam em suas cabeças as melodias e o encanto das músicas que ouviram – um processo que interfere em seus pensamentos e não lhes permite se concentrarem em assuntos sérios –, o mesmo acontece com o discurso de aduladores e entusiastas do depravado, que gruda em nossas mentes muito depois de os termos ouvido falar. Não é fácil livrar a memória de uma melodia atraente; ela permanece conosco, dura e volta de vez em quando. Consequentemente, você deve fechar seus ouvidos contra a conversa do mal e, logo de início, preferencialmente! Pois quando essa conversa ganha uma entrada e as palavras são admitidas e estão em nossas mentes, tornam-se mais sem-vergonha, elas crescem em atrevimento.

10. E então começamos a falar da seguinte maneira: "A virtude, a filosofia, a justiça – tudo isso é um jargão de palavras vazias. A única maneira de ser feliz é fazer o bem a você mesmo. Pois comer, beber e gastar seu dinheiro é a única vida real, a única maneira de lembrar-se de que você é mortal. Nossos dias fluem e a vida – que não podemos restaurar – afasta-se de nós. Por que hesita em cair em si? Essa vida nossa nem sempre admite prazeres; entretanto, enquanto pudermos fazê-los, enquanto ela clama por eles, que lucro reside na autoimposição da frugalidade? Portanto, ultrapasse a morte e deixe tudo o que a morte tirará de você ser esbanjado agora. Você não tem amante, nem um escravo favorito para tornar sua amante invejosa, você está sóbrio quando faz a sua aparição diária em público, você janta como se tivesse que mostrar o seu livro de contas para o 'papai', mas isso não é viver, é meramente ver a vida de outras pessoas.

11. "E que loucura é defender os interesses de seu herdeiro e negar tudo a si mesmo, com o resultado de transformar amigos em inimigos pela grande quantidade de riquezas que você pretende deixar! Pois quanto mais o herdeiro tirar de você, mais ele se alegrará com a sua morte! Todos aqueles amargos que criticam a vida de outros homens com um espírito esnobe e são inimigos reais de suas próprias vidas, esses filósofos que querem dar lições ao mundo – você deve considerá-los como não valendo um centavo, nem deve hesitar em preferir uma boa vida em vez de uma boa reputação!"

12. Essas são vozes que você deve evitar, assim como Ulisses fez; ele não se atreveu navegar ao lado das sereias até que fosse amarrado ao mastro. Essas vozes não são menos potentes; elas afastam homens de suas pátrias, pais, amigos e caminhos virtuosos; e por uma esperança de que, se não vil, é infeliz, elas destroçam homens a uma vida de infâmia. Quão melhor é seguir um curso direto e atingir um objetivo em que as palavras "agradável" e "honrado" têm o mesmo significado!

13. Este curso será possível para nós se entendermos que existem apenas duas classes de objetos que nos atraem ou nos repelem. Somos atraídos por coisas como riquezas, prazeres, beleza, ambição e outros objetos tão atraentes e agradáveis; somos repelidos pelo trabalho, morte, dor, desgraça ou vidas de maior frugalidade. Devemos, portanto, nos treinar para que possamos evitar o medo de um ou o desejo pelo outro. Lutemos de maneira oposta: retiremo-nos dos objetos que atraem e instiguemo-nos a encontrar os objetos que agridem.

14. Você não vê o quanto é diferente o método de descer uma montanha daquele empregado na escalada acima? Os homens descendo uma encosta inclinam-se para trás; os homens que sobem um lugar íngreme inclinam-se para a frente. Pois, meu querido Lucílio, permitir-se colocar o peso do seu corpo à frente ao descer ou, ao subir lançá-lo para trás, é aquiescer com o vício. Os prazeres levam o homem colina abaixo, mas é préciso trabalhar para o que é difícil e íngreme de escalar; em um caso, vamos lançar nossos corpos para a frente, nos outros vamos colocar a rédea sobre eles.

15. Você acredita no que estou afirmando agora, que só esses homens trazem a nossa ruína aos nossos ouvidos, que louvam o prazer, que nos despertam com medo da dor – esse elemento que, por si só, é provocador do medo? Eu acredito que também somos feridos por aqueles que se disfarçam sob o manto da escola estoica e, ao mesmo tempo, nos encorajam a entrar no vício. Eles vangloriam-se de que apenas o homem sábio é hábil para fazer amor. "Apenas ele tem sabedoria nesta arte, o sábio também é o maior perito em beber, banquetear e em praticar amores homossexuais. Investiguemos, portanto, até que idade os rapazinhos servem para fazer amor!"

16. Tudo isso pode ser considerado uma concessão aos caminhos da Grécia;[168] nós devemos, de preferência, chamar nossa atenção para palavras como estas: "Nenhum homem é bom por acaso. A virtude é algo que deve ser aprendida. O prazer é vil, mesquinho, deve ser considerado inútil, compartilhado até mesmo por animais – o mais ínfimo e o mais mesquinho também busca o prazer. Glória é uma coisa vazia e fugaz, mais leve do que o ar. Pobreza não é um mal para ninguém, a menos que ele recalcitre contra os aguilhões.[169] A morte não é um mal, porque você precisa perguntar? Só a morte é o privilégio igualitário da humanidade. Superstição é a ideia equivocada de um lunático, teme aqueles a quem deve amar e profana os deuses em vez de lhes prestar culto. Pois que diferença existe entre negar os deuses e desonrá-los?"

17. Você deve aprender princípios como esses, ou melhor, você deve aprendê-los de cor, interiorizá-los. A filosofia não deve tentar justificar o vício. Pois um homem doente, quando seu médico recomenda viver imprudentemente, é porque está condenado além da escapatória!

Mantenha-se Forte. Mantenha-se Bem.

XXXII.
SOBRE O VERDADEIRO BEM COMO ALCANÇADO PELA RAZÃO

Saudações de Sêneca a Lucílio.

> **01.** Um muito antigo preceito poderia dar, não se afaste, e sinta que é vergonhoso aprender tais minúcias sutis.
>
> Possum multa tibi veterum praecepta referre, Ni refugis tenuisque piget cognoscere curas.[170]

Mas você não se afasta, nem é dissuadido por qualquer sutileza de estudo. Pois sua mente culta não costuma investigar assuntos tão importantes de forma casual. Eu aprovo o seu método na medida em que faz com que tudo conte para um certo grau de progresso moral, e em que você apenas fica desapontado quando vê que uma extrema sutileza não leva a resultado prático algum. E devo me esforçar para mostrar que este é o caso agora. Nossa pergunta é, se o bem é entendido pelos sentidos ou pela razão; e um ponto anexo, se a noção de bem existe em animais ou em crianças pequenas.

02. Aqueles que avaliam o prazer como o ideal supremo acreditam que o bem é uma questão de sentidos;[171] mas nós, estoicos, afirmamos que é uma questão de razão, e nós atribuímos isso à alma. Se os sentidos fossem julgar o que é bom, nunca deveríamos rejeitar qualquer prazer; pois não há prazer que não atraia, nem prazer que não agrade. Por outro lado, não deveríamos sofrer dor voluntariamente; pois não há dor que não se choque com os sentidos.

03. Além disso, aqueles que gostam muito do prazer e aqueles que temem a dor no maior grau, não mereceriam repreensão. Mas condenamos os homens que são escravos de seus apetites e sua luxúria e desprezamos os homens que, por medo da dor, não ousam nenhuma ação varonil. Mas qual erro estariam cometendo se atribuírem apenas para os sentidos o julgamento do bem e do mal? Pois não foi nos sentidos que você e os seus confiaram o teste das coisas a serem buscadas e coisas a serem evitadas?

04. A razão, no entanto, é certamente o elemento governante em uma questão como esta. A razão toma a decisão sobre a vida feliz e sobre a virtude e a honra também, então ela toma a decisão em relação ao bem e ao mal. Já com eles, a parte mais torpe pode passar julgamento sobre a melhor, pois os sentidos – estúpidos e preguiçosos como são, ainda mais lentos no homem do que nos outros animais – é que irão julgar o que é o bem!

05. Apenas suponha que alguém deseje distinguir pequenos objetos pelo toque e não pela visão! Não há faculdade especial mais sutil e perspicaz do que o olho, que nos permita distinguir entre o bem e o mal. Você vê, portanto, em que ignorância um homem passa seus dias e quão abjetamente abandonou ideais sublimes e divinos, se acha que a sensação de toque pode julgar a natureza do bem supremo e do mal supremo!

06. Ele diz:[172] "Assim como toda ciência e toda arte devem possuir um elemento que seja palpável e capaz de ser captado pelos sentidos, também assim a vida feliz deriva seu fundamento e seu começo das coisas que são palpáveis e daquilo que se enquadra no escopo dos sentidos. Certamente vocês, estoicos, admitem que a vida feliz tem seu início nas coisas palpáveis aos sentidos".

07. Mas nós definimos como "felizes" vidas que estão de acordo com a natureza. E o que está de acordo com a natureza é óbvio e pode ser visto de uma só vez – tão facilmente quanto o que é completo. O que está de acordo com a natureza, que nos é dado como um presente imediatamente ao nosso nascimento é, eu mantenho, não um bem, mas o começo de um bem. Você, no entanto, atribui o bem supremo, prazer, aos meros bebês, de forma que a criança no nascimento começa no ponto em que chega o homem aperfeiçoado! Você está colocando a copa da árvore onde a raiz deve estar.

08. Se alguém dissesse que o feto, ainda escondido no útero da mãe, de sexo desconhecido, delicado, incompleto e sem forma – se alguém dissesse que esta criança já está em posse do bem, essa pessoa claramente pareceria estar desviada em suas ideias. E no entanto, quão pouca diferença existe entre quem acabou de receber recentemente o dom da vida e aquele que ainda é uma carga escondida nas entranhas da mãe! Eles são igualmente desenvolvidos, no que diz respeito à sua compreensão do bem ou do mal. E uma criança recém-nascida ainda não é mais capaz de compreender o bem do que é uma árvore ou qualquer besta selvagem. Mas por que o bem é inexistente em uma árvore ou em uma besta selvagem? Porque neles também não há raciocínio. Pela mesma causa, então, o bem é inexistente em uma criança, pois a criança também não tem nenhum raciocínio. A criança atingirá o bem somente quando chegar à razão.[173]

09. Há animais sem raciocínio, há animais ainda não dotados de razão e há animais que possuem razão, mas apenas incompletamente; em nenhum destes o bem existe, pois é a razão que traz o bem em sua companhia. Qual é, então, a distinção entre as classes que mencionei? Naquilo que não possui raciocínio, o bem nunca existirá. Naquilo que ainda não é dotado de raciocínio, o bem não pode existir no momento. E naquilo que possui raciocínio, mas apenas incompleto, o bem é capaz de existir, mas ainda não existe.

10. Isto é o que quero dizer, Lucílio: o bem não pode ser descoberto em qualquer pessoa aleatória ou em qualquer idade aleatória. E está tão longe da infância como o ponto de chegada está do ponto de partida ou a obra acabada do esboço inicial; não existe, portanto, num corpo frágil, ainda em fase de crescimento. E não está nesse pequeno corpo como não estava ainda no embrião. Claro que não – não mais do que na semente.

11. Ao conceder a verdade disso, entendemos que existe um certo tipo de bem em uma árvore ou em um arbusto. Mas isso não é verdade em seu primeiro crescimento, quando a planta acaba de começar a sair do chão. Há certo bem no trigo: ainda não existe na haste nascente nem quando a espiga macia está brotando da casca, mas somente quando os dias de verão amadureceram o trigo. Assim como a natureza em geral não produz o seu bem específico até que seja trazida à plena maturidade, da mesma forma o bem do homem não existe nele até que tanto a razão como o homem sejam aperfeiçoados.

12. E o que é esse bem específico? Devo dizer-lhe: é uma mente livre, uma mente reta, sujeitando outras coisas a si mesmo e não se sujeitando a nada. Tão longe está a infância deste bem que ela própria não tem esperança, e até mesmo a juventude aprecia a esperança sem justificativa; até a nossa velhice é muito afortunada se atingir este bem depois de um estudo longo e concentrado. Se isso, então, é o bem, o bem é uma questão de entendimento.

13. "Mas," vem a réplica, "você admitiu que há certo bem nas árvores e na grama, então certamente pode haver certo bem em uma criança também." Mas o verdadeiro bem não é encontrado em árvores ou em animais selvagens, o bem que existe neles é chamado de bem apenas por cortesia. "Então, o que é?", você pergunta. Simplesmente o que está de acordo com a natureza de cada um. O verdadeiro bem não pode encontrar um lugar em animais selvagens de forma alguma; sua natureza é mais bendita e é de uma classe superior. E onde não há lugar para a razão, o bem não existe.

14. Há quatro naturezas que devemos mencionar aqui: da árvore, do animal, do homem e de Deus. Os dois últimos, com poder de raciocínio, são da mesma natureza, distintos apenas em virtude da imortalidade de um e da mortalidade do outro. De um desses – de Deus –, é a natureza que aperfeiçoa o bem; do outro – do homem –, as dores e o longo estudo faz o aperfeiçoamento do bem. Todos os seres restantes são perfeitos apenas em sua natureza particular, e não são verdadeiramente perfeitos, pois não têm raciocínio. Na verdade, para resumir, só é perfeito o que é perfeito de acordo com a natureza como um todo, e a natureza como um todo possui razão. Outras coisas podem ser perfeitas de acordo com sua espécie.

15. O que não pode conter a vida feliz não pode conter o que produz a vida feliz; e a vida feliz é produzida apenas por um conjunto de bens. Em animais irracionais, não há vestígios da vida feliz nem dos meios pelos quais a vida feliz é produzida; em animais, o bem não existe.

16. O animal irracional compreende o mundo presente através de seus sentidos apenas. Ele só se lembra do passado ao encontrar-se com algo que relembra seus sentidos; um cavalo, por exemplo, lembra a estrada certa somente quando ele é colocado no ponto de partida. Em seu estábulo, no entanto, ele não tem lembrança da estrada, não importa quantas vezes ele possa ter passado por ela. A terceira seção do tempo – o futuro – não está ao alcance dos irracionais.

17. Como, então, podemos considerar tão perfeita a natureza daqueles que não têm experiência de tempo em sua perfeição? Pois o tempo é triplo – passado, presente e futuro. Os animais percebem apenas o tempo que é de maior importância para eles dentro dos limites de seu ir e vir – o presente. Raramente eles se lembram do passado –, e isso só quando eles são confrontados pela ocorrência de circunstâncias presentes.

18. Portanto, o bem próprio de uma natureza perfeita não pode existir em uma natureza imperfeita; pois se o último tipo de natureza pudesse possuir o bem, assim também poderia a mera vegetação. Eu realmente não nego que os animais tenham impulsos fortes e rápidos para ações que parecem de acordo com a natureza, mas tais impulsos são confusos e desordenados. O bem, no entanto, nunca é confuso ou desordenado.

19. "Como assim?" Você diz: *"Os animais se movem de maneira perturbada, mal ordenada e sem finalidade?"* Devo dizer que eles se moveriam de forma perturbada e mal ordenada, se sua natureza admitisse a ordem; como é, eles se movem de acordo com sua natureza. Pois o que é dito ser "desordenado" também pode ser "ordenado" em algum outro momento; assim, também, se diz de um estado de problemas que pode estar em um estado de paz. Nenhum homem é vicioso senão aquele que tem a capacidade da virtude; no caso dos animais, sua moção é resultado da sua natureza.

20. Mas, para não o cansar, certo tipo de bem será encontrado em um animal, e certo tipo de virtude, e certo tipo de perfeição – mas nem o bem, nem a virtude, nem a perfeição no sentido absoluto. Pois este é o privilégio apenas dos seres de raciocínio, a quem é facultado saber o porquê – dentro de que limites – e de que modo agir. Em suma, o bem só pode existir naquilo onde existe a razão.

21. Você pergunta agora para onde o nosso argumento está tendendo e de que benefício será para sua alma? Eu lhe direi: ele exercita e afia a mente e assegura, ao ocupar-se de maneira honrosa, de que ela irá realizar algum tipo de bem. E mesmo isso é benéfico, o que retém os homens quando eles se precipitam em perversidade. No entanto, direi isto também: não posso ser de maior benefício para você do que revelar o bem que é de direito seu, ao lhe tirar da classe dos animais idiotas e colocá-lo em companhia da divindade.

22. Por que, ora, você exercita e pratica sua força corporal? A natureza conferiu força em maior grau ao gado e aos animais selvagens. Por que cultivar sua beleza? Depois de todos os seus esforços, os animais ultrapassam você em graciosidade. Por que arranjar o cabelo com tanta atenção? Embora você o penteie à moda parta, ou ajeite-o no estilo germânico ou, eriçado como os citas fazem, o deixe fluir selvagem, ainda assim você verá uma crina de maior espessura balançando sobre qualquer cavalo que você escolher e uma juba de maior beleza eriçada sobre o pescoço de qualquer leão. E mesmo depois de treinar para a velocidade, você não será igual à lebre.

23. Você não está disposto a abandonar todos esses detalhes – nos quais você deverá reconhecer a derrota –, esforçando-se por algo que não é seu e voltar-se ao bem que é realmente seu? E o que é esse bem? É uma mente clara e sem falhas, que rivaliza com a de Deus, elevada muito acima das preocupações mortais e não contando como seu nada que esteja fora de si próprio. Você é um animal de raciocínio. Qual bem, então, está dentro de você? O raciocínio perfeito. Você está disposto a desenvolver isso em seus limites mais distantes – ao seu maior grau de aumento?

24. Apenas considere-se feliz quando todas as suas alegrias nascem da razão e quando – observando todos os objetos pelos quais os homens se agarram, ou rezam, ou cuidam – você não encontra nada do que desejar; atenção, eu não digo preferir. Aqui está uma breve regra para você se medir e testar se alcançou a perfeição: você será livre quando perceber que aqueles a quem o mundo chama de afortunados são realmente os mais infelizes de todos.

Mantenha-se Forte. Mantenha-se Bem.

NOTAS

1. Isto é, o Sol.

2. Referência ao *comitia centuriata,* assembleia das centúrias, dividida em *Juniores*, homens com idade entre 17 e 46, e *Seniores*, com idade entre 46 e 65.

3. A tese do geocentrismo era uma ideia contestada também na época de Sêneca como pode ser visto no *Questões Naturais*, livro VII, em que discute o movimento dos cometas.

4. NT: Tanúsio Geminus foi um historiador. Chegou a ser mencionado por Suetônio em *Diuus Julius*, IX. A expressão de Sêneca ("que os homens dizem dele") é uma reminiscência da *carta* do poema de Catulo.

5. Espoliário na Roma Antiga era o lugar anexo às arenas no qual se despojavam das vestes os gladiadores mortos em combate e se acabava de matar os que tinham sido mortalmente feridos.

6. Isto é a *praecepta*, a moral prática, que ministra conselhos, por oposição à moral teórica que estabelece os princípios básicos, *decreta*.

7. NT: Aríston de Quios (em grego: Ἀρίστων ὁ Χίος; fl. c. 260 a.C.) foi discípulo de Zenão. Esboçou um sistema de filosofia estoica que esteve, em muitos aspectos, mais próximo da anterior filosofia cínica.

8. NT: Humorismo, ou humoralismo, foi uma teoria sobre a constituição e funcionamento do corpo humano adotada pelos médicos e filósofos gregos e romanos. Essencialmente, essa teoria afirmava que o corpo humano era preenchido com quatro substâncias básicas, chamadas de os quatro humores, ou humores, os quais estão balanceados quando a pessoa está saudável. Todas as doenças e inaptidões resultavam do excesso ou da deficiência de um desses quatro humores. Os quatro humores eram identificados como bílis negra, bílis amarela, fleuma e sangue. Os gregos, os romanos e os estabelecimentos médicos posteriores da Europa Ocidental, que adotavam e adaptavam a filosofia médica clássica, acreditavam que cada um desses

humores poderia aumentar e diminuir no corpo, dependendo da dieta e da atividade.

9. NT: G. Licínio Calvo, orador e poeta contemporâneo de César e Cícero, amigo íntimo de Catulo, célebre sobretudo pelos seus discursos contra Vatínio (cf. Catulo 53), ainda lidos e admirados no tempo Tácito e Plínio. Utilizou uma oratória tão refinada que, no julgamento de Vatínio, foi interrompido no meio do discurso por uma frase: *"Jurados, pergunto-lhes se irão condenar o suspeito simplesmente pela eloquência do acusador!"*

10. NT: Públio Vatínio foi um político da gente Vatínia da República Romana eleito cônsul em 47 a.C. Depois de terminado seu mandato, Vatínio foi acusado formalmente por Caio Livínio Calvo de aceitar subornos.

11. NT: Moeda referida também no Novo Testamento (Lucas 12:6) que tem o valor de 1/16 de denário. Quantia insignificante, coisa de pequeno valor.

12. Texto de Publílio Siro.

13. Provavelmente referência a Fédon de Élis, um filósofo grego. Fédon era nativo de Élis, tendo sido capturado em guerra e vendido como escravo. Veio posteriormente a entrar em contato com Sócrates em Atenas, tendo este o libertado da escravatura. Mais tarde, regressou a Élis, fundando uma escola filosófica, a Escola de Élis.

14. Sentença oracular, como as citadas anteriormente.

15. Frases de Publílio Siro.

16. Frase de Salústio.

17. Esse problema, a saber, se a parenética, ou preceptística, é por si só suficiente para a formação do sábio, está discutido na carta XCV, a próxima.

18. NT: Filipe II da Macedônia (em grego: Φίλιππος) foi rei da Macedônia de 359 a 336 a.C.

19. Na retórica, a protrepsia (grego: πρότρεψις) e a paraênesis (παραίνεσις) são dois estilos de exortação intimamente relacionados que são empregados por filósofos morais. O uso de "conselhos por preceitos" é discutido na carta anterior por outro ângulo.

20. *Vernilitas*, o descaramento ou ousadia de um escravo doméstico.

21. NT: Asclepíades de Bitínia (129 a.C. – 40 a.C.) foi um médico grego nascido em Prusa, na Bitínia, que trabalhou em Roma. Teve sua formação em Alexandria, o maior centro científico de sua época. Asclepíades tinha muitos pupilos, que formavam a escola Metódica.

22. *Decreta, seita* e *placita* respectivamente.

23. Ver Lucrécio, *De rerum natura, Da Natureza das Coisas*, I, 54.

24. Do latim *elementa et membra*, pode significar "letras e cláusulas" ou "matéria e formas de matéria".

25. NT: A hidropisia, também conhecida como ascite ou barriga d'água, não é uma doença propriamente dita, mas um sinal clínico que pode ser decorrente de algumas enfermidades, uma síndrome. Ela ocorre quando há retenção de líquidos na cavidade abdominal, músculos e pele, o que prejudica o bom funcionamento do organismo como um todo.

26. Hipócrates.

27. Catamita era o companheiro jovem, pré-adolescente ou adolescente, em uma relação de pederastia entre dois homens no mundo antigo, especialmente na antiga Roma. Geralmente refere-se a amantes homossexuais jovens e passivos.

28. Trecho cheio de corruptelas.

29. Trecho de *Eneida*, de Virgílio.

30. Mais uma vez, Sêneca critica os tão populares jogos de gladiadores.

31. A ordem equestre romana (*ordo equester*) formava a mais baixa das duas classes aristocráticas da Roma Antiga, estando abaixo da ordem senatorial (*ordo senatorius*).

32. Jantar de gala oferecido pelo oficial ao assumir seu posto.

33. NT: O sestércio (*sestertius*, em latim) era uma antiga moeda romana. O sestércio foi criado por volta de 211 a.C. como uma pequena moeda de prata que valia um quarto de denário.

34. NT: Marco Gávio Apício (ou simplesmente Apício; em latim, *Marcus Gavius Apicius*) foi um gastrônomo romano do século I d.C., suposto escritor do livro *De re coquinaria*, a melhor fonte para se conhecer a gastronomia do mundo romano.

35. Alusão ao culto judaico, que se difundiu um tanto em Roma e chegou mesmo a gozar de certa proteção de Popeia, mulher de Nero.

36. Trecho de *Heautontimoroumenos* (O Punidor de Si Mesmo), de Públio Terêncio Afro.

37. NT: etiologia (do grego αιτία, aitía, "causa") é o estudo ou ciência das causas.

38. Trecho de *Geórgicas* , III, de Virgílio, 75-81 e 83-85.

39. NT: Públio Clódio Pulcro (*Publius Clodius Pulcher*), mais conhecido apenas como Clódio, foi um político da República Romana conhecido por suas táticas populistas.

40. NT: Os ritos de *Bona Dea* ("Boa Deusa") eram realizados em dezembro na casa de um importante magistrado de Roma. Em 62 a.C., a cerimônia seria realizada na residência oficial de Júlio César, o pontífice máximo, em Régia. As anfitriãs foram sua esposa, Pompeia, e sua mãe, Aurélia, com a supervisão das virgens vestais. Este era um culto do qual os homens não tinham permissão para falar ou mesmo de saber o nome da deusa, que era chamada de "Boa Deusa". Clódio se intrometeu nos ritos disfarçado de mulher, supostamente com o objetivo de seduzir Pompeia, mas foi descoberto. O crime de Clódio era, portanto, duplamente grave: adultério e violação religiosa.

41. Ver Cícero, *Cartas a Ático*.

42. A Floralia era um festival romano, em honra à deusa Flora, ocorrido no mês de maio e ligado ao ciclo agrário com objetivo de consagrar as florações da primavera. Havia representações teatrais, solturas de animais associados à fertilidade e divertimentos realizados no Circo Máximo.

43. Ver Epicuro, *Cartas e Princípios*.

44. Ver Virgílio, *Eneida*, II, 428.

45. Metrodoro de Lâmpsaco foi um filósofo grego da escola epicurista. Embora um dos quatro principais defensores do epicurismo, apenas fragmentos de suas obras permanecem.

46. Ver *Vidas e doutrinas dos filósofos ilustres* – Livro X – Epicuro.

47. Ver outras referências a Múcio nas epístolas XXIV e LXVI (Volume I).

48. NT: Marco Atílio Régulo (299 a.C. – 246 a.C.; em LATIM: *Marcus Atilius Regulus*). Conta a tradição que os cartagineses teriam enviado o ilustre prisioneiro a Roma para que ele convencesse seus concidadãos a cederem à paz. O combinado era que, se ele não conseguisse fazê-lo, deveria retornar a Cartago para ser executado. Régulo, em vez de defender a paz, revelou aos romanos as condições político-econômicas dos inimigos exortando--os a tentarem um último esforço, pois Cartago não conseguiria resistir à pressão da guerra e seria derrotada. Ao término de seu discurso, honrando a sua palavra, retornou para Cartago e foi torturado e executado. Aparentemente, a tortura infligida a Régulo, que teve as pálpebras cortadas, foi ser rolado morro abaixo dentro de um barril cheio de pregos.

49. NT: Públio Rutílio Rufo foi um político da gente rutília da República Romana eleito cônsul em 104 a.C.

50. NT: Caio Fabrício Luscino, dito Monocular, foi eleito cônsul por duas vezes, em 283 e 278 a.C. As histórias sobre Fabrício são os padrões de austeridade e incorruptibilidade, muito parecidas com as contadas sobre Cúrio Dentato.

51. A faixa larga (de púrpura) ornava a toga dos senadores, por oposição à faixa estreita que decorava a toga dos equestres. Séxtio, portanto, recusou a oferta de ter seu nome na lista dos membros da classe senatorial. "Divino Júlio" é referência a Júlio César.

52. NT: Os filólogos estão de acordo em haver uma lacuna ao final do parágrafo 14. Hense defende que a carta VI termina no §14 e que o texto a partir do §15 seria outra, cujo início se perdeu. Ignora-se quem seria este "excelente homem velho" referido a seguir.

53. Provavelmente Quinto Júnio Marulo, que foi um senador romano da gente júnia nomeado cônsul sufecto para o nundínio de setembro a dezembro de 62. Ver Tácito, *Anais*, XIV, 48.

54. Como Lipsius assinalou, o restante da carta de Sêneca consiste na citada carta a Marulo.

55. A visão romana difere da visão moderna, assim como esta carta é bastante mais severa do que a Carta LXIII – Sobre sofrimento por amigos perdidos (Volume I).

56. Linguagem quase idêntica às palavras finais da carta LXIII: *"quem putamus perisse, praemissus est"* (Volume I).

57. Na época de Nero, muitos jovens de classe nobre passaram a participar dos jogos de arena e corridas de biga, seguindo o (mau) exemplo do imperador. Ver Francis Holland no livro *Sêneca, Vida e Filosofia*.

58. Ver Diógenes Laércio, *Vidas e Doutrinas dos Filósofos Ilustres*, livro X.

59. NT: Papirio Fabiano foi um retórico e filósofo da Roma Antiga, ativo na última época de Augusto e nos tempos de Tibério e Calígula, na primeira metade do primeiro século. Foi professor de Sêneca. Suas obras são frequentemente citadas por Plínio na *História Natural,* e Sêneca diz que seus escritos filosóficos foram superados apenas pelos de Cícero, Pólio e Lívio.

60. Ou seja, seu estilo é como um rio em vez de uma corredeira.

61. Os homens ricos às vezes instalavam em seus palácios uma imitação de *"cabine de homem pobre"*, por contraste com os outros quartos ou como um gesto para uma vida simples; Sêneca usa a frase figurativamente para determinados dispositivos em composição. Ver também carta XVIII (Volume I) e Marcial, III, 48: *"Pauperis extruxit cellam, sed vendidit Olus; praedia; nunc cellam pauperis Olus habet."*

62. NT: Caio Asínio Polião (n. 65 a.C.– 4 d.C.) foi um político da gente asínia eleito cônsul em 40 a.C. É conhecido por sua carreira como orador, poeta, autor teatral, crítico literário e, principalmente, como historiador, cuja obra, perdida, uma "História de Roma" até sua época, foi muito utilizada como fonte para as obras de Apiano e Plutarco. Polião foi ainda um patrono de Virgílio, amigo de Horácio e recebeu de ambos poemas dedicados a si.

63. Ver Quintiliano, X, I;11: *"Multa in Asinio Pollione inventio, summa diligentia, adeo ut quibusdam etiam nimia videatur; et consilii et animi satis; a nitore et iucunditate Ciceronis ita longe abest, ut videri possit saeculo prior."*

64. A redação aqui se assemelha de forma impressionante à do Velho Sêneca em *Controvérsias,* II. Ver Francis Holland, *Sêneca, Vida e Filosofia*.

65. NT: Tito Lívio, conhecido simplesmente como Lívio, é o autor da obra histórica intitulada *Ab urbe condita* ("Desde a fundação da cidade"), onde tenta relatar a história de Roma desde o momento tradicional da sua fundação, de 753 a.C. até ao início do século I da Era Cristã.

66. Trecho de *As Éclogas de Virgílio* (também chamadas de *Bucólicas*).

67. Horácio, seu amigo íntimo, escreveu "para animar o Mecenas desanimado"; e Plínio menciona suas febres e sua insônia "*perpetua febris... Eidem triennio supremo nullo horae momento contigit somnus*".

68. Trecho de *Eneida*, de Virgílio.

69. *Infelix arbor*, isto é, a cruz.

70. NT: Nenhuma das cartas conservadas é dedicada à discussão deste problema.

71. NT: Secundinas: placenta, cordão umbilical e membranas, normalmente expulsos do útero após o parto.

72. NT: Referência aos epicuristas. Ver *Vidas e doutrinas dos filósofos ilustres* – Livro X – Epicuro.

73. Trecho de *Eneida*, de Virgílio.

74. Compare com a carta VII (Volume I).

75. Lúcio Júnio Gálio Aneano é senador romano e irmão de Sêneca. Conhecido pelo julgamento de Paulo em Corinto relatado nos Atos dos Apóstolos.

76. Relativo a, ou natural de, Síbaris, antiga cidade grega do sul da Itália. Diz-se de pessoa dada aos prazeres físicos, à voluptuosidade, à indolência.

77. Para esse mesmo assunto, ver carta XXVIII – SOBRE VIAJAR COMO CURA PARA O DESCONTENTAMENTO (Volume I).

78. Trecho de *Eneida*, de Virgílio, III, 282.

79. NT: O rio Büyük Menderes (cujo nome em latim é *Maeander*, também chamando Meandro) é um rio no sudoeste da Turquia. Nasce no centro-oeste da Turquia, perto de Dinar, correndo a oeste para o mar Egeu, desaguando perto da antiga cidade de Mileto.

80. Esses homens são padrões ou intérpretes das virtudes. Os primeiros nomes representam respectivamente coragem, justiça e autocontrole. Sócrates é o sábio ideal, Zenão, Crisipo e Posidônio são, por sua vez, o fundador, o organizador e o modernizador do estoicismo. Ver George Stock, *Estoicismo*.

81. Trecho de *Eneida*, de Virgílio, VI, 277.

82. NT: Tirania dos Trinta vai de 431 a 404 A.C. (Guerra do Peloponeso).

83. Trecho de *Eneida*, de Virgílio.

84. NT: Pode ser referência a esta própria coleção de cartas ou a outra obra, perdida. Em paralelo com as cartas a Lucílio, Sêneca redigiu um volumoso tratado dedicado ao estudo de diversos temas científicos, com o título de *Naturales Quaestiones*. Das três grandes áreas em que o estoicismo dividia a filosofia – lógica, física e ética –, esta obra aborda a física. Ver George Stock, *Estoicismo*.

85. NT: Para outra discussão sobre o aspecto corpóreo da alma, ver também Carta LVII – SOBRE AS PROVAÇÕES DE VIAGEM (Volume I).

86. Ver Lucrécio, *Sobre a Natureza das Coisas*, I, 304.

87. Tito Lucrécio Caro foi um poeta e filósofo romano que viveu no século I a.C. Sua fama decorre do poema *De rerum natura* (*Sobre a natureza das coisas*), onde expõe a filosofia de Epicuro.

88. NT: "*estamos jogando latrunculi*"; *latrunculi* (diminutivo de *latro*, "ladrão") era jogado num tabuleiro de 64 casas de cor alternada, similar ao atual jogo de damas.

89. Este ponto apresenta lacuna no texto original, aparentemente Sêneca estabelece uma diferença entre amigos e escravos. Escravos fugirem ou traírem seria caso sem gravidade, o previsível.

90. Trecho de *Eneida*, de Virgílio, 274.

91. Sêneca usa a palavra "*Tiro*", soldado que acabou de ingressar nas fileiras, inexperiente. Sêneca frequentemente faz uso de metáforas jurídicas ou militares.

92. Em Epiteto estes versos são atribuídos a Cleantes (omitindo a última linha); enquanto Santo Agostinho os cita como de Sêneca. Cícero traduziu muitos textos gregos para o latim.

93. NT: Pode ser referência a esta própria coleção de cartas ou a outra obra, perdida. Em paralelo com as cartas a Lucílio, Sêneca redigiu um volumoso tratado dedicado ao estudo de diversos temas científicos, com o título de *Naturales Quaestiones*.

94. O primeiro e mais convincente professor de estoicismo de Sêneca, a quem esta carta é um tributo. O mais hábil dos filósofos de sua época, ele foi banido durante o reinado de Tibério. Ver Francis Holland, *Sêneca, Vida e Filosofia*.

95. NT: Frígia era o nome da região centro-oeste na antiga Ásia Menor (Anatólia), na moderna Turquia. Ali floresceu o Reino da Frígia, famoso por seus reis lendários que povoaram a era heroica da mitologia grega: Górdias, cujo nó górdio seria desatado por Alexandre; e Midas, que transformava em ouro tudo o que tocava.

96. Provérbios de Públio Siro.

97. Ver Diógenes Laércio, *Vidas e doutrinas dos filósofos ilustres* – Livro VII.

98. Provérbios de Públio Siro.

99. Filósofo grego que foi mestre de Sêneca e da escola fundada por Quinto Séxtio.

100. Tibério alcançou o poder após a morte de Augusto, no ano 14 d.C. Conforme a data que se admita para o nascimento de Sêneca, o filósofo teria entre 15 e 18 anos.

101. Nomeadamente o culto de Isis e o culto judaico, que foram objeto de interdição por um édito publicado no ano 19: *"Actum et de sacris aegyptiis judaicisque pellendis: factumque patrum consultum, "ut quatuor millia Hbertini generis, ea superstitione infecta, quis idonea aetas, in insulam Sardinian! veherentur... ceteri cederent Italia, nisi certam ante diem profanos ritus exuissent"*. Tácito, *Anais*, II. 85

102. Trecho de *Geórgicas*, de Virgílio.

103. Trecho de *Geórgicas*, de Virgílio.

104. Trecho de *Eneida*, de Virgílio.

105. Ver Cícero, *Da República*.

106. NT: Sérvio Túlio foi o sexto rei de Roma. Segundo a tradição, reinou por 44 anos, entre 578 a.C. e 539 a.C.

107. NT: Anco Márcio pertenceu à série de reis lendários que governaram Roma até 509 a.C. Neto de Numa Pompílio, sucessor de Rômulo. Foi o quarto rei da cidade e o último de origem sabina.

108. NT: Ditador (em latim: *Dictator*) era o mais alto magistrado extraordinário na República Romana. Também era chamado de pretor máximo (*Praetor*

Maximus) e mestre do povo (*Magister Populi*). O ditador era geralmente nomeado em circunstâncias de perigo extraordinário, seja por inimigos estrangeiros ou sedição interna, eventos frequentes segundo Lívio.

109. NT: Previsão realizada pelos sacerdotes, entre os romanos, que se diziam adivinhar o futuro, baseando-se no canto ou no voo das aves. Áugures ou arúspices eram sacerdotes da Roma Antiga que usavam os hábitos dos animais para tirar presságios, exemplos disso são o seu voo, o seu canto e suas próprias entranhas.

110. Literalmente, marcado por cal.

111. Trecho de *Vahlen*, de Quinto Ênio.

112. Trecho de *Geórgicas*, de Virgílio.

113. Trecho de *Vahlen*, de Quinto Ênio.

114. Isto é, em posse de uma sabedoria perfeita, enciclopédica.

115. NT: Ver Ovídio, *Metamorfoses*, I, 595.

116. NT: Na mitologia romana, cada homem tinha um gênio e cada mulher uma juno (que também era o nome da rainha dos deuses, esposa de Júpiter). Originalmente, gênio/juno eram ancestrais que zelavam por seus descendentes. Com o passar do tempo, eles se transformaram em espíritos guardiães pessoais, concedendo intelecto e grande talento. Sacrifícios eram feitos para o gênio/juno de cada pessoa, na data do aniversário dela.

117. A Morte.

118. Trecho de *De rerum natura (Sobre a natureza das coisas)* [ver nota 87], por Tito Lucrécio.

119. NT: Referência ao processo de minério de ouro e prata.

120. Os romanos consideravam línguas de flamingos uma iguaria e eram servidas em um prato que incluía também cérebros de faisão, fígados de papagaio e tripas de lampreia. Os poetas romanos criticaram a matança dos magníficos pássaros por suas línguas. Um poeta, Marcial, escreveu: minha asa vermelha me dá o meu nome, mas os epicuristas consideram minha língua tão saborosa. Mas e se a minha língua pudesse cantar?

121. Professor de Sêneca. Átalo foi um filósofo estoico atuante no reinado de Tibério. Ele foi defraudado de sua propriedade por Sejano e exilado, onde foi reduzido a cultivador do solo. Sêneca, o velho, o descreve como um homem de grande eloquência e, de longe, o filósofo mais perspicaz de sua época. Ele ensinou a filosofia estoica a Sêneca, que o cita com frequência e fala dele nos mais altos termos. Ver Francis Holland, *Sêneca, Vida e Filosofia* . Ver também carta CVIII (Volume III).

122. Professor de Sêneca, Átalo foi um filósofo estoico atuante no reinado de Tibério. Ele foi defraudado de sua propriedade por Sejano e exilado, onde foi reduzido a cultivador do solo. Sêneca, o velho, o descreve como um homem de grande eloquência e, de longe, o filósofo mais perspicaz de sua época. Ele ensinou a filosofia estoica a Sêneca, que o cita com frequência e fala dele nos mais altos termos. Veja também carta CVIII (VOLUME III).

123. NT: Sophismata é transcrição do grego antigo σόφισμα -ατος, derivado de σοφίξεσθαι "fazer raciocínios capciosos" no sentido inicial de "habilidade", o termo foi adquirindo várias conotações pejorativas, "expediente", "intriga" e finalmente "sofisma" (por oposição ao "raciocínio justo"). Sofisma ou sofismo em filosofia é um raciocínio ou falácia, mediante o qual se quer defender algo falso e confundir o interlocutor.

124. Zombaria, trivialidade. Significava originalmente "troça, discurso trocista, irônico", segundo Sêneca tem o sentido de "discurso oco, sutileza de palavras", e neste sentido o termo é frequentemente usado por Quintiliano.

125. Sêneca era um grande e próspero produtor de videiras. Veja na carta CIV sua descrição de seu *hobby* no campo perto de Nomento.

126. NT: Os antigos estoicos defendiam que as virtudes seriam seres animados. Ver Diógenes Laércio, *Vidas e doutrinas dos filósofos ilustres – Livro VII.*

127. A alusão é sarcástica. O *Phaecasium* era um sapato branco usado pelos sacerdotes gregos e oficiais atenienses, às vezes imitados por romanos.

128. NT: Quimera é uma figura mística caracterizada por uma aparência híbrida de dois ou mais animais e a capacidade de lançar fogo pelas narinas. Figurativamente o termo alude a qualquer composição fantástica, absurda ou monstruosa, constituída de elementos disparatados ou incongruentes. É descrita de forma diversa nas várias narrativas mitológicas, como, por exemplo, tendo cabeça e corpo de leão, com duas cabeças anexas, uma de cabra e outra de dragão.

129. Ver carta CVIII neste volume.

130. NT: Segundo os estoicos gregos, "Deus é redondo", justificando tal ideia pela divindade se identificar com o universo, esférico. Ver a sátira *A Apocoloquintose do divino Cláudio*, literalmente "*A Transformação de Cláudio em Abóbora*".

131. NT: "Essência primordial" ou "princípio dominador da alma". Ver carta CXXI neste volume.

132. NT: Trecho da *Eneida*, de Virgílio, Sêneca faz um jogo de palavras, entre os seis pés do hexâmetro datílico e pés como medida de comprimento, assim o hexâmetro nunca poderia ser redondo!

133. NT: Aríston de Quios, o estoico, comparava as sutilezas da dialética a teias de aranha. Ver Diógenes Laércio, *Vidas e doutrinas dos filósofos ilustres* – Livro VII.

134. *Talis hominibus fuit oratio qualis vita.*

135. NT: trechos de escritos de Mecenas. Além de Sêneca, seus textos foram ridicularizados por Augusto e Quintiliano pelo estilo estranho, uso de palavras raras e transposições inapropriadas.

136. NT: A Lei das Doze Tábuas (*Lex Duodecim Tabularum*) constituía uma antiga legislação, promulgada em 450 a.C., que está na origem do direito romano. Formava o cerne da constituição da República Romana.

137. Caio Salústio Crispo (86 a.C. – 34 a.C.) foi um dos grandes escritores e poetas da literatura latina. Nasceu em Amiterno, na Sabina, em uma família de posses, tendo uma formação requintada. Foi cedo para Roma e recebeu apoio de pessoas de influência da sua família. Com o apoio de Júlio César, Salústio foi eleito questor, cargo que lhe assegurou uma cadeira no senado romano.

138. Trecho de *Geórgicas*, de Virgílio.

139. Trecho de *Eneida*, de Virgílio, I, 327 e 330.

140. Trecho de *Metamorfose*, de Ovídio.

141. Trecho de *Metamorfose*, de Ovídio.

142. Trecho de *Belerofonte*, de Eurípedes.

143. NT: Eurípides foi um poeta trágico grego, do século V a.C., o mais jovem dos três grandes expoentes da tragédia grega clássica, que ressaltou em suas obras as agitações da alma humana e em especial a feminina. Tratou dos problemas triviais da sociedade ateniense de seu tempo, com o intuito de moderar o homem em suas ações.

144. NT: Belerofonte (grego antigo: Βελλεροφῶν) é uma antiga tragédia grega escrita por Eurípedes, baseada no mito de Belerofonte. A maior parte da peça foi perdida no final da Antiguidade e apenas 90 versos, agrupados em 29 fragmentos, sobrevivem atualmente.

145. NT: Panécio de Rodes foi um filósofo estoico discípulo de Diógenes da Babilônia e de Antípatro de Tarso, antes de viajar para Roma onde foi influente na introdução das doutrinas estoicas.

146. Discussão da mesma natureza pode ser encontrada nas cartas CVI e CXIII neste volume.

147. NT: Para os estoicos, apenas quatro "coisas" formavam a classe dos incorpóreos: o tempo (*tempus*), o espaço (*locus*), o vazio (*inane*) e o enunciado (*dictum*). Ver Diógenes Laércio, *Vidas e doutrinas dos filósofos ilustres* – Livro VII.

148. NT: não se sabe qual autor é criticado neste ponto.

149. Ver Cícero, *Cartas a Ático*, I, 12, 4.

150. NT: Públio Vatínio foi um político da gente vatínia da República Romana eleito cônsul em 47 a.C. Depois de terminado seu mandato, Vatínio foi acusado formalmente por Caio Livínio Calvo de aceitar subornos. Cícero, em seu discurso contra Vatínio, o descreve como um dos maiores vilões da história romana e relata que seu aspecto pessoal era desagradável porque ele tinha o rosto e o colo cobertos por inchaços. Numa alusão a eles, Cícero o chama de *"struma civitatis"*.

151. Trecho de Horácio, *Sátiras*, I, 2, 114.

152. NT: Caio Fabrício Luscino. Em 280 a.C., depois que os romanos foram derrotados por Pirro na Batalha de Heracleia, Fabrício e outros negociaram os termos da paz com o soberano grego. Plutarco relata que

Pirro ficou impressionado com sua incapacidade de subornar Fabrício e libertou os prisioneiros sem exigir o resgate.

153. NT: Públio Horácio Cocles (em latim: *Horatius Cocles*) foi um oficial militar romano do século VI a.C. *Cocles* significa "com um olho só". Segundo a lenda, defendeu sozinho a ponte que levava à cidade de Roma, impedindo que fosse tomada pelos etruscos liderados por Porsena.

154. NT: Uma doença crônica do próprio Sêneca. Veja o fragmento autobiográfico na Carta LXXVIII (Volume II).

155. Mânio Cúrio Dentato foi um político da gente cúria da República Romana, eleito cônsul por três vezes, em 290, 275 e 274 a.C. Foi um herói plebeu da República, famoso por ter acabado com as Guerras Samnitas. Seu cognome parece ser derivado do fato de ter nascido já com dentes na boca.

156. Trecho de Horácio, *Sátiras*, I, 3, 11-17.

157. Arquidemo (cerca II a.C.) é um filósofo estoico, natural de Tarso, que viveu por volta do ano 160 a.C. É provável que seja o mesmo que Plutarco chama de "O Ateniense". Acredita-se que fundou uma escola de estoicos na Babilônia.

158. "*Felicitas*" se torna "*infelicitas*".

159. Ou seja, a "alma do mundo", da qual cada alma viva faz parte. Os estoicos pensavam que estava situado no coração. Zenão chamou ἡγεμονικόν, "poder governante"; enquanto os romanos usam o termo *principale* ou *principatus*. O princípio descrito acima é ὁρμή (impulso) ou τόνος (tensão).

160. NT: Nas cartas XV (VOLUME I), LXXXII (VOLUME II) e CXVI, Sêneca se refere ao instinto natural que leva o homem ao cuidado próprio. Infelizmente, não se conserva nenhuma carta em que o assunto fora sistematicamente desenvolvido.

161. Trecho de *Geórgicas*, de Virgílio.

162. NT: O termo antípoda quer dizer regiões situadas do outro lado da Terra e vem do plural antípodas. Este termo veio de uma expressão grega significando literalmente "pés opostos" (as pessoas que habitariam nos antípodas caminhariam "ao contrário").

163. NT: Cícero também fala de certos debochados que "vomitam em cima da mesa, têm de ser levados em braços dos salões de banquete, mas no dia seguinte recomeçam a comezaina com a digestão ainda por fazer e que, como eles próprios dizem, nunca viram o pôr nem o nascer do Sol". Ver *De finibus*, II, 23.

164. Corujas, aves de mau agouro.

165. NT: A hidropisia, também conhecida como ascite, ou barriga d'água, não é uma doença propriamente dita, mas um sinal clínico que pode ser decorrente de algumas enfermidades, uma síndrome. Ela ocorre quando há retenção de líquidos na cavidade abdominal, músculos e pele, o que prejudica o bom funcionamento do organismo como um todo.

166. NT: Albinovano Pedo foi um poeta romano, que viveu entre o final do século I a.C. e o início do século I d.C., na época de Augusto e Tibério. Escreveu *Theseis*, mencionada em uma carta de seu amigo Ovídio, epigramas que são elogios a Marcial e um poema épico sobre as aventuras de Germânico.

167. Na Roma Antiga, banquete inaugural era um jantar de gala oferecido ao oficial ao assumir seu posto.

168. Viver pelo estoicismo e não pelo epicurismo. O estoico romano deve deixar a prática homossexual para os gregos.

169. NT: Aguilhão, peça de ferro pontiaguda encaixada numa vara comprida, usada pelos condutores de carro de boi para disciplinar os bois com espetadelas no corpo dos animais. A expressão bíblica "recalcitrar contra o aguilhão" corresponde a "dar socos em ponta de faca".

170. Trecho de *Geórgicas*, de Virgílio.

171. Os seguidores de Epicuro.

172. NT: Não se sabe a quem Sêneca se refere. Talvez Aristipo de Cirene, citado por Cícero.

173. De acordo com os estoicos (e outras escolas também), as "noções inatas", ou bases de conhecimento. Após o sétimo ano de uma criança, elas começam a ser sujeitas à razão.

LEIA TAMBÉM

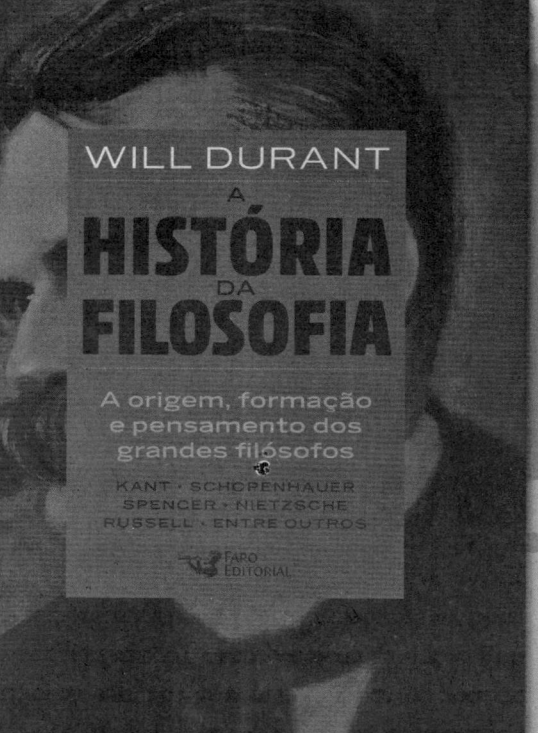

PAULO VIEIRA, PhD

PODER E ALTA PERFORMANCE

**O MANUAL PRÁTICO PARA REPROGRAMAR SEUS HÁBITOS
E PROMOVER MUDANÇAS PROFUNDAS EM SUA VIDA**

PAULO VIEIRA, PhD

PODER E ALTA PERFORMANCE

O MANUAL PRÁTICO PARA REPROGRAMAR SEUS HÁBITOS E PROMOVER MUDANÇAS PROFUNDAS EM SUA VIDA

Gente

editora

Diretora
Rosely Boschini

Gerente Editorial
Rosângela Barbosa

Assistente Editorial
Natália Mori Marques

Controle de Produção
Karina Groschitz

Jornalistas Equipe Febracis
Gabriela Alencar e Iane Parente

Ilustrações de Miolo
Jean Livino Holanda e Tiago Rodrigues Leite

Projeto gráfico e Diagramação
Vanessa Lima

Revisão
Vero Verbo Serviços Editoriais

Capa
Miriam Lerner

Foto de Capa
Marcio Scavone

Impressão
Assahi

Dados Internacionais de Catálogo na Publicação (CIP)
Andreia de Almeida CRB-8/7889

Vieira, Paulo
    Poder e alta performance : o manual prático para reprogra-
mar seus hábitos e promover mudanças profundas em sua vida /
Paulo Vieira. – São Paulo : Editora Gente, 2017.
    256 p.

ISBN 978-85-452-0144-1

1. Carreiras – Planejamento 2. Inteligência emocional 3. Autorrealização
4. Sucesso I. Título

17-0150   CDD 650.14

Índices para catálogo sistemático:
1. Carreiras – Planejamento 650.14

PREFÁCIO

A vida é bela como a mais ensolarada manhã, mas dissipa-se sutil e lentamente quando o sol se despede do dia. A inexprimível brevidade da vida nos recomenda a sabedoria. A sabedoria de um ser humano, porém, não está em quanto ele sabe, no quanto tem consciência de que não sabe! Não está em sua eloquência, mas na sua capacidade de ouvir o inaudível! Não está em proclamar seus diplomas, mas em se declarar um eterno aprendiz, um ser humano em construção! Não está em se colocar acima dos seus pares, mas em se curvar diante dos outros e dar o melhor de si para fazê-los felizes e plenos, tal qual o homem mais inteligente da humanidade viveu em prosa e verso há 2 mil anos!

Quando Paulo Vieira me ligou humildemente para que eu prefaciasse seu livro *Poder e alta performance*, livro este que estava pronto para ser publicado e só esperava meu parecer, mais uma vez constatei nele os elementos que irrigam a maturidade: um ser humano em construção, consciente da brevidade da vida, um profissional sedento não em ter a necessidade neurótica de ser o centro das atenções, mas faminto em contribuir para que as pessoas sejam eficientes, resilientes, seguras, empreendedoras.

Sou crítico do sistema educacional e da sociedade racionalista, cartesiana. Por ter desenvolvido uma das poucas teorias mundiais sobre a última fronteira da ciência, o processo de construção de pensamentos, os papéis conscientes e inconscientes da memória e a atuação do Eu como gestor da emoção, entristece-me perceber que estamos formando repetidores de dados e raramente pensadores. Entristece-me ainda observar o cérebro dos alunos da graduação à pós-graduação ser bombardeado com milhões de dados como se isso trouxesse "alta performance" ao intelecto humano, como se pudesse gerar mentes livres, empáticas, líderes de si mesmas, recicladoras de falsas crenças, impugnadoras das mais diversas fobias que nos assombram, inclusive o medo do futuro, do olhar social, de falhar, de correr riscos para materializar nossos sonhos.

Crer nisto é como crer que se pode colocar tintas e pincéis numa máquina e depois de ligá-la sairão obras-primas como a *Monalisa*, de da Vinci, ou a *Guer-*

nica, de Picasso. Nada tão ingênuo! E alegra-me ver profissionais como Paulo Vieira ir na contramão desse processo, que proclama frequentemente que as habilidades mais importantes do psiquismo humano dependem de educação da emoção, autonomia, disciplina, determinação, projetos de vida, treinamento contínuo, capacidade de lidar com perdas.

Seu livro, é assim que o interpreto, não fala do poder pelo poder, que é infectante, nem do poder para controlar os outros, que é asfixiante, mas do poder para se autocontrolar, libertar o imaginário, se reinventar, implodir o conformismo, servir e se doar. Engenheiro de formação, o próprio Paulo Vieira passou por essa experiência, atravessou o caos, experimentou vales sórdidos da dor, caminhou pelas veredas das perdas e frustrações, mas se reinventou, se superou e conquistou a alta performance! Ele fala do que ele vive!

A psicoterapia realizada por um psicólogo ou psiquiatra trata dos transtornos psíquicos, enquanto o coaching promove as habilidades de um ser humano. Mas muitos falam de coaching como se troca de roupa, sem entender o funcionamento da mente e as armadilhas psíquicas. Sem entender ainda que no cérebro humano há mais cárceres do que nas cidades mais violentas.

Quem dera houvesse mais textos, cursos e treinamentos de alta performance no teatro social, como o Paulo Vieira propõe, como enfatizamos na Menthes e no programa Escola da Inteligência para crianças e adolescentes. É preocupante saber que estamos na era da ansiedade e diante da geração mais triste que pisou nesta terra. Aumentamos na capital de São Paulo, de 2002 a 2012, em 42% o suicídio entre jovens até 30 anos. Que sociedade estamos construindo? Quem dera houvesse pessoas menos preocupadas com o ter e mais preocupadas em contribuir com a humanidade, em prevenir transtornos psíquicos, em formar líderes, executivos e profissionais notáveis. O dileto Paulo Vieira vem dar uma preciosa contribuição para a sociedade nesse sentido.

Que você possa, mais do que ter uma grande leitura com este instigante livro, encontrar o mais importante de todos os endereços, um endereço que poucos encontram, embora alguns morem em residências confortáveis: um endereço dentro de si mesmo!

Augusto Cury
Psiquiatra e escritor, publicado em mais de 70 países

MENSAGEM AO LEITOR

Não é por acaso que você está segurando este livro. Afinal, nada acontece por acaso. Antes que você nascesse ou que o mundo fosse criado, já havia um plano para sua vida. Talvez você não esteja vivenciando a plenitude do plano inicial e sua vida esteja precisando de correções. Estou certo de que neste livro você poderá se aproximar do plano de Deus para sua vida e descobrir que ele é o verdadeiro **poder** disponível a todos nós.

Paulo Vieira

SUMÁRIO

APRESENTAÇÃO

Escrevi este livro com o objetivo geral de ajudar as pessoas com técnicas, conceitos e ferramentas capazes de promover mudanças rápidas, profundas e permanentes no ser humano. Procurei resumir o que observo e aprendo desde 1998, como conferencista internacional, pesquisador, empresário de sucesso, coach integral sistêmico e principalmente como pai de uma família feliz e harmônica.

O segundo objetivo é combater o senso comum de que mudanças reais no ser humano não acontecem ou, quando acontecem, se dão ao longo de muito tempo. De fato, as mudanças podem não acontecer, visto que muitas pessoas repetem na velhice os mesmos erros e padrões disfuncionais da juventude. Mas também temos observado pessoas que amadurecem e mudam ao longo da vida, tornando-se um pouco melhores a cada dia. Eu tenho provado, em quase 200 turmas do Método CIS®[1] e em minha experiência de 10 700 horas de sessões de coaching, que as tão desejadas mudanças não apenas podem acontecer, como podem acontecer rápido e inexoravelmente.

Outro senso comum que combato é o de que pânico e depressão são doenças neurais sem cura. Vejo-os como sintomas da trilogia **comunicação, pensamento** e **sentimentos disfuncionais**, que resulta em toda sorte de desordens mentais. Tenho, na minha experiência, vivenciado, catalogado e acompanhado pessoas diagnosticadas como depressivas e fóbicas eliminarem esses sintomas de suas vidas e mentes em pouquíssimo tempo.

O quarto objetivo é retratar neste material o resumo da minha dissertação de mestrado na Florida Christian University sobre o Método CIS®, seminário que desenvolvo há quase duas décadas, em que explicito de forma didática mecanismos, processos e resultados que venho utilizando e obtendo em minhas sessões de Coaching Integral Sistêmico®.

---

1 O Método CIS é um curso criado por mim que utiliza ferramentas do Coaching Integral Sistêmico (CIS®). Tornou-se o maior treinamento de inteligência emocional do mundo, sendo realizado a cada mês numa cidade diferente.

O conhecimento por si não cria valor. O valor é criado quando o conhecimento é acrescido da emoção adequada e focada, com um plano de ação capaz de conduzir o indivíduo a mudanças substanciais em sua vida. A isso chamo poder e alta performance em nossas vidas.

Poder e alta performance = conhecimento + emoções inteligentes + ação focada

Eu o convido a iniciar a busca pelo poder e alta performance que há dentro de você.

Depoimentos

Todo processo intencional de mudança humana pode ser calcado em três fatores: o primeiro é que essa mudança é possível; o segundo é que o método usado, por mais diferente que seja, é eficaz; e o terceiro e mais importante é que outras pessoas, após trafegarem por esse caminho, mudaram a própria vida. Dessa maneira, eu o presenteio com depoimentos de pessoas como você: médicos, juízes, vendedores, dentistas, donas de casa, desempregados, filhos desesperançosos, pais estressados, homens sem sustento financeiro e toda sorte de pessoas, incluindo aquelas que, apesar de estarem bem na vida, queriam ainda mais.

"Olá, Paulo Vieira, espero que se lembre de mim! Assista você na televisão esta semana e fiquei muito feliz em saber da continuidade do seu sucesso. Em forma de retribuição a tudo que aprendi com você, quero registrar que minha vida mudou muito depois do curso Método CIS® – Inteligência Emocional. Mudou tanto que esta semana conquistei mais um sonho, que é a minha casa própria aqui em Fortaleza. Aproveito a oportunidade para te fazer o convite para comemorarmos juntos, lógico que lá em casa, debaixo do deque e ao lado da piscina, fazendo um belo churrasco. Tenho certeza de que sua menina vai adorar e a minha também.

Um forte abraço e obrigado por tudo que você vem me proporcionando, porque, como você diz, para que ser nós mesmos, se podemos ser bem melhores?!"

(F. M. J.)

"Querido Paulo Vieira,

Hoje acordei querendo contar para alguém o que de especial anda acontecendo em minha vida. É como se eu tivesse ganhado na loteria, mas a alegria é ainda maior do que um simples prêmio em dinheiro. Baseada em seu ensinamento, descobri dentro de mim que sou uma pessoa muito abençoada, pois hoje posso dizer com orgulho que tenho uma família bem estruturada.

Meu marido, que só acordava às 10 horas da manhã, hoje passou a acordar às 6 horas para ficar mais tempo comigo e com nosso filho até a hora de ir trabalhar. Nosso relacionamento está maravilhoso, até parece que nos casamos hoje e estamos vivendo em lua de mel. Já consegui elogios de todas as maneiras, até da minha personalidade, que era muito fechada. Hoje me dou bem com todo mundo, participei de uma festa na empresa e apresentei uma dança estilo anos 1960, coisa que nunca tinha feito.

Meu relacionamento com minha mãe está maravilhoso. Estamos ainda mais próximas e unidas, e meu relacionamento com Deus está mais intenso, pois sei que preciso muito Dele para completar minha vida. No trabalho nem consigo contar, estou completamente realizada, consegui o cargo de coordenadora que tanto almejava, e com certeza o salário que mereço ganhar virá logo no começo do ano.

Quero agradecer pela oportunidade de ter feito o treinamento Método CIS®, que me ensinou a me conhecer e me encontrar. Sou uma pessoa mais amável, segura, forte, inteligente e muito mais.

Espero poder contar mais de minha vida futuramente, pois ela está cada vez mais emocionante."

(B. P. A.)

"Após o curso de inteligência emocional Método CIS, meus ganhos foram imensos em todas as principais áreas da minha vida. Eliminei 8 quilos e passei a praticar exercícios físicos regularmente. Tornei-me uma pessoa mais forte, confiante e consegui eliminar crenças e traumas que foram criados na infância. No quesito profissional, sou uma nova pessoa. Colaboro com ideias e trago soluções. Fiquei mais econômico e passei a utilizar o princípio da recompensa adiada. Além de tudo isso, estou mais próximo de Deus e ainda consegui me livrar de alguns vícios e pecados capitais. Sou grato por tudo e por ter conhecido o Paulo Vieira. Obrigado."

(P. E. C.)

"Eu vim forçada fazer o curso Método CIS® de Inteligência Emocional. Eu estava em depressão profunda, não saía do quarto, não falava com ninguém, fugia de tudo. Minha vida tinha parado. Além da depressão, tive uma crise de pânico horrível que me deixou paralisada, com medo de tudo, inclusive de ficar só. Aos 21 anos, nada mais parecia fazer sentido na minha vida.

Foi quando, numa última tentativa da minha família de me ajudar, já que remédio, terapia, nada mais tinha surtido efeito, minha irmã, que já havia feito o curso, decidiu me trazer a qualquer custo. Foi então que tudo mudou. Desde o primeiro dia minha vida não foi mais a mesma. Hoje sou uma pessoa TRANSFORMADA E VITORIOSA, cheia de vida, me sinto realizada, graças a DEUS, ao Paulo Vieira e à sua equipe maravilhosa e à minha família, principalmente minha irmã, que me levou à inteligência emocional."

(C. P. S.)

"Eu estava no fundo do poço. Tinha acabado de descobrir um nódulo no ouvido e outro na mama, tinha me entregado, desistido de viver. Além de tudo isso, tinha uma falta de amor-próprio enorme e uma briga com Deus. Este curso mudou minha vida, me sinto curada dos males mencionados.

Para quem se considerava morta e havia desistido de viver, tudo mudou e rápido: casei, voltei a ser mãe da minha filha, o zumbido desapareceu e vivo intensamente a minha vida."

(M. T. R.)

"Eu tive vários ganhos!!!

O principal foi o perdão de meus filhos. Pedi perdão por minha ausência, logo após o seu nascimento, e reconheci que esse meu erro foi o mesmo erro que minha mãe cometeu comigo quando eu era criança. Aprendi a refletir mais, reconhecendo que 'coisas' ruins que acontecem não são somente culpa dos outros, e sim culpa minha também. Enxerguei que muitos erros que cometi no meu passado (infância/adolescência) foram cometidos pelos meus pais. Refiz a relação com meus pais e hoje, além de mãe, sou também filha."

(M.L.S.)

"Muito obrigada pela oportunidade de transformar a minha vida com mudanças simples e ferramentas fáceis de serem usadas, mas que provocaram um impacto substancial nos resultados de minhas relações e na forma como vivo. Foi uma excelente forma de reaprender a amar e amar de forma grandiosa e em abundância: a vida, a mim, as pessoas próximas e tudo que desejo realizar. Tudo é possível!!!

Comecei o processo de transformação da minha vida, da minha relação comigo, da minha relação com a família, com meus amigos. Meus ganhos foram concretos. A transformação positiva e baseada no amor é uma constante na minha vida. Que felicidade!!!"

(B. R. C.)

Depois de ler todos esses depoimentos de alunos do Método CIS®, você está pronto para mergulhar nos conceitos e técnicas do Coaching Integral Sistêmico® apresentados neste livro. Dedique-se à leitura, faça cada exercício e experimente o poder e alta performance.

INTRODUÇÃO

A FORÇA DO DESESPERO

Aos 30 anos, um jovem já desanimado e desesperançoso, ciente de sua responsabilidade pelo estado caótico de sua vida, foi levado a um processo terapêutico tradicional. Quatro meses depois de haver começado o processo e completamente consciente de sua história de vida e consequências nefastas, argumentou com sua terapeuta: "Quando cheguei aqui, eu tinha uma boa noção das minhas mazelas e do que as causou. Agora, estou mais do que íntimo da minha história de vida e consciente das minhas mais profundas dores... Preciso saber: quando minha vida decolará, quando poderei sustentar uma família, quando terei estrutura interna para ser feliz, quando este tratamento trará resultados práticos para minha vida?".

Com um olhar de profunda tranquilidade, ela respondeu: "Calma, as mudanças acontecem ao longo do tempo". Nervoso e com o mais profundo sentimento de urgência, o jovem retrucou: "Por favor, quanto tempo falta para essas mudanças acontecerem na minha vida?". Ao que ela respondeu com a mesma paz de quem contempla o pôr do sol: "Dois... Quatro... Seis... Oito anos!".

Naquele momento, o corpo dele gelou, a vista embaçou e, tomado de pânico, ele desmaiou. Acordou com a terapeuta dando tapinhas e passando água fria em seu rosto. Ainda gelado e suando bastante, ele confirmou: "Você quer dizer que, para eu mudar minha vida e colher resultados, terei de esperar até oito anos?". E ela confirmou sua tese de que mudanças acontecem ao longo do tempo. Esse jovem saiu do consultório com duas certezas: uma era a de que não voltaria mais ali; a outra era de que não tinha todos esses anos para mudar sua vida, constituir uma família, ter uma profissão e então realizar seus sonhos.

Ele passou por aquela experiência desoladora, determinado a encontrar a chave da transformação rápida e profunda da própria vida. Um ano depois, o jovem "mutante" já tinha uma namorada, que mais tarde seria sua esposa, tinha apartamento quitado e carro zero quilômetro e, sobretudo, sentia-se feliz, saudável, capaz e realizando seus sonhos e objetivos. Naquele momento,

estava nascendo o que mais tarde seria chamado Método CIS® de transformação e potencialização humana. Hoje, quase vinte anos depois, esse homem
continua casado com sua namorada, tem três filhos maravilhosos, conheceu
boa parte do mundo ministrando conferências e passeando e possui bens materiais. Certamente não preciso dizer quem é essa pessoa. Assim, passei a
estudar e aprofundar as mesmas técnicas que funcionaram comigo, a ser co-
baia das minhas teses e dos meus experimentos, busquei subsídios técnicos e
científicos, montei uma biblioteca com milhares de títulos e há anos ministro
um curso que em si revela o poder verdadeiro de Deus, o Método CIS®.

COMO TUDO COMEÇOU

Eram 7 horas de uma manhã de setembro do ano de 1997. O despertador
tocou, abri os olhos e encarei a dura realidade. Mais um dia estava se iniciando. Mais um entre muitos dias repletos de problemas e pouquíssimos prazeres ou confortos. Era mais uma página da minha vida que estava começando
naquela manhã – e, diga-se de passagem, uma vida nada interessante nos
últimos anos. Nessa época, nada parecia ter solução. Quanto mais eu olhava
as circunstâncias em que vivia, menos esperança eu tinha: sem dinheiro,
meu negócio indo de mal a pior, distante da família e dos amigos, com um
divórcio em andamento, hipertenso e com problemas renais. Era como eu
vivia naquela época.

Acordei diferente, como se estivesse em um devaneio. Decidi levantar mais
tarde da cama naquela linda manhã e fingir que minha vida estava perfeita e
sem nenhum problema. Tomei meu café como se fosse um príncipe, a cabeça
altiva, um sorriso no rosto e nenhuma pressa: o mundo poderia esperar. Vesti
uma ótima roupa e fui para o shopping. Era como se eu respirasse uma névoa
inebriante: o céu estava mais azul, soprava uma brisa fresca e agradável, tudo
tinha mais cor. Eu, de fato, havia decidido me ver e ver o mundo de maneira diferente; havia resolvido tirar o foco dos meus problemas e angústias e
olhar para um futuro positivo. Para isso, porém, eu precisaria me comportar
de modo diferente naquele momento.

Deu certo... Entrei em uma livraria e comecei a folhear livros, até que me
deparei com um pequeno volume vermelho de Roberto Shinyashiki. Nesse
livro, encontrei um texto em forma de parábola que narrava um caso da mito-

logia grega. Uma história que entrou em meu coração, minha mente e minha alma – e, por incrível que pareça, foi a partir desse curto texto, em um pequeno livro, que minha vida começou a mudar de forma extraordinária. Ali, o farol que iluminaria meu futuro foi aceso e, naquele momento, com as chaves na ignição e os faróis bem acesos, saí à procura de mim mesmo.

Vou reproduzir na íntegra o texto e compartilhar com você o início da minha nova vida. Uma vida repleta de sentido e significado.

A HISTÓRIA DE SÍSIFO

Um dos personagens mais interessantes da mitologia grega é Sísifo, o rei de Corinto. Era tido como o mais esperto entre os homens. Apesar de toda a sua astúcia, ou, talvez, justamente por causa dela, sempre se via diante das situações mais complicadas. Cada esperteza criava novas dificuldades, que por sua vez pediam novos estratagemas, numa sucessão de saídas provisórias. Certa vez, Sísifo descobriu por acaso que Zeus havia raptado Egina, filha de Ásopo, o deus dos rios. Como faltava água em suas terras, Sísifo teve a ideia de revelar a Ásopo o paradeiro da filha, desde que este lhe desse em troca uma nascente. O pai desesperado aceitou de bom grado a proposta. Deu a Sísifo a nascente e soube então que sua filha fora raptada por Zeus.

Sísifo teve água, mas arrumou outro problema: Zeus ficou furioso com a delação e mandou a Morte buscá-lo.

Confiando na própria astúcia, Sísifo recebeu a Morte e começou a conversar. Elogiou sua beleza e pediu-lhe para deixar enfeitar seu pescoço com um colar. O colar, na verdade, não passava de uma coleira, com a qual Sísifo manteve a Morte aprisionada e conseguiu driblar seu destino.

Durante um tempo, não morreu mais ninguém. Sísifo soube enganar a Morte, mas arrumou novas encrencas. Desta vez com Plutão, o deus das almas e do inconsciente, e com Marte, o deus da guerra, que precisava dos préstimos da Morte para consumar as batalhas.

Tão logo teve conhecimento do acontecido, Plutão libertou a Morte e ordenou que trouxesse Sísifo para os infernos. Quando Sísifo se despediu da sua mulher, teve o cuidado de pedir secretamente que ela não enterrasse o seu corpo.

Já nos infernos, Sísifo reclamou a Plutão da falta de respeito de sua mulher em não enterrar seu corpo. Então, suplicou por um dia de prazo para se vingar da mulher ingrata e cumprir os rituais fúnebres. Platão concedeu-lhe o pedido. Sísifo retomou então seu corpo e fugiu com a esposa. Havia enganado a Morte pela segunda vez.

Viveu muitos anos escondido, até que finalmente morreu. Quando Plutão o viu, reservou-lhe um castigo especial. Ele foi condenado a empurrar uma enorme pedra até o alto de uma montanha. Antes de chegar ao topo, porém, a pedra rolava montanha abaixo, obrigando Sísifo a retomar sua tarefa até o fim dos tempos.

Com esse texto eu me percebi, vi que minha vida era um eterno recomeçar, em que eu me esforçava muito e, quando estava prestes a ter a conquista, algo acontecia e ia tudo por terra. Percebi que eu me preocupava mais com o esforço do que com a conquista. Que sistematicamente não terminava o que havia começado. Que minhas atitudes e ações eram intempestivas e sem planejamento, e que isso costumava me prejudicar. Percebi, sobretudo, que eu culpava os *outros* por todos os meus insucessos e desgostos.

Ficou claro para mim, naquele momento, que o que eu tinha vivido nos últimos onze anos não eram fracassos, e sim os resultados das minhas ações e atitudes. Cada resultado negativo era um alerta de Deus para que eu vivesse e pensasse de forma diferente. Afinal de contas, compreendi com clareza que eu era o meu grande sabotador.

Por um lado, fiquei angustiado por reconhecer que, depois de sair da adolescência, eu vinha me fazendo de vítima e tendo pena de mim mesmo, me vitimando e me boicotando para chamar a atenção e me sentir amado. Em contrapartida, fiquei muito fortalecido e esperançoso – afinal, ficou muito claro também que eu era o capitão do meu destino, que eu havia conduzido a minha vida àquela situação e que, como o condutor, eu poderia ir a qualquer lugar.

Li o pequeno livro mais quatro vezes em três dias, senti cada frase, chorei cada palavra. Um novo Paulo era gerado.

Busquei ajuda para mudar a única coisa que precisava ser mudada: eu mesmo. No primeiro momento, eu me via desesperado, pois sabia que precisava mudar urgentemente, mas não sabia como. Contudo, não parei de buscar, não parei de pedir ajuda, não parei de querer.

Como por mágica, as coisas aconteceram: as pessoas, os livros, os treinamentos. Nessa época, aprendi a usar minha mente, estabelecer metas e a criar uma visão extraordinária de futuro, visão essa que começou a acontecer de imediato. Nascia um novo Paulo.

Eu estava renascendo aos 30 anos para uma vida extraordinária: com um trabalho maravilhoso e de grande rentabilidade, patrimônio financeiro, esposa maravilhosa, filhos encantadores, amigos, família presente e unida e muita saúde. Eu me venci! Aos 30 anos, iniciei a minha caminhada para a vitória. Continuo nesse caminho e seguirei nele por toda a minha vida.

Mais uma vez, faço este convite: venha receber ferramentas capazes de mudar a sua vida. Venha fazer parte desta caminhada!

POR QUE LER ESTE LIVRO SOBRE INTELIGÊNCIA EMOCIONAL?

No contexto profissional, tem-se percebido um ganho extraordinário na capacidade de liderança e empregabilidade nas pessoas com um alto nível de inteligência emocional (IE). Afinal, liderar é possuir as aptidões emocionais necessárias à arte de persuadir e motivar as pessoas e a si mesmo a contribuírem para um objetivo comum, construindo redes de trabalho, de confiança, de realizações e de talentos que, no conjunto, constituem a sabedoria e o poder humano.

Embasado no trabalho do pesquisador da Universidade de Harvard e autor de vários livros sobre inteligência emocional, Daniel Goleman, utilizando muitas ferramentas de coaching, psicologia positiva e neurociência, este livro traz um programa completo que introduz, de forma inovadora, prática e profunda, o Método Coaching Integral Sistêmico® para reestruturar as competências emocionais como forma de potencialização pessoal e profissional. Até porque não é possível separar o profissional do ser humano. Quando o lado pessoal tem ganhos e crescimentos, o profissional certamente também terá.

Como tem sido apresentado no seminário Método CIS®, o livro também deixa claro que as emoções nunca foram bem-vistas na nossa forma de ser e de estar. A maioria de nós foi condicionada a deixar as emoções "em casa", acreditando que, para ser feliz, eficaz e bem-sucedido profissional e pessoalmente, seria necessário fundamentar a nossa estratégia na racionalidade e na "lógica". Era tido como certo tomar decisões de "cabeça fria", usando o raciocínio lógico e a "inteligência racional". Entretanto, as emoções são essenciais e inseparáveis daquilo que somos e do modo como nos relacionamos com os outros e com o mundo, não podendo, portanto, ser ignoradas ou deixadas de lado.

A inteligência racional, fixada em padrões de qualificação cognitiva, provou não preparar para o mundo de mudanças que agitam a vida. De forma nenhuma ela garante prosperidade, felicidade e realizações profissionais e pessoais.

Como afirma Roberto Camanho, professor de análise de decisões e estratégia empresarial da ESPM: "*A racionalidade é limitada porque nosso cérebro é uma máquina de sobrevivência. A ordem é sentir primeiro e pensar depois. Dessa forma, os gestores são incapazes de tomar decisões totalmente racionais. O viés emocional sempre estará presente*".[2]

Dessa forma, o Método CIS® trafega no mais profundo dos comportamentos, pensamentos, sentimentos e crenças do indivíduo para restaurar as competências emocionais pessoais e sociais, bem como para dar novos significados a si e ao meio que o cerca.

A QUEM SE DESTINAM ESTE LIVRO E O SEMINÁRIO MÉTODO CIS®?

Ambos se destinam a quem busca uma vida mais equilibrada, próspera e feliz em todas as áreas. Se você é essa pessoa e se essa é a sua busca, atreva-se e descubra um mundo de possibilidades e conquistas! Descubra e desperte todo o poder e a alta performance que existem dentro de você.

POR QUE LER ESTE LIVRO NO CONTEXTO DA TRANSFORMAÇÃO PESSOAL?

A frase "Querer é poder!" é uma mentira sedutora que tem sido dita e repetida ao longo das gerações. Se querer fosse poder, certamente você teria uma casa melhor, um corpo mais bonito e saudável, teria conhecido os lugares dos seus sonhos e seu marido se pareceria com algum galã de novela. Acima

---

2 Planejamento estratégico. *Revista da ESPM*, São Paulo, n. 105, p. 32-35, set./out. 2016.

de tudo, você não teria problemas e dificuldades. Percebemos, então, que querer não é poder. Querer de fato é importante, mas é só o começo, o pontapé inicial de um grande jogo.

Este livro ajudará você a usar a poderosa dinâmica do querer e transformá-la em resultados práticos e palpáveis, levando-o de forma rápida na direção de sonhos e objetivos ousados. Veja bem, falo de sonhos mais ousados, aqueles que nunca passaram do campo dos desejos, pois você não tinha ideia de como realizá-los, não tinha as ferramentas para fazer acontecer. Nada é mais frustrante do que ter um sonho, querer realizá-lo, tentar e tentar, mas não conseguir. Restam, então, o desânimo e a decepção – e, muitas vezes, a aceitação da mediocridade como condição humana.

Além de ajudá-lo a conquistar objetivos, este livro vai fornecer recursos para solucionar problemas que pareciam sem saída, fazendo com que você destrua seus maiores e mais secretos inimigos internos. Quantas vezes você teve um sério problema, fez tudo que estava supostamente ao alcance, lutou, chorou, esbravejou, brigou até com Deus e, ao final, o problema continuou em suas mãos e você decidiu "ir assim mesmo", decidiu "levar a vida como Deus quer"?

Em situações como essas, os sonhos desaparecem e, no lugar deles, instalam-se as mágoas, os ressentimentos e o pessimismo contagiante que direcionam a vida para o caminho contrário ao da REALIZAÇÃO PESSOAL.

Tenho milhares de alunos e centenas de clientes de Coaching Integral Sistêmico® como testemunhas vivas de que: (1) é possível mudar e desenvolver-se em um tempo mínimo; (2) é possível superar limitações emocionais de forma rápida; e (3) é possível conquistar sonhos que antes pareciam impossíveis. E melhor: o Método CIS® prova que podemos ter os três ganhos acima citados ao mesmo tempo. Isso não é um mero estado motivacional que se esvai como uma nuvem no céu azul, mas uma mudança permanente e profunda.

AVALIANDO A SUA INTELIGÊNCIA EMOCIONAL

"Amarás ao teu próximo como a ti mesmo"

(Segundo mandamento de Deus)

Antes de iniciar a leitura deste livro, é importante que você se autoavalie em cada um dos fundamentos descritos por Goleman em *O poder da inteligência emocional*, as **competências pessoais** e as **competências sociais**, e perceba onde estão suas maiores demandas e falhas, como também quais são suas maiores virtudes. Assim, ao longo do livro, você poderá dar maior ênfase aos pontos fracos e tirar maior proveito dos pontos fortes.

Na avaliação a seguir, existem dois campos em branco: no primeiro, coloque sua pontuação de 0 a 10. O segundo campo em branco deve ser preenchido depois de você ter lido o livro inteiro e ter feito todos os exercícios propostos. Você deve se reavaliar em cada um desses fundamentos. Observe quais e quão grandes foram suas conquistas no campo da inteligência emocional e, consequentemente, o aumento de desempenho, performance e realizações, tanto na área profissional quanto na pessoal.

As técnicas deste livro são poderosos alicerces que escorarão resultados práticos e mensuráveis em sua vida.

COMPETÊNCIAS PESSOAIS: capacidades que determinam como lidamos com nós mesmos.

- ( ) ( ) **Autoconsciência emocional:** identificar suas próprias emoções e reconhecer seu impacto nas ações e decisões.
- ( ) ( ) **Autoavaliação precisa:** conhecer seus próprios limites e possibilidades, sem se supervalorizar nem se subestimar.
- ( ) ( ) **Autoconfiança:** ter um sólido senso de nosso próprio valor, capacidades e potencial.
- ( ) ( ) **Autocontrole emocional:** manter emoções e impulsos destrutivos sob controle, mesmo em momentos de estresse.
- ( ) ( ) **Superação:** possuir um ímpeto para melhorar o desempenho a fim de satisfazer padrões interiores de excelência.
- ( ) ( ) **Iniciativa:** estar sempre pronto para agir e aproveitar oportunidades.

- ( ) ( ) **Transparência:** ser honesto e íntegro, digno de confiança.
- ( ) ( ) **Adaptabilidade:** ter flexibilidade na adaptação a pessoas com estilo diferente, a situações voláteis ou na maneira de pensar e se comportar em situações antagônicas.
- ( ) ( ) **Otimismo:** ver o lado bom dos acontecimentos em qualquer situação.

Nota total da 1ª autoavaliação (hoje): _____
Nota total da 2ª autoavaliação (depois de ler o livro): _____

COMPETÊNCIAS SOCIAIS: capacidades que determinam como gerenciamos nossos relacionamentos com os outros e com o mundo.
- ( ) ( ) **Empatia:** perceber as emoções alheias, compreender seus pontos de vista e interessar-se ativamente por suas preocupações.
- ( ) ( ) **Consciência organizacional:** identificar e compreender as tendências, redes de decisão e a política em nível organizacional.
- ( ) ( ) **Serviço:** reconhecer e satisfazer as necessidades dos subordinados e clientes, servindo-os e ajudando-os a melhorar seu desempenho e a alcançar seus objetivos.
- ( ) ( ) **Liderança inspiradora:** orientar e motivar, com uma visão instigante, conduzindo pessoas a objetivos de ganhos mútuos.
- ( ) ( ) **Influência:** dispor da capacidade de persuadir e influenciar pessoas.
- ( ) ( ) **Desenvolvimento dos demais:** cultivar as capacidades alheias por meio de *feedback* e orientação.
- ( ) ( ) **Catalisação de mudanças:** iniciar e gerenciar mudanças e liderar pessoas em uma nova direção.
- ( ) ( ) **Gerenciamento de conflitos:** solucionar divergências entre pessoas, levando-as à integração e à aceitação mútua.
- ( ) ( ) **Trabalho em equipe:** conquistar a colaboração e o trabalho em equipes, com alto desempenho.

Nota total da 1ª autoavaliação (hoje): _____
Nota total da 2ª autoavaliação (após ler o livro): _____

1

IDENTIFIQUE SEU ESTADO ATUAL

Todo processo de mudança precisa de três ingredientes. O primeiro é identificar, com total clareza e verdade, o estado atual, ou seja, onde e como a pessoa se encontra. A segunda etapa é descobrir aonde ela realmente quer chegar – afinal, para quem não sabe aonde quer chegar, o caminho não é importante. E a terceira etapa é a elaboração consistente, precisa e flexível de um plano de ação.

Um piloto de avião, para elaborar o plano de voo, precisa, de início, ligar o GPS e plotar no computador de bordo a latitude e a longitude da aeronave, para depois colocar as coordenadas de destino. Em seguida, com parâmetros preestabelecidos, o computador dará a rota de voo precisa, segura e rápida. Peço que você seja o piloto da sua vida, o comandante do seu destino, e comece agora esta trajetória: de onde você se encontra até o mais extraordinário destino.

Vamos localizar e entender onde você está agora. Tenho feito as perguntas a seguir a milhares de pessoas durante palestras, seminários e no curso Método CIS®. Agora faço-as a você: como está a sua vida? Como estão seus sonhos e objetivos? Você tem sido próspero ou limitado? Tem sido realizado ou frustrado? Feliz ou infeliz? Como estão seus relacionamentos? Você se sente amado pela sua família? Sua vida financeira é estável e frutífera? Seus resultados profissionais apontam na direção da prosperidade? Como será seu futuro se continuar a viver como tem vivido?

Responda escrevendo à mão, com toda a sinceridade a cada uma dessas perguntas. Reflita profundamente sobre a sua existência, sobre suas facilidades e dificuldades. Reflita sobre quem você tem sido e como tem vivido.

Um grande engano da maioria das pessoas é achar que são aquilo que estão sendo neste momento e que, como uma estátua de mármore, continuarão a ser da mesma maneira para sempre, sem a possibilidade de mudanças e de transformações. Brinco dizendo que elas foram acometidas da "Síndrome de Gabriela": *"Eu nasci assim, eu cresci assim, vou ser sempre assim, Gabriela..."*, como diz a composição de Dorival Caymmi. Seria uma terrível maldição estarmos condenados a não poder mudar e a ser para sempre os mesmos.

É muito importante entendermos que nossa essência foi criada por Deus e é imutável, até porque é perfeita. Contudo, a criação que tivemos, a educação que recebemos, os ambientes que frequentamos, a quantidade e a qualidade do amor que nos foi dado nos tornaram pessoas distantes dos nossos sonhos e potenciais, a ponto de nos perguntarmos quem somos e qual é o sentido da vida.

Porém, nós podemos ser e viver de maneira diferente do que temos sido e vivido até hoje. Podemos ser mais motivados, mais alegres, mais amorosos, mais competitivos, mais vitoriosos, mais entusiasmados, mais felizes – enfim, podemos ser tudo, ou quase tudo, que quisermos ser. Isso é ser humano, ou seja, exercer de forma digna o livre-arbítrio que Deus nos deu.

Acredite: você pode optar por uma vida muito melhor, mais farta de amor, conquistas e realizações. Assim, peço que responda, em uma folha de papel ou um caderno, com muito empenho, sinceridade e humildade, aos três grupos de perguntas que farei a seguir. Use no mínimo vinte linhas para cada resposta. Não se limite ao espaço reservado: quanto mais você escrever, melhor compreensão terá do contexto atual e, consequentemente, do caminho futuro a ser desenhado e seguido.

1. **SER: quem é você?** Defina-se como ser humano. Retrate suas crenças mais arraigadas, elenque seus sentimentos em relação às coisas que mais o alegram e mais o entristecem. Traga à tona

pensamentos reincidentes positivos e negativos que mais gravitam em sua mente e também quais são seus comportamentos mais louváveis e mais deploráveis.

_____

_____

_____

_____

_____

_____

_____

_____

_____

_____

_____

2. **FAZER: o que você tem feito?** Onde tem trabalhado? Qual a qualidade do seu trabalho e dos resultados que tem gerado? Quais são os seus programas sociais e de lazer? Qual a qualidade dos locais que frequenta? Quais os impactos de suas ações em sua família, seus parentes e na sociedade? Suas ações são positivamente relevantes? Se você morresse hoje, que falta você faria ao mundo e a quem o rodeia?

_____

_____

_____

_____

_____

_____

_____

_____

_____

_____

3. **TER:** o que você tem no contexto material? Onde mora? Que carro possui? Qual a qualidade do que você veste? Conta com reservas financeiras? Quais são os seus bens?

_____

_____

_____

_____

_____

_____

_____

_____

_____

_____

MAAS – MAPA DE AUTOAVALIAÇÃO SISTÊMICO®

O Mapa de Autoavaliação Sistêmico® (MAAS®) é uma ferramenta que criei no meu primeiro livro e aprimoro ao longo do tempo. Ele mede a qualidade e a plenitude de vida com base nos valores individuais. Quantifica e mensura o sucesso e a felicidade nos principais aspectos da existência humana, sendo muito utilizado no Coaching Integral Sistêmico®.

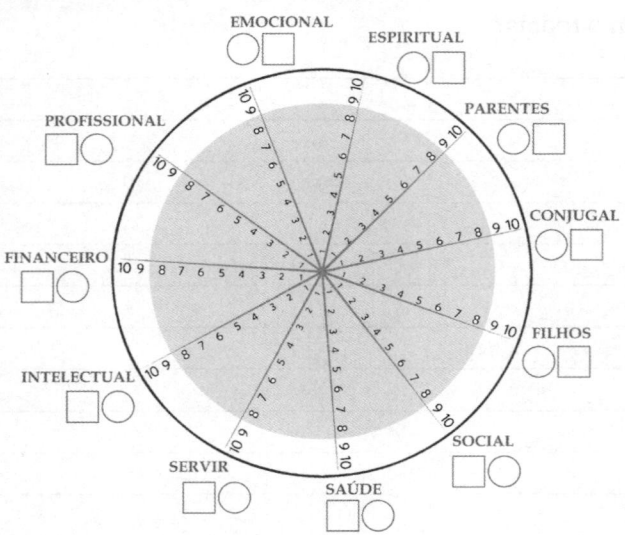

Muitas pessoas têm um trabalho com ótima remuneração e se julgam felizes, mas deixam de contemplar o casamento, a relação com os filhos e familiares ou a saúde. Dessa maneira, o tempo passa e tal pessoa descobre que todo o dinheiro ganho e o sucesso profissional não foram capazes de lhe fazer verdadeiramente feliz, e percebe que existe uma distância muito grande entre ela e seus sonhos.

Com esse método de autoavaliação do Coaching Integral Sistêmico®, enxergamos nossa vida em todas as suas vertentes e podemos dar foco ao que é prioritário, dedicando-nos às áreas da vida que mais necessitam, e isso tudo baseado em nossos valores pessoais, no que de fato é importante. Assim, podemos criar metas e concentrar esforços para obter uma vida equilibrada e ecológica em um espaço de tempo extremamente curto.

O MAAS se subdivide em onze pilares que se destacam como os principais fundamentos da vida humana. Apresento a seguir os critérios e parâmetros para que você possa definir e autoavaliar sua vida em cada um dos pilares.

PILAR 1: ESPIRITUAL

Este pilar refere-se ao seu relacionamento com Deus, à fé que você possui, ao conhecimento sobre a Palavra, à capacidade de descansar suas inquietações e temores nEle.

Algumas pessoas confundem este pilar com caridade e paz interior; entretanto, ele refere-se objetivamente à sua fé e intimidade com Deus, à quantidade e qualidade de orações, louvores e momentos de intimidade com o Criador, independentemente de sua religião.

Decerto, ter uma religião ajuda e muito a ter uma relação com Deus, mas esse critério não mede a religiosidade com suas regras e rituais religiosos, e sim a relação íntima com o seu Deus.

PILAR 2: PARENTES

Refere-se à qualidade de vida em família, à harmonia que existe entre os membros, à afetividade, ao toque e à validação. Este pilar analisa sua relação com pais e irmãos. É analisado também pela capacidade de perdoar e conviver amorosamente, apesar das diferenças pessoais. Importante ressaltar que a vida amorosa e matrimonial refere-se ao pilar conjugal, e não ao pilar parentes.

PILAR 3: CONJUGAL

Este pilar retrata a harmonia e o amor existentes entre um casal: o nível de diálogo, afetividade, respeito, compreensão, flexibilidade, dedicação, além da quantidade e qualidade do sexo e da capacidade de fazer o outro feliz sem que haja cobrança por isso.

Uma forma mais objetiva de analisar este pilar é a capacidade de tocar o cônjuge, olhar nos olhos, abraçar e dialogar sem que haja cobranças e acusações. Se você não tiver um relacionamento amoroso, avalie como se sente nessa situação.

PILAR 4: FILHOS

Caso você tenha filhos, este pilar refere-se ao relacionamento com eles. Avalia a qualidade e a quantidade de tempo dedicado, de amor comunicado, de toque, de beijo e de atenção em V0.[3] Caso você não tenha filhos, o que deve ser avaliado é como você se sente subjetivamente por não os ter.

PILAR 5: SOCIAL/LAZER

Este pilar reflete a qualidade e a quantidade das amizades e interações sociais, avalia a profundidade, intimidade, confiança e maturidade dos relacionamentos. Neste quesito também entra a presença de um *hobby*, ou seja, atividade praticada em momentos de lazer, com o objetivo de descontrair e descarregar as tensões do dia a dia.

Muitas vezes, pessoas sem equilíbrio de vida dedicam muito esforço e tempo a essa área como uma estratégia para não olhar para sua vida como um todo ou para fugir de si mesmo e de suas dores. Lembre-se de que todo exagero é sinal de uma

---

3 V0 consiste em olhar bem dentro do olho da outra pessoa, respirar junto com ela e se conectar. É um momento no qual as palavras não são necessárias e você está totalmente entregue ao instante, vivendo o aqui e o agora.

debilidade emocional. Quantas pessoas você conhece que precisam sair praticamente todos os dias para a balada, para a festa, para a diversão e a bebedeira, e mesmo com toda essa "diversão" desenfreada não são felizes?

PILAR 6: SAÚDE

Refere-se ao estado de saúde, vitalidade e disposição física do indivíduo. Neste quesito, avalia-se também preparo físico, energia, flexibilidade e ausência de dores, nível de obesidade e de limitações físicas. A forma e a aparência física do corpo finalizam a análise deste pilar. A atividade física e a qualidade da dieta são também bons indicadores para mensuração.

PILAR 7: SERVIR

Este pilar refere-se à sua capacidade de enxergar a necessidade dos outros. Avalia quanto realmente você tem se dedicado à caridade e à ajuda ao próximo em suas necessidades, tanto de sobrevivência quanto espirituais e psicológicas.

PILAR 8: INTELECTUAL

Este pilar avalia a sua dedicação em adquirir conhecimento através de leituras, cursos, seminários etc. e a sua capacidade de colocar tudo isso em prática.

PILAR 9: FINANCEIRO

Retrata a sua relação com o dinheiro neste momento – não apenas quanto ganha, mas também como gasta e quanto poupa ou investe. De forma geral, este pilar pode ser orientado pelo balancete pessoal, ou seja, o resultado da subtração entre todo o patrimônio líquido e os ativos menos todas as dívidas e passivos. Se a diferença é positiva, o pilar financeiro está em boas condições e a nota tende a ser positiva.

Este pilar também é analisado pelo fluxo de caixa, ou seja, a diferença de recebimentos e ganhos efetivos mensais menos despesas e contas a pagar do período. Se o dinheiro que sobra dessa equação é suficiente para doar, poupar e investir, a nota tende a ser alta. Mas se os gastos mensais consomem tudo que você ganha, a nota será mais baixa.

PILAR 10: PROFISSIONAL

Este pilar relaciona-se com a carreira profissional, o crescimento e nível de desempenho do ponto de vista da empresa, dos fornecedores e dos clientes. Deve ser avaliado também pelos resultados gerados por você, desde que possam ser mensurados. Quanto melhor sua avaliação e quanto maior forem os resultados gerados, maior a sua nota.

PILAR 11: EMOCIONAL

Este pilar é avaliado pelo equilíbrio de todos os outros pilares e também pela alegria de viver a própria vida. O pilar emocional pode ser definido muitas vezes pela maneira como você acorda pela manhã e pelo entusiasmo e alegria que você tem ao se deparar com a vida e os desafios diários. Este pilar é avaliado também pelo nível de ansiedade, angústia e depressão. Sua falta de controle emocional também é refletida por atitudes extremadas, destrutivas e não ecológicas. No Coaching Integral Sistêmico®, entendemos como ecológico aquilo que faz bem a você e a quem você ama. Uma ação não ecológica é, por exemplo, decidir trabalhar mais horas, mesmo sabendo que isso pode prejudicar sua saúde. Explicarei esse tema de forma mais detalhada no capítulo 6.

COMO PREENCHER O MAPA DE AUTOAVALIAÇÃO SISTÊMICO®

O **primeiro passo** para montar o seu MAAS® é anotar no espaço quadrado quanto, de 0 a 10, cada pilar é importante para você. Em um mundo ideal, onde tudo é possível, qual seria a nota desse pilar em sua vida? Quanto você gostaria que esse pilar tivesse? Essa nota refletirá quanto você acha esse pilar importante para você e para sua vida.

Por exemplo, independentemente de como está sua vida social e seu lazer hoje, você colocará no espaço quadrado a nota de 0 a 10 para quanto você gostaria de ter nesse pilar. Faça isso em todos os onze pilares.

O **segundo passo** é pontuar cada pilar em um processo de autoavaliação da sua vida hoje. Siga os parâmetros de cada um dos pilares descritos anteriormente. Marque a sua nota de autoavaliação na régua referente a cada pilar de sua vida, indo de 0 a 10. A nota será 0 se sua autoavaliação do pilar for completamente precária e 10 se ele estiver perfeito e não houver mais nada a melhorar.

Cada pilar será pontuado de acordo com a avaliação sobre você mesmo neste exato momento, como um retrato instantâneo de cada área da vida. Comece pelo "espiritual" e conclua no "emocional".

O **terceiro passo** é unir os pontos com linhas retas até formar uma figura geométrica de onze lados, que chamaremos de roda da vida. Após montar sua "roda da vida", você deve se perguntar se sua vida "roda" da maneira como está. Assim, você estará pronto para entrar no quarto passo e analisar o seu grau de felicidade e realização. Para isso, subtraia a nota de quão importante é cada pilar (no quadrado) pela nota dada ao seu momento (marcada em cima da régua de cada pilar).

A diferença entre quanto cada pilar é importante e a nota que você deu para cada um deles caracteriza a qualidade de sua vida hoje em cada uma das áreas. Segundo este método, a plenitude pode ser mensurada pela distância em que vivemos do que é importante e valoroso em cada pilar.

Por exemplo: um cliente de coaching refletiu e disse que gostaria de ter no pilar social uma nota 8, e a nota que ele se dá na autoavaliação é 7. Assim, se subtrairmos o valor 8 dentro do quadrado pela nota que o cliente se deu nesse pilar, nota 7, o resultado é 1, que reflete a distância em que ele está de sua felicidade e plenitude nessa área. A nota 1 deve ser escrita dentro do círculo.

Percebemos que, nesse exemplo, a pessoa avaliada está muito perto de sua plenitude de vida e, com um pequeno esforço nessa área, atingirá a vida dos sonhos no aspecto social. Quanto mais próximas as notas de autoavaliação dos pilares estiverem dos valores ideais, mais plena será a sua vida. Certamente, quanto mais importantes e valorosos forem os pilares para você e quanto maiores forem as notas de autoavaliação para cada um deles, mais feliz será a sua vida.

Talvez você se depare com a situação retratada no quadro a seguir, em que a nota de importância do pilar profissional é 9 e a nota de autoavaliação da qualidade de vida nesse mesmo pilar é 10. Isso pode sugerir que você está dedicando mais energia do que de fato necessita no pilar profissional, e talvez esteja negligenciando outras áreas da vida, como a conjugal ou a espiritual.

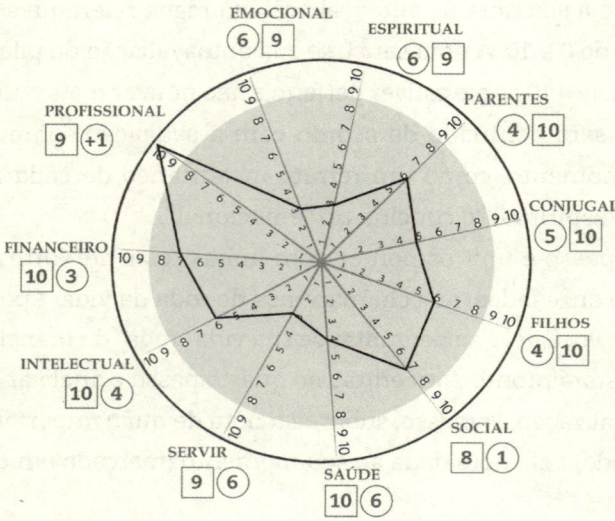

Ao analisar o Mapa de Autoavaliação Sistêmico® (MAAS®) acima, percebemos que essa pessoa provavelmente dedica bastante tempo e esforço à vida profissional e financeira, como também ao lado social e ao lazer. Entretanto, o pilar parentes, conjugal e saúde precisam de mais atenção, esforço e foco.

É importante notar que esses três pilares debilitados influenciam diretamente o pilar emocional. Como nós somos um grande sistema, em questão de tempo esses três pilares puxarão os outros para baixo.

A leitura geral dessa autoavaliação sugere que essa pessoa tem optado por uma vida estética, superficial, visual e de prazeres momentâneos, na qual o lado material é o mais importante. Provavelmente em médio e longo prazo a tendência é a infelicidade, a frustração e a solidão.

MONTANDO O SEU MAAS

Na figura a seguir preencha o Mapa de Autoavaliação Sistêmico®, de acordo com a sua realidade e autopercepção. Uma vez que a ferramenta esteja pronta, o próximo passo é repensar sua vida e suas prioridades. Lembre-se de ser sincero, pois você não precisa provar nada a ninguém e o seu único objetivo é a mudança pessoal. Afinal de contas, não existem mudanças sem a consciência real da necessidade.

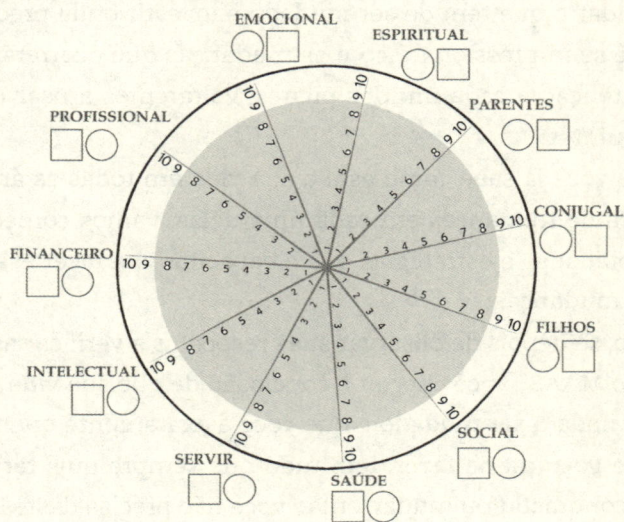

1ª ETAPA: COMPREENDENDO E UTILIZANDO O MAAS

Após preencher a ferramenta de autoavaliação, coloque em ordem de priori-dade os pilares a serem trabalhados:

1º pilar: _____

2º pilar: _____

3º pilar: _____

4º pilar: _____

5º pilar: _____

É comum vermos pessoas dedicando todo entusiasmo e atenção à vida profissional quando o casamento está ruim. Ou ainda superdedicadas ao cor-po, à saúde e às atividades físicas enquanto os filhos clamam por atenção, afeto e tempo de qualidade. Nós somos seres sistêmicos e, como você verá ao usar essa ferramenta, o equilíbrio é indispensável.

A inteligência emocional é diretamente proporcional à qualidade de vida e ao equilíbrio entre todos os pilares. É importante que, durante o primeiro mês desse processo, você preencha o MAAS® a cada quinze dias, depois, a cada mês e, após seis meses, a cada trimestre.[4] Esse hábito fará você ter atenção e foco para mudar o que tem de ser mudado e investir onde precisa de investimento. Você se impressionará com as mudanças que ocorrerão apenas por focar e dar atenção a cada um dos pilares. Voltaremos a usar o MAAS® nos capítulos seguintes.

Agora que você já sabe como está a sua vida em todas as áreas e quanto quer e precisa de mudanças em cada uma delas, vamos começar a acessar recursos, habilidades e estratégias que o capacitarão a fazer essa jornada de conquistas e mudanças.

Entretanto, se depois de observar suas respostas e verificar as pontuações dos pilares do MAAS® você chegou à conclusão de que sua vida está perfeita, que não tem nada a ser mudado e que você **é** exatamente quem gostaria de **ser**, **faz** o que gostaria de **fazer**, **tem** tudo que sempre quis **ter** e não existe nada mais a conquistar ou mudar, então você não precisa deste livro. Aconselho que o dê de presente a alguém que de fato precise de ajuda.

Para quem necessita de mudanças, a minha proposta é que você **seja** diferente, **faça** coisas que antes não fazia, faça-as de modo prazeroso e então **tenha** o que sempre quis ter. É nessa jornada, é neste mundo mágico que você está entrando agora: um mundo de possibilidades chamado livre-arbítrio, um mundo de caminhos e escolhas – uma maneira simples e eficaz de construir uma vida extraordinária.

---

4 Faça o download do aplicativo da Febracis no seu celular. Nele você poderá refazer o MAAS sempre que quiser, além de manter um histórico das avaliações, tudo isso de forma gratuita.

2

AUTORRESPONSABILIDADE

Este é um conceito formulado por mim em 2003 e amplamente discutido no livro *O poder da ação* e em outras das minhas obras. A autorresponsabilidade é a chave para grandes mudanças, um pressuposto do Coaching Integral Sistêmico® e não poderia deixar de abordá-la mais uma vez neste livro, já que, sem ela, é impossível despertar o poder e a alta performance que existem em você. Mesmo que já tenha lido este conteúdo em outra obra, refazer a leitura trará mais ganhos e resultados.

> *"Você é o único responsável pela vida que tem levado. Você está onde se colocou. A sua vida é absolutamente mérito seu, seja pelas suas ações conscientes ou inconscientes, pela qualidade de seus pensamentos, comportamentos e palavras. Por mais doloroso que seja, foi você que levou a sua vida ao ponto em que está hoje. Assim, só você poderá mudar essa circunstância."*
>
> (Paulo Vieira)

A afirmação anterior pode parecer muito dura, entretanto, peço que a entenda não como uma acusação, mas como uma realidade libertadora. É salutar a crença de que você se colocou ou, pelo menos, se permitiu estar onde está. Afinal, por pior que sua vida seja ou esteja, foi você o timoneiro do seu barco, o responsável e o condutor do seu caminho até aqui. Dessa forma, você obteve resultados e não necessariamente fracassos.

Nessa perspectiva, se você está insatisfeito com os resultados obtidos, basta reconhecer o que está errado, reconhecer que suas escolhas e seus caminhos não têm sido satisfatórios e então redirecioná-los de forma autor-responsável, objetiva e consciente. Os acontecimentos de sua vida não são coincidências ou fatalidades do destino. Saiba que você não é vítima de ninguém nem das circunstâncias.

Autorresponsabilidade é a capacidade racional e emocional de trazer para si toda a responsabilidade por tudo o que acontece em sua vida, por mais inexplicável que seja.

Quantas vezes você viu alguém em uma situação negativa e perguntou a essa pessoa: "Como estão as coisas?". E ela respondeu: "Estão como Deus quer". Se você estiver alerta, perceberá que sutilmente ela tira de si a responsabilidade pelos resultados negativos, culpando e responsabilizando Deus. Será que Deus anda trabalhando contra as pessoas? É claro que não!

No entanto, como diz a Bíblia, "*de Deus não se zomba; o que tens semeado, isto será o que colherás*" (Gálatas 6:7). Essas pessoas não percebem que **comportamentos, pensamentos e sentimentos** criam suas vidas, e então buscam motivos externos para explicar desventuras e azares. Por isso, responsabilize-se pelas suas atitudes, porque elas trarão consequências. Responsabilize-se pelas suas escolhas, pois elas determinarão seus caminhos, e estes determinarão seu destino. Responsabilize-se pelos seus pensamentos e sentimentos, pois bons sentimentos e bons pensamentos estruturam nossas crenças e realizações.

> *"Autorresponsabilidade é a crença de que você é o único responsável pela vida que tem levado; assim, é o único que pode mudá-la."*
>
> (Paulo Vieira)

EXERCÍCIO I

Reescreva as duas definições de autorresponsabilidade apresentadas em destaque desde o início do capítulo com as suas palavras e coloque-as na primeira pessoa.

Exemplo: Eu sou autorresponsável; logo, sou o único...

Nova definição 1:

_____

_____

_____

_____

Nova definição 2:

_____

_____

_____

_____

Ao agir como o autor de sua história, você poderá se colocar em qualquer lugar, poderá escrever e reescrever caminhos e escolhas. A autorresponsabilidade retrata o fato de que você se colocou onde está, de forma consciente ou inconsciente.

A atitude de autorresponsabilidade o empodera e o capacita a mudar o que deve ser mudado para continuar a avançar na direção de seus objetivos conscientes e de um equilíbrio de vida. Depois de assimilar e passar a viver de acordo com o conceito de autorresponsabilidade, todas as nossas mudanças intencionais e nossas conquistas planejadas se iniciam.

Como tudo na vida, acreditar ou não é uma questão de escolha. Acreditar que você é o único responsável pela vida que tem levado e que constrói as circunstâncias e os acontecimentos de sua vida também é uma questão de escolha. Da mesma forma, também é uma escolha acreditar que as coisas acontecem de forma completamente aleatória e imprevisível, que somos vítimas ou prisioneiros do nosso destino e que apenas reagimos ao mundo e aos acontecimentos.

Prefiro acreditar que criamos nossas experiências, por palavras, comportamentos e/ou pensamentos, e que tudo que comunicamos, pensamos e sentimos gera resultados objetivos e palpáveis na nossa vida. Afinal, é comprovado cientificamente que pessoas de sucesso sabem utilizar sua estrutura mental para colher esses resultados. Quando os resultados são ruins, essas pessoas aprendem com eles e, de maneira responsável, optam por uma estrutura mental correta: passam a falar, pensar e se comportar de forma diferente.

Após uma derrota, grandes conquistadores não culpam as circunstâncias, as pessoas ou o destino, mas assumem a responsabilidade pelos resultados e se perguntam: o que eu devo fazer diferente para que da próxima vez os resultados sejam melhores? Nos treinamentos da Febracis, empresa da qual sou presidente, encontramos muitas pessoas buscando recolocação profissional, e é incrível ver que, entre elas, a maioria tira de si toda a responsabilidade pelo desemprego. As desculpas travestidas de explicações são sempre as mesmas:

- "Houve um corte na empresa e eu tive o azar de fazer parte dele, você sabe como é, eu tinha apenas seis meses de empresa."
- "O meu superior se sentiu ameaçado pelo meu desempenho e me perseguiu."
- "A crise está grande e houve redução do quadro, você sabe..."
- "Prometeram-me uma coisa e quando cheguei lá era tudo diferente, aí fiquei desmotivado... Na verdade, fui demitido, mas já queria mesmo pedir demissão."

Poucos são os que reconhecem seus erros e demonstram maturidade e possibilidade de aprendizado. Essas pessoas se comportam assim:

- "Não trabalhei bem, não dei o meu melhor e fui demitido. Porém, hoje reconheço onde errei, afirmo que não vou mais cometer essa falha, e por isso quero muito essa oportunidade para..."
- "Não tive humildade suficiente para receber ordens do meu superior, e o relacionamento entre nós se deteriorou até que fui desligado. Mas o aprendizado foi grande e estou pronto para recomeçar da maneira correta."
- "Houve um corte por causa da crise e, por não estar batendo minhas metas, eu fui demitido. A partir de agora, estou disposto a fazer tudo diferente, alcançar minhas metas e ser motivo de orgulho para as pessoas que me amam."
- "Quando entrei na empresa, eu buscava um emprego com hora para entrar e sair e em que não precisasse de muito empenho. Porém, quando cheguei lá, era uma loucura, um trabalho intenso, para onde eu olhava existiam metas e resultados. Eu não quis entrar nesse barco, minhas prioridades eram outras e meu ritmo

também não era aquele, então fui demitido e busco agora algo mais próximo de meus objetivos."

O fato é que, enquanto as pessoas não reconhecerem que foram demitidas por suas falhas, em algum momento repetirão os mesmos acontecimentos e, com o tempo, vão se perguntar se fizeram alguma bruxaria contra elas, se é um carma ou se Deus não as ama.

"A incapacidade de viver de forma autorresponsável nos faz reviver as mesmas circunstâncias de dor ao longo da vida."

(Paulo Vieira)

Se você não acredita que tem livre-arbítrio para criar e escrever sua história de vida presente e futura, se não acredita que está criando o seu mundo a cada pensamento e a cada decisão que toma, se ainda acha que seus sucessos e seus fracassos não dependem de você, isso demonstra que você está à deriva no mar das circunstâncias e vive perigosamente à mercê dos outros e do mundo. Para quem acredita que a vida é uma sucessão de acasos, resta a pergunta: quem direciona a sua vida? Quem é o responsável pelos frutos que você colhe? Certamente alguém está no controle. E, se é Deus que está no controle de sua vida, lembre-se de que, desde o Éden, Ele deu o livre-arbítrio ao ser humano.

Você é do tipo de pessoa para quem as circunstâncias e os fatos apenas ocorrem e você vai vivendo, não como o protagonista, mas como um coadjuvante, uma marionete que depois, sem pedir licença, é convidada a rir ou a chorar?

Há uma música cuja letra diz: *"Vida louca, vida breve/ Se eu não posso te levar, quero que você me leve..."* (Lobão e Bernardo Vilhena). A pergunta é: levar para onde? Para qualquer lugar ou para a felicidade?

"Ser autorresponsável é ter a certeza absoluta, a crença de que você é o único responsável pela vida que tem levado. Consequentemente, é o único que pode mudá-la e direcioná-la."

(Paulo Vieira)

Pensar dessa maneira é uma das melhores formas de avaliar e desenvolver seu nível de maturidade emocional e aumentará sua capacidade de realização. É a certeza de possuir uma crença que valida todas as outras crenças fortalecedoras que você tem. É a garantia de ser alguém não apenas com ideias, mas alguém realizador, capaz de construir uma vida feliz e plena.

O psicólogo e pesquisador Daniel Goleman, no livro *O poder da inteligência emocional*, afirma que 2% da população humana é composta pelos que de fato produzem mudanças, 13% veem as mudanças acontecerem e, às vezes, até apoiam e auxiliam. Já 85% não percebem o que está acontecendo e seguem o grande rebanho na direção que lhes é impingida. Esses percentuais não se referem a classe social, cultural ou econômica, pois existem pessoas muito ricas, assim como muito pobres, fazendo parte dos 85%. Também há os que vêm da base da pirâmide social fazendo parte desses 2%, e é formidável vê-los mudar o mundo com suas ideias, seu trabalho e sua visão.

A minha pergunta é: onde você coloca a sua vida? Assinale a seguir onde você se encontra.

Eu faço parte dos   2% (   )   13% (   )   85% (   )

Se faz parte dos 2% que produzem mudanças, você é um grande líder, há pessoas que o seguem, suas palavras e ações fazem diferença para muitas vidas. Você é reconhecido e admirado por aqueles que o rodeiam. Se faz parte dos 13% que percebem e até apoiam as mudanças, você tem um líder ou segue uma ideia de valor e a repassa. De alguma maneira, mesmo sem muito empenho, sem se expor, você contribui para um mundo melhor.

As pessoas que fazem parte dos 85% são manipuladas e conduzidas pelo sistema. Vivem o prazer imediato, possuem uma visão de mundo estreita e curta. Seu horizonte de visão futura não passa da farra da sexta e do sábado. Essas pessoas não enxergam as mudanças que ocorrem ao seu redor porque, na verdade, também não se reconhecem, não sabem ao certo quem são e muito menos quão grande é o valor que sua essência divina possui.

EXERCÍCIO II

Escreva nas linhas a seguir uma visão extraordinária da sua vida. Escreva sobre a vida com a qual você sempre sonhou. Sem limites para sonhar, escreva o que gostaria de **ser**, **fazer** e **ter**. Fale sobre seus sonhos mais fantásticos, sem crítica ou julgamento do que é possível ou impossível. Apenas escreva a visão de sua vida extraordinária.

_____

_____

_____

_____

_____

_____

Agora, compare a visão de vida extraordinária que você acabou de escrever com a vida que tem levado e sobre a qual você já escreveu no capítulo anterior.

Esteja certo de que as circunstâncias são criadas por você e, dessa forma, somente você pode mudá-las. Entretanto, antes será necessária uma forte decisão de romper com o passado, como também a persistência e a perseverança para manter a mesma visão e o mesmo comportamento de vitória, independentemente das condições externas.

Foi isso que fez Nelson Mandela, que passou 27 anos na prisão, muitos dos quais na solitária. Enquanto vários colegas de cela se lamentavam, colocavam-se como vítimas do *apartheid* e dos colonizadores brancos, Mandela se colocava como autor. Ele responsabilizava a minoria branca pelo fato de estar preso; entretanto, considerava-se o único responsável pelos seus sentimentos, pensamentos e atitudes na prisão, e também pelo que faria quando saísse de lá.

Enquanto via os amigos de cela e prisão sucumbirem, ele se preparava para ser o primeiro presidente negro da África do Sul. Estudou Administração Pública, aprofundou-se em Direito Internacional e, Direito Penal e em muitas outras matérias importantes para o seu futuro, e tudo isso aconteceu enquanto estava encarcerado.

Quando seus colegas e até os guardas o viam com tanto bom humor e felicidade, alguns diziam: "Mandela, acorda, você está na prisão, e daqui você só sai para o seu funeral". Outros, para entender tanta determinação e felicidade, questionavam: "Como você faz para estar sempre tão bem?". Ao que ele respondia: "Meu corpo eles podem ter prendido, mas a minha mente (pensamentos e sentimentos) sou eu que controlo". E continuava:

"Posso responsabilizá-los pelas suas atitudes, porém eu sou o único responsável pelos meus sentimentos."

(Nelson Mandela)

Que tal você trazer para a sua vida esse poderoso conceito presente na vida das pessoas de grandes realizações?

Quando os acontecimentos não geram os resultados esperados, quando nossa vida não está como gostaríamos, temos duas opções: a primeira é assumir a responsabilidade pelos resultados, aprender com eles e mudar. A outra é achar um culpado e, de uma forma ou de outra, sempre se eximir da autorresponsabilidade, colocar nos outros e/ou nas circunstâncias a responsabilidade pelo que acontece na própria vida.

Tenho treinado, acompanhado e feito coaching com centenas de executivos e gestores. Percebo cada vez mais a diferença entre os prósperos e os limitados; os fazedores de dinheiro e os batedores de ponto. Os limitados em geral pensam muito, refletem, sobretudo no que pode não dar certo e, dessa maneira, tornam-se peritos em justificar suas falhas e explicar por que as coisas não deram certo como eles haviam calculado.

São pessoas de grandes ideias, mas de pouca realização. Esse profissional costuma ajudar os colegas, dar ideias e mostrar onde estão errando e o que precisam fazer para terem êxito. E, por incrível que pareça, costumam estar certos, suas ideias são boas e suas análises são coerentes – no entanto, são apenas ideias. E o mais crítico: essas ideias geralmente só servem para os outros. Para eles, resta a justificativa e a explicação do porquê de suas ações e seus planos, e até de seu imobilismo, não produzirem resultados valorosos.

"Uma grande ideia oriunda de profunda reflexão sem uma ação para colocá-la em prática é o mesmo que frustração."

(Paulo Vieira)

Já as pessoas realizadoras geram boas ideias. Talvez não sejam as melhores ideias, talvez nem sejam delas, mas elas são capazes de pô-las em prática, de fazer acontecer. E, se não obtiverem os resultados esperados, não reclamam, muito menos se justificam. Pessoas de sucesso assumem que estão onde se puseram e, com humildade e sabedoria, buscam aprender com os erros, para que, da próxima vez, possam obter resultados melhores.

Lembre-se de que pessoas de sucesso não desistem dos próprios sonhos: elas aprendem com seus erros e perseveram, persistem focadas em seus objetivos, fazem, comportam-se, agem, pensam e sentem de forma diferente.

Estudos da neurociência mostram que o hemisfério esquerdo é o lado do cérebro responsável pela lógica, memória, sistematização e reflexão. É aí que reside toda a nossa capacidade de elaborar ideias, planejar, criar e compreender. É onde está o tão falado Quociente de Inteligência (QI).

Em contrapartida, o lado direito do cérebro é responsável pelas emoções, sentimentos, pensamentos involuntários, inconsciência, intuição e crenças. É o lado responsável pela nossa capacidade de realização. É onde reside o famoso Quociente Emocional ou Inteligência Emocional (QE ou IE), assunto tão abordado hoje em dia pelo famoso psicólogo Ph.D. formado pela Universidade de Harvard, Daniel Goleman, e muitos outros cientistas e pesquisadores pelo mundo.

Próspero e vitorioso é o ser humano que consegue integrar essas duas áreas do cérebro,[5] ter grandes ideias e conseguir agir para colocá-las em prática. Contudo, se eu tivesse de escolher entre ter grandes ideias e reflexões e ser realizador, eu elegeria o hemisfério direito e a capacidade de realização, mesmo que fosse um realizador de ideias medíocres.

É muito melhor realizar ideias medíocres do que ter grandes e espetaculares ideias e não colocá-las em prática. Tenho visto pessoas prosperarem muito colocando ideias velhas e batidas, ou mesmo abanadonadas pelos criadores, em prática.

Certa vez, ministrei uma palestra sobre excelência pedagógica através do Coaching Integral Sistêmico® para 200 professores de uma organização educacional de nível superior. Uma professora, aparentemente muito capa-

---

5   Essa divisão, porém, não é absoluta, pois os dois hemisférios são interconectados, trabalhando em conjunto, e o papel de cada área varia de acordo com a necessidade. Aqui, usei essa divisão no sentido metafórico, com o objetivo de tornar a explicação mais clara e didática.

citada a nível intelectual, discordou de ser responsável por tudo que vivia e discordou do conceito de autorresponsabilidade.

Ela protestou: "A vida do ser humano é determinada pelo conhecimento e a reflexão que se faz sobre tal conhecimento". Em seguida, começou a falar de Karl Marx e de vários teóricos do socialismo e do capitalismo, falou também sobre Einstein, Newton, Rousseau e outros pensadores. Disse que somos o que sabemos e a reflexão que fazemos sobre esses conhecimentos.

De certo modo, ela estava certa, ou melhor, ela estava 50% certa. De fato, a reflexão é muito importante. No entanto, como já disse, sem a capacidade de executar e realizar meus planos e ideias, só me restará a frustração.

Em um contexto macro, são de vital importância esses pensadores e suas teorias; porém, num contexto pessoal e prático, nenhuma teoria vale absolutamente nada se ficarmos atados e imobilizados por reflexões e pensamentos, sobretudo se essas teorias reforçam que somos meros espectadores e não podemos mudar ou reescrever nossa história. Depois de ela ter se pronunciado com tanta fúria, sentindo-se acusada, apresentei a todos o que Albert Einstein pensava sobre o assunto:

> *"Penso 99 vezes e nada descubro; deixo de pensar, mergulho no silêncio, e a verdade me é revelada (...). Precisamos tomar cuidado para não fazer de nosso intelecto o nosso Deus. Ele tem músculos poderosos, mas não tem nenhuma personalidade (...). Realidade é meramente uma ilusão, embora bastante persistente (...). A imaginação é mais importante do que o conhecimento (...). Uma pessoa só começa a viver quando consegue viver fora de si mesma."*
>
> (Albert Einstein)

Projetei esse slide com os dizeres de Einstein. Ela leu, pensou e ansiosamente pediu que eu continuasse. Depois ela me confidenciou: "Talvez a solução dos meus problemas existenciais esteja por aí...".

Quando a professora discordou, outra tentou puxar aplausos. Importante dizer que essa outra professora chegou ao auditório com uma atitude reativa, não participou de nenhuma dinâmica, sua postura e sua fisiologia corporal demonstravam total rejeição ao local em que trabalhava e ao momento que vivia.

Com certeza a vida das duas professoras não estava sob controle delas. As coisas não estavam como desejavam e provavelmente continuarão assim até que elas se tornem capazes de se responsabilizar por seus destinos, até pararem de achar culpados por seus insucessos e suas frustrações. Para prosperar, precisarão parar de odiar o mundo, como se ele fosse o algoz de suas vidas; precisarão parar de se tratar como vítimas e deverão eliminar a atitude de autocomiseração.

Como criador do Coaching Integral Sistêmico® e palestrante internacional, tenho passado por todo tipo de empresas e conhecido muitos estilos de profissionais. Os autorresponsáveis são otimistas e motivados, independentemente das circunstâncias. Mesmo que não sejam remunerados a contento, dão o seu melhor e continuam produtivos e alegres.

Quando as circunstâncias se tornam adversas e não interessantes, eles optam por não reclamar, não criticar, muito menos culpar a empresa ou os dirigentes por se sentirem como se sentem. Eles buscam em si a solução e, se não a encontram, eles vão em busca de seus objetivos e eticamente pedem licença para fazer o seu caminho e criar de maneira responsável a sua história – e, com certeza, uma história de sucesso.

CASOS DA VIDA REAL

Tive um depoimento que ilustra essa atitude de autorresponsabilidade: seu nome é Carlos e ele hoje é um dos gerentes de loja de um dos maiores varejistas de calçados do Brasil. A história que ele relatou foi a seguinte.

"Eu era gerente de uma das lojas de moda masculina de um grupo local. E tudo ia muito bem, até o dia em que o supervisor das lojas pediu demissão e foi substituído por outra pessoa da empresa. Logo ao entrar, o supervisor novato anunciou que os gerentes amigos do antigo supervisor seriam substituídos. E assim foi: aos poucos ele trocou os amigos do ex-supervisor, até que chegou a minha vez." Depois de muita perseguição, Carlos foi demitido.

As pessoas ao redor ficavam espantadas com sua atitude. Não havia nele raiva, muito menos sentimento de revanche. "Se esta empresa não reconhece todo o meu trabalho e meus resultados, é porque aqui não é o meu lugar e existe um lugar melhor para mim", dizia ele. E não seria buscando culpados e criticando o novo supervisor que ele cresceria. O que para muitos significa um problema, para ele, foi uma oportunidade.

Assim, menos de um mês após a demissão de Carlos, o supervisor de um grande grupo calçadista, ao saber de sua história e de sua postura madura e impecável, o contratou para gerenciar uma de suas lojas. "Isso aconteceu há dez anos e, desde então, trabalho neste grupo e sou muito mais feliz pessoal e profissionalmente. Minha primeira loja aqui tinha 12 vendedores, a atual tem 90. Nunca parei de crescer. Hoje sou valorizado de verdade", concluiu Carlos. Certamente foi sua atitude de autorresponsabilidade que lhe possibilitou essa conquista.

Costumo dizer que "tem poder quem age". Os autorresponsáveis agem, não se imobilizam pensando nas injustiças ou nos fracassos. Eles sabem que, consciente ou inconscientemente, criaram essas situações, seja por comportamento ou pensamento, por ação ou omissão. Por isso, eles se reconhecem como capitães da própria vida, entendem quando a rota escolhida não gerou bons resultados. Eles agem de forma ativa, vivem em primeira pessoa. São eternos aprendizes.

Tenho visto muitos vendedores reclamarem de suas empresas, dos preços não competitivos de seus produtos e serviços, da má qualidade do que vendem, criticando superiores e chefes. Entretanto, vejo outros, dentro das mesmas empresas e equipes, venderem os mesmos produtos, gerando grandes resultados com as mesmas condições, circunstâncias e recursos, porém com uma grande diferença: a atitude e a crença de que eles próprios são os únicos responsáveis pela vida que levam – portanto, são os únicos capazes de mudar seus destinos.

Um gerente me relatou: "Para que eu fosse um grande gerente, minha equipe deveria ser mais proativa e comprometida. Eles preencheriam relatórios e resumos de desempenho sem precisar de cobrança. O marketing da empresa seria mais agressivo e, principalmente, meu diretor seria mais compreensivo e menos exigente". Depois do seminário de inteligência emocional e de algumas sessões de coaching, o discurso mudou e, com ele, todo o seu comportamento e sua atitude.

Ele passou a falar e agir assim: "Sei que tenho sido relapso e omisso. A maior parte de minha equipe é muito boa, mas precisa de mais acompanhamento e cobrança. Uma pequena parte da equipe, porém, não tem atitude nem potencial para estar na empresa e eu deveria ter tido a coragem moral para substituí-la".

"De qualquer maneira, todos precisam da minha experiência e do meu treinamento. E, na verdade, meu diretor já me deu várias chances e ainda não fui capaz de aproveitá-las. Desta vez não vou tentar, muito menos fazer o meu melhor, simplesmente vou agir, vou fazer o que deveria ter feito há muito tempo. Vou assumir a responsabilidade pelos resultados da minha equipe e, se não obtivermos os resultados esperados, saberei que fui o responsável. Estou em um momento em que justificar e explicar os insucessos não me ajudará neste emprego ou em outro. Agora é minha vez! Minha carreira e minha vida só dependem de mim."

Em um mês, esse gerente provou que seu discurso era verdadeiro: com mudanças em suas atitudes e seus comportamentos, toda a equipe mudou de uma forma inimaginável. Ele próprio se surpreendeu, pois não acreditava que suas mudanças tivessem tanto poder, que gerassem mudanças tão fortes e profundas na equipe em relação às vendas, aos procedimentos e ao clima organizacional.

Um vendedor de uma concessionária, em um momento de desabafo, relatou a mim: "Tudo nesta empresa é difícil: o salão de vendas é antiquado e muito apertado, a marca que nós vendemos está em declínio, nossa assistência técnica é a pior do mundo, ela só faz piorar a situação. Como é que se pode vender desse jeito? O problema não sou eu, o problema são os outros, que não me deixam fazer meu trabalho direito".

Ele continuou: "Paulo Vieira, quem precisa de treinamento e consultoria não sou eu nem a equipe de vendas, e sim os diretores. Se eu pudesse mudar a empresa, se eu fosse o gerente ou o dono daqui, aí, sim, tudo seria diferente. Mas, como Deus não dá asa a cobra, sabe como é que é... Então, vivo como Ele quer".

Para mim, estava muito claro: era um caso típico de vendedor sem autorresponsabilidade, sentindo-se injustiçado, vitimado pelo mundo, pelas circunstâncias e pela empresa. Todo o seu fracasso era provocado pelos outros, e ele "infelizmente" não tinha meios de mudar sua "pobre existência".

Depois de tanta lamúria e autocomiseração, já não aguentando mais, perguntei: "Há quanto tempo você está na empresa?" "Há oito anos", ele respondeu. "Quer dizer que você já fez muitos treinamentos e conhece tudo sobre esses automóveis e essa marca?" Ao que ele respondeu: "Duvido que alguém aqui entenda mais dessa marca e de vendas do que eu", afirmou ele de forma categórica.

"Então, por favor, me responda: por que os novatos, jovens com pouquíssima experiência em veículos e em vendas de carros, vendem mais do que você?" Com toda a prontidão, como se esperasse pela pergunta, ele respondeu em um tom agressivo e vitimizado: "Se eles estivessem aqui desde o começo, estariam também como eu, desmotivados e cansados de remar contra a maré".

Escondi minha impaciência por tanta autocomiseração, continuei o processo de coaching: "E por que você continua nesta empresa há tanto tempo, visto que não concorda com as políticas internas, as estratégias e a estrutura física? O que o impede de ir buscar algo melhor, mais compatível com o seu potencial e estilo, uma vez que você é tão bom? Por que você não foi em busca de uma empresa que saiba reconhecer seu valor e sua experiência?".

Sem responder a nenhuma dessas perguntas, ele permaneceu calado por algum tempo, olhou para cima em busca de uma resposta convincente, depois ficou com o olhar perdido no horizonte, quando, enfim, olhou pra baixo. Sua fisiologia corporal[6] se tornou mais humilde, e os olhos se encheram de lágrimas.

Então falou: "Na verdade, tudo está diferente. Antigamente havia muito mais clientes, não tinha tantas marcas competindo conosco, era só Ford, Fiat, Chevrolet e Volkswagen. Agora, é uma loucura: Toyota, Renault, Peugeot, Honda, Mitsubishi, Nissan, são mais de 30, muitas delas com fábricas aqui no Brasil, fora todas as outras que são importadas".

Com ar de nostalgia, ele continuou: "Na época em que o fundador era quem tocava a empresa, não existia tanta cobrança, a gente tinha mais liberdade. A verdade mesmo é que era muito mais fácil vender um carro. Eram os clientes que compravam, ao vendedor bastava estar atento e tirar o pedido. A cada dia que passa está mais difícil, os clientes são cada vez mais exigentes, é necessário um esforço muito maior. E, para piorar, vêm vocês da consultoria com essa história de pré-venda, pós-venda, prospecção, resumos de desempenho, quadros de metas, cobram até adicional de vendas. São muitas mudanças. E eu... não sei se sou capaz...".

Ele refletiu um pouco mais e continuou: "Acho que estou meio acomodado, talvez até viciado no passado. Não sou mais nenhuma criança, não sei se sou

---

6   Quando falamos em fisiologia não estamos nos referindo à área da Biologia que estuda o funcionamento dos seres vivos. No contexto do coaching e da programação neurolinguística (PNL), fisiologia corporal refere-se à postura, à disposição de braços e pernas, expressão facial, ao tom de voz e a tudo que compõe nossa linguagem corporal.

capaz de me adequar a tantas mudanças". Visivelmente emocionado, pela primeira vez ele se permitiu refletir de modo sincero sobre sua vida profissional e seu futuro. Permitiu-se pensar sobre defeitos e falhas, sobre o que fazia e sobre o que deveria fazer.

Diante de suas colocações, falei: "O início de sua virada já começou a acontecer, pois você foi capaz de olhar para dentro de si e usar a autoconsciência, enxergar o que está bom e o que está ruim, o que deve ser mantido e o que pode ser mudado. Parabéns! Sua vida começou a mudar neste instante". E, para dar mais ênfase à sua possibilidade de mudança, apresentei-lhe dois pressupostos utilizados no Coaching Integral Sistêmico®:

Pressuposto 1: Todos temos os recursos de que necessitamos para prosperar e ser felizes.

Pressuposto 2: Se alguém pôde, você também pode.

Seu semblante começou a melhorar, a cabeça se ergueu, os ombros se projetaram para trás e um sorriso surgiu. Então ele perguntou: "Você acha mesmo que posso vir a ser um dos melhores vendedores da empresa?".

"Certamente! Se pessoas sem experiência podem, imagine você, com toda a sua bagagem e vivência. Mas, para que o sucesso ocorra, você deve persistir na postura de autorresponsabilidade, reconhecendo que o que está vivendo é o resultado de como tem pensado, falado, se comportado, trabalhado e encarado a vida. Mude a si mesmo, e todo o mundo mudará. Mude a si mesmo e experimentará uma nova vida. E isso é uma decisão que só cabe a você. Porém, é importante você saber que os frutos das suas mudanças virão no momento apropriado. É fundamental você persistir na autorresponsabilidade e não desistir no meio do caminho."

Dei de presente a esse vendedor o meu livro *Eu, líder eficaz* e, em pouquíssimo tempo, pude apreciar e me deleitar com uma nova pessoa, um novo profissional, um cabedal de mudanças capazes de redirecionar toda a vida dele: familiar, conjugal, social, até sua saúde e aparência física.

Em conversas posteriores, ele me relatou que a ferramenta que ele mais usou foi o conjunto das seis leis para a conquista da autorresponsabilidade.

Responsabilize-se por sua vida, aceite o desafio de usar sabiamente o livre-arbítrio que Deus lhe deu e vá em frente. Sua vida e suas realizações esperam por você. O mundo inteiro muda quando você muda primeiro e persiste nas suas mudanças.

AS SEIS LEIS PARA A CONQUISTA DA AUTORRESPONSABILIDADE

1. *Se for criticar (as pessoas)... cale-se.*
2. *Se for reclamar (das circunstâncias)... dê sugestão.*
3. *Se for buscar culpados... busque a solução.*
4. *Se for se fazer de vítima... faça-se de vencedor.*
5. *Se for justificar seus erros... aprenda com eles.*
6. *Se for julgar alguém... julgue a atitude da pessoa.*

Essas seis práticas, transformadas em hábitos diários, trarão tantas mudanças que as pessoas ao seu lado e você próprio perceberão uma nova pessoa surgindo, e que novas oportunidades e possibilidades batem à sua porta. Elas perceberão que coisas muito boas acontecem sem explicação, e você perceberá que a mágica da autorresponsabilidade chegou. Quando incorporada à forma de viver de alguém, a autorresponsabilidade produz verdadeiras maravilhas.

Vamos entender melhor cada uma das leis da autorresponsabilidade.

LEI I: NÃO CRITICAR AS PESSOAS

No dicionário da língua portuguesa, criticar significa: examinar com critério, notar a perfeição ou os defeitos. Significa também: dizer mal ou censurar algo ou alguém.

Por favor, não me diga que suas críticas são construtivas e que o objetivo real é ajudar o outro. Nunca vi em toda a minha vida alguém criticar o outro pensando realmente em ajudar. Como você se sente quando alguém olha para você e, com um tom de quem sabe mais sobre o assunto, diz: "Olha, vou fazer uma crítica construtiva, mas é para o seu bem!". Bastam estas duas palavras – crítica construtiva – serem pronunciadas que, em geral, o semblante cai, o olhar baixa e a pessoa se prepara para a "bordoada" que está por vir.

Se a intenção fosse de fato positiva, você se calaria ou daria uma ideia, diria algo cujo foco fosse o acerto, e não o erro; algo que colocasse o ouvinte para cima, e não para baixo. Se você é daqueles que adoram criticar e analisar tudo e continua achando a crítica um mal necessário, que tal, em vez de fazer a crítica, dar uma sugestão ou ideia? Você verá que os resultados obtidos serão muito maiores, e as pessoas farão questão de sua companhia e orientação, algo que não acontece com os que gostam de criticar.

Lembre-se: é muito fácil criticar, é muito cômodo falar do cisco nos olhos dos outros, porém isso nos impede de ver a trave nos nossos olhos. Quando paramos de criticar, nosso foco passa a ser a solução, e não o problema. Nosso subconsciente passa a se responsabilizar pelos acontecimentos e, de forma mágica e inconsciente, as decisões e as atitudes se tornam mais acertadas, mais proativas, mais maduras, e então mais produtivas.

LEI II: NÃO RECLAMAR DE SITUAÇÕES

A origem da palavra "reclamar" é muito clara e não dá margem para outra interpretação. Reclamar é exigir para si, reivindicar e, mais comumente significa queixar-se, protestar e lamuriar. Infelizmente, existem pessoas pautando a própria vida à base de reclamações e cobranças desenfreadas, criando para si uma existência pobre e carente.

Na Bíblia, existem muitos relatos do poder das palavras proferidas pelas pessoas, mas mesmo assim muitos cristãos continuam com uma total imprudência verbal, usam palavras de reclamação e lamúria como uma faca que quanto mais se tenta usar, mais fere. Em I Coríntios 10:10, é dito o seguinte: *"Que não se lamentem e lamuriem como fazem alguns, pois estes foram destruídos pelas mãos do anjo destruidor"*.

A única coisa real que se consegue com reclamação e lamentação é provar que o outro é incapaz e imperfeito, deixando claro que quem reclama é supostamente superior e mais capaz. Outra dentre centenas de passagens bíblicas que falam sobre o perigo de se proferir palavras contaminadoras está em Efésios 4:29. Diz assim: *"Não saia de vossa boca nenhuma palavra torpe [suja, contaminadora], e sim unicamente a que for boa para edificação, conforme a necessidade, e assim transmita graça aos que ouvem"*. Veja bem, essa passagem diz para falarmos apenas palavras que edifiquem, conforme a necessidade de quem ouve, e não para satisfazer o ego de quem fala.

A característica mais forte e perigosa da reclamação é a fuga da autorres-ponsabilidade, é se eximir dos acontecimentos. É olhar o que acontece consigo e ao seu redor como se não tivesse nenhum poder ou influência. É tirar o foco das coisas erradas e indesejadas de si e colocar nos outros ou nas circunstân-cias. É eximir-se da ação. É sentar e observar o "circo pegar fogo", em vez de concentrar esforços em apagar o incêndio, independentemente de quem o cau-sou. Ou agimos com nossa atenção e interesse na solução ou reclamamos e colocamos nossa força e nosso poder no problema.

Pessoas vitoriosas não perdem tempo reclamando. Seu precioso tempo é concentrado na solução, focando as possibilidades, e não as impossibilidades e consequências destas. Isso não significa que pessoas equilibradas e autorres-ponsáveis não confrontem os outros com a verdade. Não impede que olhem nos olhos de seu filho e, sem reclamar, digam o que esperam dele e que esse caminho não será de felicidade.

Não reclamar não significa se calar diante de um erro ou mau desempe-nho de um funcionário, fingir que não viu. É fundamental para o sucesso das seis leis que você possa confrontar as pessoas com a verdade, dizer-lhes suas expectativas e o que de fato elas realizaram, falando muito mais de fatos e dados do que de sentimentos e percepções.

Muitas pessoas reclamam para chamar atenção. Já as plenas, realizadas e realizadoras se detêm prioritariamente nos pontos fortes, pois sabem que palavras são sementes adubadas.

Quando nos detemos mais em problemas e erros, são essas sementes que vão florescer; quando nos detemos nas soluções e nas possibilidades, são essas que florescerão – e muitas vezes as possibilidades florescem tanto que os problemas se tornam irrelevantes. Porém, como tudo na vida, a qualidade das palavras que serão proferidas por você é uma opção: se serão palavras de críticas e cobranças ou se serão elogios e validação. Exerça o livre-arbítrio e fale bem, fale com prudência.

LEI III: NÃO BUSCAR CULPADOS

Assim como criticar, buscar culpados é uma maneira fácil e rápida de se des-responsabilizar pelo mundo em que você vive, pelos acontecimentos, pelos fatos e resultados obtidos em sua vida e ao seu redor. É muito fácil olhar para os erros dos outros, entretanto é bem mais difícil perceber os nossos.

Neurologicamente é um grande perigo, pois o hemisfério direito, que é o lado realizador do nosso cérebro, ao receber a mensagem de que o resultado obtido (insatisfatório) foi culpa dos outros, cria o seguinte diálogo interno: "Por que mudar e fazer diferente, se o resultado negativo obtido foi culpa do outro?".

Dessa maneira, a pessoa continua a repetir os mesmos erros, sem, no entanto, aprender com eles – afinal, se são os outros os responsáveis por tudo isso estar assim, por que eu deveria mudar? Os outros que mudem!

- Por que mudar, se os políticos é que são corruptos?
- Por que mudar, se o problema é meu professor, que é ruim?
- Por que mudar, se o problema é minha esposa, que é crítica e reclama de tudo?
- Por que mudar, se o problema é a minha equipe, que é desmotivada e não corre atrás das vendas?
- Por que mudar, se o juiz é que é corrupto e meu time sempre perde?

Enquanto você não abolir as justificativas e as desculpas intelectuais de sua vida, nada vai mudar. Vi muitos vendedores chegarem de uma venda, ou melhor, de uma tentativa de venda, reclamando, criticando e culpando clientes por não conseguirem vender e pelo fato de as vendas estarem baixas – afinal, "eles só querem descontos impossíveis, prazos enormes etc.".

Se são os clientes os culpados, por que esse vendedor deveria mudar? Por que esse vendedor deveria usar novas técnicas, como *rapport*, *link*, fisiologia corporal, inflexão vocal, ativação do estado de recursos? Por que se capacitar mais, fazer novos treinamentos, dedicar-se com afinco se o problema e a culpa por seus fracassos são dos outros?

Não busque culpados. Busque solução e aliados, parceiros de uma aprendizagem eterna.

LEI IV: NÃO SE FAZER DE VÍTIMA

Muitas pessoas têm o terrível hábito de se fazerem de vítima. Criticam, reclamam e se colocam em uma situação de inferioridade e sofrimento.

Por que tantas pessoas se fazem de vítima e praticam a autocomiseração? Existem várias explicações e motivos; um deles é o seguinte: as pessoas, quando crianças, precisam se sentir amadas e importantes. Porém, por inca-pacidade afetiva ou por falta de tempo dos pais, essas crianças não obtiveram esse alimento emocional.

Um dia, uma dessas crianças adoeceu e, quando os pais perceberam que era uma doença um pouco mais grave, voltaram-se totalmente para ela, com carinho, atenção e cuidado que, na compreensão infantil, era o amor que ela tanto almejava. Passaram-se dias, ela ficou sã e, mais uma vez, as coisas vol-taram ao normal: os pais já não tinham mais aquele cuidado com ela, aquela atenção, aquele carinho, e ela já não percebia mais o amor deles.

E, como é normal na primeira infância, mais uma doença surgiu, e nova-mente todas as atenções se voltaram para a criança. Mais uma vez, ela sentiu a plenitude de ser amada e importante. A repetição desse ciclo deixou um aprendizado inconsciente nessa criança: "Quando sofro, fico doente, debilita-da, passo a ser amada, amparada e querida; mas se estou boa e sã, ninguém liga para mim".

Então, muitos de nós crescemos, ficamos adultos e "racionais", porém aquela criança continua lá dentro de nós, em busca de atenção e carinho, querendo se sentir importante e ser amada. E, para conquistar amor e cari-nho, aprendemos na infância: basta sofrer ou mostrar que está sofrendo, e supostamente as pessoas vão nos dar a atenção de que precisamos.

Isso costuma até ser verdade, mas por um curto espaço de tempo. E então o adulto carente e infantilizado sairá em busca de se sabotar e de levar a sua existência ao declínio. Mostrará a quem lhe der ouvidos que sofre, que está em crise, que sua vida é muito difícil, relatará com uma incrível riqueza de detalhes como as coisas estão difíceis em casa, as contas atrasadas, carestia, abandono, casamento fracassado e assim por diante.

Se você, de fato, quer chamar a atenção, ser querido, amado e admirado, viva, aja e fale como um vencedor. Que da sua boca só saiam palavras de vida e construção, palavras que edifiquem. Ninguém consegue a atenção e o cari-nho de outras pessoas por um longo período falando de sofrimentos e angús-tias, a não ser que a outra pessoa também seja acometida do mesmo mal: a vitimização. Aí serão duas pessoas debilitadas emocionalmente que servirão de muleta uma à outra. Um ciclo vicioso, maléfico e autodestrutivo.

LEI V: NÃO JUSTIFICAR SEUS ERROS

O erro é uma etapa fundamental no processo de aprendizagem, parte integrante do processo de desenvolvimento humano. Se o erro não é reconhecido, não há aprendizado e, dessa forma, não ocorre mudança.

Quando leio o livro de Gênesis, da Bíblia, entendo onde todos os problemas da raça humana começaram: Deus, ao ver Adão solitário no jardim do Éden, providenciou uma companheira e, da costela de Adão, veio Eva. E lá os dois viviam muito bem e felizes com toda a autonomia e liberdade. Deus havia alertado que bem no centro do Jardim do Éden existia uma árvore que produzia o fruto do conhecimento do Bem e do Mal, e que eles dois poderiam comer de todas as frutas menos daquela, pois, se fizessem isso, eles teriam esse conhecimento e não mais poderiam viver dentro do Jardim.

Passou o tempo, a astuta serpente abordou Eva e a convidou a experimentar do fruto do conhecimento do Bem e do Mal. A princípio, Eva disse não, mas depois caiu em tentação e comeu do fruto. Eva levou o fruto da árvore proibida para Adão, e ele desobedeceu a Deus e comeu.

Tendo visto tudo, Deus questionou Adão e Eva, pois estavam escondidos e cobertos por folhas. Deus perguntou a Adão se ele havia comido do fruto da árvore proibida, e ele disse que havia comido, mas a culpada havia sido a mulher que o próprio Deus havia posto no Paraíso. Então Deus foi ter com Eva, que também justificou seu erro dizendo que a responsável pela desobediência era serpente que Deus havia posto no Paraíso.

Em resumo, Adão e Eva não só justificaram seus erros como culparam Deus pelas próprias falhas. E o desenrolar dessa história, o não se responsabilizar pelos próprios erros e resultados, estamos vendo até hoje.

Muitas pessoas, já debilitadas emocionalmente e acostumadas a serem criticadas e até humilhadas ao errar, foram programadas de modo inconsciente para negar e fugir de seus erros. Elas evitam olhar para si e, por consequência, evitam se sentir mais uma vez diminuídas e invalidadas.

Para nos livrar desse terrível hábito, é muito importante compreendermos mais este pressuposto da comunicação: *"Não existem erros, apenas resultados"*.

Pessoas de sucesso trazem esse pressuposto arraigado em suas vidas, em suas atitudes. Pessoas realizadas e autorresponsáveis acreditam, de fato, que tudo de ruim que acontece a elas não são erros, muito menos fracassos: são efeitos, são apenas resultados. Dessa maneira, podem aprender com eles e sabem que, para não colher os mesmos resultados, basta fazer diferente na próxima vez.

Há uma frase que diz: "Loucura é continuar fazendo a mesma coisa e esperar resultados diferentes". Todas as pessoas alcançam algum tipo de resultado. Se estou gordo, não preciso entender como frustração ou fracasso; posso entender como o resultado da minha maneira de viver e me alimentar. E, se quero outro resultado, basta mudar, encontrar outra maneira de me ver, viver, me alimentar e me exercitar.

Se as vendas neste mês não foram satisfatórias, isso não precisa ser encarado como uma derrota, pois, se você fizer isso, ficará debilitado, desmotivado, e provavelmente no mês seguinte será ainda pior. Você pode encarar os resultados fracos como um aprendizado sobre a maneira de não agir em relação às suas vendas no mês seguinte.

Se você não prospectou, mude e prospecte novos clientes; se você não usou técnicas de vendas, use-as; se sua fisiologia corporal não foi tão atraente, eleve os ombros, crive um belo sorriso no rosto. Enfim, aprenda com tudo e com todos e, a partir do resultado obtido, na busca de novos e melhores resultados, mude a si mesmo.

LEI VI: NÃO JULGAR AS PESSOAS

Quando alguém nos ofende, a reação normal, da maioria das pessoas, é se magoar e entender a ofensa como algo pessoal e direto. Quando alguém nos fecha no trânsito, o mais comum é xingar, reclamar e até fazer sinais agressivos e obscenos, entendendo a "fechada" como algo proposital e pessoal, algo que o suposto barbeiro fez de propósito contra você.

Essa maneira de levar a vida é muito pesada e nada produtiva. É como dar força e poder a alguém que não deveria ter força nem poder sobre sua vida. É deixar um desconhecido mandar em seus sentimentos e emoções. Quem é autorresponsável não julga os outros, e sim o comportamento deles. Seu diálogo interno é mais ou menos assim: "Que barbeiragem aquela pessoa fez, podia até causar um acidente".

Já uma pessoa com nível baixo de autorresponsabilidade diria, ou melhor, gritaria assim: "Ei, seu irresponsável, quer me matar? Cretino, imbecil! Onde você comprou a carteira?". E dali sairia irritado e zangado, tendo suas próximas horas influenciadas negativamente por quem cometeu a barbeiragem. Se agredir verbalmente funcionasse, não teríamos mais "barbeiros" no trânsito. Em vez de julgar e condenar as pessoas, tente julgar e compreender as atitudes.

Assim, você pode compreender que pessoas que cometem barbeiragem podem ser maravilhosas; pessoas que nos magoam podem se tornar nossos melhores aliados; pessoas que não são tão verdadeiras conosco podem virar nossos protetores. Se cada um de nós, em vez de procurar erros e falhas nos outros, procurássemos em nós mesmos, o mundo seria muito melhor, com menos ofensa e mais verdade.

É como está na Bíblia: "*Com a mesma moeda que julgas, serás julgado*", ou ainda outra passagem, que diz que só Deus pode julgar os vivos e os mortos. A nós só compete julgar comportamentos e ações – e, de preferência, começando por julgar os nossos próprios.

COMO USAR AS SEIS LEIS DA AUTORRESPONSABILIDADE

Como em tudo em nossa vida, o que se fala e como se fala são hábitos, algumas vezes produtivos e engrandecedores, e outras vezes destrutivos e limitantes. Ao usar a autorresponsabilidade, podemos optar pelo que nos faz bem.

Com um pouco de esforço racional e disciplina, você pode começar a mudar hábitos. Para isso, aconselho que imprima as seis leis em um papel e as cole nos lugares que você mais frequenta e onde ficar mais fácil de visualizar, por exemplo: no espelho do banheiro, no retrovisor do carro, na tela do computador, na parede do escritório e em todos os lugares que sejam de fácil acesso e que o mantenham atento às seis leis.

Tenho visto não apenas uma ou duas pessoas, mas centenas mudarem de forma incrível em apenas uma semana, pondo em prática unicamente as seis leis da autorresponsabilidade. Imprima, cole, faça bom uso e comece agora a sua transformação de vida. Lembre-se de que tudo muda depois de você mudar.

Uma pessoa a quem muito admiro, dona de uma madeireira, colocou as seis leis em cartazes espalhados pela empresa, inclusive nos banheiros. O cartaz começa com o título: URGENTE! E logo abaixo estão as seis leis da autorresponsabilidade. Outros clientes transformaram-nas em adesivos. E você, o que fará para disseminá-las?

Caso você ainda não tenha compreendido ou concordado, repito aqui um texto publicado em outro livro meu, que traz uma característica comum de quem não traz em si o conceito e a crença da autorresponsabilidade. Pessoas que optam por criticar, reclamar e se esconder atrás dos outros e estão à margem da própria vida.

OS OUTROS
(Luciano Lira Macedo)

...Veríssimo que me desculpe, mas atribuir tudo de ruim só ao povo é incorreto e incompleto: o povo é aquilo mesmo, talvez até mais, porém não é o único responsável por tudo estar errado. Tem os outros que não prestam. Vamos às eleições de 1989: todos queriam Lula, mas, na hora da verdade, vêm os outros e votam em Collor. A anarquia que reina no Congresso nada tem com o povo, que não vota leis. São os outros que votam. Os outros fumam nos ônibus e elevadores e nem se preocupam com as boas maneiras ou proibições. (Os outros que obedeçam, dizem cinicamente.)

Quem é que não sabe votar? Quem votou nesse político que, além de corrupto, ficou impune? Quem fura as filas? Quem dirige sem cuidado, achando-se dono das ruas só porque tem carro? Quem entra na contramão? Quem buzina logo que abre o sinal verde? (...) Quem acreditou no choro da santa? Os outros, e ninguém mais. Alguém já teve notícias de acidentes que não sejam provocados pelos outros? Nunca! Eu, quando viajo, nem me preocupo comigo, mas com os outros, que são irresponsáveis, ultrapassam nas curvas, guiam com excesso de velocidade. Os outros, sempre os outros. Os outros são a nossa desgraça! Mas quem, afinal, são os outros? Devem ser entes sobrenaturais, pois nunca os outros se identificam. Todos criticamos ou nos escondemos por trás dos outros, todos projetamos nos outros os traços ruins de nossa personalidade, todos esperamos que os outros mudem e cumpram com o dever, mas ninguém diz quem são os outros...

Agora, escreva o nome de quem tem sabotado sua vida, seus sonhos e suas escolhas.

AH, SE EU TIVESSE TIDO OPORTUNIDADE...

Pessoas com baixa autorresponsabilidade culpam a falta de oportunidade como fator imobilizador e responsável pelo que há de medíocre em suas vidas, dizendo: "Se eu tivesse o dinheiro...". "Se eu tivesse a chance..." "Se meu pai tivesse sido..." "Se eu tivesse mais estudo..."

Como o "se" tem sido mal aplicado... Se eu tivesse isso, se eu ganhasse aquilo, se fosse promovido, se os clientes fossem mais fáceis, se meu preço fosse mais competitivo, se eu tivesse mais tempo, se o dia tivesse 30 horas... O fato é: se não justificasse tanto, se não reclamasse tanto, se não esperasse tanto dos outros, tudo seria diferente na vida dessa pessoa.

Durante um seminário para professores universitários, uma professora de educação física, triste e desesperançosa, contestou o conceito de autorresponsabilidade e afirmou que fracassos e insucessos só ocorreram pela falta de oportunidades. "Infelizmente a sorte não me sorriu", disse, cheia de pena de si mesma.

O pior nisso tudo é que não era apenas uma justificativa pelos insucessos: ela acreditava profundamente que oportunidade acontece ao acaso, uns têm e outros não. No caso dela, porém, as oportunidades aparecem apenas para os outros. No entanto, ela nunca se perguntou por que as chances surgem para os outros e não para ela. Nunca parou para pensar o que os outros fazem diferente dela para terem oportunidades.

Ela foi incapaz de perceber que quem tinha oportunidade **agia**, **pensava** e **sentia** de maneira diferente dela, e justamente essa combinação de **comportamentos**, **pensamentos**, **sentimentos** é que gerava oportunidades.

As pessoas de sucesso não esperam as chances aparecerem, muito menos reclamam quando não aparecem, pois sabem que estão no controle, sabem que tudo que acontece é criado por elas próprias, de maneira consciente ou inconsciente. Elas estão certas de que nada acontece por acaso, e que tudo, absolutamente tudo, é resultado de comportamentos, pensamentos e sentimentos.

O que colhemos hoje é consequência do que plantamos no passado. Acredite: estamos plantando neste exato momento o que colheremos no futuro. Se estou ereto e alegre, estou plantando essas sementes. Se mantenho pensamentos, sentimentos e palavras positivas, colherei alegrias e conquistas. Se falo, colherei algo; se me calo, também colherei. Se me faço presente, terei resultados, e se me ausento também.

Este livro lhe permitirá gerenciar de forma consistente todos os seus comportamentos, seus pensamentos, seus sentimentos e suas atitudes. Dessa forma, os resultados positivos vão acontecer, e as oportunidades vão surgir.

Quando isso ocorrer, muitos dirão que se trata de sorte, mas você saberá que temos meios de influenciar toda a nossa existência, inclusive a sorte e o azar. Veremos no capítulo que fala sobre linguagem avançada que, quando gerenciamos nosso estado presente (comportamentos, pensamentos, palavras e sentimentos), nós nos tornamos capazes de direcionar, com grande margem de acerto, nossa vida ao alvo desejado. Isso é poder pessoal ao seu alcance.

Tenho visto que a maioria das pessoas que se julgam desafortunadas e sem oportunidades estão na verdade "cegas" pelas suas crenças limitantes. Essas pessoas não percebem as possibilidades que esbarram nelas, muitas vezes de forma explícita e escancarada.

Pessoas que esperam pelas oportunidades não sabem absolutamente nada sobre dirigir ou conduzir a própria vida, muito menos sobre autorresponsabilidade. Para elas, viver é na verdade sobreviver, e elas levam a vida como dá, como "Deus quer", sempre culpam ou esperam que os outros as ajudem ou no mínimo não as atrapalhem. E esteja certo: isso dá um azar...

OPORTUNIDADES SE CONSTROEM, NÃO SE ESPERA POR ELAS

Conheci há algum tempo um vendedor veterano que esperava pelo "pulo do gato", o grande lance de sorte que mudaria sua vida, a ideia que transformaria sua existência. Ele nunca pensou, ou melhor, se responsabilizou por construir uma carreira vitoriosa – afinal, ele esperava pelo golpe de mestre, algo fora do seu controle, algo que aconteceria e transformaria sua vida, e aí, sim, ele poderia dar um salto quântico e realizar todos os seus objetivos.

Ao ver suas dificuldades financeiras e pessoais, eu o convidei para fazer um dos meus treinamentos de vendas. Ele me olhou com um incrível ar de autossuficiência e disse: "Paulinho, esses negócios de treinamento não ajudam em nada, ou você é vendedor ou não é. Olha, eu tenho mais de vinte anos de experiência e nunca precisei fazer nenhum treinamento".

De forma direta, argumentei: "Então me diga: por que as coisas estão sempre tão difíceis para você? Por que você é vendedor de uma empresa tão pequenina e sem expressão e que paga comissões tão baixas?". Foi aí que ele deixou clara sua falta de autorresponsabilidade. "Sabe como é...", disse ele, "se eu tivesse tido mais oportunidade não estaria hoje aqui, minha vida sempre foi muito difícil... Muitos irmãos, pouco dinheiro... Você sabe...".

Tentei mais uma vez: "Você não acha que este curso com que estou lhe presenteando é uma oportunidade? Afinal, lá estarão gerentes e proprietários de outras empresas, vendedores e consultores de vendas. Quem sabe durante esse curso você conhecerá alguém que poderá lhe dar essa tal oportunidade".

Ele finalmente concordou e ainda completou: "E, além de conhecer pessoas da área, poderei aprender alguma coisa que eu ainda não saiba!". Fiquei muito feliz pela sua atitude. Dei-lhe as datas e o horário do treinamento, ele agradeceu com aquele costumeiro ar de autossuficiência, despediu-se e combinou de nos vermos no treinamento.

No dia do treinamento, apenas a cadeira número 17 ficou vaga. Olhei na chamada e era justamente ele, aquele vendedor que não tinha oportunidades na vida. E, como eu havia previsto, a sala estava repleta de proprietários, gerentes e vendedores de grandes empresas. Um mundo de possibilidades, oportunidades e aprendizado que lhe batiam à face, mas ele não era capaz de percebê-lo e muito menos aproveitá-lo. Afinal, o sucesso daquele vendedor não dependia dele nem de suas atitudes, e sim de o destino mandar o tão esperado pulo do gato.

Tempos depois, voltei a encontrar esse vendedor e, como não poderia deixar de ser, ele me falou das dificuldades que enfrentava, de como as vendas estavam fracas e de como os clientes eram difíceis e intransigentes. Entretanto, ele tinha uma ideia que mudaria sua vida, uma ideia revolucionária – e, se dessem a oportunidade de colocá-la em prática, ele seria um novo homem. Obviamente, "eles" não deram oportunidade para esse vendedor colocar sua ideia em prática, e, por consequência, nada mudou (para melhor) em sua vida.

Como é frustrante a vida das pessoas que não são capazes de construir suas oportunidades; como são frágeis profissionalmente aqueles que se colocam à mercê do mundo, na fila, à espera de uma oportunidade!

Essas pessoas mal sabem ou preferem não saber que as oportunidades se manifestam constante e sistematicamente na vida de todos. Contudo, pessoas com a autorresponsabilidade desenvolvida não apenas as percebem, como também as criam e sobretudo as aproveitam.

Estudos cada vez mais frequentes atestam que, quanto mais a pessoa se sente responsável pela vida que tem levado, mais realizada e plena ela é. Traga a autorresponsabilidade não apenas como uma filosofia de vida, mas como uma crença forte e arraigada em sua mente, em suas palavras e suas atitudes. Uma boa maneira de finalizar este capítulo é fazer uma analogia com um barco a vela.

Nessa história, o barco é nossa vida, nós somos o timoneiro, e o mar e o vento são as circunstâncias que nos rodeiam e sobre as quais não temos controle. Seja o capitão de sua vida e aproveite o vento que aparentemente sopra contra para impulsioná-lo, aproveite a maré e as correntes que antes o atrapalhavam para ajudá-lo e direcione-as para os seus objetivos antes que o mundo e as circunstâncias o façam.

Você não pode mudar o mar, o vento e as correntes, mas pode mudar a direção do barco, a posição das velas e do leme para atingir seus objetivos.

NÃO PARA REFLETIR, E SIM PARA SENTIR
(Autor anônimo com adaptação de Paulo Vieira)

... Possuis os recursos financeiros coerentes com as tuas atitudes, nem mais, nem menos, mas o justo para as tuas lutas internas. Teu ambiente de trabalho é o que elegeste espontaneamente para a tua realização. Teus colegas e amigos são as pessoas que atraíste com tua própria afinidade, habilidades e debilidades. Portanto, teu destino está constantemente sob teu controle. Deus te deu livre-arbítrio e tu escolhes, recolhes, eleges, atrais, buscas, expulsas, modificas tudo aquilo que te rodeia a existência. Cuida das palavras que saem da tua boca, elas têm poder de vida e de morte. As tuas palavras têm

poder de bênção e maldição. Teu corpo clama. Teus ombros pedem. Tua coluna ereta ou não é eloquente!

Teus olhos gritam de felicidade ou tristeza; sucesso ou fracasso. Teus pensamentos e vontades são a chave de teus atos e atitudes... São as fontes de atração e repulsão na tua jornada e vivência. Não reclames nem te faças de vítima. Antes de tudo, analisa e observa. A mudança está em tuas mãos. Estabelece a tua meta, reprograma tua mente. Decide o que ver, decide como ver. Busca o bem e viverás melhor. Embora ninguém possa voltar atrás e fazer um novo começo, qualquer um pode recomeçar agora e fazer um novo fim.

MUDANDO MINHA EXISTÊNCIA SEM MUDAR AS PESSOAS

Algumas pessoas falsamente autorresponsáveis acham que devem ou precisam mudar os outros para que a vida delas seja produtiva e próspera como esperam. Entretanto, o verdadeiro autorresponsável se basta em si mesmo em relação à atitude e ao bom uso do livre-arbítrio dado por Deus.

Pessoas realmente prósperas sabem, por experiência própria, que é improdutivo tentar mudar os outros à sua volta. Sabem que seria um ato de arrogância e prepotência sair por aí, como o sábio do mundo, querendo que as pessoas sejam diferentes, impelindo, coagindo, persuadindo ou até impondo que sejam aquilo que eles, sábios do mundo, entendem como certo.

Os autorresponsáveis sabem que, em médio e longo prazo, os resultados de tentar mudar os outros e fazê-los atender às suas expectativas e agir como querem que eles ajam costumam gerar resultados desastrosos.

Antes de tentar mudar alguém, devo mudar a mim mesmo. Se não consigo mudar a mim, como conseguirei mudar outras pessoas? Já vi muitos pais aplicando penas severas a seus filhos por tirarem notas ruins, quando, na verdade, as notas são reflexo direto de pais ruins. Se houvesse uma avaliação para os pais, certamente seriam reprovados com notas muito piores que as dos filhos.

Um pai autorresponsável, antes de querer mudar o filho, muda a si mesmo. Talvez dialogue mais, seja mais presente, mais amoroso, e até mais firme em vez de permissivo. Esse pai poderia ainda deixar de ser tão crítico, tão ditador, tão agressivo e sempre o dono da verdade, invalidando tanto o filho, fazendo-o crer que é incapaz e inadequado para a vida – inadequado, inclusive, para tirar boas notas.

Você, gerente de vendas, executivo ou empresário, já pensou em não tentar mudar a sua equipe? Já pensou em antes mudar a si mesmo? Em vez de cobrar que sua equipe se capacite, você poderia e deveria se capacitar primeiro. Em vez de querer que eles sejam os melhores vendedores, você deveria ser o melhor gerente ou líder.

Antes de querer que eles sejam objetivos e focados em resultados, você deveria implantar ferramentas gerenciais de vendas que deem foco e direcionamento não para eles, mas para você, que é o maior responsável pelos resultados.

Quantos gostariam de mudar a cabeça e o caráter dos políticos que, além de corruptos, muitas vezes são administrativamente incompetentes... Entretanto, por incompetência emocional, não olham para si e, por isso, não percebem que esses políticos não são em nada diferentes da maior parte da população, que, em casa, está com as finanças pessoais desorganizadas e mal administradas, até desonestas. Dentro do seu alcance, costumam se beneficiar e se apropriar do que não lhes pertence, seja por aceitar um troco dado a mais, seja por achar uma carteira com dinheiro, ficar com este e se sentir o bom samaritano porque devolveu os documentos.

Em um caso que presenciei, uma vendedora viu quando uma cliente deixou cair sua caneta Mont Blanc, toda em ouro, e esperou que a cliente fosse embora para se apropriar da bela e cara caneta. Depois, contou tudo aos colegas (também corruptos como a vendedora) como se fosse uma grande vantagem ter ficado com o que não lhe pertencia, dizendo: "A grã-fina deu bobeira, e o que é achado não é roubado".

No meu entendimento, pessoas assim são tão ladras quanto qualquer político corrupto. A diferença é seu poder de alcance: se tivessem maior alcance, estariam roubando a merenda escolar ou desviando verbas públicas. A única coisa que as diferencia é o patamar em que estão e onde suas mãos conseguem alcançar.

Seja diferente: antes de querer ou exigir que os outros mudem, mude a si mesmo, mude sua forma de pensar, de sentir, e tudo ao seu redor vai mudar como em um passe de mágica. Tudo vai se adequar a essa nova pessoa que surge: você!

CONFRONTANDO A SI E AOS OUTROS COM A VERDADE

Jesus Cristo é minha grande inspiração, o maior de todos os líderes, o maior de todos os empreendedores, o mestre dos mestres: ele possui o poder verdadeiro e quer nos ensinar. Ele de fato era completamente autorresponsável. Não criticava, não reclamava, não buscava culpados, não se fazia de vítima, de modo nenhum julgava as pessoas; entretanto, ele confrontava as pessoas com a verdade.

Ele não se privou de expulsar os vendilhões do templo, não se calou diante dos hipócritas fugindo da ira vindoura, não se omitiu diante de seus discípulos quando, em vez de orar e vigiar, foram dormir.

O mesmo serve para nós, que, ao buscar a autorresponsabilidade, devemos nos alegrar com a verdade, mesmo que ela doa em alguém, mesmo que doa em nós mesmos. O autorresponsável sabe a importância da verdade ao elogiar um bom comportamento ou resultado, como também ao confrontar alguém que teve uma atitude inadequada.

Entretanto, devemos estar atentos – afinal, não somos nem de perto como Jesus Cristo em sabedoria e santidade. Por isso, muito cuidado e discernimento ao confrontar alguém. Antes de fazer isso seja perito em confrontar a si mesmo com a verdade.

Para que possa avançar em direção a seus objetivos, peço que, nas linhas a seguir, escreva um termo, no qual você se compromete a ser autorresponsável e usar no dia a dia as seis leis da autorresponsabilidade. Depois de escrever, você deve decorar sua declaração e verbalizá-la em voz alta por trinta dias seguidos ao acordar.

Termo de Compromisso

Eu, _____, declaro para todos e devidos fins ligados ao meu sucesso e à minha felicidade que me comprometo a ser autorresponsável em todas as áreas de minha vida. Para isso, usarei fielmente as seis leis da autorresponsabilidade, que são:

1. _____
2. _____

3. _____
4. _____
5. _____
6. _____

Dessa maneira, colherei os seguintes resultados e mudanças na minha vida:

_____
_____
_____
_____
_____
_____
_____
_____

_____   _____
Data   Assinatura

Parabéns, você venceu mais uma etapa em direção às suas mudanças e conquistas. Pratique esta declaração durante trinta dias, certamente você aprofundará o conceito da autorresponsabilidade e o transformará em crença.

3

FISIOLOGIA:
A POSTURA DOS REIS

A o assistir a jogos esportivos como os das Olimpíadas, observo que, em vários jogos de equipe, como vôlei, basquete ou futebol, o time vencedor, em muitos casos, não é o melhor tecnicamente, muito menos o de maior prestígio: costuma ser o que comemora cada ponto com entusiasmo; é aquele que, a cada *set* conquistado, pula com entusiasmo comemorando. É o time que, a cada defesa, grita com a fúria incontida de um guerreiro que venceu a batalha.

Comemoram de forma irracional, porém cheia de entusiasmo e paixão, como verdadeiros soldados conquistadores, prontos para vencer qualquer desafio. Em uma das semifinais de um Pan-Americano, quando o time feminino brasileiro de futebol enfrentou o time norte-americano, o jogo foi ganho ainda no túnel de acesso ao campo.

Enquanto os dois times esperavam para entrar em campo lado a lado, o time feminino brasileiro começou a cantar, pular e bradar. As brasileiras ganharam de goleada, com as mais lindas e inexplicáveis jogadas. E não poderia ser diferente, tamanho entusiasmo e o estado de vitória.

Em 2006, assisti a um jogo de *rugby* em que o campeão europeu, a França, jogou contra o pequenino campeão do hemisfério sul, a Nova Zelândia, com o time All Blacks. Era dia de festa e otimismo para os franceses, que usavam uma réplica de seu primeiro uniforme, da década de 1920.

Como o jogo foi no Stade de France, ouvi milhares cantando o hino francês, a Marseillaise, em uníssono. Uma imagem linda e empolgante, milhares de pessoas juntas cantando à sua nação! Veio então a resposta: os jogadores do All Blacks, da Nova Zelândia, reuniram-se no centro do campo e, fitando os adversários, fizeram o *haka*, uma dança de guerra do povo aborígene maori, um canto de preparação para a batalha.

O estádio francês inteiro se calou frente ao *haka* cantado e dançado por apenas trinta atletas da Nova Zelândia. Os torcedores franceses tentaram de novo fazer frente aos gritos de guerra dos atletas da Nova Zelândia, entoando vaias e assobios, e novamente o estádio inteiro foi acuado e calado pelo hino hipnótico de guerra daqueles jogadores.

Aquele canto levou os jogadores a um estado de transe, em que o corpo e a mente entendiam apenas uma coisa: vitória. Foi inacreditável ver o que uma dança aborígene, com uma canção na língua maori, fez com aqueles jogadores, transformando atletas comuns em guerreiros preparados para vencer a "batalha".

Não preciso dizer que o time da Nova Zelândia ganhou o jogo por 23 a 11 e os franceses amargaram uma tremenda humilhação de perder pelo dobro do placar jogando em casa. O time da Nova Zelândia ganhou jogo a jogo, campeonato a campeonato, e conquistou o torneio mundial várias vezes. Tornou-se um furacão, feito de homens normais que, quando ativavam recursos, dançando e entoando o *haka*, eram capazes de vencer os limites da razão e fazerem o que, até então, era impossível. Eles descobriram como podiam se tornar super-heróis. Para que esse time fosse vencido, seus adversários passaram a fazer a mesma dança e entoar os mesmos hinos de guerra dos maoris.

Viu-se com muita clareza que os estados de recurso gerados por esse ritual de guerra produziam efeitos tão importantes quanto a técnica e a preparação física.

EXERCÍCIO

Entre no site www.febra.me/poderealtaperformance e, assista ao vídeo dos All Blacks com as danças dos maoris e depois volte a ler e entender como usar esse recurso neurofisiológico para mudar seu estado e sua capacidade de acessar seus melhores recursos internos, conquistando resultados bem maiores.

Que entusiasmo desenfreado e incontido é esse que você viu nos vídeos? É a comprovação do pressuposto de que mente e corpo fazem parte do mesmo sistema cibernético, ou seja, esse entusiasmo manifestado pelas palavras e pelo corpo é o estado comportamental que influencia um estado mental, e faz com que pessoas superem limites e façam o que não fariam normalmente, conquistem a ousadia e a coragem que jamais imaginaram ter.

O desempenho ocorre por conseguirem acessar recursos internos de vitória e superação. Ao longo deste capítulo, você aprenderá como acessar os melhores recursos que o habilitarão a conquistar seus objetivos mais ousados e importantes.

MATRIZ ATIVA DE FORMAÇÃO DE CRENÇAS

Nos meus cursos, em especial na Formação Internacional em Coaching Integral Sistêmico®, costumo explicar que nossa vida é determinada pelas nossas crenças sobre nós mesmos e sobre o mundo, pois toda crença é autorrealizável. Você entenderá isso ao longo deste livro, em especial no capítulo 8. Mas preciso adiantar um pouco essa explicação para que você compreenda as matrizes de geração de crenças.

Crenças são programações mentais aprendidas ao longo da vida com base no que vimos, ouvimos e sentimos sob forte impacto emocional ou por repetição. São as nossas verdades e convicções, através das quais enxergamos a nós mesmos, os outros e o mundo. Nossas crenças influenciam diretamente nossas decisões, nossos comportamentos, nossas atitudes e, consequentemente, determinam nossos resultados e nossa qualidade de vida. Essas crenças podem ser formadas e modificadas de maneira passiva ou ativa.

A matriz ativa de formação de crenças é uma ferramenta incrível de transformação humana. Com ela, você compreenderá como promover mudanças rápidas e consistentes em sua vida, alterando desde simples comportamentos até crenças mais relevantes responsáveis por suas conquistas e seus resultados.

Quando usamos nossa fisiologia corporal, ou seja, toda a comunicação não verbal – postura, gestos, expressão facial, tom e altura da voz, olhar –, bem como as palavras ditas, para comunicar mais poder, mais felicidade, mais capacidade, mais energia e moral mais elevada, nos tornamos capazes de acessar esses recursos dentro de nós mesmos. Consequentemente, nos tornamos capazes de alcançar os resultados relativos a essa atitude.

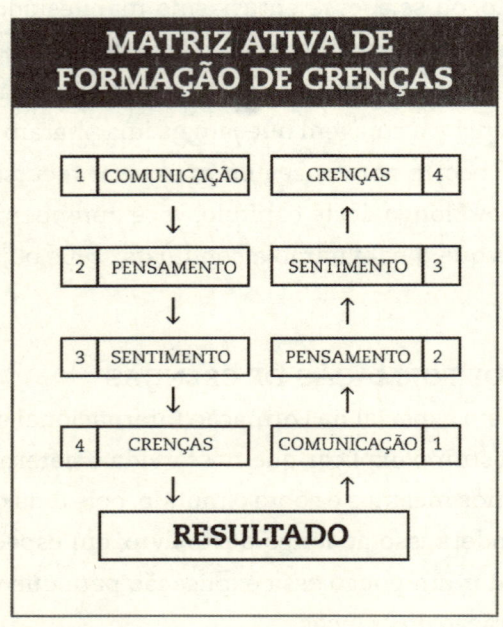

Vamos ver de forma mais clara como funciona a matriz ativa de formação de crenças: uma **comunicação (1)** vitoriosa e vencedora produz imediata automaticamente um estado interno que gera **pensamentos (2)** também vitoriosos, que, por sua vez, dão sequência ao ciclo neurofisiológico, produzindo **sentimentos (3)** de vitória. Ao ver a matriz, percebemos que todo **sentimento** de vitória perpetuado produz **CRENÇAS** de vitória e realização. E toda **crença (4)** é autorrealizável, ou seja, se ela ainda não é uma realidade na sua vida, logo se tornará. Sendo toda crença autorrealizável, resultados e circunstâncias muitas vezes inexplicáveis acontecerão para confirmar e evidenciar a crença que acabou de fazer parte da sua mente.

A matriz ativa de formação de crenças explica como a mente humana se comporta e como podemos alterar seu ritmo e padrão de funcionamento, interferindo no sistema de crenças e obtendo imediatamente resultados novos e diferentes.

Quando uso a palavra **resultados**, me refiro a acontecimentos que vão muito além do que é lógico e racional. Refiro-me a acontecimentos que vão dos mais simples, como a mudança de um comportamento, até o que existe de mais inexplicável, como a cura de um câncer tido como terminal.

Se, independentemente das circunstâncias, você adota uma postura erguida e altiva, levanta a cabeça e os ombros, abre os olhos e alarga o sorriso, você começa a melhorar. Realizar conscientemente essas mudanças na sua comunicação não verbal e verbal é uma maneira de acessar de imediato um estado de recursos de sucesso e vitória que apoiará suas realizações e conquistas. É agir como se já tivesse chegado lá.

Pessoas de sucesso agem e comunicam-se como se já tivessem conquistado seus objetivos. Agir **"como se"** é mais efetivo quando você põe sua fisiologia corporal e suas palavras no estado em que estaria se os já tivesse conquistado.

> *"Mudar de uma fisiologia corporal (comunicação não verbal) sem expressão e sem energia para uma fisiologia corporal vitoriosa e plena é, provavelmente, a mais poderosa ferramenta para acessarmos nossos melhores recursos e estados."*
>
> (Paulo Vieira)

CASO DA VIDA REAL

O nome fictício dele é Rafael, casado e pai de dois filhos; profissional acomodado e preso na zona de conforto em todas as áreas da vida. Até que um dia descobre que a esposa, que estava se formando em Arquitetura, estava apaixonada por um colega de trabalho. Nesse momento, o mundo dele ruiu, e ele saiu de casa, como ela pediu.

Ter de dividir a cama com Rafael causava calafrios a Carla (vamos chamá-la assim), e não restou alternativa para ele a não ser sair de casa e deixar o convívio diário com seus dois filhos. O que estava ruim piorou com a solidão. A partir daí, mediante as circunstâncias, Rafael deixou-se abater.

Ele passou a **comunicar (1)** profunda tristeza, derrota e infelicidade intensa, usou desde palavras destruidoras até a postura de um homem derrotado.

Como sabemos, toda **comunicação (1)** produz **pensamentos (2)** que condizem com ela. E Rafael foi possuído pelos piores **pensamentos (2)**, com imagens que insistiam em invadir sua mente e diálogos internos que o torturavam. A matriz de mudança de geração de crenças estava se fechando. Esses pensamentos perturbadores passaram a produzir um **sentimento (3)** profundo de fracasso e tristeza que doía na própria carne, como ele fazia questão de dizer a todos.

A matriz se fechou. O que era um forte **sentimento (3)** de fracasso se transformou em **crença (4)** de fracasso, perda e derrota. Como sabemos, toda crença produz frutos e resultados.

Como se não bastasse, o resultado da crença foi a demissão dele da empresa de informática em que trabalhava como gerente. Novamente, o ciclo se inicia. Com mais esse resultado terrível, ele passa a **comunicar (1)** mais tristeza e mais fracasso, que produzem **pensamentos (2)** da mesma ordem, que por sua vez produzem **sentimentos (3)** destruidores, que na sequência produzem mais **crenças (4)** destruidoras.

Agora, com o ciclo fechado, mais coisas ruins acontecem, e ele perde o emprego de professor universitário. A situação é: sem casamento, longe dos filhos, sem o emprego de gerente, sem o emprego de professor, sem dinheiro para se manter e sustentar os filhos e com uma ex-esposa desesperada e brigando com ele, exigindo manutenção do mesmo padrão de vida anterior.

O que mais poderia acontecer a Rafael? Ele chegou ao fundo do poço. Um local difícil de estar, porém muito bom sob outro aspecto, pois é o lugar onde não existem máscaras nem subterfúgios. O fundo do poço é o local das pessoas que, de fato, estão dispostas e prontas para mudar.

Quando alguém está sofrendo e ainda não retirou as máscaras, não reconheceu que está em uma situação crítica e ainda não levantou a mão e gritou *socorro!*, é porque ainda não está no fundo do poço. Esse, porém, não era o caso de Rafael. Dessa vez ele pediu ajuda, diferentemente de todas as outras vezes que o vi e tentei alertá-lo do seu comodismo e dos resultados precários. Agora, ele também não justificou suas falhas nem disfarçou a dor. Ele queria ajuda.

O primeiro passo que ele trilhou foi fazer o seminário Método CIS® de transformação e potencialização humana, do qual antes ele afirmava não precisar. Já no primeiro dia do seminário, Rafael percebeu que precisava quebrar o ciclo da matriz. Ele aprendeu que a mente que criou toda aquela vida de tristeza e fracassos não seria a mesma que criaria uma nova vida de realizações e conquistas.

Assim, começou a comunicar no seu corpo, de forma não verbal, não a vida que levava, mas a vida que planejava ter. Ele passou a comunicar a felicidade e a vitória que teria quando chegasse lá.

Passou a fazer o ritual do acordar todas as manhãs. Passou a ativar seu estado de recurso várias vezes ao dia e a fazer vários outros exercícios que ensino sobre comunicação e fisiologia. O fato é que não foi nada fácil para Rafael comunicar-se na contramão dos acontecimentos. Comunicar vitória quando o cenário era de derrota. Comunicar esperança quando não tinha nem mesmo onde morar. Mas ele perseverou em comunicar essa nova vida criada em sua mente. Ele vigiou seu semblante e sua postura, seus gestos e suas expressões faciais.

Na tarde do primeiro dia de exercícios, ele já percebia mudanças em seu astral e seu estado de espírito. Ele não negava seus problemas: apenas encarava-os de forma mais otimista e esperançosa. Ele não focava mais no que não podia mudar, mas naquilo em que ele poderia exercer influência e mudança.

Assim, ele continuou, e já na segunda semana foi convidado para gerenciar a área de TI de uma nova empresa. O salário não era o que ele queria, mas de longe era muitíssimo melhor do que não ter salário. Foi para uma igreja e lá descobriu o significado mais amplo da palavra fé. Passou a fazer atividade física e perdeu peso, deixou seu corpo coerente com seus 35 anos.

Voltou a ler e a estudar. Alargou sua rede de contatos e amizades, que antes era restrita aos mesmos amigos de sempre, e conheceu muitas pessoas novas. Passou a fazer parte de um grupo de corrida, o que melhorou sua saúde ainda mais e ampliou de forma tremenda sua rede de relacionamentos. Ele definitivamente saiu daquela zona de conforto onde esteve preso por anos.

A cada acontecimento e resultado positivo, ficava mais fácil para Rafael **comunicar (1)** a vitória que ele começou a proclamar ainda no fundo do poço. Como você pode imaginar, não foram poucas as pessoas chamando Rafael de louco e alienado. Não entendiam como alguém passando por todos aqueles problemas podia comunicar tanta esperança e certeza e, por não entenderem o processo de transformação humana, ridicularizaram-no.

Ele, porém, insistiu, persistiu em manter sua **comunicação (1)** de vitória, e assim conseguiu interferir na própria sorte. A Bíblia, no livro de Salmos 126:4, retrata que aquele que, com dores, continua plantando ceifará grandes coisas, e Deus mudará a sua sorte.

Em outra passagem bíblica, no livro de Tiago 1:2-4, é dito: "*Meus irmãos, tendes por motivo de toda a alegria passardes por várias provações, sabendo que a provação da vossa fé, uma vez confirmada, produz perseverança. Ora, a perseverança deve ter ação completa, para que sejais perfeitos e íntegros, e em nada deficientes*".

Pode parecer loucura essa passagem bíblica. O apóstolo Tiago nos pede que tenhamos toda a alegria ao passarmos por provações. Isso talvez não seja muito lógico, mas funciona e impede que um ciclo de desgraça e perdas se instale em nossa vida. E é justamente esse **sentimento (3)** de alegria que quebrará o ciclo de infortúnios dos acontecimentos ruins que insistem em vir acompanhados de outros de igual espécie.

Você aceita o desafio de **comunicar** vitória a respeito do que você pensa de negativo? Porque, quando você comunica, produz pensamentos, que por sua vez vão produzir sentimentos e, como sabemos, estes produzem crenças autorrealizáveis. Tenha a certeza de que, por pior que seja a situação, ela lhe trará oportunidades, a possibilidade de aprender muito mais e ainda aperfeiçoar o que está errado em seu caráter e comportamento.

A propósito: seus momentos de maior aprendizado e mudança ocorreram quando tudo estava bem em sua vida ou quando você passou por problemas, perdas e dores?

UM MOMENTO DE REFLEXÃO

Como você reage diante de pequenos aborrecimentos, como uma fechada no trânsito, até um momento efetivamente difícil, como o término de um relacionamento, a perda de um emprego ou a falência de um negócio? Qual foi a última perda ou aborrecimento pela qual você passou? Como você reagiu a isso? O que você comunicou a si, aos outros e ao mundo durante e depois de passar por essa provação? Se você não controlar sua fisiologia e o que comunica, não conseguirá controlar seus pensamentos e muito menos seus sentimentos e resultados de vida.

Não quero dizer, entretanto, que você tem de passar por grandes perdas gritando e pulando de alegria, como se nada tivesse acontecido. Em alguns momentos da vida temos perdas, e essas perdas pedem luto e lágrimas, pois é no momento da lágrima e da perda que caminhamos sem máscaras para o fundo do poço.

Contudo, fique atento para quanto durará seu luto, saiba diferenciar luto de autocomiseração. E, no momento de terminar o luto, assuma o controle de sua fisiologia e comece a comunicar sua redenção, a sua volta à luz do sol, a volta à brisa do vento, ao verde das árvores e ao canto dos pássaros. Tudo isso é uma decisão ao seu alcance.

Nada é mais poderoso do que sua decisão consciente de como enfrentará as situações mais críticas de sua vida, de como agirá e reagirá aos estímulos externos.

EXERCÍCIO: o poder da fisiologia negativa

Coloque uma nota de 0 a 10 para seu estado de espírito e seus recursos neste exato momento.

Agora você vai se colocar na famosa posição de *O pensador*, do escultor Auguste Rodin. É importante que você cumpra as instruções a seguir, sem brincadeiras ou distrações, apenas reproduza os passos (ajudará se você tiver alguém para narrar o passo a passo):

- Sente com as pernas descruzadas e projete o tronco para frente.
- Apoie a testa no punho, ao mesmo tempo em que você apoia o cotovelo do mesmo braço na coxa.
- Na posição de *O pensador*, de Rodin, franza a testa e aperte os olhos como quem expressa dor física.
- Trinque e aperte os dentes.
- Franza e aperte todo o rosto.
- Olhe fixa e concentradamente para o chão por 60 segundos.
- Respire profundamente e vá acelerando a respiração.

Dê a nota para o seu estado de espírito agora, depois do exercício: _____

Agora escreva nas linhas a seguir como você se sentiu após esse exercício.

_____

_____

_____

Praticamente todas as pessoas às quais pedi que fizessem esse exercício, com essa comunicação fisiológica, tiveram a mesma reação. Elas se sentiram limitadas, tristes, sem esperança e deprimidas. A pergunta é: como uma fisiologia corporal por si só pode alterar tanto o estado de recursos de uma pessoa em tão pouco tempo? Como uma postura pode interferir de forma radical na maneira como alguém se sente?

A resposta está em um pressuposto ao qual me referi há pouco: **mente e corpo fazem parte do mesmo sistema cibernético.** Se o corpo está numa posição (comunicação) de alegria e triunfo, com certeza a pessoa logo se sentirá alegre e triunfante, independentemente das circunstâncias. O oposto também é verdadeiro: se a pessoa está em posição de tristeza, olha para baixo, ombros arqueados, testa franzida e semblante de pesar, mesmo que as circunstâncias estejam ótimas, tal pessoa se sentirá infeliz, depressiva, sem esperança.

Qual a diferença entre um vendedor medíocre e um vitorioso? Qual a diferença entre um líder fraco e inexpressivo e um líder carismático e de grandes resultados? Qual a diferença entre uma pessoa depressiva e melancólica e outra feliz e triunfante?

A maioria das pessoas diria que foi a sua formação escolar, a cidade onde mora, a família que teve, a sorte ou qualquer outra explicação. O fato é que ambos possuem recursos e potenciais para dar um verdadeiro show na vida deles, em liderança ou em qualquer outra atividade. O que difere um do outro é que um sabe acessar seus melhores recursos, e o outro não. Lembremo-nos do pressuposto que diz: **se alguém pôde, eu também posso.** O que precisamos descobrir é como essa pessoa acessou esses recursos para realizar esse feito. Se repetirmos seus passos, sua fisiologia e adquirirmos o mesmo estado de recurso (palavras, comportamento, pensamento e sentimento), poderemos então obter os mesmos resultados.

Para obtermos grandes resultados, temos primeiro de estar com nossa fisiologia o mais rica possível de recursos, ou seja, uma comunicação não verbal que expresse os melhores sentimentos, tais como alegria, esperança, vitória, amor, paz, certeza etc.

Não há ação poderosa nem grandes feitos sem uma fisiologia de sucesso. Você pode imaginar um soldado indo para o *front* de batalha cabisbaixo, ombros arqueados e o olhar desesperançoso? Ele não passaria nem do primeiro oponente.

Agora, pense em um soldado com os olhos bem abertos, ombros erguidos, olhar fixo no oponente, braços levantados, gritando hinos de vitória com paixão, fúria e agressividade. Certamente metade da batalha já estaria ganha na sua atitude.

Para entender melhor como acontecem as vitórias na vida humana, continuemos na reflexão: como está a fisiologia do jogador no momento de cobrar o pênalti? Ereto, esguio e olhar confiante ou cabisbaixo, inseguro e titubeante? Sua fisiologia corporal vai influenciar de modo decisivo o resultado que ele vai obter na cobrança.

Talvez você já tenha passado por essa situação de cobrador de pênalti e diga: é um momento muito difícil. Qualquer jogador fica inseguro e temeroso nessa situação. É normal ficarmos temerosos – afinal, somos humanos. Contudo, nós podemos "enganar" nossa mente, fonte de nossos maiores recursos, ao colocar o corpo ereto, a cabeça levantada, os ombros erguidos e aquele olhar de tigre.

Isso porque, como já vimos, mente e corpo fazem parte do mesmo sistema cibernético e, se seu corpo parecer vitorioso, sua mente vai acreditar na vitória e acessará todos os recursos para realizar essa comunicação de vitória. O ser humano tem uma grande tendência de ser congruente, ou seja, mente e corpo buscam caminhar na mesma direção. Então, se adotarmos uma fisiologia alegre, realizadora e otimista, automaticamente nossa mente adotará a mesma espécie de estado, acessará esses recursos e terá resultados condizentes com esse estado emocional ou estado de espírito.

> *"A fisiologia é um ótimo instrumento porque ela trabalha rápido e não erra. A fisiologia está totalmente ligada à sua capacidade de realização e conquista. Se você muda sua fisiologia, automaticamente muda sua capacidade de realização."*
>
> (Anthony Robbins)

Quando as circunstâncias estão difíceis, pessoas medianas se mostram abatidas, cansadas e inseguras. Já as realizadoras e cheias de vitória, ao passar por momentos difíceis e desafiadores, mostram-se verdadeiras guerreiras, soldados prontos para vencer.

Qual é o padrão de comportamento que você segue na sua vida? Qual é a sua postura nos momentos de desafio? Você se coloca como um vencedor ou se permite abater como uma vítima das circunstâncias?

EXERCÍCIO

1. Reflita e escreva com detalhes um momento muito difícil na sua vida; seja pelo problema, seja pelo tamanho do desafio – momento que tenha alterado seu estado de espírito e produzido insegurança, medo ou dor.

   _____

   _____

   _____

   _____

   _____

   _____

2. De que forma você enfrentou esse momento? Ou não enfrentou? Qual era a sua postura, seu tom de voz, sua forma de olhar e respirar? Sua atitude foi coerente com o momento?
   Você colocou em sua fisiologia a energia de que você precisava para enfrentar e solucionar esse momento com sucesso?

   _____

   _____

   _____

   _____

3. O que as pessoas falaram e como elas o trataram nesse momento? Como consoladores de uma pessoa vitimizada ou parceiros de alguém que busca a vitória de forma determinada e assertiva? Ou foram indiferentes a esse momento de sua vida?

_____

_____

4. Quais deveriam ter sido sua fisiologia, sua atitude e seu comportamento para que você tivesse melhores resultados nesse momento desafiante? Como deveriam ter sido sua postura, sua respiração, seu tom de voz, seu olhar, seus gestos e suas palavras?

_____

_____

_____

_____

Depois desse exercício, com certeza, você compreendeu como usar sua fisiologia para atingir metas e objetivos.

Um número cada vez maior de médicos, psicólogos e estudiosos do comportamento humano está mais certo de que saúde ou doença, felicidade ou depressão, sucesso ou fracasso são decisões de cada indivíduo, sejam elas conscientes ou inconscientes. São os resultados que obtemos ao decidirmos por uma ou outra fisiologia.

Quando tenho em meus seminários ou nas sessões de coaching pessoas com depressão, a primeira coisa que lhes pergunto é o que elas têm feito e repetido com tanto afinco na sua comunicação externa (fisiologia) e na sua comunicação interna (pensamentos, imagens, diálogo interno) que as deixa em um estado de depressão e tristeza.

Em um seminário que ministrei, uma jovem gerente de uma grande empresa relatou: "Tenho sofrido muito com depressão, tomo remédio controlado há anos e tenho perdido muitas oportunidades pessoais e profissionais por isso". E ela perguntou: "Paulo Vieira, você acha que um dia ficarei curada?".

Eu disse: "Só você pode responder a essa pergunta, pois, como quase tudo na vida, você é livre para escolher que tipo de vida quer levar". "Como assim?", ela perguntou. "Veja bem a sua postura neste exato momento: você está arqueada na cadeira, escondida sob bolsas e pastas, sua voz está baixa e fraca, seu olhar, triste e reticente. Seu aperto de mão é frágil e sem personalidade", continuei. "Roberta, me responda: essa é a fisiologia de uma pessoa próspera e realizada ou de uma pessoa triste e depressiva?" Ela confirmou: "Triste e depressiva". Então, mostrei a ela a seguinte tirinha:

PEANUTS, CHARLES SCHULZ © 1960 PEANUTS WORLDWIDE LLC. / DIST. BY ANDREWS MCMEEL SYNDICATION

Com um tom enérgico e motivador, eu voltei a perguntar: "Você já sabe o poder que sua fisiologia tem sobre sua vida?". "Sim", ela respondeu. "Então concorda que a fisiologia que você adota é uma escolha livre que você faz? E que, se optar por uma postura como esta, vai viver uma vida triste e limitada?" Respondeu ela novamente, um pouco envergonhada: "Sim".

"Então, o que falta para você mudar sua postura agora mesmo?" Ela respondeu com um tom de vitória: "Minha decisão de não ser mais vítima nem coitadinha". Emocionada, ela levantou, encarou toda a turma e bradou: "Eu decido agora ser feliz e escolho a fisiologia de sucesso e felicidade. Eu decido como sentar, como falar e como me comportar. A partir de agora, eu conduzo a minha vida".

Toda a turma, emocionada, aplaudiu, assobiou euforicamente, como se aprovasse e encorajassem sua fala e decisão. Estive com Roberta por mais três semanas durante o curso e pude comprovar que a cada semana mais mudanças aconteciam na vida dela. Novas e relevantes vitórias se somavam.

A cada aula, novos e espetaculares depoimentos de ganhos e conquistas eram narrados por ela e confirmados por sua diretora, que também estava no Método CIS®. Acompanhei Roberta por vários meses após o término do curso e pude contemplar uma nova mulher surgindo. Uma mulher plena e realizada, condutora responsável da própria vida.

Muitas pessoas acometidas de depressão e de outros problemas psicoemocionais costumam explicar seu problema emocional dizendo que seu cérebro não produz serotonina ou a endorfina necessária para terem saúde. De certo modo é verdade, talvez seu cérebro não produza esses neuro-hormônios. Entretanto, a pergunta que deve ser feita a essas pessoas é: por que seu cérebro não produz esses neuropeptídios tão necessários à saúde física e emocional? Na maioria dos casos, a resposta é muito simples: fisiologia corporal.

A explicação tradicional para depressão[7] é que ela se refere a uma reação aos problemas vividos pelas pessoas. Contudo, isso não é verdade. As pessoas não se entristecem ou se alegram pelo que vivem, mas, primeiramente pelo significado que dão ao fato ocorrido e, segundo, pelo que comunicam em relação ao que viveram.

O que acontece se estamos em um estado de luta, um estado emocional de briga? Quando estamos com uma fisiologia de conflito e agressão, é certo que as suprarrenais vão produzir adrenalina, hormônio responsável pela aceleração cardíaca e pelo enrijecimento e explosão muscular, funcionando ainda como um anestésico. Ou seja, nossa atitude fisiológica diz ao cérebro: "vou brigar", e imediatamente o cérebro produz o hormônio adrenalina. Com isso, ficamos mais fortes e preparados para o conflito.

Em um momento de luta, poderemos levar um murro e não sentir (naquele momento) dor, nem mesmo medo, e nosso coração bombeará sangue em abundância para irrigar, oxigenar e energizar todos os nossos músculos. Estaremos prontos para a briga. Percebemos que não são nossos hormônios e neuro-hormônios que ditam nossa fisiologia e estrutura emocional, e sim nossa fisiologia que determina quais neuro-hormônios serão liberados.

COMPORTAMENTO QUE PRODUZ DEPRESSÃO

Quando alguém se tranca no quarto, apaga a luz, fecha as cortinas, coloca uma música de fossa e deita na cama em posição fetal, seu corpo produz neuro-hormônios coerentes com essa atitude.

Veja bem: se alguém **decide** passar um dia inteiro deitado, na mais completa escuridão, com uma postura de fragilidade e um semblante de derrota, seu cére-

---

7 Aqui trazemos uma explicação simplificada. A depressão é causada por uma combinação de fatores genéticos, ambientais e psicológicos. Mas geralmente são acontecimentos, como uma grade perda, desilusão ou derrota, que desencadeiam a doença.

bro busca congruência e atenderá a sua atitude e fisiologia produzindo substâncias congruentes com a postura adotada. Se essa atitude for repetida por muito tempo, seu cérebro e seu corpo serão completamente intoxicados com essas substâncias depressivas, e o tempo de recuperação será maior.

Quero com isso afirmar que a depressão se constrói dia a dia com o uso frequente de uma comunicação de derrota, acrescida de pensamentos de tristeza e vitimização e de palavras negativas e contaminadoras.

Lembre-se do que escrevi até agora e da figura do Charlie Brown toda vez que se sentir enveredando para uma comunicação depressiva e melancólica. Escolha ser feliz, opte pelos pensamentos de felicidade e vitória, profira palavras engrandecedoras e, principalmente, adote uma fisiologia corporal de bem-estar e felicidade.

> *"Finalmente, irmãos, tudo o que é verdadeiro, tudo o que é respeitável, tudo o que é justo, tudo o que é puro, tudo o que é amável, tudo o que é de boa fama, se alguma virtude há, se algum louvor existe, seja isso que ocupe o vosso pensamento."*
>
> (Filipenses 4:8)

> *"Quem controla sua fisiologia corporal controla seus pensamentos e sentimentos e, consequentemente, controla a sua vida e seus resultados."*
>
> (Paulo Vieira)

EXERCÍCIO: testando o poder da fisiologia II

Experimente assumir todas as características de uma pessoa infeliz e insatisfeita com a vida, carrancuda e mal-humorada. Demonstre isso com sua postura, expressão facial, tom de voz, forma de olhar e tudo o mais que representa uma pessoa triste, insatisfeita e mal-humorada.

Exagere na postura e siga nessa comunicação, mantenha essa fisiologia de tristeza profunda por cerca de três minutos, até estar bem contaminado com esse estado negativo de recursos. Em seguida, caminhe por entre as pessoas, no seu trabalho, em casa ou pelo prédio. Ande de um lado para outro, interaja com quem estiver perto por pelo menos mais quatro minutos.

Volte para seu local de leitura e avalie qual sentimento lhe invadiu, qual estado de espírito passou a rondar e sitiar sua mente. Com as suas palavras, escreva nas linhas a seguir o que aconteceu. Anote também como foi tratado por essas pessoas. Qual foi a qualidade do retorno, da atenção e da simpatia dada por essas pessoas a você?

_____

_____

_____

_____

_____

Agora adote, durante apenas dois minutos, toda a fisiologia de alguém muito feliz: postura, expressão facial, tom de voz, forma de gesticular, maneira de ficar em pé etc. Depois de se contagiar com essa fisiologia, dê uma caminhada, fale com algumas pessoas e mantenha esse comportamento por quatro minutos.

O que aconteceu agora? Qual a qualidade dos pensamentos e dos sentimentos neste último exercício? Como as pessoas se relacionaram e conectaram com você? Escreva com suas palavras os resultados que você obteve ao mudar sua fisiologia.

_____

_____

_____

_____

_____

Após fazer esse exercício, você experimentou o poder da sua fisiologia. Você sentiu os efeitos causados por uma fisiologia de derrota em seus pensamentos e seu estado de recurso e, consequentemente, em sua vida real. Também experimentou os resultados produzidos por uma comunicação e fisiologia de alegria e felicidade.

Agora, então, você sabe na prática que quem controla sua fisiologia corporal controla também a própria vida e os resultados.

Em resumo: se *você* muda sua postura, expressão facial, modo de respirar, forma de olhar, falar, sentar, apertar a mão e andar, no mesmo instante você muda também suas possibilidades de conquista e realização.

Se você for capaz de decidir sua fisiologia, independentemente do contexto atual, se você conseguir escolher o que seu corpo vai comunicar, independentemente das circunstâncias, poderá então controlar sua vida.

Lembre-se da matriz ativa de formação de crenças, que diz que a qualidade da comunicação produz a qualidade de seus pensamentos, que, somados à comunicação, produzem sentimentos. E sentimentos recheados de emoções ou repetidos produzem as crenças, que são programações mentais autorrealizáveis que regem sua vida e seus resultados.

Leia e releia a matriz de geração de crenças, ate-a a seu coração e sua mente, pois essa ferramenta é a base do aprendizado humano, a chave da transformação rápida.

POR QUE PESSOAS BEBEM E SE DROGAM?

Pessoas bebem, fumam e se drogam para entrar em um estado alterado de consciência, ou seja, para acessar recursos que, quando estão sóbrias, não conseguem. Elas se drogam para mudar de estado de recurso, mudar a forma como se sentem, bebem para ter algum ganho, fumam para se sentir mais autoconfiantes.

Algumas bebem para sair de um estado de timidez para um de segurança. Outras bebem para ser mais comunicativas e falar em público. Outras bebem para serem mais alegres e afetuosas. Outras cheiram cocaína para se sentirem mais corajosas e capazes.

Seja qual for o motivo, não é necessário beber nem usar nenhuma outra droga para mudar o estado de espírito ou de recurso: basta adequar a sua fisiologia para o estado que se deseja.

Como uma pessoa feliz e alegre se porta? Qual a sua postura e expressão facial? Qual o seu tom e timbre de voz? Se você não souber, basta achar alguém feliz e modelá-lo, ou seja, elegê-lo como um modelo e reproduzir sua forma de se comunicar, pois sabemos que a **comunicação** produz pensamentos, que produzem **sentimentos** e assim por diante.

Em um dos meus seminários de inteligência emocional, uma moça disse que seu noivado estava por um fio, pois ela era muito ciumenta e isso estava destruindo o relacionamento. Então perguntei como ficava sua postura e expressão facial quando tinha ciúmes. Ela descreveu com toda a autoridade e conhecimento de causa: "Primeiro franzo a testa, depois seguro a mão dele com força, faço cara de raiva, e fico atenta para onde ele está olhando, deixo ele ir na frente para poder vigiá-lo e, se suspeito de algo, minha respiração se torna ofegante".

Eu lembrei a ela que seus pensamentos derivam diretamente de sua fisiologia e que, se ela puder mudar sua fisiologia nessas horas, também mudará seus pensamentos e sentimentos. "Como faço isso?", ela perguntou.

Pedi então que ela descrevesse como se comporta uma mulher segura junto ao seu companheiro. Ela começou: "Em primeiro lugar, ela sempre sorri, seu semblante é cordial e alegre, seus passos são livres e firmes, segura a mão do parceiro com carinho e afeto e anda ao lado dele sem ficar atenta para onde ele está olhando".

"Pois é justamente isso o que você precisa fazer para se sentir segura. Basta reproduzir essa fisiologia e esse comportamento que seu estado de recurso acessará de imediato sentimentos de segurança, amor-próprio e independência", afirmei de forma categórica a ela, que perguntou de volta, assustada: "É só isso? Não acredito!".

Ela usou a técnica, e posteriormente eu ouvi seus relatos de como estava completamente segura e sem ciúmes. Quando o ciúme vinha, ela o combatia com a comunicação da Mulher Maravilha, como ela costumava dizer brincando.

SEJA CONGRUENTE

Em um dos meus seminários de liderança, uma gerente que se encontrava refestelada sobre a cadeira perguntou-me com uma voz fraca e inconstante se ela seria uma grande líder e se teria sucesso na vida. Então lhe expliquei: "Fernanda, para que você tenha sucesso, é importante que suas palavras (comunicação verbal) confirmem sua fisiologia (comunicação não verbal) e vice-versa. Se suas palavras não confirmam sua fisiologia, você se torna incongruente".

Ela retrucou: "Sim, o que você quer dizer com isso?". "Bem, você pode entender todo esse conteúdo de liderança, conhecer e repetir cada palavra deste seminário, mas se você continuar com a mesma fisiologia que está agora, refestelada na cadeira, com essa voz baixa de tom monótono e enfadonho e com esse olhar caído, nada que você disser à sua equipe surtirá o efeito esperado, nem para eles, nem para você. Se você quer influenciar e conduzir pessoas a grandes desafios, seja capaz primeiro de influenciar sua própria fisiologia, de mudar a você mesma, tornando-se parecida com suas palavras e objetivos. Aí, sim, todos, e principalmente você, crerão em suas palavras e seus propósitos, todos seguirão suas ideias."

EXERCÍCIO: como sentir-se bem em um minuto

Já sabemos que nossa fisiologia é capaz de produzir efeito imediato em nosso sentimento e estado de espírito. Então façamos um teste.

Levante os braços como quem comemora um gol. Ponha um sorriso de alegria e realização no seu rosto. Erga a cabeça e levante bem os ombros. Dê um grito ou um brado de vitória. Mantendo toda essa comunicação e fisiologia, tente pensar em algo ruim.

Decerto não vai conseguir. Afinal, mente e corpo fazem parte do mesmo sistema cibernético. A mente acompanha o corpo, e o corpo acompanha a mente. Reafirmo que: quando você levantar a cabeça e os ombros, fizer um olhar de alegria e estampar um sorriso, seu foco não será mais no problema, e sim na solução. O medo se transforma automaticamente em fé. O pessimismo vira esperança, e a tristeza vira alegria.[8]

---

8 No livro *O poder da ação* você pode aprender seis padrões linguísticos que alteram positiva e drasticamente a sua fisiologia.

4

REPRODUZA
A EXCELÊNCIA

No capítulo anterior, falamos da comunicação e dos resultados que podemos produzir quando decidimos como e o que comunicar em cada área da vida. O tema abordado neste capítulo está diretamente ligado à matriz ativa de formação de crenças. Aprenderemos a compreender a matriz de pessoas de sucesso, para podermos reproduzir as partes que funcionam da matriz delas. Dessa maneira, geraremos resultados e conquistas muito parecidos com os delas. A essa técnica damos o nome de **modelagem**.

A modelagem envolve a observação e o mapeamento dos processos bem-sucedidos que formam a base para um desempenho extraordinário. Talvez seja difícil entender como uma pessoa pode reproduzir o sucesso de outra olhando apenas para os resultados ou pontos isolados do comportamento dela. Ao mapear seus **comportamentos, pensamentos, sentimentos e crenças** ligados a determinados resultados que desejamos, podemos desmistificar o sucesso, reproduzi-lo e conquistar resultados semelhantes.

Para isso, basta repetir as mesmas estratégias do indivíduo a ser modelado. Infelizmente, muitos optam por espelhar e modelar personagens sem valor e sem bons resultados, ou ainda personagens inescrupulosos de que nossas televisões estão repletas. Quando optamos por espelhar alguém, devemos primeiro ter conhecimento do que queremos para nossa vida e se os resultados dessas pessoas são os resultados que esperamos para nós.

É importante buscarmos as pessoas certas para modelar suas fisiologias, crenças e ideias etc. É importante você saber que não precisa modelar alguém por inteiro: você pode escolher a área de sucesso daquela pessoa para modelar, basta verificar se os valores morais e os princípios que ela usa naquela área da vida são coerentes com os seus.

Lembre-se de que, ao andar e conviver com qualquer pessoa, aprendemos com ela e ela conosco. Em outras palavras, estamos natural e inconscientemente modelando-a. Por isso, muito cuidado com as pessoas com as quais você se permite conviver, pois sempre existirá troca e modelagem.

Como empresário, sou grande admirador do Abílio Diniz. E, como dizem as leis da Programação Neurolinguística (PNL), se você conseguir modelar perfeitamente alguém, poderá acessar os mesmos recursos que essa pessoa e, em consequência, gerará resultados idênticos ou muito parecidos. Entretanto, como eu poderia espelhar e modelar alguém tão distante de mim?

Neste caso específico, comprei o seu livro *Caminhos e escolhas* e pude modelar seus pensamentos, suas crenças e ideias. Assisti a uma palestra dele ao vivo, onde pude modelar sua fisiologia nos mínimos detalhes: gestos, postura, trejeitos, entonação e timbre da voz. Passei a ler reportagens sobre ele, assistir a matérias e entrevistas. Saí desse processo repleto de recursos e me sentindo totalmente capaz de realizar grandes feitos.

Por que não atender ao pedido do apóstolo Paulo, que disse: *"Sejais meus imitadores, tal qual tenho sido de Cristo Jesus"*? Todas as pessoas estão, consciente ou inconscientemente, espelhando e modelando alguém, seja em filmes, no dia a dia, em casa ou no trabalho. Visto que a modelagem acontece de forma natural, vamos então escolher o que vale a pena ser modelado.

Pessoas serenas perguntam-se por que agiram de maneira intempestiva, bruta ou incontida logo depois de verem filmes de violência. Que tal espelhar Martin Luther King em seus famosos sermões e pregações, ou Ayrton Senna, que deixou seu legado em inúmeras entrevistas, depoimentos e corridas ousadas e destemidas?

Se você quer ser um apresentador de sucesso, identifique o apresentador que tem o sucesso que você deseja, compre vídeos com os melhores trabalhos dele e assista várias e várias vezes. Exercite falar como ele, analise a relação dele com a mídia e com o público, a maneira de se vestir. Modele toda a sua fisiologia e, se ele tiver publicações, leia-as.

Assim, você pode conseguir uma experiência muito parecida à do seu modelo e, consequentemente, você se colocará em um estado muito parecido com o dele e se tornará capaz de obter resultados muito semelhantes.

Se seu ideal é empreender um negócio, então quem é o empresário de referência para você? Busque sua autobiografia e faça uma leitura voraz. Consiga vídeos, entrevistas em que ele fale e discurse. Modele-o em tudo que for capaz. Você acessará dentro de si recursos que nunca julgou possuir e será capaz de atingir resultados incrivelmente similares aos dele.

Se você é atleta de vôlei, faça da mesma maneira. Identifique seu jogador-modelo, assista a todos os vídeos disponíveis muitas e muitas vezes e você perceberá que seus resultados serão absurdamente maiores e mais efetivos do que os que você tinha antes desse exercício de modelagem.

Essa ferramenta está ao alcance de qualquer um que se aventure a desvendar e desfrutar de todo o seu potencial. Está disponível para pessoas flexíveis e humildes o suficiente para assimilarem as experiências de outras pessoas e aprender com elas.

Quaisquer que sejam seus objetivos ou desafios, sempre existirá alguém que você pode modelar para alcançar grandes resultados e conquistas.

CASO DA VIDA REAL

No início de minha carreira como treinador e instrutor empresarial, sem saber, usei a técnica de modelagem. Fui a um grande grupo varejista de óculos e joias para vender um serviço de cliente oculto. No entanto, minha cliente disse que, em vez desse serviço, precisava de um curso de atendimento e vendas, e perguntou se eu ministrava algo assim. Sem pensar muito, eu disse: "Sim, com certeza eu ministro".

Acertamos o valor e marcamos o treinamento para quinze dias depois. Por um lado, eu estava feliz, tinha conseguido um ótimo contrato e outra possibilidade de maiores negócios no futuro; por outro lado, estava apavorado, pois, apesar de ter sido vendedor a vida inteira, eu nunca havia ministrado treinamento algum, nem mesmo de vendas. E agora, o que faço?

Intuitivamente fiz uma completa modelagem do que existia de melhor no Brasil e no mundo. Busquei os vídeos das mais renomadas empresas de treinamento em vendas, seus livros e manuais. Lembro que, naqueles quinze dias, assisti mais de oito vezes àqueles vídeos com oito horas de duração cada, e ainda li os livros e decorei os manuais.

Ampliei minha modelagem e fui buscar também a retórica e a didática de um pastor que eu admirava muito. Combinei tudo isso com meus dez anos de experiência em vendas e gerência de vendas. Trabalhei arduamente nesses quinze dias, medi o tempo de cada módulo do curso, avaliei minha performance, reconheci e eliminei todos os meus erros, fortifiquei e inovei os meus acertos. Até que chegou a manhã do 16º dia.

Comecei o treinamento e, ao falar, percebi que os gestos, a entonação e a postura não eram apenas meus, e sim daqueles gênios das vendas que pude modelar. Percebi a retórica e o carisma do meu pastor nas minhas palavras e gestos. Que loucura! Quantos resultados maravilhosos para quem nunca havia ministrado um treinamento sequer em toda a vida!

Eu pus em prática, com maestria e de forma intuitiva, toda a técnica de modelagem – técnica essa acessível a qualquer um que queira fazer tão bem quanto os melhores. Hoje minha equipe de treinadores usa as mesmas técnicas, assistindo aos meus vídeos e DVDs, lendo meus livros, ouvindo meus áudios e CDs e me vendo palestrar e treinar ao vivo. Eles reproduzem, cada vez melhor, os resultados, mesmo sem terem vivido os quase vinte anos de experiência que tenho na área de desenvolvimento humano e profissional.

EXERCÍCIO

Enumere nas linhas a seguir cinco pessoas que valem a pena ser modeladas e, nas linhas ao lado, os resultados ou conquistas que elas tiveram e que você também deseja ter.

PESSOA   CONQUISTA

1. _____   _____

2. _____   _____

3. _____   _____

4. _____ _____
5. _____ _____

Para você modelar aspectos de outras pessoas com maestria e excelência, são necessários dois requisitos fundamentais: o primeiro é a humildade de aprender, ser capaz de reconhecer que existem pessoas à sua frente em algum aspecto e que você tem muito a evoluir com elas. O segundo é a flexibilidade de deixar suas experiências de lado para assimilar as de outra pessoa e, consequentemente, **sentir** o que ela sente, **pensar** como ela pensa e ainda **comunicar** o que e como ela comunica.

Se você preenche esses dois requisitos, parabéns! Um novo mundo de vitórias e resultados extraordinários o espera.

TUDO O QUE COMUNICAMOS PRODUZ RESULTADOS

Antes de entrar no palco, com mais de 3 mil alunos, ou em qualquer situação que precise do meu melhor potencial, a primeira coisa que faço é verificar a minha fisiologia. Se estou com minha fisiologia neutra, terei resultados medianos. Se minha postura está arqueada, cabisbaixa, olhos mornos, certamente terei uma performance ruim.

Assim, eu me certifico de que meu ombro e minha cabeça estejam erguidos, de que meu tórax esteja cheio de ar, meus olhos, altivos, de que nos meus lábios haja um entusiasmado sorriso, de que meus passos estejam firmes e minha voz forte, mas serena. Somente assim, eu me coloco diante das pessoas ou de algum desafio.

Subo ao palco triunfante, certo da minha missão, acesso os meus melhores recursos e comunico o meu melhor de forma brilhante. Contudo, mantenho-me sempre alerta para que a minha fisiologia de vitória e otimismo não passe um ar de arrogância e prepotência.

Ao filmar uma reunião, palestra, aula, apresentação de vendas, conversa com amigos, filhos ou cônjuge, você poderá adequar o estado atual (matriz ativa de formação de crenças) ao estado desejado ou aos objetivos desejados. Se for impossível filmar, grave as falas e trabalhe entonação, timbre e altura da voz, ou seja, modele sua performance tal qual a dos campeões.

A relação a seguir servirá para você fazer uma autoanálise de quais aspectos de sua fisiologia valem a pena ser mudados. Uma boa maneira de fazer isso é você filmar a si mesmo e depois verificar onde sua comunicação e fisiologia são neutras ou mesmo negativas.

Aspectos básicos da comunicação a serem gerenciados:

EXPRESSÃO FACIAL	EXPRESSÃO CORPORAL	VOZ
Olhar	Postura	Palavras/Frases
Sorriso	Gestos	Velocidade das palavras
	Respiração	Volume da voz
		Timbre da voz

EXERCÍCIO

Escolha uma pessoa de muito mais sucesso que você em uma área de interesse que valha a pena modelar. Imite postura, tom de voz, gestos, cordialidade, afeto, olhar e, se possível, respiração, indo até a forma de pensar e de se vestir. Adote fielmente essa nova fisiologia, saia de seu lugar e transite por entre outras pessoas. Mantenha essas características por vinte minutos. Agora, escreva nas linhas a seguir como as pessoas o trataram, como você se sentiu e que resultados obteve.

Se você não percebeu nada de diferente, é porque não modelou com a intensidade nem a qualidade necessárias para produzir os resultados esperados. Assim, volte e repita o exercício com mais afinco.

ALTERANDO A QUÍMICA DAS EMOÇÕES

VÍCIOS QUÍMICOS E EMOCIONAIS

Muitas pessoas se perguntam por que vivem repetindo situações de tristeza e dor ao longo da vida, por que repetidamente se envolvem em discussões e conflitos. Perguntam-se ainda por que seus relacionamentos acabam sempre da mesma maneira e ao final lhes sobra o mesmo sentimento de dor, abandono ou traição.

Outras se perguntam: por que é sempre o mesmo tipo de pessoa que se aproxima de mim e sempre quer as mesmas coisas: tirar proveito de mim? Por que, após um período mais ou menos igual, eu perco meu trabalho e fico desempregado, passando pelas mesmas situações e dificuldades?

São inúmeros os padrões que repetimos durante a nossa existência, como se fossem maldições ou pragas que somos incapazes de quebrar ou desfazer. Algumas pessoas afirmam que estamos aqui para pagar os pecados e os erros de vidas passadas.

Com todo o respeito e amor, entendo de maneira diferente essa repetição de resultados. O que tenho mapeado e confirmado em milhares de clientes treinados no Método CIS® e assistidos com Coaching Integral Sistêmico® é que essas mesmas situações e esses mesmos sentimentos foram corriqueiros na infância delas.

E esses momentos foram tão fortes e repetidos que essas crianças se viciaram nas situações e/ou nos sentimentos provocados por eles e entraram na vida adulta atraindo e repetindo circunstâncias e sentimentos similares.[9]

Já ouvi depoimentos do tipo: "É terrível! Quando está tudo calmo, se alguém não criar confusão, sou eu que acabo sem querer criando momentos de tensão e discórdia". Ou: "Basta eu me apaixonar que deixo de dar atenção e valor à pessoa, e o relacionamento acaba sempre da mesma maneira. E, ao perder essa pessoa, sofro e me humilho, querendo-a de volta".

Nos dois exemplos, os sentimentos que estão sendo vivenciados são apenas a reprodução do que foi vivido na infância, seja o sentimento de raiva, no primeiro caso, seja o de abandono, no segundo.

---

9 Peço que interrompa agora a leitura e procure na internet o curta-metragem *Vida Maria*. Com ele você compreenderá melhor o que é repetição de padrão.

EXERCÍCIO

Vasculhe sua vida e assinale as situações e os sentimentos negativos que sistematicamente voltam para lhe atormentar.

SITUAÇÕES

Abandonar	Problemas de saúde
Acidente	Separação amorosa
Dificuldade financeira	Ser abandonado
Discórdia no lar	Ser enganado
Discórdia no trabalho	Ser humilhado
Humilhar	Ser roubado
Distúrbios alimentares	Ser traído
Perda de amigos	Trair

SENTIMENTOS

Angústia	Mágoa
Ansiedade	Medo
Culpa	Não merecimento
Frustração	Raiva
Inadequação	Remorso
Incapacidade	Ressentimento
Inferioridade	Solidão
Insegurança	Tristeza

Agora, nas linhas em branco, escreva como essas situações e sentimentos negativos atormentam sua vida.

_____

_____

_____

_____

_____

_____

_____

Lembre-se de que nada é por acaso, muito menos coincidência. O padrão repetitivo de homens ou mulheres que você atrai produz na sua vida situações e sentimentos recorrentes. As amizades que você atrai também o levam a situações e sentimentos que sistematicamente se repetem.

Enquanto o que se repete for bom, deixemos como está. Se, porém, as situações e os sentimentos que se repetem ao longo da vida são verdadeiras "maldições" e fazem você sofrer, é chegada a hora de romper com esse padrão e se curar desse vício.

Alguém que não conhece ou não vive o conceito da autorresponsabilidade certamente culpará os "outros" por essas situações e esses sentimentos negativos que se repetem. No entanto, você já passou pelo capítulo da autorresponsabilidade e sabe que nada vai mudar em sua vida até que você mude.

Então, vamos entender mais desses vícios emocionais que se materializam de forma química no nosso organismo e, em seguida, aprender ferramentas para curar tanto o vício emocional como o químico.

NEUROCIÊNCIA E OS VÍCIOS EMOCIONAIS

Vamos então mergulhar um pouco na neurociência para compreendermos como a mente funciona e assim eliminar esses vícios químicos por ela gerenciados.

O primeiro ponto a saber é que nosso sistema límbico é o responsável por nossas emoções e nossos sentimentos. Sem o bom funcionamento dele, não há inteligência emocional e muito menos uma vida equilibrada e de realizações.

Esse sistema é composto por amígdala, hipocampo, tálamo, hipotálamo, entre outros. Mas vamos dar neste momento uma atenção especial ao hipotálamo, que, apesar de ter o tamanho de uma amêndoa, tem importantes funções, como regular determinados processos metabólicos e outras atividades autônomas.

O hipotálamo e a hipófise controlam praticamente todo o funcionamento do corpo, desde a sensação da dor até pensamentos e sentimentos de tristeza e depressão, unindo o sistema nervoso ao sistema endócrino (hormonal).

Dessa maneira, a importância do hipotálamo cresce exponencialmente por regular as secreções neuro-hormonais da hipófise, que, no tocante ao que nos importa em relação às emoções, são responsáveis por agressividade, humor, sensação de prazer sexual, ansiedade, raiva, medo e qualquer outro sentimento.

Um fato de total importância para o Método CIS® e para os resultados humanos, até pouco tempo desconhecido do grande público, é que podemos interferir na secreção hormonal e neuro-hormonal usando apenas a nossa **comunicação**, e assim alterar nossas emoções e sentimentos – consequentemente modificando completamente a nossa matriz de formação de crenças e os resultados por ela produzidos.[10]

A cientista social Amy Cuddy, da Universidade de Harvard, demonstra em seus experimentos que ficar por apenas dois minutos na posição de poder comumente usada pela Mulher Maravilha – ombros abertos, cabeça apontando para o horizonte, mãos fechadas na cintura e pernas entreabertas – eleva o nível de testosterona em 20%. E, com a testosterona aumentada, a sensação de controle e domínio aumenta imediatamente. Como consequência do poder percebido, o nível de cortisol ou hormônio do estresse cai em aproximadamente 15%.

Para podermos interferir diretamente em nossos sentimentos e nossas emoções, vamos conhecer os neuropeptídios ou neurotransmissores secretados pela dobradinha hipotálamo/hipófise. De forma geral, neuro-hormônios são substâncias que levam informações das emoções humanas do cérebro para todo o corpo, fazendo um meio de comunicação do sistema nervoso até os neurorreceptores espalhados em cada parte específica do nosso organismo.

E o mais importante disso tudo é que para cada emoção existe uma combinação específica de neuropeptídios e hormônios. Quando estamos com raiva e prontos para brigar, as suprarrenais produzem a adrenalina, hormônio que nos

---

10 No meu livro *O poder da ação* dediquei um capítulo inteiro a como utilizar a comunicação para alterar nossos pensamentos, sentimentos e, consequentemente, a química do nosso organismo.

deixa preparados para a luta, com contração e explosão muscular aumentadas, ausência de dores no momento da descarga hormonal, aumento dos batimentos cardíacos e do nível de açúcar no sangue, sentidos aguçados e reflexo redobrado. **E tudo isso porque o corpo comunicou uma fisiologia de enfrentamento ou medo.** Assim, em frações de segundo, o corpo é inundado por uma química emocional que deixa todas as células do corpo prontas para o conflito.

As mesmas coisas acontecem no momento da sedução masculina ou feminina, quando hormônios e neuro-hormônios são secretados, alterando a química do corpo e deixando-o pronto química e emocionalmente para a consumação do ato sexual.

Mas o que dá início à produção desses hormônios e neuro-hormônios? O que faz a mente produzir os neuropeptídios e os muitos outros hormônios e seus neurorreceptores é justamente a **fisiologia corporal** (1º passo da matriz) e os **pensamentos** (2º passo da matriz). Isso mesmo: sua expressão facial, sua postura, sua voz, seus gestos, assim como as imagens internas acrescidas do diálogo interno, comandam o hipotálamo no direcionamento hormonal e neuro-hormonal.

Para cada comunicação e pensamento humano existe um correspondente químico. Se você faz cara de tensão, franze a testa, contrai a musculatura, respira de forma rápida e curta, mesmo que nada esteja acontecendo de fato, o corpo produzirá uma nova química.

Da mesma maneira, se em sua mente começam a trafegar imagens de ameaça, medo e angústia, mesmo que elas não estejam de fato acontecendo, toda a sua química corporal será alterada, preparando você para essa pseudorrealidade.

Provavelmente, nos dois exemplos citados, o organismo produzirá o hormônio adrenalina e o neurotransmissor cortisol. Entre outros, cortisol e adrenalina são produzidos em situações de tensão e estresse, deixando o indivíduo pronto para enfrentar ou fugir.

O problema acontece quando substâncias como essas – que em quantidade normal fazem bem e são indispensáveis ao funcionamento do corpo – passam a ser produzidas por muito tempo e em quantidades muito acima do necessário. Elas passam a intoxicar nosso corpo, começam a causar problemas emocionais/comportamentais e depois problemas físicos.

Ao ver um animal (inclusive o homem) se espreguiçando, fato que ocorre em especial pela manhã, entendemos que ele está colocando instintivamente na corrente sanguínea a química hormonal necessária para iniciar o dia. O ato de espreguiçar e contrair a musculatura coloca essas substâncias sob pressão na corrente sanguínea, amplificando e acelerando os resultados.

Esse processo traz a solução para vícios e repetições de padrões do passado: inundar sistematicamente o organismo com outro tipo de química hormonal, levando o corpo à abstinência dos vícios químicos do passado pela introdução consciente e profunda de uma nova química, baseada no coquetel da vitória: **endorfina, dopamina, serotonina** e suas variantes.

Esses três neuropeptídios ou neuro-hormônios fazem parte de um complexo sistema químico que controla boa parte da *psique* humana, como também atividades fundamentais do corpo. Vamos, então, entender cada um desses neuro-hormônios e o que podemos fazer para, deliberada e intencionalmente, abastecer nosso organismo com eles e usufruir os benefícios que podem nos dar.

1. ENDORFINA

O termo endorfina é a união de duas palavras: **morfina**, que é um analgésico, e **endo**, que quer dizer de dentro, ou seja, analgesia que vem de dentro do próprio corpo. A endorfina é um neurotransmissor que ativa os processos neurais, leva essas informações a todo o corpo e as conecta aos neurorreceptores.

A endorfina é produzida principalmente em resposta à atividade física e sexual. Os benefícios primários ao ter o corpo abastecido por essa substância é a sensação de relaxamento e de prazer, além de outros ganhos que relaciono a seguir:

- Melhora a memória;
- Melhora o bom humor;
- Aumenta a resistência física e mental;
- Melhora o sistema imunológico;
- Bloqueia as lesões nos vasos sanguíneos;
- Age no antienvelhecimento, pois remove radicais livres;
- Elimina ou reduz depressão e ansiedade.

Agora, vamos aprender como produzir endorfina em nosso cérebro de maneira rápida e consistente. A primeira forma é a exógena, como atividade física, sexo sem culpa e principalmente o orgasmo. O consumo moderado de alguns alimentos, como café, chocolate e pimenta, também estimula a produção e a liberação da endorfina.

Porém, não é difundido que mente e corpo fazem parte do mesmo sistema cibernético e que uma **comunicação** corporal de alegria e prazer (independentemente da circunstância vivida) ativa a produção desse neurotransmissor. Através da corrente sanguínea, conseguimos conectá-lo a todas as células do corpo que possuem os neurorreceptores específicos.

Simplificando, podemos ativar a produção desse neurotransmissor apenas com os exercícios comunicativos neuroemocionais citados neste capítulo. Com a prática regular e rotineira desses exercícios, mudaremos nossa química corriqueira que correspondia a comportamentos, pensamentos e sentimentos do passado. Assim, curaremos nossos vícios e não seremos mais impelidos a criar situações que nos farão reviver sentimentos negativos.

Reafirmo e ratifico: toda essa explicação científica foi para mostrar que você pode exercer o livre-arbítrio e executar uma rotina de exercícios neurais que o libertarão das limitações do passado e o conduzirão aos seus objetivos. Faça-os e sinta imediatamente os resultados.

2. DOPAMINA

É outro neurotransmissor muito importante e tem como função a atividade estimulante do sistema nervoso central. Cientistas descobriram que o sentimento de amor está diretamente relacionado a partes do cérebro que são "encharcadas" de receptores de dopamina, e altas quantidades de dopamina estão também ligadas a um aumento de energia e sensação de felicidade.

Já a falta dessa substância está diretamente ligada ao Mal de Parkinson, à esquizofrenia e à depressão, como também à dependência de jogos, compulsão por sexo e vício em álcool e outras drogas. Então, se pudermos ativar a produção desse neu-ro-hormônio, muitos de nossos problemas diminuirão ou mesmo desaparecerão, como os citados.

Diferentemente da endorfina, a dopamina tem sua produção estimulada pela manifestação de amor, seja com gestos, palavras ou ações. Como já conhecemos a matriz de mudança de crença, sabemos que tudo se inicia na **comunicação**, que nos faz **pensar** para em seguida nos fazer **sentir**. E é justamente o **sentimento** de amor o grande estimulante da produção de dopamina.

Você já deve ter visto pessoas depressivas voltarem a viver depois de se apaixonarem ou idosos rejuvenescerem com o nascimento de netos e, com eles, um amor sem precedente. Ainda neste capítulo você terá um programa de exercícios diários que estimularão a produção de dopamina.

3. SEROTONINA

Esse neurotransmissor, quando usado nos seus níveis normais, dá autopercepção e capacidade de entender as circunstâncias ambientais, para que nos coloquemos diante delas de forma adequada.

Mas não é por causa dessas atividades que a serotonina é conhecida. Sua fama se dá porque, quando em quantidades insuficientes, ela é responsável por patologias como ansiedade, síndromes do pânico, deficit de atenção, hiperatividade, depressão, obesidade, enxaqueca, esquizofrenia, entre outras.

Diferentemente dos neurotransmissores já estudados, a baixa produtividade da serotonina no sistema nervoso central (SNC) é acentuada em pessoas carentes, solitárias e que não se sentem amadas. A forma de combater baixos níveis de serotonina é a ingestão de alimentos ricos em triptofano, como banana, tomate e chocolate. Fazer sexo e tomar sol também são atividades que estimulam a produção de serotonina.

Assim, se você possui alguém em seu meio com alguma dessas patologias, a melhor coisa que pode fazer é criar meios, comportamentos e circunstâncias para que ela se sinta amada e amparada. Podemos combater depressão, síndrome do pânico e alterações no humor através de antidepressivos. Porém, o que a maioria desses remédios faz é estimular artificialmente a disponibilidade dessa substância nas sinapses neurais, eliminando essa tarefa do hipotálamo, deixando-o dependente dessas drogas para produzir as substâncias até então de sua responsabilidade.

Com o tempo, o usuário de remédio estará possivelmente viciado e incapaz de se autossustentar. Para a produção equilibrada desse neurotransmissor, além do consumo dos alimentos ricos em triptofano, é fundamental dar a outras pessoas o afeto que se espera receber.

Muitas vezes, essa é uma tarefa quase impossível para quem não recebeu amor na infância. Esteja aberto para receber de volta o carinho e o afeto. Sinta que você merece esse amor. Assim, você manterá esse estado, possibilitando que a cura e a produção cerebral de serotonina sejam restabelecidas em níveis adequados.

Como já vimos, para cada fisiologia ou comunicação do nosso corpo, de alegria, tristeza, depressão, vitória, conquista, dor, perda ou qualquer outra, existe uma combinação específica de neurotransmissores que são produzidos e liberados na corrente sanguínea, que nos capacitarão a enfrentar essas circunstâncias. Seja como for, podemos deliberadamente estimular nosso hipotálamo e áreas adjacentes a produzir o coquetel da vitória física e emocional, que são **endorfina, dopamina e serotonina**. Os exercícios que seguem fazem parte desse plano deliberado que você porá em prática para refazer a química do seu corpo e com ela multiplicar seus resultados em todas as áreas de sua vida.

PROGRAMA DE EXERCÍCIOS DIÁRIOS PARA ELIMINAÇÃO DOS VÍCIOS DO PASSADO

1º. Ritual do acordar (assim que despertar)

1. Espreguiçar-se com força e sorrir com intensidade três vezes (ainda na cama).

2. Brado de vitória também na cama três vezes.
3. Depois de levantar da cama, de frente ao espelho, profetizar em voz firme e vibrante as vitórias que terá nesse dia.
4. Ao se arrumar para sair de casa, na janela ou no trajeto para o trabalho, proferir em voz alta quarenta motivos de gratidão.[11] Repita para cada gratidão a fala: "Sou grato por...".

Este exercício em muitos casos é o mais poderoso de todos, primeiro pela disposição orgânica do início da manhã, depois pela introdução das substâncias peptídicas sob pressão na corrente sanguínea.

2º. Ativação do estado de recurso

Comunicar vitória com entusiasmo, como se estivesse comemorando o gol do seu time ou como se tivesse acabado de receber uma notícia muito, muito boa. Esse exercício deve ser feito de três a cinco vezes ao dia com muito entusiasmo.[12]

Observação: é de vital importância que exista a manifestação verbal e física neste exercício. Quanto mais entusiasmo você usar para fazê-lo, mais perto da produção da betaendorfina você estará. Lembrando que a betaendorfina é a mais poderosa variação da endorfina.

3º. Abraço de 40 segundos

Este exercício consiste em dar um abraço respeitoso, assexuado e de entrega total. Importante que esse abraço seja dado pelo menos uma vez ao dia, inicialmente em pessoas com laços consanguíneos ou familiares.

No início, você, como doador do abraço, talvez não esteja acostumado a comunicar amor dessa maneira tão explícita, ou talvez a pessoa que recebe não esteja acostumada a ser amada dessa maneira. Se esse for o seu caso, comece abraçando por dez segundos e depois amplie para vinte segundos, chegando

---

11 Shawn Achor, Robert Emmons e vários outros pesquisadores mostram que pessoas gratas são mais energizadas, emocionalmente inteligentes, tolerantes e menos propensas à depressão, ansiedade ou solidão. Pessoas que, por apenas algumas semanas, treinaram para serem mais gratas se tornaram mais felizes, mais otimistas, passaram a ter um sono de mais qualidade e menos dores de cabeça.

12 Aqui nos detivemos ao estado de recurso de vitória, mas no livro *O poder da ação* você verá de forma detalhada como ativar o estado de recurso necessário para cada momento.

a trinta segundos, até que você conquiste os quarenta segundos de um abraço sem risos, sem brincadeiras e sem subterfúgios, onde doador e receptor possam em silêncio comunicar e sentir o que estão fazendo.

Este exercício é fundamental para combater os males provocados pela baixa produção de serotonina.

4°. Validação 5/5

Este exercício consiste em elogiar pessoas que façam parte do seu ambiente pessoal/familiar e do ambiente profissional. Para que seja válido e produtivo, deve ser feito com respeito e sem brincadeiras. Olhe nos olhos dessa pessoa e teça um elogio puro e simples. Qualquer pessoa tem algo a ser elogiado, mesmo que sua relação com ela esteja abalada.

O termo 5/5 significa que diariamente você elogiará cinco pessoas no ambiente familiar e cinco no ambiente profissional. Esteja atento: quanto mais difícil for elogiar, maior será o seu ganho neural ao fazê-lo e também maior é a sua necessidade. Este exercício tem ação direta na produção de serotonina e endorfina.

A minha experiência com milhares de pessoas mostra que rapidamente você estará apto a diminuir, sob a orientação do seu médico, as drogas para regular humor, combater depressão, síndromes e outros males causados pela falta desses neurotransmissores. Porém, você não deve reduzir ou alterar nenhum medicamento ou droga sem a orientação do seu médico.

Se o seu caso não é dessa ordem, mas, sim, de superação de limites pessoais, eu garanto que, compreendendo este livro, sobretudo este capítulo, e colocando estes exercícios em prática, você terá conquistas imediatas em seu comportamento, sua atitude e seus resultados.

CONCEITOS UNIVERSAIS

A vontade de se preparar deve ser sempre maior que a vontade de vencer. E, para vencer, devemos pagar o preço.

Ao longo dos meus quase vinte anos de vivência como instrutor e coach, conheci muitas pessoas que buscam sucesso fácil, esperam vitória sem esforço ou dedicação. São pessoas que desejam um comprimido milagroso, que, ao engoli-lo, terão todos os seus sonhos realizados. Esperam fazer meus cursos ou processos de coaching e ter a vida transformada sem terem de se esforçar para isso, como aqueles que tomam esteroides e hormônios para ficarem mais fortes porque não querem levantar tanto peso ou treinar mais arduamente.

Lembro que, quando eu tinha 25 anos, estava na academia fazendo musculação havia mais de dois anos, já estava bem forte e até satisfeito. Em um mês de outubro conheci o Albano (vamos chamá-lo assim), um contador recém-separado, louco para ficar forte e curtir o seu primeiro Carnaval solteiro.

Quando ele iniciou a musculação, era magro, realmente magro. Para minha surpresa, em menos de quatro meses ele já estava bem mais forte do que eu e com pelo menos oito quilos de músculos a mais do que quando começou em outubro. E ele realmente teve o Carnaval dos seus sonhos, em uma praia paradisíaca no Nordeste.

Meu encontro seguinte com o Albano foi no hospital. Ele estava com um problema grave no fígado e nos pâncreas, levou meses para se recuperar.

Vejo muitas pessoas ávidas por sucesso, mas nada dispostas a se preparar para atingir os seus sonhos e seus objetivos, seja lendo, estudando, pesquisando sobre o que desejam, seja se dedicando e trafegando o árduo caminho do sucesso. O fato é que essas pessoas não estão dispostas a pagar o preço do tempo, da dedicação e do esforço para realizar suas metas e seus objetivos. Buscam eternamente um atalho para o sucesso; entretanto, se atalho fosse bom, seria o próprio caminho.

Em inúmeras palestras e seminários que ministro a professores e alunos nas universidades, percebo com clareza que o que impera são alunos que buscam o diploma e nem um pouco interessados em adquirir conhecimento. Nas empresas, vejo funcionários interessados nos seus salários e muito pouco em produzir resultados. Nos casamentos, maridos querendo sexo e nada preocupados em serem românticos e conquistadores com suas esposas. Vemos pessoas falando em ter saúde, mas se entupindo de carne vermelha, frituras, gorduras e açúcar.

Pais querem filhos saudáveis física, emocional e espiritualmente mas não fazem nada de efetivo para moldar esses filhos. Lembre-se: a vontade de se preparar deve ser sempre maior que a vontade de vencer. Quando eu de fato decidi ter uma saúde acima da média, a primeira coisa que fiz foi me preparar.

Busquei uma nutricionista, livros, revistas especializadas e cursos. Sabia o que estava fazendo, sentia-me de fato preparado e tecnicamente pronto.

O segundo passo foi pagar o preço. Isso mesmo: o sucesso tem um preço. Ter uma saúde acima da média tem um preço. Para ser promovido na empresa, existe um preço de sacrifício e preparação. Para ser um pai capaz e efetivo, existe um preço de dedicação e abdicação. Ser um marido ou esposa de valor tem um preço, e assim por diante.

No meu caso, eu estou disposto a pagar o preço para ter uma saúde acima da média, uma saúde que me capacite a chegar aos 90 anos, ativo e feliz, correndo e nadando com meus netos e bisnetos, passeando, curtindo a vida com bastante intensidade junto à minha esposa. Então mudei radicalmente minha forma de me alimentar. Passei a comer mais frutas, verduras, legumes, raízes, ovos de galinha, nozes e cereais.

Que maravilha, emagreci 14 quilos em 90 dias! Passei a fazer o que pensei não ser mais capaz. Não tive mais resfriados, dores nas articulações. Minha disposição e vigor físico e emocional dobraram. Foi como se eu estivesse me abastecendo com uma gasolina com altíssima octanagem.

Quando estou na mesa com amigos e eles comem picanhas e lasanhas, eles olham para mim e dizem: "Paulo, isso não é vida. Para que esse exagero? Para que esse radicalismo?." Calmo, eu respondo: "Isto não é um sacrifício para mim. É apenas uma troca: troco o prazer imediato e passageiro de uma picanha gordurosa por uma qualidade de vida melhor e infinitamente superior à sua qualidade de vida daqui a alguns poucos anos", continuo. "Daqui a cinco ou oito anos você me dirá se valeu a pena eu pagar esse preço ou não."

Em resumo: se quer algo de valor na vida, busque conhecimento, preparação e dedicação. Não seja infantil e tolo para mergulhar em um mar revolto sem estar preparado para isso. Estude, leia, converse com quem entende do assunto e quem já experimentou. Depois que estiver preparado e certo do que quer, vá em frente e pague o preço. Pague com determinação e ousadia.

Seja radical na sua investida: muitos vão desmotivá-lo e até tentar sabotar seus planos. Vá nessa nova jornada, sistemática e responsavelmente acompanhando os resultados. Se o que você faz não produz o esperado, faça as mudanças e as correções de rumo necessárias. Entretanto, não esmoreça, não vá para o rol dos desistentes, não seja mais um a começar e não terminar. Cada vez mais são poucas as pessoas que fracassam, e incontáveis as que desistem antes da chegada.

No capítulo sobre autorresponsabilidade me esforcei para incutir-lhe uma nova crença a respeito de que tudo está no seu comando; que você tem o livre-arbítrio e deve usá-lo de forma responsável.

Se você tiver compreendido e internalizado esse conceito/crença através da leitura do livro e da prática das seis leis para a conquista da autorresponsabilidade, terá interferido na sua comunicação verbal e na sua fisiologia. Com certeza também interferiu nas suas crenças de capacidade, fazendo com que sua vida seja redirecionada imediatamente para felicidade, conquistas e realizações.

Vimos no capítulo sobre o poder da fisiologia que, com apenas um sorriso ou uma postura erguida, interferimos em nossos resultados. Vimos que um simples exercício matinal influencia na sua química orgânica e no seu estado de espírito.

Use a autorresponsabilidade como quem usa dignamente o livre-arbítrio que Deus nos tem dado e pratique a fisiologia de sucesso com persistência para que ela vire um hábito. Afinal:

"Por que continuar sendo a mesma pessoa de sempre, se pode ser alguém muito melhor?"

(Richard Bandler)

5

PALAVRAS: PODER DE VIDA E MORTE

O PODER PROFÉTICO DAS PALAVRAS

"A morte e a vida estão no poder da língua; e aquele que a ama comerá do seu fruto."

(Provérbios 18:21)

"Todos tropeçamos em muitas coisas. Se alguém não tropeçar no falar, será homem perfeito e honrado, capaz de controlar todo o seu corpo. Ora, quando pomos freios na boca do cavalo para nos obedecer, controlamos e dirigimos todo o seu corpo. Observe igualmente os navios que, apesar de serem tão grandes e batidos por fortes ventos, são dirigidos para onde queira o impulso do timoneiro em pequeninos lemes.

"Assim também a língua, pequeno órgão, gaba-se de grandes coisas. Observe como uma fagulha incendeia tão grande floresta! Ora, a língua é fogo; pode ser um mundo de maldade; a língua está situada entre os membros do nosso corpo e contamina o corpo inteiro, não só pondo em chamas toda a história da existência humana, mas também sendo posta em chamas pelo inferno.

"Pois toda espécie de feras, aves, répteis e seres marinhos se doma e tem sido domada pelo ser humano.

"A língua, porém, nenhum dos homens é capaz de domá-la completamente; é mal incontido, carregado de veneno mortífero. Com a língua, bendizemos a Deus; também com ela amaldiçoamos os homens, feitos à semelhança de Deus. De uma só boca procedem bênção e maldição. Meus irmãos, não é conveniente que essas coisas sejam assim.
"Acaso pode a fonte jorrar do mesmo lugar o que é doce e o que é amargo? Acaso, meus irmãos, pode a figueira produzir azeitonas ou a videira produzir figos? Tampouco fonte de água salgada pode dar água doce.".

Este texto bíblico foi escrito há cerca de 2 mil anos por Tiago, apóstolo e irmão de Jesus Cristo. Ele retrata o poder atômico das palavras – e quando falo atômico afirmo que a palavra dita tem poder sobre a matéria, criando a realidade reinante.

As palavras podem ser usadas para o bem e para o mal, para abençoar e amaldiçoar. Infelizmente a raça humana as tem usado de forma imprudente e inconsequente, muitas vezes transformando-as em verdadeiras e poderosas armas do mal.

Neste capítulo você é convidado não apenas a silenciar as palavras torpes e inconsequentes, mas principalmente a substituí-las por palavras geradoras de vida.

Vamos a uma reflexão: o que tem saído de sua boca? Quais são as palavras que você mais profere? Qual a qualidade delas? Você fala palavrões? Você costuma xingar, mesmo que por brincadeira? Você faz piadas repetidas com circunstâncias negativas de sua vida? Acredite, a vida que você leva é diretamente proporcional às palavras que você profere, independentemente da sua intenção. Existe um pressuposto que diz que **as palavras são estruturantes**, ou seja, elas estruturam a realidade.

Vamos relembrar a matriz ativa de formação de mudanças. Quando as palavras são **comunicadas (1)** com vigor e repetidamente, elas criarão uma realidade. Com repetição e insistência, a palavra comunicada produz **pensamentos (2)** em forma de imagens internas e diálogos mentais. Depois de a palavra ter sido comunicada e pensada, é produzido o **sentimento (3)** proporcional e decorrente dela. E, como sabemos, todo sentimento perpetuado por comunicação e pensamentos se transforma em uma **crença (4)**.

Cabuuum! Toda crença é autorrealizável, e com ela a realidade se estrutura de forma prática em nosso mundo. Palavras possuem uma carga energética tão poderosa que, se as pessoas tivessem o mínimo de noção, estariam atentas para as brincadeiras verbais mais inocentes.

Palavras são como setas que não voltam depois que foram lançadas, mas podem ser anuladas (se há tempo) quando se lançam palavras novas e engrandecedoras.

Por isso, cuidado com a imprudência verbal!

Todo ser humano tem uma forma particular de falar e prefere certos tipos de palavras e expressões a outros. Entretanto, as pessoas não costumam se dar conta da qualidade de suas falas por não saberem que elas produzirão obrigatoriamente algum fruto, bom ou mau.

Assim, pergunto mais uma vez: qual é a qualidade das palavras que você profere no dia a dia? São boas? São construtoras de uma realidade de felicidade e sucesso? E se você perguntasse a seus colegas de trabalho, eles confirmariam? E com seus familiares, como é a qualidade das palavras ditas por você? Quais são suas declarações rotineiras?

Existem algumas pessoas que escolhem uma área da vida para despejar uma torrente destruidora de palavras negativas. No trabalho, são um exemplo vivo de otimismo e motivação, de suas bocas só saem palavras engrandecedoras e construtivas (criam, desse modo, carreiras maravilhosas no contexto profissional). Já em casa, essa mesma pessoa é o oposto, sempre reclama, critica, cobra e usa as palavras de maneira destrutiva e empobrecedora no contexto de relacionamentos familiares e vida pessoal. Por isso, essas pessoas se dão tão bem no trabalho e tão mal na família.

É claro que o contrário também acontece: pessoas abençoam seu lar com palavras nobres, construtivas e amorosas e destroem sua vida profissional – não porque não tivessem competência técnica, mas por falta de habilidade (emocional) com as palavras no contexto profissional.

Pessoas despreparadas emocionalmente destroem com suas palavras todos os pilares que sustentam sua vida, maldizem os filhos, resmungam a respeito da própria saúde, criticam e julgam parentes e amigos ou ainda se lamentam a respeito de sua condição financeira e carreira profissional. Por fim, blasfemam até contra Deus, dizendo frases do tipo: "Devo ter jogado pedra na cruz". Em quais áreas de sua vida você tem sido imprudente com as palavras?

EXERCÍCIO

Correlacione a atitude verbal negativa no lado esquerdo com a área de sua vida que tem sentido o efeito nocivo dessa atitude negativa. Em que áreas de sua vida você profere as palavras e as atitudes destruidoras relacionadas a seguir?

DECLARAÇÃO VERBAL	ÁREA DA VIDA
Dificuldade	_____
Crise	_____
Problemas	_____
Violência	_____
Traição	_____
Ódio	_____
Mágoa	_____
Tristeza	_____
Desesperança	_____

Tornar-se consciente de falhas e erros é o primeiro passo rumo às mudanças. Assim, depois de você ter feito esse exercício de autoconhecimento, estará mais perto das mudanças que almeja. Caso se julgue muito bom nesse quesito, nada melhor do que pedir *feedback* às pessoas mais próximas de você. Talvez descubra que suas palavras não são tão producentes como acredita.

PALAVRÕES

A Bíblia, para muitos, é um livro sagrado e inspirado por Deus; para outros, é apenas um livro de sabedoria. Onde quer que você se enquadre, este texto foi extraído do livro de Efésios 5:3-4:

> *"Mas a sujeira e toda a sorte de impurezas ou cobiça nem sequer falem entre vós, como convém àqueles que são diferentes dos impuros e pecadores; nem conversas desonestas e obscenas, nem palavras vãs ou chocarrices, coisas essas inconvenientes; antes, pelo contrário, dê ações de graças."*

Essa visão bíblica é confirmada pelo pressuposto de que **todas as palavras são estruturantes**. Como já sabemos, cada palavra dita gera em nossa mente uma representação interna (pensamentos). Se falo a palavra "merda" com frequência, em minha mente será criado e fixado o equivalente a essa palavra, ou seja, vai passar a existir uma representação interna do que eu digo.

Toda representação interna atrai uma experiência externa e real e, à medida que repito essa palavra, minha mente fixa em meus pensamentos essas imagens, ideias e sentimentos, tornando-os parte da minha vida e dos meus resultados.

Já sabemos a consequência dessa atitude verbal: toda representação interna muito repetida tem grande probabilidade de se tornar uma crença – e, depois que uma crença é instalada, ela acontecerá na nossa vida, no plano real. Dessa maneira, alguma área da vida desse imprudente verbal estará uma verdadeira "merda", e com certeza ele se perguntará por que isso acontece.

A resposta é clara e simples: por sua ignorância linguística, por não conhecer como seu sistema límbico funciona e como ele processa suas comunicações. Então, pare de uma vez por todas de falar palavrões, palavras obscenas e bobagens "despretensiosas", pois, quaisquer que sejam as palavras, elas criam a realidade.

Se for comum falar palavrões e palavras obscenas na sua empresa ou na sua casa, se todos que o rodeiam falam, esta é uma boa oportunidade de se diferenciar dos demais, ser positivamente diferente, ser um influenciador positivo no seu meio.

Não seja, entretanto, aquele chato que observa e critica a maneira de os outros falarem, não seja aquele que não deixa passar o menor deslize verbal. Pelo contrário: seja um exemplo silencioso, que através das suas mudanças é capaz de mudar tudo ao seu redor, que através de seu silêncio sábio faz a diferença no mundo.

CANTIGAS DE NINAR OU DE ATERRORIZAR?

Muitas pessoas têm se perguntado qual a origem da baixa autoestima dos brasileiros. Por que tudo o que vem de fora é visto como melhor que o nosso? Por que olhamos com tanto encantamento os feitos dos outros e muitas vezes nos sentimos tão inferiores e não valorizamos os nossos? Afinal, por que tamanha baixa autoestima de um povo com tantas possibilidades e riquezas naturais?

A resposta primal para essas perguntas está na autoimagem do brasileiro, na maneira através da qual ele se vê e se percebe. Afinal, se vejo valor e mérito em mim, agirei de forma grandiosa e honrada. Se vejo em mim incapacidade e falta de valor, agirei de maneira vulgar e medíocre.

Como nada na vida é por acaso, repito uma passagem bíblica que diz: "A *boca fala do que o coração está cheio*". Traduzindo, minhas palavras retratam minhas crenças. O ser humano fala do que já existe dentro dele. Pessoas com crenças de vitória e felicidade vão proferir palavras de vitória e felicidade, o contrário também é verdade.

Quando olhamos para as músicas de ninar reinantes há centenas de anos no Brasil, temos uma ideia de como são as crenças dos brasileiros no que se refere a criação de filhos e autoestima. Vejamos algumas:

> "*Dorme, neném, que a cuca vem pegar, papai foi pra roça, mamãe foi trabalhar...*"

Ou seja, a criança certamente fechará os olhos, com medo, é claro, e acabará dormindo – afinal, as palavras reinantes nessa cantiga de ninar são o **abandono e a traição**, uma vez que o papai foi para a roça, a mamãe foi trabalhar e a criança está entregue ao azar e às mãos da cuca, que vai pegá-la.

> "*Boooooi, boooooi, boooooi... Boooooi da cara preta, pega essa menina que tem medo de careta!*"

Imagine a representação interna que essa criança vai formar em sua mente: um boi, com chifres grandes, com cara preta e assustadora. Mais uma vez ela vai fechar os olhos de medo e logo dormirá. Os pais terão conquistado seu objetivo, mas com efeitos colaterais.

Nessa "ingênua" música, a palavra reinante é apenas o **medo do abandono**. Afinal, não é apenas um boi, devem ser no mínimo três. Como se não bastasse, quem está cantando a melodia de terror e ordenando ao boi para pegar a criança? E, afinal de contas, qual criança não tem medo de uma careta de boi?

A meu ver, uma das piores cantigas de ninar é esta:

> *"A canoa virou, foi deixada virar, foi por causa do Fulaninho que não soube remar. Se eu fosse um peixinho e soubesse nadar, eu tirava o Fulaninho do fundo do mar."*

Percebeu o que vai acontecer com essa criança? Como a mãe do Fulaninho não é um peixinho, ele vai morrer afogado e abandonado pelo cantor da música, que em geral é a mãe ou quem faz a função dela. Mais uma vez, não resta alternativa para a criança que não seja fechar os olhos e, em pânico, dormir.

A tortura emocional recheada de mensagens subliminarmente negativas continua na segunda infância, por meio das cantigas de roda:

> *"Ciranda, cirandinha, vamos todos cirandar (...). O anel que tu me deste era vidro e se quebrou. O amor que tu me tinhas era pouco e se acabou!"*

Sinceramente, é essa a realidade que você quer criar para seus filhos? São essas as mensagens que você quer que eles absorvam ao longo do tempo? Afinal, a repetição dessas músicas gerará representações internas poderosas que vão gerar crenças negativas e limitantes ao longo do tempo e que se manifestarão a partir da infância e da juventude, tornando-se mais forte na fase adulta. Que tal esta?

> *"O cravo brigou com a rosa (...) O cravo saiu ferido e a rosa, despetalada!..."*

Esta outra música mais parece uma história de terror e suspense:

> *"Vem cá, Bitu, vem cá, Bitu (...). Não vou lá, não vou lá, não vou lá, tenho medo de apanhar..."*

Na música "Atirei o pau no gato", não sei se é pior o exemplo da agressão ao pobre gato ou a falha da criança por não conseguir matá-lo, mesmo jogando um pau nele.

Talvez você pense: quando a criança é de colo e não sabe falar, ela só entende a melodia, as palavras destruidoras e negativas passam despercebidas.

É verdade. No entanto, nós, seres humanos, fomos equipados com um supercomputador biológico chamado cérebro, capaz de guardar cada palavra ouvida, cada sensação sentida como se fossem sementes não fecundadas. Quando essa criança adquire discernimento e intelectualidade, aquelas palavras ditas na mais tenra idade vão, inconscientemente, produzir representações internas para depois gerar frutos e efeitos ao longo da vida.

Tudo o que falamos para nossas crianças gera um resultado e um efeito na vida delas, mais cedo ou mais tarde. Então, por que não falar palavras engrandecedoras e cantar músicas que construam, que edifiquem, em vez dessas músicas limitantes e enfraquecedoras tão comuns até hoje? Vamos falar, cantar e declarar conteúdos que gerem representações internas fortalecedoras não apenas para nossas crianças, mas também para nós e para todos os que nos cercam. Vamos mudar o mundo ao nosso redor com nossas palavras e nossas atitudes!

Outro fato que observamos com esse tipo de declaração musical é que elas apenas comprova a forma como fomos criados. Se prestarmos atenção às cantigas e às músicas aparentemente inocentes, perceberemos que elas contêm cinco mensagens principais: **culpa, crítica, medo, acusação e abandono**. E são esses cinco fatores os principais destruidores da autoestima e da inteligência emocional das crianças, que se manifestam com sutileza na fase adulta.

Certamente hoje ninguém canta músicas de ninar ou cantigas de roda para você dormir, mas esta é a sua oportunidade de não usar mais essas músicas destruidoras com seus filhos, sobrinhos e netos. É uma forma de investir no futuro da estrutura emocional de sua família e uma maneira de perceber o tão grande poder que as palavras têm, mesmo disfarçadas em inocentes músicas de ninar.

Por isso, a partir de agora, seja mais autorresponsável, fique atento e alerta ao conteúdo das músicas que ouve, sejam quais forem. Filtre e evite as de mensagem limitante, pessimista, depressiva ou negativa. Lembre-se: nós criamos representações internas (imagens e diálogos internos) para tudo que pensamos, ouvimos e vemos. Se o que chega até nós é de má qualidade, o que sai de nós também será.

PALAVRAS GENERALIZADORAS E EXPRESSÕES POPULARES LIMITANTES

Assim como as cantigas de ninar, que, mesmo com seu conteúdo negativo, são passadas de geração a geração, de pai para filho, existem muitas expressões populares também limitantes que, se repetidas com frequência, produzirão crenças e resultados terríveis.

Escrevo a seguir uma lista de expressões populares limitantes frequentes, e peço que assinale aquelas que você tem o hábito, por menor que seja, de falar. Marque também as que você não fala, mas com as quais concorda e se identifica. Nas linhas que se seguem, escreva alguma expressão limitante que não está na lista, mas que você usa ou com a qual se identifica.

- A água só corre para o mar.
- Filho de peixe, peixinho é.
- Sou batalhador.
- Sou um guerreiro.
- Sou um lutador.
- Pau que nasce torto morre torto.
- Quem tem personalidade não muda de ideia.
- Dinheiro é sujo.
- É mais fácil um camelo passar pelo buraco de uma agulha do que um rico entrar no reino dos céus.
- Sexo é pecado e é obsceno.
- Quem ama demais sofre.
- Muito riso, pouco siso.
- Essas coisas só acontecem comigo.
- Devo ter jogado pedra na cruz, tudo dá errado comigo.
- Que droga...
- Que merda, tinha que ser comigo mesmo.
- Quer ser feliz? Então não case!

- Se algo pode dar errado, certamente dará errado.
- Meu patrão é o que existe de pior.
- Filho é só preocupação e dor de cabeça.
- O que é que me falta acontecer agora?
- Está como Deus quer... (E faz uma fisiologia de tristeza.)
- Pagando as contas, já me dou por feliz.
- Fulano só chegou onde chegou porque...
- Dinheiro na mão é vendaval.
- Homem que é homem não chora.
- Os homens são todos iguais, só muda o endereço.
- Comigo é tudo ou nada.
- Ou é calça de veludo ou bunda de fora.
- Patrões são todos iguais, só querem explorar seus funcionários.
- Não existem funcionários dedicados hoje em dia.
- As mulheres hoje não querem nada sério.
- Família só dá dor de cabeça.
- Ganhar dinheiro está cada vez mais difícil.
- O mundo é injusto.
- A violência está em todo lugar.
- _____
- _____
- _____

Perceba que essas máximas populares são generalizadoras, elas nos passam mensagens de impossibilidade de mudanças e de perpetuação da mesma situação. É importante estarmos também atentos às nossas máximas pessoais negativas, aquelas frases que repetimos com muita frequência, muitas vezes em tom de brincadeira, conselho ou lamentação.

As palavras não voltam vazias e, apesar de parecerem inofensivas, produzirão mensagens subliminares extremamente negativas que atingirão seu hemisfério direito do cérebro, produzindo crenças e resultados também limitantes e destruidores.

Como já vimos várias vezes, faço questão de frisar que **palavras/ comunicação (1)** geram **pensamentos (2)**, que por sua vez geram **sentimentos (3)**, para enfim estabelecerem nossas **crenças (4)** e a vida que levamos. Repito: palavras e expressões negativas muitas vezes são travestidas de brincadeiras, ironia ou deboche, ou ainda acompanhadas de uma fisiologia negativa, de raiva, desesperança ou de tristeza. Seja como for, cuidado para não usar essas expressões sob algum pretexto.

A linguagem falada de um povo retrata a cultura, as aspirações, os potenciais e as possibilidades da massa, da média de todas essas pessoas. Se você se sente confortável vivendo como a massa populacional vive, ótimo, basta ser do jeito que ela é, falar do jeito que ela fala. Caso queira mais de si e da vida, seja verbalmente prudente, uma pessoa capaz de construir um mundo novo ao seu redor por meio de suas palavras, sua fisiologia, seus comportamentos e suas atitudes.

PALAVRAS QUANTIFICADORAS

Falamos milhares de palavras por dia sem nos dar conta do seu efeito e poder de programação em nossa mente e nossa vida. Não nos damos conta de que toda palavra proferida cria e estrutura uma realidade. Esquecemos que palavras têm poder e não voltam vazias.

Dessa forma, o gênero humano continua se amaldiçoando com outra classe extremamente prejudicial de palavras: os quantificadores universais.

Vamos primeiro conhecer quais são as palavras quantificadoras: **tudo, todos, nada, nunca, ninguém, nenhum, sempre, jamais, só**.

Essas palavras são conhecidas como palavras supergeneralizadoras. Quando as usamos, costumamos esquecer as exceções e limitamos nossas possibilidades.

Quando bem empregadas, ótimo. Por exemplo: todos os professores dessa universidade têm mestrado. Se essa afirmação é verdadeira, o quantificador "todos" foi bem empregado. Se, porém, digo que todos os professores dessa faculdade estão insatisfeitos com o trabalho, estou generalizando, e provavelmente isso não é verdadeiro. Quando digo que homem **nenhum** é fiel ou que **todos** os empregados são preguiçosos, estou supergeneralizando e limitando as minhas possibilidades.

É muito fácil perceber as diferenças entre as pessoas de sucesso e as de fracasso. Basta observar suas falas. As pessoas de sucesso raramente usam palavras limitantes e generalizadoras. Já as frustradas, rancorosas ou sem esperança fazem desse tipo de palavras sua regra verbal.

Estive com um jovem engenheiro carioca recém-formado, uma pessoa de elevadíssimo QI, ganhador de prêmios internacionais durante a faculdade, porém cheio de debilidades e limitações emocionais, extremamente crítico e com sua fala repleta de palavras quantificadoras. Vou narrar uma de nossas conversas.

Ele falou: "Paulo Vieira, você viu aquele empresário da construção civil que saiu no jornal? É **sempre** assim: para se ganhar dinheiro, **só** tendo algum esquema". Ele continuou: "Neste país **só** é rico quem rouba".

Eu tentei fazê-lo ver as coisas por outro prisma, usei uma técnica chamada exagero de quantificadores: "Você quer dizer que **nunca** viu **ninguém** em momento **algum** ganhar dinheiro sem roubar?". Ele reafirmou categoricamente: "**Nunca!** Neste país **só** se ganha dinheiro com falcatrua ou esquemas ilícitos. **Todas as pessoas** que conheço que conseguiram ganhar dinheiro fizeram algum tipo de cambalacho. Afinal de contas, por que você acha que ainda não estou rico?".

"Realmente não sei por que você ainda não está rico", respondi. "Ora, é porque não tenho nenhum esquema. Mas, se eu tivesse algum esquema, as coisas seriam diferentes."

Perceba como meu interlocutor insiste em usar esses quantificadores. Ele está certo de que a única maneira para se ganhar dinheiro na construção civil é o roubo. Essa linguagem gera a mesma crença limitante, ou seja, só os ladrões prosperam. A consequência dessa crença é que ele não será capaz de prosperar no seu ramo sem fazer falcatruas, esquemas ou roubos.

Além disso, ele não se responsabiliza, repete que não tem controle, ação ou domínio sobre o próprio sucesso. Isso nós chamamos de falta de autorresponsabilidade, tema do segundo capítulo. Outro caso clássico aconteceu comigo em um shopping da cidade quando encontrei um velho conhecido:

"Oi, Lessa! Há quanto tempo! Como você está? Como estão os negócios?", perguntei. "**Nada** mudou, Paulinho. **Tudo** continua da mesma maneira. O mercado de sorvetes continua difícil, **só** ganha dinheiro quem tem muita produção e uma distribuição muito forte, e para isso é necessário muito capital para investir". Continuou ele: "Ou seja, continuo na luta contra **tudo** e contra **todos**".

Tentei buscar algo bom na conversa: "É, pelo visto as coisas estão difíceis no âmbito profissional. Mas me fale aí. Já casou? Como estão os amores?".

"Também não mudou **nada**. As mulheres são **todas** iguais." "Como assim?", perguntei.

"É o seguinte: as mulheres não compreendem os homens. Elas são muito exigentes, não nos deixam respirar."

Falei: "Lessa, continuo sem entender".

"Paulo, vê se me entende. As mulheres não percebem que **nós, homens,** precisamos sair com os amigos para beber. Que gostamos de ficar na cama o domingo inteiro vendo os esportes e a Fórmula 1 e que à noite é hora do futebol. E justamente nessas horas elas querem conversar!"

Eu disse: "Agora entendo: o problema são algumas mulheres que não entendem os homens".

Ele me corrigiu: "Algumas não! **Todas** as mulheres são assim!".

Foi aí que ficou mais claro o motivo de ele continuar solteiro aos 42 anos. E, para finalizar a conversa e a minha paciência, ele disse: "É por isso que eu sempre gostei de você, Paulinho! Você sempre me entendeu!".

Agradeci o elogio, despedi-me e saí sem rebater os absurdos que tinha ouvido. Afinal, não seria ali, em pé em um shopping, que eu conseguiria fazê-lo entender que ele era o único responsável pela vida que levava, que sua linguagem era limitante e pobre e diminuía suas possibilidades de sucesso e felicidade.

E você, tem usado palavras generalizadoras em sua vida? Fique atento e observe a qualidade de sua linguagem. E, se perceber que tem falhado, mude agora.

AVALIANDO A ESTRUTURA EMOCIONAL DOS INTERLOCUTORES

Como já sabemos, nossas palavras e nossa fisiologia corporal afirmam, confirmam e reforçam nossas crenças. Assim, pela linguagem falada, escrita e corporal podemos compreender a estrutura de crenças de nossos interlocutores. Segue abaixo a avaliação dos dois casos relatados sob o contexto da autorresponsabilidade, da qualidade da fisiologia corporal e principalmente da qualidade das palavras por eles usadas.

AVALIANDO A AUTORRESPONSABILIDADE

Nos dois casos, as pessoas demonstram, por suas palavras, que não são autorresponsáveis profissionalmente. Uma acredita que seu sucesso não depende de si, e sim de algum esquema fraudulento; a outra coloca a responsabilidade pelo seu insucesso na falta de oportunidade ou de capital para investir em sua pequena indústria de sorvetes.

Já sabemos que somos os responsáveis por criar nossas oportunidades; que nossas atitudes e nossas escolhas, estabelecidas por nossas crenças, criam e determinam nossa qualidade de vida. E, no contexto amoroso, o Lessa coloca na mão das mulheres sua felicidade amorosa, espera que elas mudem para que, finalmente, ele venha a ser feliz no amor.

Ele não sabe que, quando mudamos, o mundo inteiro muda ao nosso redor, e, para que as mulheres mudem, ele deve mudar primeiro. Enquanto ele esperar que as mulheres o façam feliz, continuará tendo uma vida amorosa medíocre e solitária.

AVALIANDO A FISIOLOGIA CORPORAL
E O ESTADO DE RECURSOS

Tanto Lessa quanto Carlos não atentam para a própria fisiologia corporal. Eles não sabem que, controlando suas palavras e a comunicação de seu corpo, controlariam também seus pensamentos e seus sentimentos e, por fim, seus destinos.

Ambos riem de suas desgraças e seus problemas como se fosse bonito e bom ter uma vida limitada. Falam com prazer de suas limitações e seus problemas. Quando eu falava de conquistas e possibilidades, eles ironizavam e faziam piada de si mesmos.

Perguntei a Lessa: "E se você conseguisse um dinheiro no banco ou alguém que estivesse disposto a investir no seu negócio, como seria?".

Ele respondeu rindo e ironizando: "Paulinho, da mesma maneira que a água só corre para o mar, dinheiro só vai para quem já tem. Quem colocaria dinheiro na minha fabriqueta de sorvetes? Isso é loucura, não existe essa pessoa em lugar **nenhum** do mundo. Acorda, Paulo Vieira!".

Eu contra-argumentei: "E nos bancos? Eu soube de financiamentos a juros muito baixos".

Lessa rebateu de pronto: "Banco, isso é uma piada!", falou ele, rindo e ironizando novamente de suas possibilidades. "Eles **só** emprestam dinheiro para quem não precisa. Eu prefiro nem passar na porta."

Toda a ironia e o riso eram uma forma velada de se fazer de vítima, uma forma discreta e disfarçada de autocomiseração, autopiedade. Uma forma maldita de se desresponsabilizar por seu sucesso e suas conquistas, de colocar a culpa de seus insucessos nos outros. Afinal, os outros, sempre os outros, são os responsáveis por nossos insucessos, nossos fracassos e nossas frustrações.

Ao analisar de forma mais profunda a fisiologia corporal deles, era totalmente visível o desleixo ao andar, arrastando os pés; os ombros curvados para frente e a cabeça apontando para o chão. Ao falar de problemas e insucessos, uma voz mais forte e segura. Ao falar de sonhos, conquistas e transformação, uma voz fraca e irônica. Como este livro não é para os outros, e sim para você, fique atento à sua fisiologia e atitude. Certifique-se de que não se parece em nada com as pessoas que retratei.

AVALIANDO AS PALAVRAS

Nos dois diálogos, marquei com negrito apenas as palavras quantificadoras, deixando de lado crenças populares limitantes, palavras negativas e mensagens subliminares também limitantes e negativas. Apenas as palavras quantificadoras já são poderosas o suficiente para engessar e travar a vida de uma pessoa. Analisando, encontramos sete palavras quantificadoras no primeiro diálogo e pelo menos nove palavras quantificadoras no segundo, entre explícitas e implícitas.

Como conquistar algo de valor, como conquistar algo grandioso se não domamos nem mesmo a nossa língua? Lembremo-nos da passagem bíblica do livro de Tiago 3:1-12, em que o apóstolo fala: *"Quem for capaz de domar sua língua será capaz de domar todo o seu corpo"*. E você, quanto é capaz de domar e conduzir sua vida a partir de sua fala e comunicação verbal?

NÓS QUEM, CARA-PÁLIDA?

Diz certa piada que Zorro e seu fiel parceiro, um índio apache chamado Tonto, após muitas aventuras em que eles salvavam donzelas indefesas, prendiam quadrilhas de assaltantes e muitas outras proezas no faroeste americano, se viram cercados por centenas de índios que tinham aquela velha mania de tirar o escalpo dos caras-pálidas, que era como eles chamavam os homens brancos. Eles estavam cercados e os índios bradavam gritos de guerra, faziam um grande círculo ao redor do Zorro e de seu amigo Tonto, e, aos poucos, o círculo se fechava. Vendo-se sem saída (e sem a criatividade do MacGyver), Zorro, um homem branco, disse para seu leal amigo índio: "Nós estamos perdidos, amigo Tonto!". Tonto, que por sua vez era índio, e por sinal nada bobo, olhou com indiferença para seu futuro ex-parceiro e disse: "Nós quem, cara-pálida? Eu sou índio!". E abandonou o Zorro, saindo em direção a seus irmãos índios bradando e batendo na boca o tradicional grito de guerra indígena.

O que aconteceu com o Zorro? Ora, eu deixo o final por sua conta. O fato é que a pergunta continua: nós quem, cara-pálida? As pessoas com maiores limitações emocionais costumam se desresponsabilizar pela própria vida usando a estratégia do Zorro, ou seja, colocam os outros na mesma situação que elas.

É muito comum durante o Método CIS® pessoas quererem falar de suas ideias, seus pensamentos, seus sentimentos e, ao verbalizarem isso, falarem "nós". Por que "nós", se a ideia, o sentimento, o pensamento ou a atitude são delas?

Por exemplo: um aluno que era muito explosivo no trânsito me disse: "Você sabe, né, Paulo Vieira, quando alguém nos fecha no trânsito, **nós** logo xingamos e damos o troco". Nesses casos, eu não me contenho e pergunto com ar de brincadeira: **"Nós quem, cara-pálida, que se zanga no trânsito?"**. "Como assim?", retruca o aluno. "Veja bem, você diz que **nós** explodimos no trânsito, e isso não é verdade. Eu não perco a calma no trânsito."

Ele logo se corrige e diz, um pouco constrangido: "É verdade... Quando alguém me fecha, sou eu que fico com ódio, xingo e, se duvidar, chego ao ponto de brigar". De cabeça baixa, tendo se conscientizado do erro, sem ter como se desresponsabilizar pela sua atitude intempestiva e ninguém para dividir a culpa ou a responsabilidade, ele repete baixinho: "É, quando sou fechado no trânsito, eu faço coisas horríveis".

Algumas pessoas, quando confrontadas com o "nós quem, cara-pálida?", tentam reafirmar sua ideia: "Todos aqui nesta sala agimos assim". Logo alguém pula de sua cadeira em defesa própria e diz: "Alto lá, eu não faço nada disso! Se você faz, isso é problema seu!". Aquela pessoa reticente logo percebe que estava no mínimo generalizando, e que nem sentem, pensam ou agem da mesma maneira.

Tome muito cuidado para não cometer esse tipo de erro linguístico. Se você foi ao cinema com dez amigos, é pertinente dizer: "Todos nós fomos ao cinema". Entretanto, seria estranho e provavelmente falso você falar: "Nós todos pensamos como o protagonista do filme". Será que os dez pensam da mesma maneira? Como você sabe? Perguntou a todos? Busque ficar atento a esse vício linguístico quase imperceptível, pois, como já sabemos, a palavra tem poder e nenhuma palavra volta vazia. Todas as palavras geram resultados.

INICIANDO AS MUDANÇAS POR VOCÊ

Nós vivemos inseridos basicamente em dois ecossistemas. O primeiro é o nosso lar, é onde iniciamos e finalizamos o nosso dia, um local de extremo poder sobre nossas emoções e nosso estado de espírito. O segundo é o lugar de trabalho. É lá onde passamos a maior parte do nosso dia produtivos e alertas.

Assim, se buscamos crescimento e maturidade emocional, se queremos de fato desenvolver nossas habilidades emocionais e conquistar uma vida extraordinária, é muito importante que nos responsabilizemos por esses dois ecossistemas, tornando-os equilibrados e harmônicos. Rosas crescem melhor em campos limpos, adubados e preparados. Feijão, mandioca e batata também. E nós? Podemos nos desenvolver em qualquer ambiente? A resposta é: provavelmente não.

Será mais difícil haver desenvolvimento pessoal em um ambiente nebuloso, rancoroso, sem prazer e sem amor. Imagine que você foi domingo ao cinema com os amigos, assistiu a um lindo e comovente filme, teve momentos maravilhosos e, logo na segunda-feira pela manhã, teve que voltar a uma vida de: crianças brigando e chorando, reclamações matinais do cônjuge, cobrança dos parentes, congestionamentos etc. Ao chegar ao trabalho, você se depara com um ambiente de clima pesado, desconfiança, falta de comprometimento e mau humor.

Como obter avanço e conquistas emocionais nesses ambientes? Como ser uma pessoa melhor? Como não ser contaminado pelas circunstâncias cotidianas? Como ser feliz passando quase a metade da vida em um local onde não se sente bem e não tem prazer?

Os que ainda não entenderam o que é autorresponsabilidade, assunto abordado no segundo capítulo e no livro *O poder da ação*, não acreditam que podem mudar o ambiente em suas casas e muito menos no trabalho. Veem-se indefesos e à mercê das circunstâncias. Pode ser que, numa atitude desesperada, tentem mudar seus ambientes, lutem para mudar a cabeça das pessoas com quem convivem – e, se não conseguirem mudar a cabeça dessas pessoas indesejadas, vão tirá-las dos seus ambientes, ou seja, literalmente as removerão da vida.

Já os autorresponsáveis, aqueles que não estão à mercê do mundo nem das circunstâncias, que criam a sua realidade de vida, que não se consideram vítimas sofredoras, mas, pelo contrário, autores e protagonistas da própria vida, para estes, a alternativa é outra: a solução é mudar a si, mudar sua forma de viver e conviver.

Para os autorresponsáveis, a melhor alternativa é assumir a responsabilidade pela qualidade do ambiente familiar e profissional em que estão inseridos e, por meio de suas mudanças pessoais, de sua autotransformação e de sua linguagem e sua comunicação, contagiar o ambiente, enchendo-o de alegria, bom humor, esperança, e levando a todos seu amor e sua atitude positiva audivelmente comunicada – e não com a intenção de mudá-los, para que cada membro atenda a suas expectativas.

A ideia não é comprar a mudança dos outros com a sua mudança. Não é uma troca. Não é toma lá, dá cá. É uma mudança unilateral, despretensiosa e amorosa. É dar sem pedir troco, é mudar sem pedir mudança dos outros. É apenas mudar pela convicção de que é a coisa certa a fazer, mudar somente porque é bom e importante mudar.

Então você pode dizer: "E aí? Eu mudei! E se os outros não mudarem?". Como tenho dito: os outros são os outros e não são um problema seu. Entretanto, quando você muda da maneira que eu falei, tudo muda ao seu redor, tudo se transforma. São como dois átomos, que, quando rearranjados e unidos de modo diferente, formam um novo elemento químico.

O mesmo acontece com duas pessoas que passam a se relacionar de maneira diferente: automaticamente passam a viver uma nova realidade. Quando você consegue viver e conviver no ambiente familiar ou profissional de forma diferente, você se torna um novo elemento, com novas propriedades e ligações e produz novos resultados.

CASO DA VIDA REAL

Relato aqui um caso muito interessante: a história de Bartolomeu e sua família. O pai de Bartolomeu morrera de câncer, o irmão morrera de câncer havia poucos meses e o Bartolomeu também estava com câncer terminal.

Quando comecei o trabalho de coaching com Raul, filho mais velho de Bartolomeu, Raul percebeu que estava tratando seu pai como se fosse seu próprio filho. Raul o tratava como um dependente e muitas vezes como se fosse incapaz. Já a esposa de Bartolomeu, uma bela e sofisticada senhora, ao contrário do filho, tratava o marido com uma incrível superficialidade, pouco diálogo e muita reserva.

A filha, por sua vez, colocava-se de forma alheia à doença terminal do pai e vivia naturalmente, como se nada ou quase nada estivesse acontecendo. Já na primeira sessão de coaching, Raul, filho mais velho de Bartolomeu e seu sucessor direto no grupo empresarial, percebeu que estava aprisionando e sufocando o pai com seu controle e cuidado exagerado.

E não era só o pai que ele sufocava com seu excesso de cuidado e superproteção: ele fazia o mesmo com a esposa, que não conseguia ter sucesso em nada que empreendia. E o mais incrível era que ninguém percebia ou valorizava o esforço sobre-humano de Raul para ser tudo para todos.

Depois que caiu a ficha e ele compreendeu que encarcerava as pessoas importantes de sua vida, resolveu sair de cena e deixar que cada um ocupasse o seu papel na vida e na família. E aí, apenas com a transformação dele, a mãe se colocou como esposa, passou a dialogar mais, participar dos momentos difíceis do esposo.

A irmã de Raul passou a encarar o fato de que o pai estava doente e de que os médicos haviam estimado para ele três meses de vida, e passou a estar com ele em amor, dedicação e companheirismo. Bartolomeu assumiu uma postura mais forte e determinada. O resumo de toda essa história é que as metástases de Bartolomeu reduziram em 95% num espaço de 45 dias, e o que antes eram três meses de vida tornou-se um milagre médico.

Incrível? Sim, mas o que mais impressiona é que apenas o Raul, meu cliente de coaching, mudou, e a sua mudança fez um completo realinhamento em toda a sua família; não promoveu a cura apenas de seu pai, mas de todos, e em várias áreas da vida.

As mudanças não foram apenas na família dele, pois sua esposa, que antes vivia sem a menor responsabilidade, sustentada integralmente por ele desde o noivado, e mesmo assim tratando-o com arrogância e prepotência, tornou-se humilde e participativa, buscando mudanças nela e se responsabilizando pelos seus resultados e seu futuro de uma maneira que ninguém jamais havia visto. Isto é o que chamo de milagre: uma pessoa muda e tudo muda ao seu redor.

> *"Quando alguém muda a maneira de se comunicar com o mundo e consigo, ela própria muda e quando ela muda verdadeiramente, tudo muda ao seu redor. Tudo começa na comunicação."*
>
> (Paulo Vieira)

VALIDAÇÃO, DECLARAÇÃO DE FÉ E BÊNÇÃO

Já falei de mudanças pessoais por meio da conquista da autorresponsabilidade. Expliquei também como mudar a vida com uma nova fisiologia corporal e um estado de recurso de vitória. O momento agora é a conquista de uma nova maneira de falar e se comunicar.

Agora, mais do que uma chave, você receberá três poderosas ferramentas linguísticas para dar continuidade às suas mudanças. São elas: validar, abençoar e declarar fé às pessoas que o cercam e a você mesmo. Como já citei, essas três ferramentas linguísticas são capazes de promover mudanças imediatas e extraordinárias nos seus dois ambientes primais, lar e trabalho. Ao usar essas ferramentas no seu dia a dia, você experimentará uma nova e maravilhosa vida. Vamos à primeira.

FERRAMENTA LINGUÍSTICA 1: VALIDAR

Validar é reconhecer que aquilo que as pessoas **são**, **fazem** ou **possuem** merece o seu elogio verbal. Validar é um ato de amor, humildade e verdade. Validar é reconhecer algo de valor em outra pessoa, por mais simples que seja. A validação é um ato sincero e respeitoso.

O que aconteceria ou acontece quando seu chefe ou mesmo um colaborador para na sua frente, olha nos seus olhos e diz: "Puxa, parabéns pelo seu trabalho. Ficou muito bem feito, e não lembro de ter visto um trabalho com tanta qualidade como o seu. Parabéns mesmo!". Como você se sente depois de ser validado dessa maneira? Seu dia continuaria o mesmo? Certamente não. O poder de um elogio sincero (validação) vai muito além da compreensão racional.

O que acontece se a pessoa que você mais ama interrompe o que está fazendo e diz em alto e bom som: "Estou orgulhoso de você. Você me surpreendeu. Meus parabéns!". É impossível seu dia continuar da mesma maneira, ainda que você esteja habituado a receber elogios. Quando validamos as pessoas ao nosso redor, estamos recriando o nosso ambiente e, sobretudo, criamos um novo relacionamento a partir da mudança da nossa própria comunicação e nossa atitude.

Eu estava fazendo RPG, uma técnica de fisioterapia que baseia seus métodos em alongamento e reeducação postural. Em certa sessão, a fisioterapeuta me elogiou e disse: "Parabéns, hoje suas juntas estão muito mais flexíveis, seus exercícios de alongamento e sua postura estão ótimos!".

Aquela validação entrou na minha mente de forma tão profunda que o que estava bom ficou muito melhor. Inconsciente e instantaneamente minha flexibilidade e postura melhoraram ainda mais. Desde esse dia, minha fisioterapeuta mudou sua estratégia comigo. Tudo é motivo de elogio, desde uma pequena melhora até quando ela percebe um pequeno esforço a mais de minha parte.

Como consequência disso, meu tratamento foi muito mais rápido do que havia sido planejado. Diante de tanto sucesso, indiquei muitos clientes para ela, que havia acabado de aprender a força terapêutica de uma validação (elogio).

Vamos agora colocar em prática essa ferramenta tão poderosa; vamos mudar, ou melhor, transformar nossos ecossistemas com validação e elogio.

Infelizmente muitas pessoas usam as palavras para fazer o contrário, ou seja, invalidar as pessoas. Algumas usam um tom de brincadeira ou piadas "inocentes" para disfarçar suas invalidações.

Outros ainda se gabam de ser sinceros e transparentes e de "dizer tudo na cara", não importando se alguém quer ouvir sua opinião e, às vezes, até ofendendo o interlocutor. Essa atitude de "sinceridade extrema" denota no mínimo falta de educação e no máximo profunda falta de equilíbrio emocional. Essa "verdade" talvez o seja apenas para quem diz, mas não para o resto do mundo. Por isso, muito cuidado com as suas verdades; afinal, é bem provável que elas sejam apenas suas.

Quantos pais são capazes de reconhecer e validar a boa nota do filho e, dessa maneira, aumentar a autoestima e o senso de capacidade e realização dele? Muitos preferem invalidar todo o esforço e a dedicação em busca da nota, dizendo: "Não fez mais do que sua obrigação". E ainda há casos de gerentes e proprietários que, depois de um erro do seu funcionário, afirmam de maneira categórica e rude: "Você não é pago para pensar, e sim para fazer".

Minha experiência pessoal, como coach e como instrutor do Método CIS®, mostra-me que de maneira geral o ser humano tem enorme dificuldade de validar o próximo, e muitas vezes essa dificuldade aumenta quando as pessoas que queremos validar são justamente aquelas que mais amamos. Para facilitar e criar possibilidades e momentos de validação, é interessante percebermos alguns temas de diferentes elogios.

O mais fácil para algumas pessoas é o elogio e a validação pelo resultado, pois é algo palpável e costuma ser o que se espera das outras pessoas. Contudo, podemos ir além desse tipo de elogio, ser mais producentes e não esperar pelo resultado, mas elogiar os comportamentos que direcionam a pessoa ao alvo.

Um ótimo exemplo de elogio pelo comportamento foi o que aconteceu quando minha esposa foi verificar o aprendizado da nossa filha que tinha apenas 6 anos e já teria suas primeiras provas e testes. Ao arguir nossa filha, Júlia, minha esposa percebeu que, mesmo estudando sozinha, ela soube responder a todas as perguntas. Então, imediatamente ela veio a mim para elogiar a performance de nossa filha.

Não perdi tempo, fui até o quarto de Júlia e disse: "Parabéns, filha! Além de estudar sozinha, você respondeu certo a todas as perguntas que sua mãe lhe fez sobre a matéria!". E com mais entusiasmo ainda completei: "Estou muito orgulhoso de você!". Minha filha não disse nada, apenas ficou em pé, abriu mais os olhos, sorriu com os lábios e a alma e consentiu com a cabeça, cheia da certeza de quanto ela é inteligente e estudiosa.

É um privilégio para mim elogiar as pessoas e perceber quanto posso ajudá-las a ser melhores do que têm sido. Percebemos nesse exemplo que, antes do resultado, eu validei o comportamento. E, como você pode imaginar, são os comportamentos e as atitudes que produzem os resultados.

Lembre-se de que você pode transformar seus relacionamentos e seus ambientes de maneira maravilhosa, e para isso basta mudar a sua forma de falar e comunicar. Talvez você se pergunte: tenho de mentir ao validar e elogiar? Não, validação não se baseia em mentiras. Validar é dar valor, trazer à tona as coisas boas que outra pessoa fez, é, tem ou conquistou.

Creio plenamente que todas as pessoas têm algo de bom a ser elogiado, coisas pequeninas ou grandiosas, mas nossas limitações emocionais nos fazem esperar a perfeição do outro para elogiar. Em vez de elogiar cada pequena melhora e avanço, em vez de elogiar o que tem para ser elogiado naquele momento, perdem a oportunidade de ser vetores de transformação humana positiva e assim mudarem o contexto da própria vida.

EXERCÍCIO

Agora vamos usar essa ferramenta na vida das pessoas que nos cercam, para que possamos transformar nossos relacionamentos, melhorar o clima e os ambientes (lar e trabalho) em que estamos inseridos. Escolha três pessoas do convívio pessoal e familiar e três do convívio profissional que interagem sistematicamente com você e que são relevantes nesses ambientes.

ÂMBITO PESSOAL   ÂMBITO PROFISSIONAL

1. _____ 1. _____

2. _____ 2. _____

3. _____ 3. _____

Descreva como está seu relacionamento com cada uma delas.

1. _____

2. _____

3. _____

4. _____

5. _____

6. _____

Agora, escreva nas linhas a seguir como você quer que fique cada um desses relacionamentos.

1. _____

2. _____

3. _____

4. _____

5. _____

6. _____

Para cada uma dessas pessoas, elabore cinco elogios e os diga nos momentos em que estiverem juntos, ou até por telefone, e-mail ou bilhete. O importante é que cada uma delas seja validada por você de duas a três vezes por dia ao longo de uma semana.

1. _____, _____, _____, _____, _____

2. _____, _____, _____, _____, _____

3. _____, _____, _____, _____, _____

4. _____, _____, _____, _____, _____

5. _____, _____, _____, _____, _____

6. _____, _____, _____, _____, _____

O resultado da sua mudança de atitude será uma completa transformação nos seus relacionamentos, na sua performance e na performance das pessoas que você validou. Mesmo que no início você ache difícil elogiar, persista nessa sua mudança comportamental: a prática disciplinada dessa atitude o habilitará a grandes conquistas pessoais e profissionais.[13]

---

13 O trabalho do cientista chileno Marcial Losada mostra, de forma matemática, a importância de validar alguém positivamente para obter o melhor de uma relação (seja pessoal ou profissional). Após inúmeras simulações, ele chegou a uma proporção mínima de três interações positivas com determinada pessoa para cada interação negativa. Essas interações positivas podem ser qualquer tipo de comunicação verbal ou não verbal, desde que seja reconhecida por quem a recebeu como de fato positiva. Esse tema é explicado de forma mais detalhada no livro O poder da ação.

CASO DA VIDA REAL

A história que eu relato a seguir não é uma metáfora, muito menos uma ficção. É um caso real que retrata um momento da vida de Fabiano, um profissional capaz e capacitado, que trabalha na área de recuperação de crédito em um grande banco federal.

Fabiano tinha algumas certezas (paradigmas) profissionais entranhadas na sua mente em forma de crenças; elas eram do tipo: "Só é promovido aqui quem come na mão do gerente"; "Estou numa empresa pública, tenho estabilidade vitalícia, basta empurrar com a barriga que dará tudo certo"; "Por que me esforçar para ser um grande profissional se as promoções aqui não são por mérito nem desempenho, e sim por influência e amizade?". Crenças como essas se mostravam com muita clareza na vida de Fabiano, pois suas palavras, seus comportamentos e suas atitudes confirmavam tais crenças.

Dessa maneira, o tempo foi passando sem mudanças ou grandes conquistas, até que Fabiano buscou um curso de gestão, algo para dar uma leve mexida em sua profissão e carreira. O que ele não imaginava é que não seria uma leve mexida, e sim uma transformação completa na vida pessoal e profissional.

Um dos módulos desse programa de desenvolvimento de gestores e executivos era o curso inteligência emocional para líderes através do Método CIS®. Nesse primeiro módulo, entre muitas outras coisas, ele aprendeu sobre o poder da palavra falada, a fisiologia corporal e como o seu bom uso poderia transformar sua realidade.

Ele acreditou, foi capaz de colocar isso em prática e transformar completamente sua carreira e sua vida. Depois de suas mudanças de atitude e de comunicação, o novo Fabiano passou a chegar à repartição completamente diferente. O sorriso brilhava em seu rosto, e ele chegava sempre um pouco mais cedo para poder visitar seus colegas dos outros setores. Comunicar otimismo e simpatia passou a ser sua marca registrada. Os que conheciam o velho Fabiano dentro do banco no início não entenderam absolutamente nada, era outro homem, não era aquele colega de trabalho com quem muitos conviviam havia mais de quatorze anos.

Seu corpo andava mais erguido, seu olhar, mais altivo e, para cada pessoa, Fabiano tinha uma palavra de estímulo e força. Ele passou a ver as qualidades das pessoas que lhes cercavam e passou a validar, elogiar e reconhecer verbalmente cada pessoa por atitudes, desempenho e qualidades.

Em menos de três semanas, ele havia virado uma referência no banco. A ele recorriam seus colegas, como também seus superiores. Sua mesa passou a ser um local extremamente bem frequentado por todos que queriam algum auxílio. Nem que fosse apenas um olhar, uma palavra estimulante ou um conselho profissional.

Lá se tornou o lugar daqueles que queriam crescimento e ajuda real. Até os depressivos, rabugentos e melancólicos agiam de modo diferente com Fabiano, pois em um ambiente de alegria, vida e amor não há espaço para derrota, negativismo e lamúria.

Os dias correram e, antes do final da quarta semana do treinamento de inteligência emocional, Fabiano foi surpreendido com um convite, ou melhor, uma promoção. A partir daquele momento, ele era o líder de uma carteira de 160 pessoas em todo o estado.

A promoção foi inesperada, foi o reconhecimento da nova atitude de um novo Fabiano, um homem renovado, um homem que aprendeu a se comunicar de modo diferente e fazer da sua comunicação verbal e não verbal uma ferramenta de sucesso imediato.

O texto que segue é uma verdadeira poesia e foi-me enviado por Fabiano depois do módulo de inteligência emocional. Nesse depoimento, ele destaca as ferramentas que aprendeu e principalmente como as aplicou na sua vida. Eis o que ele diz:

"No princípio era o verbo." Sim, o verbo. Há pouco eu tinha muita conversa e pouca ação. Teorias e mais teorias. Por quê?

Não sei. Só tinha um caminho: recomeçar. Recomecei tudo. Não achei tarde. Ruim é não ter a coragem de aceitar o erro e recomeçar/ refazer. Tinha autoestima, mas, se eu conhecesse a concepção de autor-responsabilidade e as crenças que tenho hoje, minha vida seria outra.

MINHA BIOGRAFIA
Falo isso porque a primeira sacudida na minha cabeça, após o início deste curso, foi o fato de fazer a minha biografia. Senti-me olhando

pra mim pela primeira vez. Eu sempre vi o mundo e sabia que estava nele, mas nunca olhei para o mundo tentando me ver dentro dele, focando o olhar em mim. Tive um susto muito grande. Ora parecia que não me conhecia, ora parecia que falava de um herói meu, ora de alguém que precisava ser amparado, ora triste, ora feliz. Foi difícil suportar o aperto, mas suportei. O melhor disso é que aprendi a olhar pra mim e a me ver mais. Internalizei o conceito de autorresponsabilidade...

"Autorresponsabilidade é a certeza absoluta (crença) de que você é o único responsável pela vida que tem levado – consequentemente, é o único que pode mudá-la."

(Paulo Vieira)

Aí o susto foi maior. Quando pensei que havia descoberto a fórmula mágica que era me ver, veio o conceito de autorresponsabilidade. Então voltou tudo na minha cabeça. Eu estava feliz porque havia me notado. Nesse momento eu aprendia a "me ver". Mas daí a começar a pensar sobre onde e por que falhei foi dose para elefante. Até ali eu só contabilizara os sucessos, os acertos. Descobri que eu ainda não era feliz com eles.

Descobri que eu ainda não me sentia realizado. Havia falhas que eu simplesmente escondia. De quem? De mim mesmo. Eu queria que o mundo me visse, não que eu me mostrasse (leia-se o meu mundo). Certa aula alguém me notou calado. Eu estava abismado com o que via, com o que se abria à minha frente a partir dali.

Na mesma noite, comecei a assumir de fato os rumos que eu queria para a minha vida. Dormi quase duas da manhã. Resolvi por e-mail dois problemas que eu já carregava há tempos. Acordei dando bom-dia a todos. Procurei validar pessoas. Olhar para frente. Caminhar sabendo onde estava pisando.

Os dias e as semanas a partir daí foram outros. Validei as pessoas, procurei me utilizar do poder das palavras, quadros mentais, pensamentos positivos, crenças e o que eu tivesse mais direito; abençoei, ri, chorei, me vi etc. Comecei a trabalhar o meu FEIOGRAMA. Tinha que torná-lo BONITOGRAMA,[14] que, cá pra nós, já está bem diferente.

A linguagem avançada, escrita, falada e gesticulada, passou a nortear meu dia a dia. Procurei analisar minhas atitudes, gestos, palavras. Eu já tinha a certeza de quanto isso influi na nossa vida, quero dizer, na minha vida.

Procurei mudar minhas crenças, meus pensamentos, e literalmente empinei o nariz para a vida. Crenças, técnicas para realização de metas, quadros mentais, tudo foi consequência do que se abriu em minha cabeça a partir da definição de autorresponsabilidade. Começar de novo foi a única saída. Comecei e me foi de muito proveito o que aprendi. Procurei não olhar para trás. Afinal, aquele outro Fabiano eu deixei lá no caminho.

Foi a partir dessa mudança pessoal que as coisas aconteceram muito antes do que eu imaginei. Confesso que eu não esperava. As coisas estavam ali na minha mão, mas eu não via.

Por quê? Porque não as busquei. Um projeto de educação de adultos, que eu alisava há um ano e meio, foi resolvido em pouco mais de quinze dias. Eu disse quinze dias. Por que não fiz isso antes?

O meu comportamento no trabalho contaminou todos do meu setor. Sou reclamado quando não dou "bom-dia". A autorresponsabilidade me fez ir buscar um lugar de destaque no trabalho. Se resolvi um projeto em quinze dias, por que não resolvo outro? Parei. Pensei. O que é autorresponsabilidade?

Aí resolvi cuidar de mim e buscar o que eu queria, pois sabia o que era, onde estava, com quem estava, como eu conseguiria. Fui, busquei e arraseeeei. Fui nomeado para um setor. Sou líder de uma carteira com 160 pessoas. Sei que posso, e isso é o bastante. Estou me sentindo vitorioso.

Depois dessas e de outras surpresas, restou a mim uma coisa. Não ter medo de ser feliz. Aliei autorresponsabilidade a crenças e pensamentos produtivos, linguagem avançada, sentimentos elevados, objetivar ações e atitudes etc.

---

14 Na época desse depoimento, nós utilizávamos uma ferramenta chamada bonitograma. Essa ferramenta foi aperfeiçoada e hoje é chamada de Mapa de Autoavaliação Sistêmico® (MAAS®).

"Nossas crenças sobre nós mesmos influenciam todas as nossas escolhas mais significativas e importantes, direcionando todas as nossas decisões e, portanto, determinando a vida que levamos."

(Paulo Vieira)

Passei a crer mais em mim; a traçar metas desafiadoras me utilizando de técnicas para realizá-las. Na realidade, passei a me estimular. A exercitar a minha autorresponsabilidade. Passei a trabalhar a mudança do meu mundo. Passei a me utilizar de todas as ferramentas disponíveis numa linguagem avançada. Passei a conversar comigo mesmo. A ver, analisar e aprender com os meus fracassos anteriores. O erro é uma etapa fundamental no processo de aprendizagem. Os quadros mentais me ajudam a determinar meu comportamento. O cérebro é uma máquina que não pode ser desligada... Se você não der algo produtivo, ele vai fazer alguma coisa, sem se importar se será bom ou ruim.

Daí a importância dos pensamentos positivos, das crenças positivas, das metas desafiadoras e do exercício da autorresponsabilidade. Somos o que pensamos ser, o que buscamos para nós.

"Quadros mentais são uma forma poderosa e rápida de criar novas crenças ou substituir crenças antigas."

(Paulo Vieira)

Outro grande momento do curso me ocorreu quando aprendi a perdoar. Acho que passei a vida olhando os "outros", principalmente aqueles que me fizeram algum mal. Será que eu dei motivos? Será que não? Por que aconteceu isso? É importante para mim sofrer por causa disso? Por que continuar com isso, se me maltrata? Eu mereço? Eles merecem?

O que é perdão?

"É a paz que você aprende a sentir quando libera quem lhe fez um mal. Refere-se à sua cura, e não à da pessoa que lhe fez sofrer. Perdão é tornar-se um herói feliz, e não uma vítima sofredora. Perdão não é desculpar um mau comportamento ou esquecer algo doloroso."

São essas as palavras que me curaram de alguns pesos que eu carregava. Sou muito rancoroso. Descobri que isso nunca me trouxe benefício, ao contrário, sempre me trouxe mais raiva, mais rancor, mais peso. Desejei muito uma terapia a partir daquele dia. Eu precisava aliviar meu coração urgentemente.

Isso porque aprendi que não gostar ou não aprovar algumas atitudes alheias não significa carregar-se de ódio para o resto da vida. Isso me atrapalhou até o dia em que pude notar isso em mim.

Insisto em me dizer rancoroso. Assim me obrigo a me dar atenção nesse ponto e a buscar perdoar coisas que não são de grande importância para a minha caminhada. Encerro o perdão com mais duas frases que estão no manual do curso e na minha cabeça desde que as li:

"O perdão reconhece que não podemos mudar o passado. Não perdoar é viver em função de quem odeio".

Não posso dizer que hoje sou uma pessoa 100%, mas com certeza aprendi que devemos buscar isso todos os dias, toda hora e todo instante, se almejamos o crescimento pessoal. Acredito piamente que cresci e que posso ter um crescimento contínuo. Só depende de mim. Muitíssimo obrigado, Paulo Vieira, espero que estas palavras retratem o que o curso inteligência emocional fez por mim. (Por Fabiano)

Nesse depoimento, Fabiano citou as ferramentas que aprendeu durante o seminário e com as quais você tem contato neste livro. Ele disciplinadamente colocou em prática ferramenta por ferramenta, conceito por conceito, e transformou sua vida em apenas três semanas. Ele compreendeu perfeitamente a pergunta de Richard Bandler: por que continuar sendo a mesma pessoa de sempre, se posso ser alguém muito melhor?

FERRAMENTA LINGUÍSTICA 2: DECLARAÇÃO DE FÉ

A declaração é outra estratégia verbal de valor e resultados inimagináveis que está disponível a todos nós, e que, na verdade, nós já usamos, mas nem sempre da melhor maneira, muito menos em proporções terapêuticas e transformadoras como vou propor a seguir.

Primeiro vamos entender o que é **declaração de fé**. **Declarar** é falar, proferir, afirmar, enquanto **fé** é a crença na realização concreta de algo que ainda não existe. Assim, declarar fé é a afirmação verbal repleta de energia fisiológica e do sentimento de algo que ainda não existe, mas com a certeza de que vai acontecer, independentemente das circunstâncias que o rodeiam. Quando falamos, proferimos palavras ou afirmações e, assim, mobilizamos uma energia sem igual e a colocamos em algum lugar.

Mais uma vez: as **(1) palavras/comunicações** negativas geram **(2) pensamentos** negativos, que por sua vez produzem **(3) sentimentos** negativos, que produzem **(4) crenças** negativas – e toda crença, negativa ou não, é autorrealizável.

Na tarde ensolarada de um lindo domingo, optei por almoçar em um self-service com minha esposa e meus filhos. Na fila para fazer o prato, um garotinho de aproximadamente 5 anos se apressou, foi até a pilha de pratos, pegou um para si e outro para sua mãe. Eu via com clareza que o menino se sentia orgulhoso por ter se antecipado à mãe e já guardara um lugar para ela na fila.

Quando sua mãe chegou, logo depois, com um tom agressivo e intolerante, esbravejou: "Seu abestadão, pegou prato e fila pra que, se não tem nem onde sentar?" E, com um tom debochado e agressivo, concluiu: "Vem logo pra cá, droga!".

Fechei meus olhos, controlei-me e ainda pude ver aquele menino com o semblante caído, ombros arquejados, deixando a fila. Será que aquela mãe sabe que está amaldiçoando o próprio filho? Abafando seu potencial, brio e autoestima?

E você, já fez algo parecido com quem mais ama? Quantas vezes? Qual foi a última vez? Pessoas emocionalmente sábias usam de maneira positiva, construtiva e proveitosa as suas declarações verbais. A quem falta sabedoria, a profecia também faz parte de suas vidas, mas de maneira contraproducente. Já ouvi mães e pais com as seguintes declarações para seus filhos:

"Você não faz nada direito!" "Você só me dá dor de cabeça!" "Ninguém pode contigo!"

"Você é um menino imprestável!"

"Você não vai dar pra nada na vida."

"Filho bom é o do seu Carlos. Você é pura ingratidão." "Não sei por que fui ter filhos."

"Você é preguiçoso."

Quais são os resultados que essas mães ou pais vão obter com seus filhos proferindo essas declarações? Resultados positivos ou negativos? Ou será que essas palavras são inócuas e sem efeito? Claro que não. Cada palavra dita gera um resultado palpável, e palavras malditas geram também resultados negativos e palpáveis.

Talvez você tenha convivido com severas críticas e muitas maldições, mas mesmo assim prosperou. Pode ser verdade, pois muito do que nós somos e vivemos é resultado de nossa angústia interna, da tentativa de provarmos para nós e para o próximo que não somos aquilo de que nos tacharam nem levamos a vida terrível a que nos amaldiçoaram.

Vi muitas pessoas que, durante muito tempo, foram amaldiçoadas como imprestáveis e inúteis por seus pais. Elas passam sua existência adulta se dilacerando física e emocionalmente para não viver as maldições proferidas. Quando, a duras penas, conquistam sucesso, prestígio e reconhecimento, descobrem que mesmo assim não se sentem felizes nem realizadas.

Para que essas pessoas se curem e passem a ter uma vida equilibrada e feliz, elas só precisam recompor sua autoimagem, ou seja, a crença sobre elas mesmas. Já estamos conscientes de como produzir crenças fortalecedoras por meio de nossa comunicação.

O interessante é que muitas pessoas afirmam não usar palavras negativas na sua comunicação consigo e com os outros. E confirmam: "Eu não faço mal a ninguém" ou ainda "Ele sabe que o que falei não é verdade, é apenas a maneira de dizer". Reafirmo: cada palavra dita tem um efeito prático e concreto. Por isso, cuidado com a imprudência verbal, pois ela pode ser fatal.

Gosto de citar, como exemplo disso, o programa Trapalhões. Em 1983, o programa exibiu um especial do quarteto. A história se passava em 2008, ou seja, 25 anos no futuro. No episódio, Zacarias e Mussum fazem o papel de seus próprios filhos; no enredo, os humoristas já teriam morrido e os filhos dos dois lhes prestam uma homenagem.

Como se sabe, de fato Mussum e Zacarias morreram. Contudo, as coincidências não param por aí. Como eles narram: "O tio Didi e o tio Dedé tiveram uma briga e só voltaram a trabalhar juntos agora em 2008". E foi mais ou menos isso que aconteceu. São muitos detalhes mostrados no programa que incrivelmente vieram a acontecer anos depois na vida deles. Para assistir a esse filme e ver todas as profecias autorrealizáveis que foram ditas, basta acessar o endereço www.febra.me/poderealtaperformance.

SAINDO DA MEDIOCRIDADE

Conhecemos o poder que nossas palavras carregam, sabemos que elas podem matar e também salvar, que elas podem amaldiçoar e também abençoar. Então, por que ser morno ou passivo, se podemos construir de imediato novas realidades com nossas palavras? Por que não usar as declarações de fé e as validações para criar uma realidade incrível e maravilhosa na sua vida e na das pessoas que o cercam?

Vamos usar o mesmo poder na ordem inversa, proferindo palavras benditas, palavras construtivas e transformadoras na nossa vida e na vida das pessoas que nos cercam e, a partir daí, criar uma nova realidade, uma nova existência, criar um mundo mágico de uma vida extraordinária.

Vou dar alguns exemplos de pessoas que usaram a declaração de fé para criar algo do nada.

Era sábado, eu havia acabado de ministrar uma aula de formação avançada em gerência de vendas, e Luiza saiu da sala imediatamente. Passaram-se cerca de vinte minutos, eu ainda conversava com alguns alunos quando Luiza retorna esbaforida, com olhar de profunda alegria e vitória. Sem entender, perguntei o que tinha acontecido.

Ela disse: "Paulo Vieira, você não vai acreditar no que aconteceu. Você conhece o meu marido. Ele trabalha naquela revenda autorizada Volkswagen há mais de um mês e ainda não tinha vendido nenhum carro até hoje". Curioso, eu perguntei: "E o que aconteceu?". Ela começou a explicar: "Hoje de manhã, antes de sair de casa, abracei meu marido e, com uma atitude de confiança, olhando nos olhos dele, eu disse: 'Você vai vender dois Gols da cor prata hoje'. Ele, sem entender, perguntou: 'O que é que você está dizendo?' E eu, outra vez, cheia de amor, afirmei com mais força ainda: 'Meu amor, você vai vender dois carros do modelo Gol hoje pela manhã'".

"E sabe o que aconteceu?", ela me perguntou entusiasmada. "Eu posso imaginar", respondi. "Agora pela manhã ele vendeu seus dois primeiros carros, e foram dois Gols, como eu havia declarado, e até a cor foi prata!" Ela continuou:

"Tenho certeza de que foi porque fiz uma superdeclaração de fé para ele hoje. Você tinha razão, é mágico!".

Será que alguém acredita que foi mera coincidência? Se você, leitor, tiver alguma dúvida, experimente declarar fé com entusiasmo na sua vida ou na vida de alguém. Ajude as pessoas que o cercam, ajude-as a criar novas experiências, a conquistar tudo de que são capazes. E, para isso, estou propondo algo aparentemente simples: declarar algumas palavras proféticas na vida delas. Dê essa chance a você.

Em seu círculo pessoal e profissional, você pode transformar o relacionamento e a vida de quais pessoas através desta ferramenta de declaração de fé? Repito: dê essa chance a você. Não a chance de mudar os outros conforme as suas expectativas, e sim de mudar a si conforme a expectativa do amor e do que é certo.

A partir da mudança pessoal, sem pedir troco, muito menos cobrar reciprocidade, você poderá contemplar novos relacionamentos e pessoas surgindo. Mudanças pessoais que envolvem hábitos aprendidos desde a infância nem sempre são fáceis de ser realizadas, por isso insista e persista nesses novos hábitos, pois os resultados serão percebidos.

EXERCÍCIO

Neste exercício, você vai elencar duas pessoas que fazem parte da sua vida pessoal/familiar e duas que fazem parte da sua vida profissional que você queira ajudar com suas palavras proféticas. Depois, você escreverá uma profecia que seja relevante para cada uma delas. De posse da profecia, você ministrará essas palavras na vida dessas pessoas com entusiasmo e fé no mínimo quatro vezes por semana. Entretanto, cuidado para que a declaração de fé/profecia escrita e falada seja de fato importante para a pessoa, atendendo às necessidades dela e não às suas.

Pessoa 1: declaração de fé:

_____

_____

_____

Pessoa 2: declaração de fé:

_____

_____

_____

Pessoa 3: declaração de fé:

_____

_____

_____

Pessoa 4: declaração de fé:

_____

_____

_____

ACONTECEU COMIGO

Vou dar um exemplo pessoal. Há muitos anos, quando minha vida não era próspera e muito menos realizada, uma amiga, de maneira sincera e simples, olhou nos meus olhos e disse: "Paulinho, vejo em você uma pessoa de grande sucesso". Olhei meio incrédulo, e ela confirmou com firmeza e convicção: "Vejo, sim, tenho certeza de que você será uma pessoa de muito sucesso".

Aquelas frases ecoaram em meus ouvidos, ressoaram em minha mente e produziram grandes frutos nas minhas realizações. Como uma semente, que primeiro precisa ser plantada para depois germinar e em seguida dar seus frutos, assim foram aquelas palavras ditas com tanta simplicidade.

Só Deus sabe quanto aquelas palavras me ajudaram em momentos tão difíceis, e por muitas vezes só tive aquela afirmação para me apegar e me manter à tona, com a cabeça na superfície. Foi incrível como elas serviram à minha consciência e inconsciência no atingimento de meu sucesso e minha realização.

AUTODECLARAÇÃO

Quero continuar desafiando-o a transformar o mundo à sua volta, começando por mudar a si mesmo. Para isso, peço a simples prática matinal de declarar fé a si próprio. Ao proferir uma declaração de fé matinal para si mesmo, estará reorientando todo o seu dia na direção de suas palavras, estará se programando com palavras e fisiologia corporal rumo às realizações.

A seguir relaciono algumas declarações matinais que você pode proferir da maneira como estão escritas ou adaptá-las para sua vida e seus objetivos:

EXEMPLOS DE AUTODECLARAÇÕES DE FÉ:

- Acordo para o sucesso e a felicidade. Sou abençoado por Deus e conquisto meus objetivos todos os dias.
- A vitória me pertence, eu tenho energia e Deus me abre um mundo de oportunidades e realizações.
- O meu braço é forte, a minha vinha é frutífera. Meu cálice é transbordante e meus pastos verdejantes. Os poucos reveses que me sobrevêm me ensinam. Com as pedras que me atiram construo meu castelo. Sou vitorioso.
- Eu sou o responsável pela minha vida. Eu tenho escolhas e possibilidades e sei aproveitar cada uma delas com sabedoria. Conduzo minha vida de maneira próspera e feliz.
- Sou uma pessoa amada e próspera, capaz e realizadora. Meus feitos e minhas realizações conduzem minha existência na direção de Deus. Sou abençoado e a sorte me visita a todo instante.
- O amor inunda minha vida, a alegria resplandece em meu rosto. A vida e a prosperidade refletem em minha face. Sou um vencedor abençoado por Deus.
- Sou um grande profissional, meus clientes me amam, confiam em mim e nos meus conselhos. Cada dia que passa minha carteira de clientes aumenta. A cada dia eu prospero mais. A cada dia faço mais e mais pessoas felizes. A cada dia me torno mais realizado e próspero.
- Sou um grande líder, as pessoas me seguem. Sei conduzir pessoas a objetivos comuns, crio uma visão motivadora e instigante. Faço com que as pessoas de minha equipe sejam tudo aquilo que potencialmente são capazes de ser, e juntos realizamos grandes e desafiadores feitos.

Agora é a sua vez. Escreva nas linhas a seguir a sua declaração de fé matinal. Adapte dos exemplos anteriores ou crie a sua própria. O importante é que a leia, de pé e em voz alta, sempre ao acordar, colocando entonação e emoção em cada palavra. Fique atento para que sua declaração de fé pessoal esteja parecida com a sua fisiologia. Você pode imaginar alguém com uma postura de derrota declarando vitória? Seria no mínimo incongruente e ineficaz.

_____

_____

_____

_____

_____

EXERCÍCIO

SUA AUTODECLARAÇÃO DE FÉ

Traga sua declaração de fé escrita em sua agenda, na mesa de trabalho e em todos os lugares de uso frequente. Use-a de maneira irrestrita e constante.

SEJA CONGRUENTE NAS SUAS DECLARAÇÕES E VALIDAÇÕES

Algo que poucos sabem é que nossas poderosas declarações podem ser ditas verbalmente ou por meio de nossos comportamentos e atitudes silenciosas. Assim, quando proferir uma declaração de fé ou fizer uma validação, observe se a sua fisiologia corporal confirma sua declaração verbal. Quanto mais sincronia, coerência e congruência, mais força e poder transformador terá sua declaração.

Tive contato com uma mãe que validava e declarava fé verbalmente ao filho. Ela fazia isso de maneira sistemática, porém os resultados não apareciam na intensidade esperada. Bastou uma conversa rápida com os dois para entender como uma tão poderosa ferramenta não produzia grandes resultados.

Ela cometia dois erros básicos. O primeiro é que validava e declarava fé com a intenção clara e objetiva de conquistar mudanças que interessavam a ela, e não ao filho. Essas ferramentas, para serem bem aplicadas, devem visar às nossas mudanças, não a mudanças nos outros. Assim, a mãe deveria usar a técnica com o objetivo de mudar a si mesma, suas crenças e sua maneira de se comunicar com o filho, e não querer mudar o filho.

Quando essas ferramentas são usadas dessa maneira, existe grande probabilidade de se tornarem instrumentos de cobrança e coação, e acabam tendo efeito contrário. Entretanto, quando mudamos a nós mesmos, e as nossas atitudes por dentro, mudamos nossas crenças, e tudo muda ao nosso redor.

O outro erro da mãe era o fato de que com a boca ela afirmava algo positivo, mas com seu comportamento e sua atitude ela negava suas afirmações anteriores. Com as palavras, ela dizia que o filho era um aluno maravilhoso, responsável e estudioso. Já com as atitudes, ela negava tudo.

Veja como eram seus diálogos: "Lúcio, acorda para ir ao colégio, já são 6h30 da manhã, assim você vai chegar atrasado". Se ela acreditasse que Lúcio era de fato um rapaz responsável, não precisaria acordá-lo e cobrá-lo de seus compromissos – afinal, ele já tinha 17 anos, não era nenhuma criança.

Após o almoço, lá estava ela lembrando que o vestibular estava próximo. E dizia: "Lúcio, se apresse para ir estudar porque seus concorrentes já devem estar na mesa de estudo há horas". Ela não havia dito que ele era estudioso? Então por que mandar-lhe estudar?

Durante a nossa conversa, eu pedi que ela tivesse uma atitude de confiança para com o filho e buscasse, primeiro, acreditar nas próprias declarações sobre ele e parasse de querer mudá-lo. Angustiada e insegura, ela perguntou: "E se ele não acordar para ir ao colégio?". E continuou: "E se ele não estudar logo após o almoço e desperdiçar tempo precioso?". Então, disse que era muito importante que ela fosse coerente, que suas declarações confirmassem suas atitudes, e vice-versa.

Nós fizemos um pacto: durante uma semana ela apenas faria as declarações positivas de fé e deixaria seu filho totalmente livre para fazer o que quisesse. Se ele quisesse estudar, ótimo; caso não, ela continuaria apenas declarando fé, sem cobranças, muito menos imposições. Também não mais o acodaria para ir ao colégio, afinal, ele tinha o próprio despertador ao lado da cama. Acordar ou não para ir à escola ficaria também por conta dele durante aquela semana.

Como esse jovem se comportou diante da liberdade somada de fortes e verdadeiras declarações de fé? Esse rapaz passou a estudar muito mais, também passou a acordar sozinho para ir ao colégio. A mãe pôde contemplar grandes mudanças em si e em seu filho.

Ele deixou de ser um menino controlado e dirigido pela mãe e passou a ser um rapaz tal qual as declarações proferidas por ela: responsável, estudioso, enfim, um rapaz maravilhoso. Lembre-se de que as mudanças só ocorreram nele porque sua mãe desistiu de tentar mudá-lo e passou a trabalhar as mudanças nela mesma e, sobretudo, passou a acreditar no que ela própria dizia sobre o filho.

Entretanto, vamos imaginar que o filho não estudasse e também não acordasse para ir ao colégio. O que fazer nesse caso? Já sabemos que criticar, reclamar, julgar, se fazer de vítima ou justificar os próprios erros não produzem resultados consistentes ou positivos. Contudo, orientar, dar sugestões e fazer perguntas poderosas a esse jovem podem ser uma forma eficaz de deixar que ele assuma o comando da própria vida. E, se tudo isso ainda não der certo, é muito eficiente deixá-lo assumir a responsabilidade por suas escolhas.

Quando ele sofrer com suas más escolhas, é fundamental que a mãe não o condene nem o critique, e sim esteja ao lado dele para apoiá-lo nas novas decisões e escolhas que o levarão para outro lado, deixando-o assumir a responsabilidade pelos seus resultados negativos.

DECLARANDO FÉ PARA RECÉM-NASCIDOS E CRIANÇAS

Duas amigas que trabalhavam na mesma empresa estavam grávidas e tiveram duas lindas meninas. As duas crianças nasceram em um ótimo contexto financeiro e social, na mesma cidade e na mesma época, apenas com quinze dias de diferença.

Com sete dias de nascida, Juliana (vamos chamá-la assim) foi visitada pela outra família, onde estava prestes a nascer Eduarda. Depois de conhecer a neném, o lindo quarto decorado, os pais estavam conversando, quando o pai da recém-nascida disse: "Minha filha é muito inteligente, ela percebe tudo o que acontece, ela sabe o que quer, ela é incrível".

A mãe de Eduarda, que é psicóloga, sorriu com ar irônico ou incrédulo e questionou o pai coruja: "Lauro, é impossível alguém afirmar que uma criança com sete dias de nascida seja inteligente ou não. Existem testes e exames para afirmar algo assim". Ela continuou: "Como você pode afirmar que sua filha é assim tão inteligente?".

Lauro, com um sorriso no rosto, disse: "Olha, é fácil afirmar que minha filha é muito inteligente. Quer ver?". E mais uma vez, com simplicidade e certeza, Lauro olhou para a filha e declarou: "Filha, você é muito, muito inteligente. Viu como é fácil dizer algo assim?".

Mais uma vez ela riu. Para ela, a afirmação não fazia o menor sentido, muito pelo contrário: a psicóloga, mãe de Eduarda, fazia diariamente o oposto, transportando todos os seus medos, suas inseguranças e suas angústias para sua pequenina ainda no ventre, através de suas declarações e atitudes.

Por já ter uma idade um pouco avançada, a mãe de Eduarda fez todos os exames para certificar-se de que a criança era saudável. Ela compartilhava esse medo com todos e a todo momento. Ela não foi a apenas um médico, mas a quatro deles procurando por alguma doença que sua filha pudesse ter. Ela só parou quando o pediatra de sua primeira filha disse em tom grave que ela fazia mal a si mesma e ao neném em sua barriga.

Os dias se passaram, Eduarda nasceu e as diferenças entre as duas crianças só aumentavam com o tempo, a ponto de a mãe de Eduarda levá-la ao neurologista para saber se a filha era normal, tamanha a diferença do desenvolvimento entre as crianças. Juliana, que nascera primeiro e cujos pais declaravam fé positiva constantemente, obtinha conquistas precoces: começou a andar aos 8 meses, aos 6 meses ficava em pé e engatinhava, falou "mamã" e "papá" com 5 para 6 meses. Desde os 6 meses sabia a sequência das músicas dos CDs infantis e também reconhecia as coreografias das músicas nos DVDs.

Enquanto isso, Eduarda ficou em pé apenas com 1 ano e 2 meses, e somente quando tinha 1 ano e 4 meses começou a ensaiar os primeiros e tímidos passos. Já Juliana, com 1 ano e 3 meses, gostava de passear independente no shopping, sem dar as mãos aos pais.

Juliana, com apenas 1 ano e 6 meses, dominava um vocabulário farto e construía frases, usava o plural, fazia concordância, entendia tudo que as pessoas falavam e já contava até 10. Em contrapartida, Eduarda continuava a se desenvolver lentamente, apenas balbuciando.

O que as duas crianças têm em comum? Ambas refletem as declarações verbais e atitudinais de seus pais. Talvez algum leitor se pergunte como uma declaração de fé que diz que uma criança recém-nascida é inteligente pode fazer efeito se ela não entende nada do que é dito nem sabe o significado das palavras.

A resposta é simples: toda afirmação, seja declaração de fé, validação ou qualquer palavra dita, gera dois resultados: um é afirmar algo a alguém, e o outro e mais importante é afirmar para si mesmo. Quando os pais de Juliana faziam suas declarações, eles estavam na verdade se convencendo de que sua filha de fato possuía aqueles predicados e, à medida que repetiam isso, eles próprios passavam a acreditar mais nas suas declarações a respeito de sua filhinha e a tratá-la como tal.

Assim, passaram a crer nos potenciais da criança e, dessa forma, todas as suas atitudes e escolhas conduziram a filha para o desenvolvimento. O fato é que, consciente ou inconscientemente, eles passaram a estimular e desenvolver a inteligência de Juliana.

O OBSERVADOR CRIA A REALIDADE AO DECIDIR COMO OBSERVÁ-LA

Um consultor israelense naturalizado americano tem viajado o mundo ensinando algo que ele chama de profecias autorrealizáveis nas organizações. Ele diz em seus seminários e em suas palestras que todo funcionário reflete profissionalmente o que seus líderes pensam e declaram sobre eles, seja uma declaração verbal, seja comportamental. Assim, o líder "cria" seus liderados a partir das crenças que ele possui sobre sua equipe – algo também explicado pela física quântica:

> *"Minha decisão consciente sobre a forma como vou observar um elétron irá determinar-lhe as propriedades e posições (...) O ato de observar se confunde profundamente com a criação da própria realidade que observamos (...) O elétron não possui propriedades objetivas que independam da minha mente."*
>
> (Fritjof Capra e Brian Greene)

Vamos exemplificar: certa vez o exército norte-americano fez um experimento. Recolheu em vários quartéis soldados medianos e medíocres e os mandou para outro estado, onde não eram conhecidos, para que integrassem outro batalhão. Nas suas fichas de transferência, foi escrito que eles eram a elite dos soldados americanos, soldados de destaque técnico e comportamental, capazes de enfrentar qualquer situação. Com tantas referências positivas e não conhecendo o passado dos novos soldados, seus novos superiores os trataram com toda a deferência, crendo que ali estavam de fato os melhores soldados dos Estados Unidos. E, por incrível que pareça, a maior parte desses soldados que antes eram medianos tornou-se de grande destaque em seu novo batalhão. Eles passaram a refletir as expectativas que seus superiores tinham sobre eles.

Da mesma maneira, a declaração de fé serve para quem recebe e principalmente para quem profere. Casos parecidos já foram verificados inúmeras vezes em colégios, quando, por exemplo, um professor recém-contratado é avisado de que a turma para a qual vai lecionar é composta pelos melhores e mais inteligentes alunos. Contudo, a verdade é que essa turma é problemática, com péssimas notas e terrível comportamento, o pesadelo de todos os professores que haviam passado por ela. Apenas pelo fato de o novo professor acreditar que se trata de uma turma muito boa, ele passa a tratá-la com declarações positivas e atitude conforme sua crença. A turma reage positiva e proporcionalmente ao tratamento que recebe, passando a ter desempenho e resultados que jamais tivera. E, quando a direção do colégio mostra o desempenho e o comportamento anteriores daquela turma, o professor mal pode acreditar.

Alguns grandes profissionais, extremamente respeitados em seus trabalhos, quando estão com suas famílias assumem postura infantil e submissa. Por quê? Será que essa pessoa é hipócrita, fraca ou tem duas personalidades? Provavelmente não. Ela apenas está refletindo as crenças que sua família traz sobre ela desde a infância, não importando se amadureceu e mudou.

Assim, exerça o livre-arbítrio de Deus e declare o que é bom, valide o que é verdadeiro e construtivo, o que é edificante e puro. Declare o que faz bem a você e aos outros, e então você perceberá que sua vida e seu mundo seguirão o mesmo caminho.

Quero lembrar que a boca e o corpo comunicam o que já existe na mente. Assim, nós vamos agora nos responsabilizar por nossos pensamentos e seus efeitos.

O que nós pensamos repetida e emotivamente gera palavras, que alimentam sentimentos e refletem uma fisiologia correspondente aos nossos pensamentos, gerando as crenças que conduzem nossa vida.

Por isso, gerencie seus pensamentos, porque, se você não tomar o controle de sua mente, alguém ou alguma circunstância o fará por você.

"Tudo o que é verdadeiro, tudo o que é respeitável, tudo o que é justo, tudo o que é puro, tudo o que é amável, tudo o que é de boa fama, se alguma virtude há e se algum louvor existe, seja isso o que ocupe o vosso pensamento."

(Filipenses 4:8)

O SELECIONADOR: MATRIZ PASSIVA DE FORMAÇÃO DE CRENÇAS

Conforme a Matriz Passiva de Formação de Crenças, vista no quadro a seguir, todas as informações que nos chegam através da visão, da audição e da sinestesia/sensação passam por nossos filtros de crenças e valores e geram uma experiência interna, repleta de **pensamentos** (imagens, diálogos internos) e **sentimentos**, que por sua vez produzem um significado único e individual. Quando me refiro a significado único e individual afirmo que o mesmo acontecimento, ocorrido com duas pessoas diferentes, pode produzir dois significados totalmente diferentes.

Um exemplo foi o caso de um acidente com dois amigos que voltavam de carona da faculdade. Apesar da gravidade do acidente, os dois tiveram apenas escoriações leves. Contudo, o significado do evento foi distinto para eles: um se achou a pessoa mais afortunada do mundo por ter escapado ileso de um acidente tão grave. O outro, porém, ficou traumatizado e com medo de andar de carro. Para ele, pegar carona, nem pensar. Uma informação, um acontecimento, mas com significados completamente diferentes.

Voltando para a Matriz Passiva de Formação de Crenças, vemos que o significado, dependendo da sua intensidade emocional, produz uma **opinião ou senso**. Se essa informação for sistematicamente repetida ou intensificada, a opinião ou senso vira uma **convicção**, que, da mesma maneira, se for mantida ou intensificada emocionalmente, se transformará em uma **crença**. E sabemos que toda crença é autorrealizável e produzirá um resultado proporcional.

POR QUE SER SELETIVO

Quando falo sobre essa questão de selecionar as informações que nos chegam, eu me refiro a tudo o que não faz bem, tudo que enche nossa mente de **pensamentos** ruins e consequentemente de **sentimentos** ruins. Quando digo que não costumo ver telejornais e que seleciono as matérias que me interessam nos jornais de circulação aberta, pessoas se manifestam na plateia e dizem que são obrigadas a assistir os telejornais com a desculpa de estarem bem informadas.

O fato é que até hoje não vi ninguém que realmente precisasse se contaminar todos os dias com essas mídias apocalípticas e sensacionalistas, a não ser jornalistas ou pessoas ligadas de maneira direta à comunicação de massa. Sou consultor e palestrante nacional e internacional e nunca fui surpreendido por desconhecer algum assunto, de fato, relevante. Algumas pessoas que não me conhecem dizem que devo ser alienado.

A pergunta é: quem é alienado? A pessoa que se sujeita e se expõe a todo tipo de informação, sendo ela de boa ou má qualidade? Ou a pessoa que filtra, qualifica e escolhe o que lhe chega à mente e ao coração? Pessoas seletivas recusam-se a dar ouvidos à mídia sensacionalista e a programas que desvalorizam e vulgarizam o gênero humano. Elas escolhem com quem saem e os ambientes que frequentam, elas selecionam como, com quem e de que maneira vão viver.

Isso não é alienação, é sabedoria. As informações viciadas, negativas e inúteis nos chegam numa velocidade assustadora e por todos os lados, se assim permitirmos. Então, cabe a cada um, de maneira autorresponsável, defender-se e proteger seus **pensamentos** e **sentimentos**, pois eles produzirão suas crenças.

Quando sinto a necessidade de me aprofundar em algo, vou à internet e leio o que me interessa, não o que interessa aos outros. Sou eu o responsável por meus pensamentos e meus sentimentos; assim, sou eu que seleciono o que me faz bem e o que me faz mal, o que me faz acessar meus melhores recursos internos.

Por favor, não me venha dizer que consegue assistir a um telejornal que mostra três sequestros, um deles com morte, crianças morrendo de fome, políticos corruptos e impunes, catástrofes climáticas, tráfico de drogas e outras desgraças sociais sem que isso tudo lhe prejudique nem afete seu estado de espírito. O ser humano só não é influenciado negativamente por essa torrente de informações negativas se já for uma pessoa negativa ou estiver no mesmo nível emocional das informações que chegam até ele.

Certa vez, uma pessoa, sabendo que não sou adepto de noticiários e derivados, perguntou se eu tinha visto aquele acidente em que a ponte havia partido e um ônibus cheio de romeiros caiu no rio. Eu respondi que não. Ele logo deu sequência e me perguntou se eu havia visto o sequestro de certo empresário e eu disse que tinha apenas ouvido falar, mas não sabia nenhum detalhe, estava ciente apenas de que ele tinha sido libertado pela polícia.

Ele sorriu e disse: "Você está por fora mesmo! O empresário foi resgatado em um sítio na Grande São Paulo, e no cativeiro foram encontradas mais duas pessoas. Elas estavam todas em um minúsculo buraco, sem as menores condições de higiene e à base de pão e água. E o pior de tudo é que você não sabe de nada do que está acontecendo!". Com um ar de compaixão, concordei. "Verdade, realmente sei muito pouco ou nada desse tipo de informação..." Ele continuou: "Era uma quadrilha composta e liderada por policiais militares".

Antes que ele continuasse, eu o interrompi e perguntei-lhe: "Qual é a novidade em pessoas serem sequestradas?". Ele retrucou: "É importante saber que existe violência". Eu interrompi mais uma vez, só que desta vez com menos paciência: "O Abílio Diniz foi sequestrado na década de 1980; Helena de Troia, que na verdade era Helena da Grécia, foi sequestrada, como narra a mitologia grega, há milhares de anos. A fome também sempre existiu e não é nenhuma novidade. Policiais corruptos, acidentes de carro, avião ou navio também. A minha pergunta para você é: o que você tem feito na prática com todas essas informações negativas, destrutivas e depressivas? Qual a atitude, realmente proveitosa para você e para o mundo, que você toma depois de ver tanta tragédia? Afinal, informação só tem proveito quando acompanhada de ação".

Nesse momento ele se calou e não soube o que responder. "Se você não tem o que dizer, eu tenho", falei em um tom enérgico e severo. "Eu não preciso me contaminar diariamente com notícias que falam de violência nem de desigualdade social para agir ou fazer a diferença no mundo ao meu redor. Agora, me diga, de que adianta ter tantas informações se elas não o fazem agir para melhorar a sua vida e das outras pessoas?"

Sem palavras ele estava, sem palavras ele permaneceu. E a proposta que fiz a ele, eu a faço também a você, leitor: dê-se uma chance, passe apenas sete dias sem ver nenhum telejornal, sem ler as matérias negativas nos jornais de circulação diária. Você verá como seu astral e seu estado de espírito estarão revigorados.

Estou certo de que você se tornará muito mais sensível e atuante, não estará mais anestesiado diante dos problemas, deixará de viver de maneira passiva e passará a ser o protagonista do mundo que o rodeia. Seu otimismo e sua esperança aumentarão, você vai falar de vida e possibilidades, não de mortes e calamidades. Suas ações serão mais concretas e você agirá na sua zona de influência, fazendo e sendo tudo que é potencialmente capaz. Tenho certeza de que você será uma pessoa muito mais autorresponsável e muito mais feliz.

Quando falo da nossa responsabilidade em selecionar, não me refiro apenas aos noticiários, mas também a uma série de programas, novelas e seriados, pessoas e ambientes que transformam o que é anormal em normal e fazem parecer que é correto ter uma vida desequilibrada. Por exemplo: soube de uma novela em que a esposa traía o marido com o motorista, que, por sua vez, era casado e traía a esposa dele também com a copeira da casa e ainda com outra mulher.

Em uma cena na qual a patroa e o motorista estavam em um motel, a mensagem dada pela artista foi clara: "Se seu marido não dá conta do serviço, não seja boba e infeliz, traia, pois é isso que ele merece". Ela não orientou nem aconselhou os milhões de telespectadores a buscarem o diálogo, ajuda profissional ou literatura especializada para que restaurassem o casamento. A mensagem foi apenas uma: traição.

Em outra novela, as pessoas ridicularizavam as meninas que ainda não tiveram experiências sexuais, como se a virgindade fosse algum pecado ou doença contagiosa.

Nos anos 1990, contemplei envergonhado e perplexo o Brasil colocando suas crianças e pré-adolescentes para participarem de concursos daquela dança na "boquinha da garrafa", em que crianças, usando um fio dental, dançavam de forma erótica, para não dizer pornográfica, e iam ritmicamente se requebrando e se agachando até derrubar uma garrafa. Essa dança, divulgada pela mídia e apoiada pela sociedade, aconteceu por mais de um ano, até que finalmente o juizado de menores proibiu a existência da garrafa e que as crianças usassem biquínis fio dental durante as danças na televisão.

O pior ou mais absurdo é que pessoas intelectualmente cultas defendiam essas atrocidades. "Os tempos mudaram", diziam. O que dizer, então, dos sucessos de hoje? Quem são as "novinhas" de que falam as letras? O que se ensina para nossos adolecentes, quando aplaudimos esse tipo de música?

Em um programa focado no público adolescente, que ainda passa nas nossas tardes televisivas, fiquei estarrecido com a conversa das meninas com idade em torno de 14 anos: "Fulana, você tem camisinha?". "Não", respondeu ela. Imediatamente todas as outras meninas criticaram-na, pois naquela idade já era um absurdo não ter camisinha na bolsa. "Afinal, sexo pode rolar a qualquer hora."

Elas diziam essas coisas como se fossem mulheres experientes e muito vividas. Eu fiquei confuso. Afinal, qual era a real motivação do autor? Estimular o sexo vulgar, com qualquer um, a qualquer hora, a qualquer idade, ou dizer para as jovens que devem fazer sexo seguro? Para mim, o que ficou claro foi a banalização do sexo. E o pior: estimulando o sexo sem amor, o sexo irresponsável, aquele que deixa arrependimento e mais carência no coração e na mente de nossas "pós-crianças".

Por isso, temos o direito e o dever de selecionar o que nos chega. O que é lixo, mande para o lixo. Pessoas que conhecem o seu valor próprio sabem selecionar o que lhes faz bem e o que lhes faz mal. Use o livre-arbítrio e colha os bons resultados de ser um selecionador consciente.

SELECIONANDO PESSOAS

Quando falo em conquistar uma estrutura emocional sadia e próspera, lembro logo aquela máxima: "Diga-me com quem tu andas e direi quem tu és". Você pode estar certo de que pessoas equilibradas andam acompanhadas de outras pessoas equilibradas, tanto quanto marginais andam acompanhados de outros marginais, beberrões andam com outros beberrões, corruptos se relacionam com outros corruptos, e assim por diante.

Quem não conhece ou não percebe o próprio valor se permite acompanhar por qualquer tipo de pessoa, aceitando aquelas que usam palavras contaminadoras e destrutivas, convivendo com indivíduos que, por onde passam, levam consigo "uma nuvenzinha negra" sobre a cabeça.

É importante lembrar que toda comunicação que nos chega, ou melhor, que toda a comunicação que permitimos chegar até nós produz algum tipo de resultado. Não há como ficar incólume a uma hora de conversa com alguém depressivo e pessimista, aquele tipo de pessoa que tem todas as estatísticas que comprovam a sua teoria de desgraça. Muito pior será se dermos espaço para essa pessoa nos contaminar dia após dia com seus presságios e suas lamentações.

Muitas pessoas acham que devem amparar quem está mal, e eu concordo. Entretanto, devemos primeiro identificar se a pessoa de fato quer socorro, e depois devemos saber como apoiá-la. Lembre-se: só ajudamos quem quer ser ajudado. Acolher uma pessoa com debilidades emocionais que se manifestam por meio de características de depressão, autopiedade, lamentações, críticas e autocríticas desenfreadas requer muita sabedoria.

Uma analogia adequada é o conselho que profissionais que tratam de pessoas com dependência química dão a parentes, amigos e parceiros que querem se aventurar a tirar alguém do mundo das drogas. Esses profissionais mostram estatísticas em que se vê de maneira clara que é muito mais fácil um viciado levar o vício para o amigo do que o amigo conseguir tirá-lo das drogas. Da mesma maneira, é muito mais fácil uma pessoa depressiva desestruturar emocionalmente quem quer ajudá-la do que o contrário.

Vou contar um exemplo que aconteceu comigo alguns anos atrás. Contratei para ser consultor de minha empresa um jovem aparentemente brilhante, muito eloquente, que conhecia os processos comerciais a fundo e falava com grande desenvoltura. No final do primeiro mês de trabalho, percebi que havia algo errado com a estrutura emocional daquele rapaz, mas, como não tinha visto nada de concreto, decidi apenas continuar observando.

Dias depois, cheguei à empresa, cumprimentei a pessoa da recepção e rapidamente percebi que havia algo errado com ela. Indaguei-lhe: "O que há de errado com você?". Ela me respondeu: "Não é nada comigo, foi algo muito triste que alguém me contou". Antes que eu perguntasse sobre o que tinha acontecido, ela, com tom fúnebre, disse: "Lamento, mas é segredo, a pessoa confiou a mim esse segredo e pediu que eu não contasse a ninguém".

Respeitei o segredo e saí. Caminhei mais 2 metros e encontrei outra pessoa com o mesmo semblante triste e apático. Mais uma vez não podia dizer do que se tratava, pois quem lhe contou pedira segredo total. Continuei e, quando cheguei à minha sala, encontrei a minha gerente me esperando para uma reunião. Não preciso dizer qual era o semblante dela.

Nesse momento, não aguentei mais ficar à parte, sem saber o motivo que estava abalando todas as pessoas da minha empresa. Com tom severo, perguntei à minha gerente: "O que é que está acontecendo aqui que antes das 9 horas da manhã está todo mundo pra baixo, com uma cara de tristeza, e ninguém me fala do que se trata?". Antes que ela me falasse que a pessoa lhe havia pedido segredo, antecipei: "Por favor, não me venha com essa história de segredo. Algo está destruindo a minha equipe e quero saber o que é".

Quando ela ia começar a falar, entrou aquele rapaz aparentemente brilhante na minha sala e pediu para falar a sós comigo. A ficha começou a cair. Ele veio com um ar de novidade no rosto. Veja bem, não era uma cara de tristeza, e sim de novidade. E disse: "Paulo, você não sabe o que aconteceu... Você sabe que sou de São Paulo... Pois é, eu tenho um irmão lá...".

Esse rapaz me contou uma história tão triste, tão pesada, tão rica em detalhes que derrubaria até o mais forte soldado. Quando ele acabou de me contar tudo, pude entender por que toda a equipe estava tão triste. Afinal, eu também estava.

Antes de ele sair da sala, eu lhe perguntei por que ele havia contado para mim e para toda a empresa aquela história. Com um sorriso, ele me respondeu: "Foi só para desabafar, agora estou bem". E saiu saltitante de minha sala. Sim, saiu alegre – afinal, ele tinha conseguido o que queria. Ele tinha se feito de vítima e usado o ocorrido para chamar a atenção das pessoas por ele estar sofrendo por causa do irmão.

O resultado da ação destruidora dele foi avassalador; uma equipe inteira com tristeza e pesar, todos com fisiologia de derrota, consequentemente um dia de péssimos resultados. Esse foi o último mês de trabalho dele conosco.

Você deve estar pensando: "E por que você não ajudou aquele rapaz brilhante?". A resposta é muito simples: conversei algumas vezes com ele, cheguei até a propor algumas ações e exercícios de reestruturação emocional; entretanto, ele não queria ajuda, tudo que ele queria era ser vítima e que as pessoas tivessem pena dele. E, como eu já disse: só ajudamos quem quer ser ajudado.

O que eu quis retratar com essa história é que muita gente dá ouvidos às pessoas debilitadas emocionalmente no intuito de ajudá-las; a verdade, porém, é que, após falar uma vez sobre o problema, falar outra vez só vai piorar para quem fala e para quem ouve, visto que palavras têm poder.

Se você, de fato, quer ajudar uma pessoa debilitada emocionalmente, direcione a conversa através de perguntas poderosas focadas apenas na solução e no que é possível ser feito. Agora, se ela quer seu ouvido para se fazer de vítima, para se lamentar, para culpar alguém pelo seu sofrimento, para criticar, para justificar seus erros, dê um basta na conversa, pois na verdade você estará atrapalhando essa pessoa e a você mesmo.

> *Alerta: se as pessoas buscam você frequentemente para falar de seus problemas, desabafar, e você as escuta, há uma explicação: você é igual a essa pessoa. Percebendo ou não, você possui debilidades emocionais no mesmo nível que seu interlocutor – afinal, os iguais se atraem!*

Assim, se realmente queremos estruturar nossas crenças, mantendo pensamentos, sentimentos e comunicação de qualidade, será de fundamental importância selecionar tudo que lhe chega e receber apenas o que vale a pena, o que edifica, o que constrói.

> *"Não faça como alguns que se lamentaram e murmuraram, pois estes já foram destruídos pelas mãos do anjo da morte."*
> (I Coríntios 10:10)

Ponha em prática os conceitos e as ferramentas linguísticas que vimos neste capítulo. Seus resultados serão incrivelmente maiores no contexto profissional e pessoal. Seja disciplinado e usufrua das transformações que começam a acontecer na sua vida a partir da mudança em sua comunicação verbal.

6

COMO ESTABELECER E REALIZAR OBJETIVOS GRANDIOSOS

Por que muitos não realizam seus sonhos mais básicos, enquanto outros conquistam o "céu"? Por que muitos não conquistam a casa própria enquanto outros moram em verdadeiros castelos? Por que muitos andam de ônibus enquanto outros andam de BMW e Mercedes?

Muitas pessoas passam sua existência e mal conseguem sair da base da pirâmide de Maslow,[15] cujo foco é sobreviver e atender às necessidades básicas, enquanto outras saem do nada e já na fase pós-juventude têm importantes conquistas alcançadas.

Deixando de lado os ganhos materiais, continuo perguntando: por que alguns têm casamentos plenos e felizes, enquanto outros vivem em um verdadeiro caos familiar?

Por que alguns têm saúde de sobra e outros não? Afinal, o que difere as pessoas realizadas e plenas das que têm vida medíocre e frustrada? Para responder a essas perguntas de forma rápida e simples, basta uma palavra: **crenças**. Afinal, são nossas crenças pessoais, crenças sobre quem somos,

---

15 Criada pelo psicólogo Abranham Maslow, a Pirâmide de Maslow ilustra uma divisão hierárquica das necessidades humanas. As necessidades de nível mais baixo na pirâmide devem ser satisfeitas antes daquelas de nível mais alto.

crenças sobre o que o mundo é, que determinam todas as nossas possibilidades e conquistas, onde estamos e até onde poderemos ir.

Contudo, resta uma pergunta: como mudar as crenças pessoais para conquistar nossos sonhos e objetivos? Aprendemos a usar a Matriz Ativa de Formação de Crenças, que começa pela produção intencional de uma comunicação de vitória e se conclui com a alteração das crenças.

Esse é um caminho – diga-se de passagem, um caminho excelente. Temos, porém, muitas outras ferramentas para mudanças de crenças que aplicaremos neste capítulo.

A base do aprendizado e desenvolvimento humano é a modelagem do sucesso alheio e, a partir dessa perspectiva, os precursores da Programação Neurolinguística entrevistaram e mapearam o que pessoas de grande sucesso e destaque fizeram para chegar aonde chegaram.

Foi percebido que essas pessoas estabeleciam metas e objetivos, e iam além: tinham um método específico para isso. E é justamente o aprimoramento desse método que usarei para ensiná-lo a criar e restaurar crenças pessoais capazes de levar você, natural e harmonicamente, na direção de seus sonhos mais desafiadores.

Você tem todos os recursos internos de que necessita para conquistar seus objetivos. Está na hora de aprender a usá-los.

USANDO OS DOIS HEMISFÉRIOS CEREBRAIS

No estabelecimento e na conquista de nossos objetivos, usaremos os dois lados do cérebro: o hemisfério esquerdo (lógico, sistemático, organizado, analítico, racional e idealizador) e o hemisfério direito (criativo, subjetivo, intuitivo, inconsciente, emocional e realizador).

É importante você saber que, no contexto de metas e objetivos, a função mais importante do hemisfério esquerdo do cérebro é elaborar e testar a validade de nossas ideias e objetivos. Ele é também chamado hemisfério idealizador. Entretanto, quando existem apenas ideias, o resultado final é frustração. É como ter consciência do quanto sabemos, ter as melhores ideias, e não as pôr em prática.

Já o hemisfério direito tem função complementar. Ele não elabora planos, muito menos avalia a qualidade dos nossos objetivos, porém ele direciona toda nossa vida (pensamentos, atitudes, escolhas, comportamentos, criatividade e crenças), de forma consciente ou não, na direção da realização deles. Ele é chamado hemisfério realizador.

Assim, o grande segredo na elaboração e na conquista dos nossos objetivos é integrar os dois hemisférios cerebrais a partir de representações internas – ou seja, imagens e filmes mentais específicos e completos de nossos objetivos – e ter a experiência mental do que queremos. Interagir em nível mental com essas imagens, sons e sentimentos e vivenciá-los exaustivamente até que se confundam com a própria realidade. Nesse momento, você estará na iminência de realizar seus objetivos.

A figura a seguir mostra de maneira simplificada a fisiologia cerebral na elaboração e conquista de nossos objetivos.

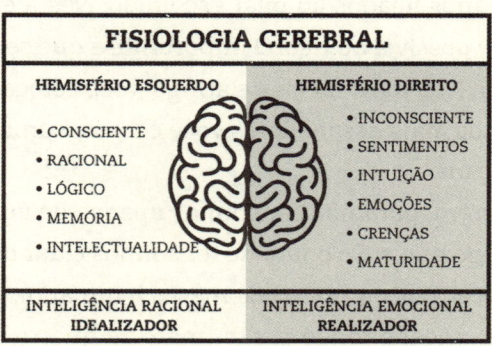

FISIOLOGIA CEREBRAL

HEMISFÉRIO ESQUERDO	HEMISFÉRIO DIREITO
• CONSCIENTE	• INCONSCIENTE
• RACIONAL	• SENTIMENTOS
• LÓGICO	• INTUIÇÃO
• MEMÓRIA	• EMOÇÕES
• INTELECTUALIDADE	• CRENÇAS
	• MATURIDADE
INTELIGÊNCIA RACIONAL IDEALIZADOR	INTELIGÊNCIA EMOCIONAL REALIZADOR

A maioria das correntes acadêmicas falha ao usar exclusivamente o hemisfério esquerdo e suas habilidades cognitivas e racionais para estabelecer metas e objetivos. Já a corrente de autoajuda, com seus pensamentos positivos, também falha por ser demasiadamente subjetiva e usar apenas o hemisfério direito e a estruturação interna de imagens para alcançarem seus objetivos e metas.

Trago a seguir uma ferramenta do Coaching Integral Sistêmico® chamada Skill Open Limits®. Este método lhe possibilitará resultados e conquistas surpreendentes em tempo recorde entre a elaboração do objetivo e a conquista propriamente dita. Ele vem sendo desenvolvido, testado e aprimorado há mais de quinze anos e comprovado por milhares de pessoas mundo afora. Agora é a sua vez!

MÉTODO SKILL OPEN LIMITS® (SOL)

1ª ETAPA: Mapa de Autoavaliação Sistêmico® ou MAAS®

Você já sabe como responder a MAAS. Preencha-o novamente, seguindo os critérios explicados no capítulo 1. Observe seu MAAS com calma, avalie-o, liste as cinco áreas prioritárias e depois escolha o pilar ao qual você dará foco neste momento. Não precisa necessariamente ser o pilar com a nota mais baixa; você pode escolher outro pilar, desde que acredite que, trabalhando nele, ele vai alavancar os outros que estão debilitados.

Escolha o pilar: _____

2ª ETAPA: elenco de sonhos

Tendo montado o MAAS e escolhido o pilar a ser trabalhado, o próximo passo é enumerar dez sonhos ligados ao pilar escolhido. Nesta etapa, não se preocupe se seu sonho é possível ou não. O importante é que seus sonhos tenham data para acontecer. Nos mais fáceis de atingir você colocará uma data breve para realizá-los, e nos mais desafiadores você colocará uma data mais distante para que aconteçam.

Fique atento, porém, para não ter sonhos apenas de curto prazo nem sonhos apenas de longo prazo. Só o fato de ter sonhos e dar datas de curtíssimo prazo (até seis meses), curto prazo (seis meses a um ano), médio prazo (mais de um ano até três anos) e longo prazo (mais de quatro anos) a eles já é o suficiente para gerar mudanças substanciais no processo neural que produz sua motivação, comportamento adequado e foco.

ELENCO DE SONHOS (*Dream List*):

1. _____
2. _____
3. _____
4. _____
5. _____
6. _____
7. _____
8. _____
9. _____
10. _____

3ª ETAPA: descritivo do objetivo

Tendo feito o elenco dos seus sonhos referente ao pilar mais importante no momento, o passo seguinte é transformar esses sonhos em um objetivo claro, conciso e explicável. Assim, descreva seu objetivo a partir dos seus sonhos. Supondo que o pilar escolhido como exemplo seja o financeiro, observe e depois faça o seu descritivo do objetivo.

Exemplo de descritivo do objetivo:

Ter um pró-labore de 40 mil reais por mês, comprar um apartamento de 180 m^2 no bairro Aldeota e decorá-lo com móveis e objetos lindos e de qualidade. Comprar um Corolla zero quilômetro cor prata, poupar 10 mil reais por mês para o futuro e reservar dinheiro suficiente para viajar no fim do ano com a minha família para a Disney. Terei como base de tempo para que tudo isso ocorra em até um ano.

Descritivo do seu objetivo:

_____
_____
_____
_____
_____

4ª ETAPA: condições necessárias para formulação de metas e objetivos
Vamos discorrer a partir de agora sobre a metodologia de elaboração e estabelecimento de metas e objetivos que nosso cérebro possa compreender, perseguir e conquistar.

OS SEIS CRITÉRIOS PARA BOA FORMULAÇÃO DE OBJETIVOS:
1º Estabelecido e expresso de forma positiva.
2º Específico em todos os aspectos.
3º Iniciado e controlado pela própria pessoa.
4º Desafiador, porém possível.
5º Ecológico, que faça bem a todos.
6º Temporal, com data para acontecer.

1º Critério: estabelecido e expresso de forma positiva
É muito comum, quando vamos orar, querer ou pedir algo, expressarmos justamente o que não queremos em vez do que queremos. Por exemplo: não quero ficar doente. Não quero perder meu emprego. Não quero ter problemas com você. Não quero engordar.

É importante reestruturar seus objetivos de forma positiva, para que o cérebro não seja obrigado a se defrontar com ideias desagradáveis, como a negação (palavra "não"), ou com perdas. Por exemplo, em vez de não querer ter excesso de estoque, queira ter um nível adequado de estoque. Em vez de não querer ser despedido, queira construir uma bela carreira. Em vez de não querer fracassar na prova, queira passar nela. Declare seus objetivos positivamente!

Acertos e não erros, esse é o caminho.

É mais do que apenas uma questão de semântica. O cérebro humano parece funcionar melhor com mensagens positivas do que com negativas. Apesar de nossos mecanismos de realização de metas serem muito sofisticados, a mensagem ao cérebro pode, às vezes, ser mal interpretada se expressa de maneira negativa. Isso pode ser percebido facilmente quando pai e mãe advertem seus filhos: "Não derramem suco na mesa", "não joguem bola na sala". Na mente humana o "não" tem a grande tendência de ser sublimado e ficar somente a mensagem oposta.

Assim, a partir de hoje, concentre-se no que você quer e não naquilo que você não quer. Tenha essa atitude como um fundamento da autorresponsabilidade.

Façamos um teste clássico:

Não pense na cor do céu num belo dia de praia. Vou repetir: não pense na cor do céu em um belo dia de praia. Pela última vez vou repetir: não pense na cor do céu em um belo dia de praia. Seja honesto: para não pensar na cor do céu em um belo dia de praia, você precisou primeiro pensar nela.

Por razões práticas, o cérebro lida muito melhor com ideias positivas. Quanto mais você tentar não ver a imagem, mais a reforçará em sua mente. Em vez de dizer que não quer ficar pobre, diga quanto quer ficar rico. Em vez de dizer que não quer sofrer, diga qual felicidade vai buscar. Portanto, estabeleça o que você quer atingir em vez do que não quer perder.

Você pode querer evitar um acidente, a perda de um negócio, a queda nas vendas, a traição. Muito bem, o que você gostaria de obter em vez disso? Que alvo você quer atingir, em lugar do número infinito de situações fora desse alvo que deseja evitar? Uma boa metáfora é a situação daquela pessoa que entra em um hipermercado apenas com a lista do que não quer. Imagine-se nesa situação. Certamente você achará o que não interessa.

Certa vez, eu estava no aeroporto de São Paulo esperando pelo meu voo, que já estava atrasado mais de uma hora e com previsão para mais uma hora de atraso. Do meu lado, no apertado saguão, estavam uma mãe e sua filha de aproximadamente 5 anos.

Essa criança gritava, e a mãe, com um grito ainda mais alto, dizia: "Não grite, menina!". A criança passava por baixo das cadeiras das pessoas, e a mãe, com o mesmo tom, dizia: "Não fique embaixo das cadeiras porque vão te pisar". Logo a menina inventava outra estrepolia, e a mãe dizia que ela não devia fazer aquilo – porém em momento nenhum disse o que aquela menina poderia ou deveria fazer.

Já impaciente e sem conseguir me concentrar na minha leitura, chamei a criança e fiz um desafio: propus que ela desenhasse um lindo avião cor-de-rosa em uma folha de caderno que fiz questão de dar junto com uma caneta. Como por um passe de mágica, aquela criança que antes não parava quieta e incomodava a todos se deitou no chão ao meu lado e ali passou mais de uma hora desenhando um lindo avião, até que o comissário de terra anunciou o meu voo. Em todos os momentos da vida será mais produtivo focar no que você quer e não no que não quer.

EXERCÍCIO

Nos exemplos a seguir, para cada frase expressa no negativo, há um espaço para expressá-la na forma positiva.

Treine agora e continue treinando sempre. Cada vez que expressar seus objetivos, suas vontades e seus pensamentos de forma negativa, reformule imediatamente para a forma positiva.

a. Não quero ser reprovado novamente no concurso.

b. Não quero ser despedido.

c. Não serei pobre.

d. Não me envolverei mais com pessoas que não reconheçam o meu valor.

e. Nunca mais serei explorado no trabalho.

Com o tempo, essa simples técnica se tornará um hábito e sua atitude ficará mais positiva, suas ideias e suas vontades se desenrolarão de maneira mais fluida e seu cérebro poderá processar e direcionar melhor seus planos e objetivos.

2° Critério: específico em todos os aspectos

Lembre-se de que uma meta estabelecida de forma não específica ficará mais parecida com um sonho – e nós sabemos que um sonho, apesar de ser muito importante, é apenas um sonho e não tem o compromisso de acontecer.

Então, na elaboração de metas e objetivos, quanto mais específico e detalhista você for, mais chances terá de conquistá-los. Por exemplo: você pode ter uma meta de tirar férias na Europa. Se expressa dessa maneira, ela não é específica o suficiente para ser processada e compreendida por seu cérebro. Vamos usar as perguntas que seguem para deixar sua meta específica.

Que países visitarei em minha viagem para a Europa?

Quando será essa viagem?

Quanto tempo durará?

Qual o roteiro e os pontos a serem visitados?

Qual o montante financeiro de que necessito para essas férias?

Com quem viajarei?

Assim, a meta, que era apenas de passar férias na Europa, depois de responder a essas perguntas, pode, por exemplo, ter mudado para: passar doze dias de férias na Europa, quando visitarei França, Itália, Portugal e Espanha. Viajarei no dia 14 de junho com minha esposa e meus filhos. Os pontos principais que visitarei serão: a Champs-Élysées, a Torre Eiffel, o Coliseu, as touradas e as vinhas do Porto. Essa viagem demandará 35 mil reais.

Agora, sim: essa meta está específica e seu cérebro começa a criar representações internas com imagens, sons e sentimentos detalhados de seu objetivo como se já o tivesse realizado. Com essa condução neural, todo um mover de atitudes, comportamentos e acontecimentos o direcionarão para a concretização de sua meta. Muitas pessoas passam a vida sonhando e querendo a casa própria. Fartam-se com seus pensamentos e sonhos e muitas vezes não os realizam.

Como já sabemos, para que um sonho se torne um objetivo real e palpável, devemos torná-lo específico. Quando alguém fala:

"Quero comprar uma casa", esse objetivo foi estabelecido de maneira específica? É claro que não. É impossível gerar representações internas com apenas a informação "uma casa". E, mesmo que forme uma representação interna, ela estará sempre em mutação por não ter sido determinada de forma específica, e por isso seu possuidor não terá foco o suficiente nessa imagem para construí-la mentalmente. Muitas perguntas não foram respondidas para tornar esse objetivo específico. Suponha que esse seja um sonho seu e você quer transformá-lo em uma meta. Para isso, responda às perguntas a seguir.

Em que bairro fica essa casa/apartamento? Qual é o estilo? Qual a cor da fachada?

Quantos cômodos e quantos metros quadrados tem a casa/apartamento?

Quando comprarei e quando me mudarei? Quanto custa e qual é a forma de pagamento? Como é a vizinhança?

Depois de ter respondido a essas perguntas, verifique se é possível criar um quadro mental do seu objetivo. Verifique se, ao fechar seus olhos, você é capaz de vê-lo, senti-lo, tocá-lo, cheirá-lo, pois quanto mais real ele for na sua mente, mais perto estará de ser concretizado.

3° Critério: iniciado e controlado pela própria pessoa

Alguns pais têm o hábito de estabelecer objetivos para seus filhos, alguns cônjuges querem estabelecer objetivos para seu marido/esposa, e assim por diante. Entretanto, isso não costuma funcionar, pois esse objetivo não é iniciado e muito menos controlado pela própria pessoa. Além do mais, gera alto nível de cobrança e ansiedade entre os envolvidos. São expectativas criadas por uma das partes que muitas vezes a outra parte não está disposta ou não é capaz de atender. O resultado final costuma ser sofrimento, desconforto e distanciamento.

Quando um gerente estabelece metas de vendas para sua equipe, ele deve certificar-se de que a meta é tanto dele quanto da equipe. Para isso, o gerente deve "vender" para sua equipe o desafio de atingi-la, buscando o comprometimento de todos, de modo que a meta não seja mais somente do gerente nem da empresa, e sim iniciada e controlada por cada um dos vendedores. Assim, cada membro da equipe passa a ser o responsável por atingir suas metas e pelos resultados gerados.

É como o pai que estabelece explícita ou implicitamente a meta para seu filho de passar no vestibular para Medicina. A primeira pergunta é: o filho realmente comprou essa ideia e passar em Medicina é uma meta dele também? Afinal, só o filho pode se comprometer e dar continuidade a essa meta. O pai nem pode estudar pelo filho, muito menos fazer a prova por ele. A meta que esse pai pode fazer é de criar o ambiente adequado para que o filho se motive e estude para passar nesse vestibular.

4° Critério: desafiador, porém possível

O tamanho de uma meta é um fator muito importante para a sua realização. Se pequena demais, não será desafiadora – afinal, por que fazer algo que não é estimulante e cujo resultado todos já imaginam? Entretanto, se for grande demais, você poderá iniciá-la como se já tivesse perdido ou falhado. Por que entrar em um jogo que de antemão já sabe que perderá?

Os níveis de dificuldade são balizados pela percepção individual de cada pessoa. Já vi pessoas dentro da mesma empresa, sob as mesmas condições, em que uma achou a meta proposta impossível e inatingível, enquanto a outra achou a mesma meta tão fácil, que era desmotivadora. O mais interessante: as duas pessoas tinham totais condições e recursos para alcançá-la.

Nesse quesito, o grande desafio é balizar o tamanho de sua meta. Muitas pessoas se perdem no mundo da lógica e da racionalidade, acorrentando-se a paradigmas e conceitos do que se acham capazes de realizar. Outras vão muito além do que racionalmente seriam capazes, vão contra toda a lógica e o bom senso e, por fim, realizam o que a maioria das pessoas diria ser impossível.

O que poucos sabem é que, se alguém pôde, todos nós podemos. Se alguém realizou, todos nós podemos realizar. Durante o Método CIS®, invisto uma parte do tempo para que os alunos deem seus depoimentos, mostrem aos outros o que eles conquistaram durante o seminário, fazendo-os perceber que, se foi possível para um, é possível para todos. No entanto, a maioria de nós se autoimpõe barreiras, criadas pelas limitações internas derivadas de nossas crenças limitantes.

Quantas pessoas gostariam de comprar uma casa de quatro quartos em um bairro nobre e seguro, mas, na hora de estabelecer e pensar sobre seu objetivo, só conseguem se ver morando em um casebre de periferia? A energia neural para conquistar um casebre é a mesma que para conquistar uma mansão. Então, por que perseguir a mediocridade? Seja ousado. Desafie-se ao estabelecer seus objetivos!

Conheço um empresário exportador de camarão que era tido literalmente como lunático, pois tinha o objetivo de viajar no espaço. Hoje ele está inscrito e pagando alguns milhões para fazer um passeio espacial. Afinal de contas, o que é possível e o que é impossível para você? O que você é capaz de conquistar? Quem poderá responder a essas perguntas?

A resposta é a sua capacidade de criar uma visão positiva do futuro, aliada a crenças possibilitadoras. **Tudo ou quase tudo que você conseguir imaginar/visionar com o lado direito de sua mente e acreditar na profundidade de suas crenças (hemisfério esquerdo) você poderá tornar real.** Como diz a passagem bíblica: quem tiver fé do tamanho de um grão de mostarda e de nada duvidar ordenará que o monte se lance no mar, e este o fará.

5º Critério: ecológico, que faça bem a todos

Depois de três anos de muito trabalho e dedicação, Cario Ribeiro recebeu o tão esperado convite para ser gerente regional de vendas de toda a área, que compreendia Minas Gerais e Mato Grosso. No calor do entusiasmo, fazendo planos de como gastar e investir o *superávit* financeiro que passaria a ter, pensando nos locais que ainda não conhecia, enfim, inebriado com o novo desafio e já tendo aceitado o cargo junto à direção, sua esposa perguntou, com semblante de preocupação: "Querido, você contemplou os efeitos colaterais?". "Como assim?", perguntou Cario.

Ela continuou: "O último gerente regional de vendas da empresa passava entre 20 e 25 dias por mês viajando, longe de casa, longe dos filhos e longe da esposa. Não é de admirar que eles tenham se separado. Sem contar que ele engordou muito, sem ter tempo para cuidar da saúde e se alimentando mal... Meu amor, será que esse aumento salarial fará tanta diferença assim para a felicidade de nossa família?".

Você deve estar curioso para saber se ele aceitou a promoção e mergulhou nos desafios da nova função ou atendeu ao clamor de sua esposa e continuou levando a vida como antes. Na verdade, isso não é o mais importante. O que importa é ele ser capaz de pesar os prós e os contras, avaliar os ganhos e as perdas e se certificar de que, no final das contas, vai ter valido a pena para ele e para os seus.

Essa etapa do processo de estabelecimento de metas nos alerta sobre o risco de subirmos o monte errado e, ao chegar lá em cima, olharmos para trás e descobrirmos que tanto esforço e sacrifício não valeram a pena.

Fazendo as perguntas a seguir, a si mesmo e aos seus, Cario minimizará as chances de subir o monte errado, de não ser ecológico:

1° Serei feliz passando a maior parte do tempo longe de minha família?

2° Minha esposa será feliz dessa maneira?

3° Nosso casamento resistirá à distância?

4° Meus filhos sofrerão e terão sequelas futuras pela minha ausência?

5º Como ficará minha saúde com esse novo estilo de vida?

6º O dinheiro ganho compensará as condições impostas?

7º Essa promoção me fará de fato feliz?

8º O que eu de fato ganho? O que eu de fato perco?

9º Quais são as prioridades em minha vida?

10º Por fim, serei feliz vivendo dessa maneira?

Certamente, após responder a essas perguntas, Cario estará mais habilitado a decidir de forma mais ecológica, prudente e motivadora.

6º Critério: temporal, com data para acontecer

Como dizia Maslow, a mente humana funciona por prioridades. Quando estabelecemos uma data para uma meta, inconscientemente nosso comportamento é alterado e nos pomos a agir na direção dela. Porém, quando não estabelecemos uma data ou a estabelecemos da maneira errada, ficamos presos em uma zona de conforto e inação. Sendo assim, cada meta precisa de uma data para acontecer e também deve ter sua evolução acompanhada ao longo do tempo.

EXERCÍCIO

PARA VERIFICAÇÃO DO ESTABELECIMENTO CORRETO DE METAS

Com o quadro que se segue, você poderá verificar se sua meta atende aos cinco requisitos para o estabelecimento neural correto das suas metas.

Escreva aqui uma de suas metas:

_____

_____

_____

_____

_____

_____

_____

VERIFICADOR DE METAS

	SIM	NÃO
ESPECÍFICO?		
POSITIVO?		
DESAFIADOR?		
ECOLÓGICO?		
VOCÊ CONTROLA?		
É TEMPORAL?		

HIERARQUIA DE METAS

Muitas pessoas passam a vida buscando metas muito maiores do que suas crenças pessoais, metas que não conseguem atingir. Conheci um jovem intelectualmente brilhante, que almejava ser um palestrante de renome internacional. Apesar de ter apenas 21 anos, seus planos eram de sucesso imediato. Não que isso não possa acontecer – afinal, quem determina nossas realizações são nossas crenças mais profundas. Entretanto, ele não respeitava algo que chamo de hierarquia de metas.

Funciona assim: ele pode ter a meta de ser um palestrante reconhecido internacionalmente, mas antes convém estabelecer a meta de ser um palestrante de sucesso nacional. Talvez não seja tão fácil se projetar nacionalmente, então proponho outra meta: ser palestrante local de renome. Para atingir essa meta, talvez seja interessante estabelecer outra meta intermediária, a de ser um grande instrutor nos temas que se propõe a dominar.

Agora, como ser um grande instrutor nos referidos temas? Nesse ponto, pode caber ao nosso futuro palestrante estabelecer um plano de ação: fazer treinamentos, assistir palestras em centros renomados e ler livros. Talvez agora tenhamos construído uma ponte para o futuro, em que cada meta é possível, porém desafiadora. Em resumo:

Meta principal: ser um palestrante reconhecido internacionalmente. Data: janeiro de 2021.

Submeta 1: ser um palestrante de renome nacional. Data: janeiro de 2020.

Submeta 2: ser um palestrante de muito sucesso local. Data: agosto de 2019.

Submeta 3: ser um grande instrutor em minha cidade. Data: dezembro de 2018.

Plano de ação: receber treinamentos e palestras dos mais renomados do país, como também ler os livros de referência mundial sobre o tema escolhido. Data: de janeiro de 2017 até setembro de 2018.

A etapa do plano de ação também precisa ser específica, contendo como fazer, quando fazer, com quem, recursos necessários e o acompanhamento passo a passo.

Agora, sim: essa pessoa trilha um caminho equilibrado, lógico e crível.

Vamos a outro exemplo.

Será mais fácil para um vendedor que acaba de iniciar sua vida profissional chegar a diretor da empresa se antes ele passar pelos cargos de gerente e supervisor. Dessa maneira, passamos a adquirir uma cadência na conquista de conhecimentos técnicos e racionais, que são de grande importância, como também e principalmente passamos a adquirir uma cadência na construção das crenças do que somos capazes de realizar e conquistar. Afinal, é mais fácil crer em ser promovido de vendedor a gerente do que de vendedor a diretor. É mais fácil crer na promoção de gerente local para gerente geral do que de gerente local para diretor, e assim por diante.

Por não conhecer a hierarquia de metas, muitas pessoas desanimam na busca dos seus objetivos grandiosos. Vamos a um último exemplo. Sua meta é conhecer a Europa, mas a viagem lhe custará 25 mil reais e você não tem todo esse dinheiro. Então, seguindo a hierarquia de metas, a sua primeira submeta é "fazer" esse dinheiro. Entretanto, você não tem trabalho ou emprego. Novamente voltamos à hierarquia de metas, e a segunda submeta é conquistar um trabalho que lhe renda 6 mil reais por mês para viabilizar a viagem.

Contudo, para conquistar um cargo com essa remuneração, são precisos mais conhecimento técnico e capacitação. Vamos novamente ao plano de ação: fazer os cursos que me capacitem a conquistar tal emprego, depois enviar meu currículo para empresas. Contudo, esses cursos custam em média 500 reais por mês, e agora irei intercalar minha terceira submeta, que é conquistar um trabalho que me gere esses recursos para bancar minha capacitação. Agora minha viagem para a Europa deixa de ser sonho e vira um plano de ação totalmente exequível.

5ª ETAPA: visão extraordinária de vida

A quinta etapa é transformar o seu objetivo descritivo e o seu elenco de sonhos em uma visão clara. Como diz a Bíblia, no livro de Habacuque (2:2-3): *"Então o Senhor me respondeu, e disse: Escreve a visão em tábuas para que possa ler até quem passa correndo. Pois a visão é para o tempo determinado e não mais tardará e se apressa para acontecer. Ainda que demore, espera; porque certamente virá e não tardará".* É justamente isso que faremos nesta etapa: criaremos uma visão extraordinária do futuro.

Você recorrerá a revistas ou à internet para selecionar imagens que representem todos os pilares do MAAS da sua vida extraordinária, dando ênfase imediata ao pilar que está sendo trabalhado naquele momento. Depois de selecionar as imagens, você recortará e colará em uma folha de cartolina ou em um isopor a visão completa. Veja bem: quando falo uma vida extraordinária não me refiro a uma vida boa ou muito boa, refiro-me a uma vida extraordinária.

Então, fique atento para que seu elenco de sonhos não seja pobre ou mediano, pois eles criarão imagens/visões do seu futuro medíocres.

Seja ousado e escolha não apenas a imagem/visão de uma casa qualquer, e sim da casa dos seus sonhos. Não busque a imagem/visão de um carro qualquer, e sim a imagem/visão do carro dos seus sonhos. Muito importante nessa etapa é que, no centro da cartolina ou do isopor onde está montando seu mural da vida extraordinária, seja colocada uma imagem/visão representativa de si mesmo, que chamo de visão profética de si ou autoimagem profética.

Essa autoimagem profética é constituída pela imagem de uma pessoa que apresente os atributos físicos, emocionais, materiais e, se possível, espirituais que você quer. Essa imagem deve ficar no centro da folha de cartolina ou isopor e ao redor dela aproximadamente mais dez a doze imagens que complementem sua visão extraordinária de vida (sempre contemplando os onze pilares do MAAS).

SISTEMA VAS DE PROGRAMAÇÃO MENTAL

Visão, audição e sinestesia repetidas ou sob forte impacto emocional produzem crenças. São esses três os elementos programadores das crenças e da mente humana.

- O primeiro é a **visão** e as imagens que nos chegaram e foram armazenadas no cérebro durante toda a nossa vida. Com cada imagem, um significado foi criado e, quando os significados se tornaram fortes o suficiente, eles viraram um programa mental, ou seja, uma crença.
- O segundo elemento é a **audição** e todos os sons e as palavras que ouvimos durante toda a nossa vida. Cada palavra, cada frase, cada elogio ou ofensa, cada tom suave ou não, cada música e cada barulho também se alojaram em nossas mentes e criaram um conteúdo de crenças que dirigem nossa vida.
- O terceiro componente da programação da mente humana é a sensação e **sinestesia**: cheiros, toques, dores, sensações físicas, olfato e seus significados também produziram nossas crenças.

Então, quando **ouvimos** os sons/palavras proferidos e **sentimos**, isso invariavelmente vai formar nossas crenças. Se os estímulos VAS forem repetidos, eles se tornam um programa mental autorrealizável. A outra forma de ativar o sistema **VAS** de programação mental é a emoção.

Por exemplo: o fato de **ver** um ladrão, **ouvir** suas ameaças e **sentir** seus empurrões e agressões físicas é por si só repleto de fortes emoções. Então, o que foi visto, ouvido e sentido recheado de uma forte emoção produzirá crenças instantaneamente. Essa pessoa abordada pelo bandido terá suas crenças alteradas de forma profunda, e a partir desse momento ela se comportará diferente, pensará diferente, pois teve suas crenças modificadas em vários aspectos.

Em resumo, existem dois ativadores do sistema VAS: um é a repetição e o outro é a emoção. Quando o ativador VAS é a repetição desprovida de emoção, a alteração de crença é lenta, gradual e normalmente imperceptível. Já se o ativador é uma forte emoção desprovida de repetição, a alteração é rápida e normalmente reconhecida como fator de impacto e transformação. Assim, a profundidade da alteração da crença se dará pelo número de repetições versus a intensidade das emoções.

Por exemplo: quando um filho **vê** a atitude amorosa do pai, **ouve** suas palavras de validação e estímulo e **sente** seu toque afetuoso, a repetição desse sistema **VAS**, somada à intensidade da emoção por ele produzida, gerará crenças de autoestima e valor próprio. O contrário também produz crenças.

Vamos supor que essa mesma criança em outro momento veja o pai embriagado, quebrando móveis e armado de uma faca. Ela ainda **ouve** as ameaças contra a sua mãe e **sente** as dores físicas do empurrão que sofreu ao tentar defender a mãe ameaçada. Essa cena é repleta de uma fortíssima emoção e produzirá crenças avassaladoras. Se essa cena se repete com alguma frequência, as crenças serão ainda mais fortes e profundas.

É importante lembrar que o sistema VAS não ocorre apenas na infância, mas durante toda a vida, seja produzindo crenças fortalecedoras, ou crenças limitantes. Sabemos também que o hemisfério direito, onde são produzidas e armazenadas nossas crenças, não distingue as imagens e visões imaginadas das imagens e visões que de fato aconteceram. Dessa maneira, podemos colocar artificialmente **imagens, sons e sentimentos** em nossa mente e eles automaticamente criarão novas crenças, que, por sua vez, produzirão novos e planejados resultados de vida.

EXERCÍCIO: reprogramando as suas crenças

1º Passo: coloque seu mural da vida extraordinária na sua frente, de modo que possa ver as imagens com nitidez.

2º Passo: observe as imagens mais importantes do seu mural e em seguida escolha apenas uma imagem para executar o método VAS.

3º Passo: olhe bem para a imagem escolhida do dia e perceba seus detalhes, cores, brilho, posições etc. Em seguida, feche seus olhos e reproduza aquela imagem na sua mente por cerca de um minuto. Veja essa imagem em forma de filme, detalhada, brilhante, com cores agradáveis, no tamanho que faça bem a você.

4º Passo: antes você via a imagem como se estivesse de fora. Agora vai dar um passo à frente (literalmente) e entrar (imaginariamente) na imagem, não mais vendo de fora, mas sendo parte dela como protagonista da cena. Vivencie cada detalhe, cada parte da imagem e se permita ver, ouvir e sentir o que sentiria se aquilo estivesse acontecendo.

É importante que você permaneça associado a essa cena por pelo menos cinco minutos, vivendo todo o prazer, toda a alegria e toda a realização "como se" já estivesse lá. Lembre-se de que a mente humana não distingue o que é real do que é fortemente imaginado através de uma visão, e dessa maneira o que foi visto dentro de você passa a ser perseguido como uma verdade prestes a acontecer fora de você.

É impressionante a velocidade com que seus sonhos e objetivos vão acontecer depois de pôr em prática esta etapa. Esse exercício deve ser feito todos os dias e por toda a vida.

6ª ETAPA: autocoaching

O autocoaching é a próxima etapa da ferramenta Skill Open Limits® e o ajudará a criar um plano de ação completo, profundo e integrado para realizar seu elenco de sonhos, seu objetivo descritivo e a visão que você montou no seu mural da vida extraordinária. Como no processo de coaching, o autocoaching se baseia em perguntas poderosas que, depois de respondidas, lhe trarão ações claras e específicas do caminho a ser trilhado para conquistar e construir seu destino.

> **1° Passo: elaborar a pergunta-base.** Para isso, você precisa estar focado no pilar que está trabalhando, pois a partir dessa pergunta você elaborará mais 35 perguntas de como conquistar seus sonhos. Vamos ao exemplo.
>
> **Pilar financeiro**
>
> **Pergunta-base:** o que mudarei em mim e na minha relação com o dinheiro para ter um salário de 40 mil reais por mês e comprar meu apartamento de 180 m², viajar para a Disney e ainda poupar 10 mil reais por mês, tudo isso até dezembro de 2017?

> Fique atento para que o objetivo descrito na pergunta-base seja um resumo do que você estabeleceu no objetivo descritivo e no seu elenco de sonhos.
>
> Vamos a outro exemplo de como elaborar a pergunta-base:

Pilar conjugal

Pergunta-base: o que mudarei em mim e na minha vida conjugal para ter um relacionamento respeitoso, de toque, carinho, paz e uma vida sexual ativa e prazerosa com meu esposo?

2º Passo: elaboração das 35 perguntas poderosas.

As 35 perguntas poderosas são feitas a partir da pergunta-base, mantendo o resumo do objetivo intacto e inalterado e elaborando novos "o que" e "como". Ao elaborar cada uma das 35 perguntas poderosas, não se preocupe com fazê-las acontecer, nem como. Deixe sua criatividade sem limites elaborar as perguntas. Quanto menos você racionalizar ou intelectualizar formulando-as, melhores serão os resultados. Vamos ao exemplo:

Pilar conjugal

Pergunta-base: o que mudarei em mim e na minha vida conjugal para ter um relacionamento respeitoso, de toque, carinho, paz e uma vida sexual ativa e prazerosa com meu esposo?

35 perguntas:

1ª pergunta: como tratarei meu marido para ter um relacionamento respeitoso, de toque, carinho, paz e uma vida sexual ativa e prazerosa com meu esposo?

2ª pergunta: como cuidarei do meu corpo para ter um relacionamento respeitoso, de toque, carinho, paz e uma vida sexual ativa e prazerosa com meu esposo?

3ª pergunta: o que mudarei em mim para ser respeitada pelo meu marido para ter um relacionamento respeitoso, de toque, carinho, paz e uma vida sexual ativa e prazerosa com meu esposo?

4ª pergunta: o que mudarei na minha forma de falar para ter um relacionamento respeitoso, de toque, carinho, paz e uma vida sexual ativa e prazerosa com meu esposo?

Repare que o que está sublinhado na pergunta-base sempre se repete nas 35 perguntas. E lembre-se de elaborar tanto a pergunta-base como as 35 perguntas poderosas baseadas apenas no pilar que está sendo trabalhado no momento.

3º Passo: responder às 35 perguntas poderosas e colocá-las em ordem de prioridade e cronologia de execução.
Nesta etapa, você responderá detalhadamente a cada uma das 35 perguntas. Não se preocupe se as respostas se repetem, apenas responda uma a uma. Ao terminar, coloque cada uma das respostas em ordem do que é importante, como também em ordem cronológica de execução, formando assim uma lista de ações.

Exemplo de respostas poderosas:
1ª resposta: tratarei meu marido com respeito e paciência como se eu tivesse o melhor marido do mundo, sem, no entanto, esquecer de todo o valor que eu tenho.
2ª resposta: eu correrei três vezes por semana, me alimentarei conforme orientação da nutricionista e farei academia duas vezes por semana.
3ª resposta: darei mais valor a mim mesma, voltarei a valorizar minhas velhas amizades, voltarei a estudar, me produzirei sempre e ficarei bonita para mim mesma. Também pararei de me vitimizar e lamentar. Da minha boca só sairão palavras de autovalorização.
4ª resposta: eu não criticarei mais meu marido nem usarei palavras ferinas para acusá-lo e culpá-lo pela minha infelicidade.

4º Passo: elaborar o plano de ação com base nas respostas. Organize e imprima as respostas em um papel, que deverá ser lido quase diariamente, pois servirá como uma ferramenta balizadora, não deixando você desviar dos seus planos e caminhos, e ainda lembrando-o das ações e dos comportamentos necessários para a conquista de sua vida extraordinária.

7ª ETAPA: fatores pessoais limitantes
Quais fatores internos me limitam a conquistar meus objetivos e sonhos?

Nesta etapa, você trará à consciência quais fatores o limitam e o impedem de realizar a sua vida extraordinária. Fique atento para o fato de que os fatores limitantes não são externos a você, e sim internos.

Vamos a mais um exemplo.

Fatores que me limitam a realizar meus objetivos:

1º Insegurança
2º Acomodação e zona de conforto
3º Medo do que os outros dirão se eu não conseguir
4º Pouco conhecimento
5º Dificuldade de me relacionar com outras pessoas
6º Dificuldade de falar em público

Depois de concluída esta etapa, volte ao seu plano de ação e se certifique de que nele estão contempladas atitudes para trabalhar cada uma das suas limitações. Se não existirem, trate de incluir medidas para resolver ou diminuir esses fatores que o limitam.

8ª ETAPA: fatores pessoais fortalecedores

Quais fatores internos o fortalecem no alcance de suas metas e seus objetivos? Nesta etapa, você vai elencar tudo que existe dentro de você que o empodera e o capacita a realizar seus sonhos e objetivos. Quanto mais, melhor. Mesmo que essa habilidade seja percebida em você apenas em pequena escala, coloque-a na sua lista.

Exemplo de fatores fortalecedores:

1º Determinado
2º Focado
3º Honesto e leal
4º Trabalhador
5º Organizado
6º Responsável
7º Bom trato com as pessoas
8º Saudável

O segundo passo desta etapa é visualizar com a maior nitidez possível momentos da sua vida em que você colocou essas habilidades em prática e teve resultados positivos por isso. Essa visualização pode ser em forma de imagem estática, como uma foto, ou em forma de filme em movimento. O importante é que você se permita sentir **como se** estivesse lá, agindo e vivendo com essas habilidades.

Este exercício pode e deve ser repetido várias vezes ao dia e sempre que houver um desafio pela frente. A cada repetição, você perceberá as conquistas de novas habilidades e novos comportamentos que o levarão cada vez mais alto na direção de suas realizações.

9ª ETAPA: perdas, caso não realize suas metas

O que você perderá em sua vida se não realizar seus sonhos e objetivos? Nesta etapa, elenque todas as perdas que terá caso seus sonhos não aconteçam. É uma forma de motivar pela fuga do desprazer, levando-se em conta que o ser humano possui duas formas básicas de motivação: busca do prazer e fuga do desprazer. Então, elenque tudo, absolutamente tudo o que você vai perder e deixar de usufruir caso não realize seu plano de ação e não conquiste seu objetivo.

10ª ETAPA: ganhos ao realizar suas metas

O que você ganhará realizando suas metas e seus objetivos?

Esta é a última etapa do Skill Open Limits. Nela é trabalhada a motivação pelo prazer. Elencar todos os ganhos que você terá ao realizar sua meta lhe trará ânimo e motivação para enfrentar os desafios e os percalços que aparecerão na jornada.

Depois de ter feito o elenco de ganhos, vivencie com a imaginação e visualização (através do método VAS) como será quando tiver realizado suas metas. Faça um ensaio mental do que ainda não aconteceu como se tivesse acontecido. Essa etapa maravilhosa, motivadora e fortalecedora acelerará muito os seus resultados e comportamentos positivos.

11ª ETAPA: plano de ação[16]

Nesse ponto, você terá a certeza de ter mobilizado todo o hemisfério esquerdo e todo o poder racional e intelectual de sua mente na direção de suas

---

16 No endereço www.febra.me/poderealtaperformance você poderá fazer download gratuito da ferramenta plano de ação.

metas e seus objetivos. Também terá mobilizado todo o seu hemisfério direito, juntamente com sua estrutura emocional e crenças na direção do que de fato lhe é importante. Resta agora a etapa final, o fechamento perfeito: a **ação** certeira e realizadora.

1º passo: escolha um dos **objetivos** preestabelecidos corretamente.

2º passo: estabeleça a 1ª **ação** para realizar o objetivo em questão.

3º passo: estabeleça **como** realizar a 1ª ação.

4º passo: determine **quando** iniciará a 1ª ação e quando a terminará.

5º passo: relacione os **recursos** necessários para realizar essa ação.

6º passo: acompanhe a **evolução** (*status*) e execução de cada ação até finalizá-la.

7º passo: estabeleça a 2ª ação para realizar o objetivo em questão, e assim por diante, seguindo os passos acima relacionados.

Vamos ao exemplo.

Plano de ação para o objetivo de pesar 80 quilos com 18% de gordura.

META	PLANO DE AÇÃO							
	O que (medida e ações)	Quando	Onde	Quem	Por que (em razão)	Como (procedimento)	Quanto (R$) Recursos	Posição __/__/__
1ª	BUSCAR NUTRICIONISTA	05/09/2017	FORTALEZA	EU	ALIMENTAR CORRETAMENTE	LIGANDO E MARCANDO CONSULTA	R$120,00	↓ ☒ t
2ª	MATRUCULAR NO GRUPO DE CORRIDA	05/09/2017	FORTALEZA	EU	ATIVIDADE FÍSICA	INDO NA BEIRA-MAR	R$150,00	↓ ☒ t
3ª	CONTRATAR PERSONAL	05/09/2017	FORTALEZA	EU	MUSCULAÇÃO ORIENTADA	PEDIR INDICAÇÃO DE AMIGOS	R$ 300,00	↓ ☒ t
4ª								↓ ☒ t
5ª								↓ ☒ t
6ª								↓ ☒ t
7ª								↓ ☒ t
8ª								↓ ☒ t
9ª								↓ ☒ t
10ª								↓ ☒ t
	ASERFEITO +			EM ANDAMENTO ☒			REALIZADO t	

RESUMO DOS PASSOS PARA A REALIZAÇÃO DO SKILL OPEN LIMITS®

1. Mapa de Autoavaliação Sistêmico® (MAAS®)

Objetivo: compreender com toda a clareza como está a sua vida em todas as áreas, para que possa decidir o que precisa de foco e empenho para mudar.

2. Escolha dos pilares a serem trabalhados

Objetivo: escolher, a partir de como está a sua vida e de quais são os seus valores, as prioridades a serem trabalhadas em sua vida.

3. Elenco de sonhos

Objetivo: começar a criar possibilidades em uma área em que não existiam possibilidades; fazer você, literalmente, voltar a sonhar.

4. Descritivo do objetivo

Objetivo: trazer o que era sonho para uma dimensão mais palpável e clara, com data para acontecer.

5. Os cinco critérios para a boa formulação de metas

Objetivo: estabelecer a meta neurologicamente correta de forma que a mente possa compreendê-la, persegui-la e conquistá-la.

6. Mural da vida extraordinária

Objetivo: construir imagens no papel que serão passadas para a mente e se transformarão em crenças pela repetição e pela emoção produzida pela prática da visualização através do método VAS.

7. Autocoaching

Objetivo: construir perguntas e respostas capazes de orientar a vida, os comportamentos e os sentimentos na direção das metas e dos objetivos.

8. Plano de ação

Objetivo: criar um plano de ação detalhado que conduzirá a vida na direção dos seus sonhos e suas realizações.

9. Características pessoais limitantes

Objetivo: elencar o que o impede de ir além, em um processo de autoconhecimento.

10.Características pessoais fortalecedoras

Objetivo: tomar posse do que o empodera na direção das metas e dos objetivos e criar uma realidade inconsciente que se transformará em crença fortalecedora.

11.Tudo o que perderá

Objetivo: trazer à consciência as perdas que terá se não realizar seus sonhos e objetivos, bem como se motivar pela fuga da dor e do desprazer.

12.Tudo o que ganhará

Objetivo: motivar-se pelo prazer de realizar e ainda levar à mente a vivência de ter chegado lá, criando crenças de possibilidades.

O Skill Open Limits® é com certeza uma poderosíssima ferramenta de transformação e desenvolvimento humano. Com ela, você paulatinamente transformará cada pilar da sua vida e depois poderá gritar aos quatro cantos do mundo: "Por que continuar sendo a mesma pessoa que sempre fui se posso ser e viver muitíssimo melhor?".

O desafio não é entender a ferramenta, e sim colocá-la em prática em sua vida. Dedique o tempo que for necessário para executar cada etapa e cada passo e você verá sonhos e realizações acontecerem de forma inacreditável em sua vida. Uma possibilidade muitas vezes útil é se unir a um grupo de estudos e juntos aplicarem todos os passos para a obtenção de seus objetivos.

No endereço www.febra.me/poderealtaperformance você encontrará a ferramenta Skill Open Limits para download. Use-a quando quiser.

SKILL OPEN LIMITS

NOME: _____ DATA: __/__/__

1. RELAÇÃO DE METAS E OBJETIVOS

	TEMPO	PILAR
1.		
2.		
3.		
4.		
5.		
6.		
7.		
8.		
9.		
10.		

2. VISÃO DO OBJETIVO (VIDA EXTRAORDINÁRIA)

3. RECURSOS NECESSÁRIOS

PILAR: _____

4. FATORES PESSOAIS LIMITANTES

1. _____
2. _____
3. _____
4. _____
5. _____
6. _____
7. _____
8. _____

5. CARACTERÍSTICAS PESSOAIS FORTALECEDORAS

1. _____
2. _____
3. _____
4. _____
5. _____

6. PERDAS QUE TEREI NÃO REALIZANDO MINHAS METAS

1. _____
2. _____
3. _____
4. _____
5. _____

7. PERDAS QUE TEREI REALIZANDO MINHAS METAS

1. _____
2. _____
3. _____
4. _____
5. _____

8. TODOS OS GANHOS QUE TEREI REALIZANDO MINHAS METAS

1. _____
2. _____
3. _____
4. _____
5. _____

9. CONSTRUÇÃO DE UM PLANO DE AÇÃO PRECISO

PILAR: _____ **PLANO DE AÇÃO** DATA: __/__/__

O QUE FAZER (AÇÃO)	COMO	QUEM	QUANDO	RECURSOS	STATUS

7

CRIANDO UMA MISSÃO DE VIDA

COMO É IMPORTANTE UMA MISSÃO DE VIDA

Por que algumas pessoas se alegram quando chega a noite de sexta-feira e se deprimem tanto quando chega a tarde do domingo? A resposta pode ser simples e fácil. Será que essas pessoas não gostam da segunda-feira por ser o primeiro dia da "dura" realidade de uma semana de trabalho enfadonho e sem graça? Um trabalho não gratificante que certamente não está alinhado com sua missão de vida nem seus objetivos? Quando estamos vivendo nossa verdadeira missão, a vida é divertida e desafiante; o próximo dia é sempre uma bênção bem-vinda, a oportunidade de fazer acontecer.

Steven Spielberg diz: "Eu acordo tão entusiasmado que não consigo nem tomar café da manhã". Uma das características das pessoas de vida plena e realizada é o sentido de missão que fornece às suas vidas propósito, sentido e direção. Quem tem uma missão clara, bem-elaborada e ecológica encontrará motivação e determinação para viver com plenitude, e consequentemente alcançará seus objetivos mais desafiadores. Além disso, uma missão bem-elaborada ajudará seu possuidor a estabelecer crenças fortalecedoras e anular crenças limitantes, e mais uma vez estará conduzindo sua vida para realizar seus sonhos e objetivos.

A missão é algo bem específico que direciona toda a existência de uma pessoa. É o propósito maior que a atrai para a concretização do futuro. Uma missão, quando bem estabelecida, unifica suas crenças, seus valores, seus comportamentos, suas ações e até quem você é e o que será. É como uma teia tecida a partir de fios principais que são unidos e trançados com seus interesses, seus desejos e suas metas.

Muitas pessoas vagam pela vida sem saber o que de fato estão fazendo aqui e, quando chegam ao final dos seus dias, percebem que sua vida foi vazia e sem sentido. Outro tanto de pessoas se satisfaz achando que sua missão é trabalhar, pagar contas, cuidar da família, educar filhos e, quando possível, desfrutar de um prazer momentâneo.

Qual é a sua missão? O que você está de fato fazendo neste mundo? Qual a sua razão de existir?

Outro grupo de pessoas acredita que sua missão é "ser feliz", e por isso busca de forma desenfreada se divertir e curtir de modo totalmente egoísta e autocentrado, todos os prazeres que puder e no menor espaço de tempo possível.

O fato é que, com uma visão dissociada, vivemos hoje em um mundo caótico, em que a máxima "cada um por si" está em voga. Um mundo onde cada indivíduo vive a sua vida e o outro não é importante, a não ser que haja nele algum interesse ou ganho futuro. Vivemos em um modelo de sociedade em que a grande massa está focada em si, em que cada indivíduo está preocupado apenas em atender às próprias necessidades, completamente desconectado e despreocupado com o meio ou com os outros ao seu redor.

> *"O 'eu' autocentrado tem também a necessidade de se opor, resistir e excluir para manter a ideia de separação da qual acredita que dependa a sua sobrevivência. Assim, ele coloca o seu 'eu' contra 'os outros', e 'nós' contra 'eles'".*
>
> (Eckhart Tolle)

A preocupação exclusiva e excessiva com o "eu" nos transporta para uma vida egocêntrica e sem valor, pois somos seres humanos e precisamos compartilhar positivamente o que **somos**, precisamos compartilhar positivamente o que **temos** e precisamos também compartilhar positivamente o que **fazemos**. Para que nossa vida tenha valor para nós mesmos, precisamos também ser importantes e valorosos para os outros e para o mundo.

Quando Jesus Cristo veio ao mundo, dizia ter vindo não para ser servido, e sim para servir. Essa afirmação parece sem sentido quando olhamos para um lar moderno: o marido insatisfeito com a esposa, pois espera mais sexo dela. A esposa descontente com o marido, pois acredita que ele pode ser mais companheiro e participativo. Os filhos adolescentes, por sua vez, cobram tudo, inclusive mais amor, e não são capazes nem mesmo de colaborar com o quarto arrumado. Todos querem que os outros mudem e atendam às suas expectativas, porém ninguém quer mudar para também servir e atender às necessidades alheias.

> *"De onde procedem guerras e contendas que há entre vós? De onde, senão dos prazeres que militam na vossa carne? Cobiçais e nada tendes; matais, e invejais, e nada podeis obter; viveis a lutar e fazer guerras. Nada tendes, porque não pedis; e quando pedis não recebeis, porque pedis mal, para esbanjardes em vossos prazeres egoístas."*
>
> (Tiago 4:1-3)

Para que sua missão de vida tenha real valor e proveito, ela precisa projetar sua vida a um patamar incrível de realizações e conquistas pessoais – mas é necessário que ela seja baseada também no servir, no causar impacto positivo na vida do outro e no mundo que a rodeia.

Imagine um mundo em que as missões uns dos outros estivessem conectadas positivamente em prol de algo maior e compartilhado. Imagine se a missão de todas as pessoas de sua cidade tivesse uma diretriz voltada a ajudar os carentes e necessitados. Nessa cidade certamente não existiriam fome ou violência, pois muito pouco esforço individual seria necessário para, em poucos anos, abolir a miséria humana. Vou dar alguns exemplos de missão de vida de pessoas que se dispuseram a fazer a sua vida e o mundo melhores.

Começo pela minha própria. Missão: contribuir com o mundo, treinar, orientar e ajudar pessoas e empresas a obter o sucesso e a felicidade que desejam.

A missão de um professor amigo meu: ser um grande professor e ajudar o mundo formando pessoas melhores e mais capazes na área de biotecnologia.

A missão de um jovem arquiteto que se tornou sinônimo de inovação em todo o mundo: revolucionar o mundo com a arquitetura e o design, integrando pessoas, espaços e sentimentos.

A missão de um grande missionário evangelista: pregar o evangelho nos locais de mais difícil acesso. Com essa missão, ele conseguiu traduzir a Bíblia para dialetos africanos jamais falados pelos homens brancos.

Outra possibilidade: ser um grande executivo internacional, gerar resultados em empresas de grande porte e deixar uma história de sucesso e crescimento nas empresas por onde passar.

Uma missão, para ser bem estabelecida, não deve falar do que a pessoa quer ter, e sim do que ela quer **ser**. A missão deixa claro o motivo pelo qual a pessoa existe. A missão define como a pessoa usará suas habilidades e energias e a orienta de maneira que faça diferença no mundo.

A minha proposta neste momento é que unifiquemos nossa missão de vida com os papéis que estamos verdadeiramente dispostos a viver. Para isso, seguiremos como base os onze pilares do Mapa de Autoavaliação Sistêmico®, integrando objetivos, papéis e missão num formato claro de Declaração de Fé.

Seguindo a sequência dos pilares do MAAS®, estabeleceremos uma missão para cada pilar, começando pelo espiritual. É importante neste momento que a missão escrita seja primeiro congruente e sinergética com seus objetivos estabelecidos no MAAS®, e também que ela produza um mundo melhor.

O QUE DEVE CONTER A SUA MISSÃO?

A sua missão deve contemplar tudo o que você já é e quer continuar sendo, e aquilo que você ainda não é, mas quer se tornar. Afinal, o que ganharemos escrevendo e declarando apenas o que já somos? Sua missão deverá ser montada como uma declaração de fé, uma visão positiva e profética do futuro. Como Richard Bandler nos questiona: "Por que continuar sendo a mesma pessoa de sempre se posso ser alguém muito melhor?". O objetivo de uma missão é se tornar alguém muito melhor do que já se é, e assim colaborar para que o mundo também se torne melhor.

Marque a seguir em que pontos da sua vida você pode se tornar ainda melhor no contexto de **ser e fazer**. Atribua um número de um a dez a cada item, dando 1 para os itens em que você não tem nada a melhorar e aumentando até 10 para os itens em que você tem muito a melhorar.

Adequação ( )

Afeto ( )

Alegria ( )

Amor ( )

Amizade ( )

Apaziguamento ( )

Assertividade ( )

Atenção ao próximo ( )

Autenticidade ( )

Capacidade ( )

Caridade ( )

Companheirismo ( )

Compreensão ( )

Confiança ( )

Conquistas ( )

Contentamento ( )

Cordialidade ( )

Descontração ( )

Determinação ( )

Disciplina ( )

Elegância ( )

Energia ( )

Entusiasmo ( )

Espiritualidade ( )

Fé ( )

Felicidade ( )

Firmeza ( )

Foco ( )

Honestidade ( )

Humildade ( )

Independência ( )

Integridade ( )

Intelectualidade ( )

Interdependência ( )

Interesse ( )

Intuição ( )

Lealdade ( )

Liderança ( )

Melhor filho ( )

Melhor pai/mãe ( )

Merecimento ( )

Misericórdia ( )

Motivação ( )

Paciência ( )

Perdão ( )

Perspicácia ( )

Persuasão ( )

Pontualidade ( )

Proatividade ( )

Produção ( )

Prosperidade ( )

Realização ( )

Sabedoria ( )

Saúde ( )

Segurança ( )

Sensatez ( )

Sociabilidade ( )

Sucesso ( )

Sutileza ( )

Agora, inicie sua missão pelo pilar espiritual. A pergunta-chave é: como quero ser, viver e me relacionar com Deus? E ainda: que frutos quero colher desse relacionamento? Depois de elaborar o pilar espiritual, faça o mesmo tipo de pergunta para os outros dez pilares, sempre perguntando: o que quero ser, fazer e ter em cada um dos pilares?

Vamos a um exemplo de uma missão pessoal, combinada com os objetivos e escrita em forma de declaração de fé:

1. ESPIRITUAL

Vivo em um contexto extremamente agradável e cristão, no qual compartilho os ensinamentos e a sabedoria cristã, frequentando com assiduidade a igreja, grupos de estudo e comunidades. Leio a Bíblia todos os dias e tenho uma fé muito forte e embasada. Minha casa serve ao Senhor e minha família é abastecida pela graça, pela misericórdia e pelo livramento de Deus. A cada dia recebo mais e mais a sabedoria divina. Dessa maneira, fico mais apto a usar ainda melhor o livre-arbítrio dado por Deus, sendo farol e exemplo para os que me rodeiam.

2. PARENTES

Vivo num ambiente harmônico, com muito amor e carinho, companheirismo e confiança. Com meus pais, tenho uma relação bastante amigável e afetuosa, com companheirismo e flexibilidade, e conversamos sobre todos os assuntos e respeitamos os pontos de vista uns dos outros. Com meus irmãos, reinam o amor, a compreensão e o respeito. Somos bastante amáveis e carinhosos uns com os outros. Somos felizes em nossos relacionamentos e auxiliamo-nos e nos fazemos presentes em todos os momentos.

3. CONJUGAL

Com meu cônjuge (nome dele/a) vivo um casamento/relacionamento exemplar, com muito amor, respeito e carinho. Nosso relacionamento melhora a cada dia. Satisfaço as necessidades dele/a na proporção, forma e intensidade que ele/a precisa para termos uma vida feliz, harmônica e plena. Existe entre nós cumplicidade, admiração, muito respeito e confiança. A paciência e a flexibilidade se manifestam a cada dia e o nosso amor sempre cresce. A qualidade do nosso relacionamento serve de exemplo e parâmetro para muitas pessoas, e também aprendemos, ensinamos e orientamos a muitos casais. Acima de tudo, somos exemplo para nossos filhos e familiares. Nossa vida sexual é ativa, gratificante e prazerosa. Temos um tratamento afetuoso e próximo – enfim, somos muito felizes.

4. FILHOS

Como pai, sou equilibrado, amoroso e dedicado. A educação que dou aos meus filhos os conduz a uma vida adulta equilibrada, feliz e plena, fazendo-os pessoas fortalecidas física, emocional e espiritualmente. Dou amor e limite na medida correta. Nós nos amamos e nos respeitamos. Somos uma família muito unida e feliz.

5. SOCIAL E LAZER

Sou uma pessoa sociável e muito agradável. As pessoas fazem questão de minha presença. Tenho amigos sinceros e leais, e sempre nos apoiamos, ajudamos e sabemos quanto podemos contar uns com os outros. Tenho o hábito de validar, declarar fé e abençoar todas as pessoas com quem convivo, incentivando e criando relacionamentos de grande valor e com novas possibilidades. Tenho ações poderosas nas quais ajudo pessoas necessitadas em larga escala. Minhas ações são exemplo e estímulo para outras pessoas também se engajarem em trabalhos sociais. Pratico esportes de aventura que me são extremamente gratificantes. Também pratico atividades de lazer que me fazem espairecer e relaxar de uma semana de trabalho e atividade intensa. Viajo com bastante frequência com minha família para conhecer e desfrutar de novos lugares. Faço parte de uma legião de amigos e parceiros dispostos a compartilhar e desfrutar de momentos sadios e felizes.

6. SAÚDE

Faço atividades físicas diariamente, mantenho os meus indicadores de saúde em perfeita ordem do ponto de vista clínico. Peso XX kg, e com esse peso mantenho meu corpo assim, tenho disposição física e mental para cumprir todas as minhas atividades profissionais e pessoais. Meus órgãos são muito saudáveis e funcionam de maneira harmônica e tranquila, faço alongamentos sistematicamente e com isso consigo flexibilidade e elasticidade rejuvenescedoras.

Esta energia e disposição são geradas, entre outras coisas, pelas atividades físicas diárias que faço e pela qualidade de minha alimentação. Pratico uma alimentação balanceada e saudável, baseada em frutas, legumes, verduras e fibras, bebo muito líquido fora das refeições, evito açúcares, e também alimentos salgados, frituras e gorduras.

Com este estilo de vida, minha idade fisiológica está sempre abaixo da idade cronológica. Disposição, agilidade e força sempre me sobram, e delas sei tirar proveito com humildade.

7. SERVIR

Sou uma pessoa sensível às necessidades alheias, pratico a caridade como um estilo de vida abundante, preocupo-me tanto com os que estão perto quanto com os que estão longe. Participo de campanhas de ajuda humanitárias, visito orfanatos e asilos. Faço doações regulares a instituições de caridade e ajuda ao próximo. Eu me sinto muito bem sabendo que faço diferença em um mundo de indiferenças.

8. INTELECTUAL

Sou uma pessoa estudiosa, leio um livro por semana, participo regularmente de cursos em minha área de atuação, invisto parte de meus ganhos em especializações que façam desenvolver as minhas qualidades, tanto profissionais quanto pessoais; coloco em prática tudo o que aprendo e o que agrega valor ao meu estilo de vida abundante.

9. FINANCEIRO

Vivo financeiramente de forma farta e equilibrada. Tenho muito dinheiro, sei o valor que ele tem, porém eu não o sirvo. Ele existe para me servir e me ajudar no cumprimento de minha missão de vida. Tenho um grande patrimônio em ativos, como apartamentos, ações, aplicações e livros, que me geram uma receita contínua. Cinquenta por cento do que ganho é poupado ou investido. O dinheiro trabalha para mim, e assim eu tenho mais tempo para fazer o que me é importante.

Sei perceber intuitivamente as oportunidades e estou preparado para aproveitá-las, gerando sempre mais patrimônio e dividendos. Existe uma passagem bíblica que retrata minha vida financeira: "Meu cálice transborda e meus pastos são verdejantes". Sou abençoado financeiramente e a sorte me persegue. As coisas boas simplesmente acontecem na minha vida. O dinheiro e as oportunidades correm atrás de mim e eu os aceito. A rentabilidade de meu patrimônio em ativos gira acima de 25% ao ano, e a rentabilidade de minhas empresas e negócios gira acima de 25% ao mês.

10. PROFISSIONAL

Minha vida profissional é próspera e feliz. Tudo em que me envolvo é fonte de prazer e alegria. Meus negócios fluem de maneira mágica a partir de minhas decisões e escolhas extremamente acertadas. Meus funcionários são os melhores, os mais comprometidos e os mais capacitados técnica e emocionalmente. Minhas empresas são inovadoras e referência internacional de qualidade e resultados. Atuamos no mundo todo, sempre com grandes resultados.

Minha gestão financeira é perfeita, fornecendo-me informações precisas e instantâneas que possibilitam tomar decisões acertadas. O que me coroa como um grande empresário e executivo é que todos esses resultados são obtidos de forma ética e que meu pilar profissional não dilapida os outros pilares de minha vida.

11. EMOCIONAL

Emocionalmente sou muito maduro e centrado. Possuo domínio próprio. Escolho o que falar e comunicar; assim, direciono o meu pensar e, em consequência, escolho o que sentir e decido sobre as minhas crenças. As crenças que determinam a minha vida são fortalecedoras e prósperas. As minhas escolhas são as melhores e direcionam minha vida emocional em um caminho de paz, plenitude, felicidade e compartilhar.

Mantenho-me motivado e disposto. Sei viver a vida com alegria e simplicidade, humildade e benevolência. Sei servir aos outros e ser ecológico por onde eu ando. Crio ao meu redor um mundo mágico, colorido, brilhante e abençoado por Deus. A passagem que retrata esse pilar é: "Amai-vos uns aos outros como a ti mesmo". Eu sou capaz de amar aos outros sem me diminuir ou me desmerecer. Tudo em minha vida possui equilíbrio e sabedoria. Reconheço o meu grande valor, sei que sou muito merecedor de coisas boas e me sinto aceito e querido pelos outros. Finalizo minha missão dizendo: que assim seja.

Caso você tenha achado esta missão coerente com seus objetivos e desejos, você pode adaptá-la à sua realidade de vida. Caso não seja adequada para a sua vida e seus objetivos, crie a sua própria missão, baseando-se nos onze pilares.

Aproveite este momento, pare o que está fazendo e escreva sua missão de vida, sua visão profética sobre o seu futuro próspero e significativo para cada um dos pilares. Leia e releia o que escreveu, veja quanto sua nova missão lhe fará mais feliz, quanto sua missão fará o mundo melhor.

COMO OBTER GRANDES RESULTADOS
DE SUA MISSÃO PESSOAL DE VIDA

Você poderá tirar proveito de sua missão de duas maneiras. A primeira é lendo-a toda manhã – não de qualquer maneira, mas entoando-a em voz alta, como um cântico de vitória, atento à sua fisiologia corporal, declarando sua missão de forma coerente com seu conteúdo. Se sua missão fala de sucesso, felicidade e conquistas, sua fisiologia (comunicação não verbal) deve ser congruente. A missão deve ser proferida diariamente com atitude de sucesso, felicidade e conquistas. Caso não esteja bem seguro em como usar sua fisiologia corporal, volte ao capítulo 3, no qual esse assunto é tratado.

Outra maneira de usar sua missão é, após escrevê-la, gravar a leitura no próprio computador, usando as mesmas técnicas da fisiologia corporal e entonação da voz. É interessante que você coloque uma trilha instrumental serena e relaxante para ajudar a atingir um estado mais profundo de relaxamento. O tempo ideal de gravação da missão é de aproximadamente seis a oito minutos, englobando todos os pilares.

COMO USAR A GRAVAÇÃO DA MISSÃO

Depois de ter gravado sua missão de vida no seu computador pessoal, é hora de desfrutá-la. Antes de dormir, deite de forma confortável, em decúbito frontal (barriga para cima), e ligue seu equipamento no modo replay. Isto vai possibilitar ouvir sua declaração algumas vezes enquanto dorme. Quanto mais profundo o sono, melhor, pois sua declaração estará penetrando na sua mente subconsciente, rompendo os limites colocados pela mente racional e questionadora e gerando novas realidades inconscientes, que logo se manifestarão de forma racional e consciente.

É provado pela ciência que o aprendizado neural completa seu ciclo em períodos de sete dias. Após quatro ciclos completos de sete dias ouvindo sem interrupção, as conexões neurais que sustentam o aprendizado – e, consequentemente, as mudanças esperadas – estarão completas. Assim, tais aprendizados se manifestarão para sempre em seus comportamentos e atitudes.

Aconselho que você use um fone de ouvido para ouvir sua missão, pois tenho observado em diversos alunos que os resultados se tornam mais rápidos e mais profundos quando todo o som ambiente é trocado apenas pelo som de sua missão. Aconselho ainda que você escute o áudio por um período de 28 dias.

QUANDO TIRAR O FONE DE OUVIDO?

Em primeiro lugar, relaxe e durma tranquilamente, como mencionado antes. É provável que você acorde uma, duas ou três horas depois de ter iniciado. Neste momento, retire os fones de ouvido, desligue o som e volte a dormir normalmente. Isso acontecerá de forma natural e espontânea.

Lembre-se: como em tudo na vida, a disciplina será de fundamental importância para que você ouça diariamente sua missão pessoal antes de dormir. Os resultados serão no mínimo espetaculares.

POR QUANTAS NOITES DEVEREI OUVIR A MINHA MISSÃO PARA DESFRUTAR DE GRANDES RESULTADOS?

Temos atestado que, ao acordar após a primeira noite de audição, você já sentirá uma disposição maior. A depender do seu nível de autoconsciência, você agirá de forma diferente, executando de maneira sistemática o conteúdo declarado na gravação.

Devemos lembrar que estamos nos tornando diferentes do que sempre fomos. São dezenas de anos de vida e de uma programação mais do que sedimentada sendo deixada para trás. Por isso, para garantir a perpetuação das mudanças propostas na sua missão e evitar que programações em nós colocadas no passado nos puxem para a repetição dos padrões que queremos mudar, a disciplina e a persistência são fundamentais.

Quero reforçar que, se não for possível gravar sua missão pessoal de vida, você pode fazer como orientei, ou seja, ler diariamente com entusiasmo e determinação sua missão pessoal. Os resultados também acontecerão de forma inacreditável.

"O que se encontra atrás de nós e o que se encontra à frente são problemas menores comparados com o que existe dentro de nós."

(Oliver Wendell Holmes)

CRENÇAS FORTALECEDORAS: A CONCRETIZAÇÃO DO EXTRAORDINÁRIO

O que temos, o que fazemos, com quem nos relacionamos, e finalmente quem somos, tudo isso é determinado pelas crenças que possuímos sobre nós mesmos, a maneira com que nos vemos internamente. Em outras palavras, nossa existência é determinada pelas nossas maiores certezas, pelas convicções mais profundas que temos sobre nós mesmos e sobre o mundo, ou seja, por nossas crenças.

"Nossas crenças influenciam todas as nossas escolhas mais significativas e importantes, direcionando todas as decisões e determinando a vida que levamos."

(Paulo Vieira)

Em uma palestra sobre atingimento de metas e relacionamentos poderosos, uma bela jovem me perguntou por que seus namoros aconteciam sempre do mesmo jeito, com o mesmo tipo de pessoa e sempre acabavam da mesma maneira, com muito sofrimento, mágoa e decepção.

Ela questionou: "Será que é coincidência? Qual será o motivo para que eu, apesar de ser intelectualmente capaz, poliglota, ter morado na Inglaterra e na França, ter duas formações acadêmicas, não consiga estabelecer um relacionamento saudável e estável?". Ela voltou a desabafar: "Quando tenho um relacionamento harmônico e pacífico, ele logo acaba. Mas se o relacionamento é tumultuado e conflituoso, dura muito tempo. Por que essas coisas acontecem comigo?".

Respondi que esses resultados amorosos decorriam de uma programação que lhe foi impressa na mente, em um sistema de **crenças**, como se fosse um programa de computador que sempre executa a mesma rotina. Ela rapidamente entendeu que o que acontecia com ela não era coincidência, e que existia uma causa muito clara para isso.

Nesse momento, com uma expressão de possibilidades, seus olhos brilharam e ela me perguntou: **"O que posso fazer para acabar com essa programação que me faz sofrer tanto e limita meus sonhos de ter uma família feliz?"**. Com segurança e tranquilidade, falei: o que foi programado em sua mente pode ser reprogramado; o que foi impresso pode ser reimpresso.

E a mesma afirmação também faço para você: é possível reprogramar suas crenças conjugais e rapidamente criar um relacionamento extraordinário. Você também pode reimprimir suas crenças sobre finanças e passar a viver de forma farta e abundante. Você pode restaurar qualquer crença que o limite.

Promover essas mudanças de forma prática e aplicável é o objetivo deste capítulo, e na verdade de todo o livro. Neste capítulo me deterei de forma direta e detalhada em como estabelecer novos padrões de crenças e sistemas de crenças para que você possa redirecionar sua vida para a felicidade, as realizações e as conquistas.

COMO SE INSTALAM AS CRENÇAS EM NOSSA MENTE?

MATRIZ PASSIVA DE FORMAÇÃO DE CRENÇAS NA INFÂNCIA

Para entender a formação das crenças, vamos começar pelo nascimento de uma criança, época em que ainda não existiam crenças nem racionalidade na mente dela, em que todas as informações que chegavam à criança eram assimiladas como verdades absolutas. Uma boa comparação é entre um CD virgem e uma criança recém-nascida: ambos estão prontos para receber toda a programação que lhes chegar. Sem criticar nem julgar a importância ou a veracidade da informação, apenas a recebem e imprimem em seus arquivos.

Acompanhando a matriz passiva de formação de crenças a seguir, percebemos que todas as informações sensoriais passam pelos filtros das nossas crenças, que produzem significados específicos, dependendo da estrutura das crenças existentes. É muito importante lembrar que, ao nascer, a criança não possui crenças – por conseguinte, não possui filtros que **selecionem** as informações que lhe chegam.

No entanto, dia a dia, após o nascimento, as crenças se formam e são fortalecidas na mente da criança. De 6 a 8 anos, o primeiro bloco de crenças é sedimentado; aos 12 anos, as crenças desse pré-adolescente estão completas, e nelas está impresso quem ela é, seu valor próprio, suas capacidades, seu amor-próprio, sua autoimagem e tudo o mais que forma o caráter, a personalidade, a atitude, o estilo e o comportamento desse jovem e do adulto que ele se tornará.

Como acabamos de ver, a grande totalidade das crenças que formam a identidade do indivíduo são produzidas até os 12 anos. As informações que chegam depois da infância e da puberdade também vão formar o sistema de crenças, mas com menos intensidade. Daí a certeza de que os doze primeiros anos de vida de uma criança são determinantes para a formação do indivíduo.

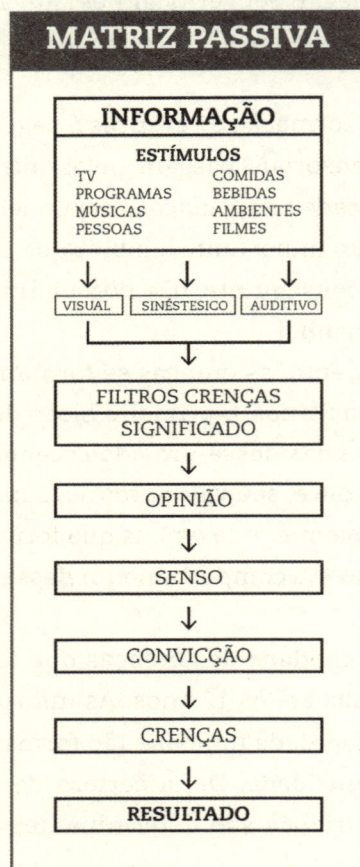

Voltando a acompanhar a matriz passiva de formação de crenças, iniciamos pelas **informações sensoriais (visão, audição e sensação)** que a criança recebe passivamente, sem ter como se defender delas por não possuir crenças, muito menos racionalidade para entender e analisar os estímulos.

A repetição dos estímulos sensoriais (visão, audição e sensação) recebidos pela criança produz a opinião, que etimologicamente significa "ideia confusa a respeito da realidade". Mantendo esses estímulos e essas informações sensoriais, a opinião se fortalece e vira um senso comum, que é a primeira suposta compreensão do mundo que a cerca. A continuidade do recebimento dos estímulos transforma o senso em uma convicção, que é algo real e factível. Se os mesmos estímulos forem mantidos, a convicção se transforma por fim em uma **crença**, que nada mais é do que o programa mental que rege nossa vida e nosso destino. E, como já falei várias vezes, toda crença é autorrealizável. Ela simplesmente vai acontecer; seja agora, amanhã, seja no futuro.

Outra característica da crença é que ela nos aproxima do que combina com ela. Assim, uma pessoa com crenças medíocres vai buscar pessoas medíocres para conviver. Pessoas medíocres também gostam de programas de TV, músicas e lugares medíocres. E essa combinação VAS retroalimenta e fortalece as crenças, reiniciando o ciclo de formação destas.

Toda essa explicação foi para mostrar a importância da seletividade para formação de crenças. O ditado diz: "Diz-me com quem tu andas e direi quem tu és". Ofereço um complemento a esse ditado: "Diz-me com quem tu andas, o que tu vês e assistes, o que ouves e a que tipo de sensação te expões, e eu direi quem tu és". Diferentemente das crianças, você pode e deve se responsabilizar por tudo o que lhe chega, selecionando e buscando o que agrega e fortalece sua estrutura emocional.

Para que possamos entender melhor como se instalam e se processam as crenças na nossa vida tendo como base a matriz passiva de formação de crenças, vou relatar o caso de um aluno do Método CIS®. Vou chamá-lo de Luís. Como funcionário, ele era um profissional que tinha hora para entrar, mas não tinha hora para sair. Um funcionário exemplar, o sinônimo de comprometimento e dedicação, uma pessoa extremamente trabalhadora.

Contudo, apesar de todas essas características positivas, ele nunca teve remuneração proporcional ao seu empenho e à sua dedicação. Como ele próprio narrou: "Por onde eu andei, em todas as empresas em que fui empregado, carreguei a empresa nas costas, tudo era em cima de mim. Sempre que existia um problema, era eu quem ia resolver. No entanto, nunca fui remunerado a contento, nunca reconheceram meu esforço e dedicação".

Cansado de ser mal remunerado e não ser reconhecido, Luís criou coragem, vendeu tudo o que tinha, conseguiu algum dinheiro emprestado com a família, fez um financiamento e começou a própria empresa de transportes. Acordava com o sol para acompanhar o carregamento dos caminhões e ia dormir de madrugada, depois que a última carga fosse entregue. Viajava a qualquer dia e hora para liberar caminhões apreendidos nas fiscalizações ou com problemas mecânicos. E, quando faltava gente para carregar ou dirigir, lá estava ele, pronto para ser o motorista ou o estivador.

Apesar de todo seu esforço e sua experiência, seu trabalho físico e mental continuava sendo muito maior do que a remuneração que ele passou a ter como empresário. Como ele me narrou: "Por mais que me esforçasse, estava sempre apertado e em dificuldades financeiras".

Seu esforço não era proporcional aos ganhos financeiros e, quando as coisas começavam a melhorar em sua empresa, algo inesperado acontecia e o fazia regredir alguns degraus financeiros. Sua vida de empresário era um retrato modificado, porém muito parecido com sua vida de funcionário, ou seja, muito trabalho e pouca remuneração – apenas o suficiente para pagar a maioria das contas e deixar outra parte atrasada.

Em sua autobiografia de 0 aos 12 anos, ele narrou como sua mãe era forte e controladora, como ele era punido física e emocionalmente quando não era dedicado e esforçado. Por mais que ele tentasse atender às expectativas dela, ele jamais era merecedor de elogios e reconhecimento. Sua mãe dizia com rispidez, repetidamente: "Sua única obrigação e direito é cuidar da casa, dos seus irmãos mais novos e das entregas da quitanda do seu Gabriel".

E toda a renda do seu trabalho na quitanda era entregue à mãe para as despesas da família. Quando Luís pleiteava jogar bolinha de gude ou descansar, ela logo mostrava como ele estava errado, que deveria ajudar a cuidar mais dos irmãos e da casa, "já que você é quase um homem". Por incrível que pareça, ele tinha apenas 7 anos.

Na cabeça daquela criança, foram impregnadas crenças de escassez, de dificuldade, de muito trabalho e pouco resultado, crenças do tipo "eu não mereço". No decorrer do Método CIS®, ele narrou para mim uma fábula que sua mãe lhe contou durante toda a sua infância e até ele sair de casa, já adulto. A história era mais ou menos assim:

Era uma vez uma formiguinha, ela era bem pequenina. Trabalhava de sol a sol para manter o formigueiro abastecido, não tinha folga nem descanso – afinal, a vida era muito dura. E tudo lá no formigueiro era muito difícil, com muito trabalho duro e nenhum descanso. Enquanto a formiguinha trabalhava, a cigarra cantava e se divertia, sem se preocupar com o inverno que ia chegar. Apesar de seu pequenino tamanho, a formiguinha era muito dedicada e obstinada, carregava folhas e gravetos muito maiores do que ela.

Lutava contra outros insetos bem maiores para defender seu formigueiro. Enfim, era uma lutadora, uma guerreira incansável, uma batalhadora.

Era incrível a forma emotiva e associada com que Luís narrava a história que sua mãe lhe contara tantas e tantas vezes. A grande e triste verdade é que ele não apenas narrava a história da formiguinha para mim, ele narrava a própria história: ele era aquela formiguinha trabalhadora e sofrida.

Com essa metáfora em forma de fábula e com outras atitudes conscientes e inconscientes, sua mãe foi-lhe imprimindo crenças de que seu resultado de vida não era ser realizado, próspero, feliz ou vencedor, e sim trabalhar para não sucumbir, trabalhar no limite das suas forças físicas e emocionais. Lutar contra as circunstâncias, de sol a sol, sete dias por semana, trinta dias por mês, doze meses por ano. A programação impressa fazia com que ele fosse um lutador, um batalhador na qual sua única conquista era trabalhar e não ser recompensado à altura de seu esforço.

Quantas pessoas lutam contra si mesmas durante toda a vida, buscando uma explicação, até mística, para tantos azares e tantos reveses, tantas dificuldades e tantos insucessos. **A resposta a todo o sofrimento é apenas uma: as crenças que aceitamos em nossa vida, em especial aquelas que nos foram inculcadas primordialmente do nascimento até os 12 anos, determinam a vida que levamos hoje.**

Estou dizendo que as crenças em nós colocadas durante a infância podem ser boas e fortalecedoras, como também podem ser limitantes e destruidoras, fazendo-nos felizes ou infelizes, prósperos ou fracassados, saudáveis ou debilitados. Ou seja, as crenças que nos são inculcadas durante nossa infância são determinantes em nossa vida – pelo menos enquanto não decidirmos por outras crenças mais fortalecedoras.

Vemos na matriz passiva de formação de crenças a primeira forma de provocar mudanças nas nossas crenças, que é pela **seletividade das infor-**

mações recebidas. Afinal, se toda informação que nos chega produz algum tipo de crença, devemos tomar todo o cuidado para não receber informações produtoras de crenças que limitam a vida e o potencial.

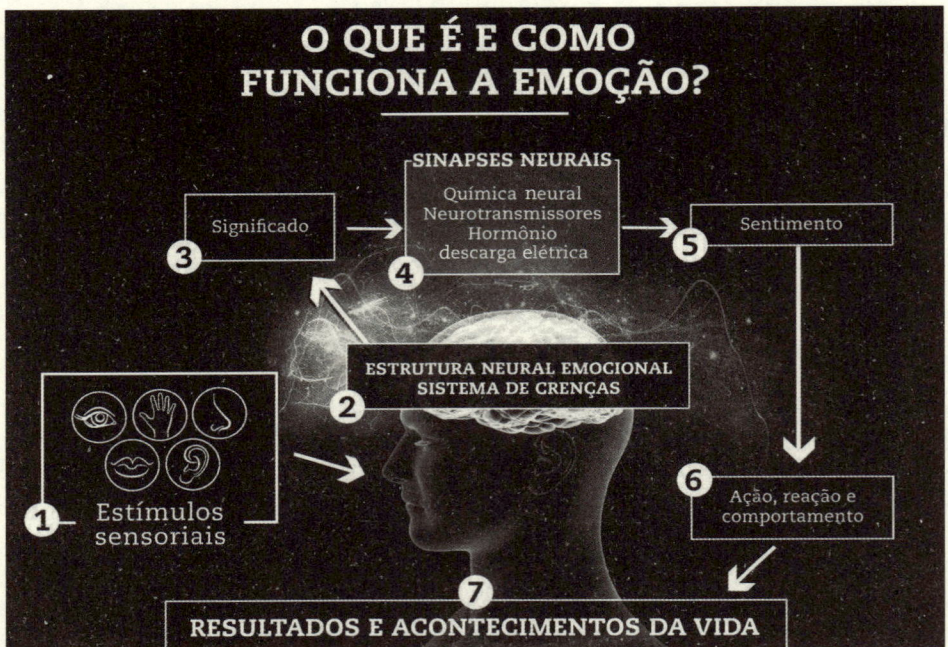

Os estímulos sensoriais (1) que nos chegam passam pelo filtro do nosso sistema de crenças (2) para, então, terem um significado (3). Esse significado é percebido por meio de sinapses neurais (4), que geram descargas elétricas e comandam a liberação de neurotransmissores e hormônios. Tais hormônios, diretamente ligados às nossas emoções, geram os nossos sentimentos (5), pensamentos e, por fim, a nossa reação (6) ao estímulo inicial. As nossas reações ao que nos acontece vão gerar nossos resultados de vida (7). Portanto, o sistema de crenças é o filtro onde todo o ciclo começa. Um sistema ruim gera resultados ruins, enquanto um sistema bom gera resultados bons.

MATRIZ ATIVA DE FORMAÇÃO DE CRENÇAS

A segunda forma de promover mudanças rápidas é mergulhar e interferir na matriz ativa de formação de crenças, primeiro **comunicando (1)** de forma positiva e vitoriosa, para em seguida alterar os **pensamentos (2)** e consequentemente alterar de forma positiva os **sentimentos (3)**, os quais, se mantidos, gerarão novas **crenças (4)** que, por sua vez, produzirão novos resultados de vida.

Espero que você tenha entendido o processo: basta alterar a comunicação, os pensamentos e os sentimentos de forma decidida e persistente que logo essas mudanças interferirão nas crenças. Decerto a comunicação é o ponto mais fácil a mudar na matriz.

Tenho visto muitas pessoas buscarem o sucesso profissional apenas através da capacitação intelectual, trabalham unicamente o lado esquerdo do cérebro (como já vimos nos capítulos anteriores) com mais cursos, mais graduações e pós-graduações. Depois de finalizada a etapa de formação intelectual, descobrem que, apesar das oportunidades que surgiram (ou não), elas continuam realizando apenas as mesmas coisas que realizavam antes da maratona intelectual, e continuam recebendo praticamente os mesmos salários de antes.

Diante do desafio e da frustração pelos resultados obtidos, alguns começam a perceber que apenas o conhecimento técnico/intelectual não os torna mais realizados.

Descobrem que tantas informações, para terem valor, de fato, precisam ser colocadas em prática. Entretanto, para colocar esse cabedal de informações intelectuais em prática, essa pessoa precisa de iniciativa, coragem, empreendedorismo, trabalho em equipe, liderança. Ela precisa controlar suas emoções, administrar seus sentimentos, comunicar-se e relacionar-se melhor com os outros – enfim, ela precisa de crenças construtoras da inteligência emocional. Contudo, todos esses atributos não são ensinamentos intelectuais nem técnicos, eles não são ensinados nos bancos das universidades ou nos colégios.

Eles foram e continuam a ser impressos em nossa mente através das experiências que tivemos e dos significados que demos a cada uma dessas experiências. Outras pessoas buscam o sucesso profissional dobrando ou quase triplicando a carga diária de trabalho, subtraindo o tempo que têm com a família. Elas deixam a saúde em segundo plano, alimentam-se de qualquer maneira e a qualquer hora, priorizam apenas as relações e ações profissionais, isso com a esperança de que apenas trabalhar muito seja a garantia de prosperidade.

Depois de algum tempo, em muitos casos, essa pessoa se vê cansada, fatigada e até dilacerada de tanto trabalho e, no entanto, o sucesso profissional tão almejado não veio, o sucesso que acreditava ser proporcional ao trabalho não aconteceu.

> *"A certeza é que, para mudarmos qualquer aspecto externo de nossa vida (casamento, finanças, profissão, saúde, entre outros), precisamos mudar antes as nossas crenças e, consequentemente, mudar nossa vida."*
>
> (Paulo Vieira)

MATRIZ PASSIVA DE FORMAÇÃO DE CRENÇAS NA FASE ADULTA

DE OPINIÃO PARA SENSO

As informações que nos chegam primeiro passam por nossos filtros de crenças e valores, produzindo um significado. Esse significado, por sua vez, produz na superficialidade a **opinião**, que por si só já influencia nossas escolhas e nossos comportamentos. Sendo as mesmas informações recebidas repetidamente, transformam a opinião em um **senso**: a primeira suposta compreensão do mundo que nos rodeia.

Se essa informação for repetida e intensificada emocionalmente, ela produz a **convicção**, que no dicionário significa a certeza obtida por fatos ou razões, que não deixam dúvida nem dão lugar a objeções ou contestações. A convicção tem muito poder e força, influencia não apenas nossas escolhas, como também determina nossas atitudes e até produz crenças superficiais. Nossas convicções, apesar de terem menos poder do que as crenças, já são capazes de grandes feitos sobre nossos comportamentos, nossos pensamentos e nossas decisões.

Em experimentos científicos, nos quais pessoas que bebiam cerveja sem álcool estavam certas (convictas) de estarem bebendo cerveja com álcool, elas, por incrível que pareça, manifestaram todos os sintomas de uma pessoa alcoolizada. Como isso pode acontecer? A resposta é simples: a ação de nossas convicções. Tanto nossas opiniões quanto nossas convicções costumam ocorrer mais no nível consciente e racional, no hemisfério esquerdo, por isso são menos poderosas que as crenças.

Já a maioria de nossas crenças é inconsciente e desconhecida racionalmente. Elas geram os filtros com os quais observamos todas as informações que nos chegam, criam, assim, o mapa de mundo através do qual construímos nossas opiniões e nossas convicções.

Apesar do poder terapêutico das drogas farmacêuticas, estudos da psiconeuroimunologia têm confirmado que o poder das nossas convicções sobre um tratamento ou remédio chega algumas vezes a desempenhar um papel mais importante que a própria droga ou tratamento. O doutor Henry Beecher, de Harvard, tem realizado pesquisas que provam que muitas vezes estamos dando o crédito a medicamentos quando a responsável pela cura foi a convicção de estar tomando algo de eficácia curativa. Ou seja, o que fez, de fato, a diferença não foi a droga, e sim a convicção da cura.

Muitos médicos e pessoas ligadas à área de saúde física e mental têm participado de meus seminários e a todos tenho repetido que a cura de seus pacientes está diretamente ligada à forma de prescrever e administrar o tratamento. Muitas vezes, esta é até mais relevante do que o próprio tratamento ou o fármaco ministrado ao paciente.

No caso de você ser médico, fisioterapeuta, odontólogo, fonoaudiólogo ou outro profissional ligado à área da saúde, ao prescrever um remédio ou tratamento, fale convictamente do poder curativo desse remédio ou tratamento. Descreva a ação farmacológica no organismo e de que modo que ela se processa, fale com muito entusiasmo das estatísticas positivas de pessoas que foram curadas com esse tratamento, toque e influencie a convicção do paciente, traga-lhe novos sentimentos e certezas.

Tenho visto alguns médicos, escondidos por trás de um manto branco de covardia, administrando drogas e tratamentos a seus pacientes da mesma maneira fria e indiferente com que um mecânico coloca óleo e troca uma peça de uma máquina. Essa forma impessoal e dissociada de clinicar talvez ocorra para não gerar expectativas no paciente nem fazer o profissional da saúde se comprometer com a cura. No entanto, eu pergunto: como um profissional da área da saúde pode não se comprometer com a cura de seu paciente?

Alguns têm se esquecido de que o seu real compromisso não é administrar o tratamento ou medicamento, e sim curar – e, para que a cura aconteça no corpo, ela precisa acontecer antes na mente e no coração, ou seja, é preciso curar antes as convicções e as crenças de seus pacientes.

Tenho um amigo médico que tem se especializado em tratar pessoas com obesidade, porém ele não concentra suas ações em remédios, muito menos em dietas. Grande parte do tratamento consiste em mudar a mente de seus clientes, para depois mudar seu estilo de vida.

Muito mais do que o corpo, ele trata as convicções sobre o corpo, e não preciso dizer que até as pessoas que não continuam o tratamento obtêm resultados extremamente significativos. Temos observado que as pessoas que tratam a obesidade através da mudança de convicções, depois do fim do tratamento, continuam magras, enquanto pessoas que emagreceram com remédios e dietas passam muito menos tempo magras e voltam ao peso inicial.

O mesmo acontece com fisioterapeutas, ao expor seus pacientes a ondas curtas, compressas de gelo, parafina quente ou a manipulações. É fundamental para a cura do paciente que o fisioterapeuta ressalte a importância curativa, a eficácia bioquímica do tratamento que está ministrando. E não basta falar, é preciso ressaltar a ação do calor provocada pelas ondas curtas, como estas penetram em profundidade na musculatura e como as artérias são dilatadas, fazendo circular muito mais sangue no local lesionado e assim promovem a cura de dentro para fora. Seja qual for sua área ou especialidade, use a convicção de seus pacientes como parte integrante do tratamento.

DE CONVICÇÃO PARA CRENÇA

Migrando de convicções para crenças, todos nós temos crenças fortalecedoras, que nos fazem progredir, amar, construir resultados relevantes em nossa vida. Como também todas as pessoas possuem crenças limitantes, que as aprisionam e engessam, criando impossibilidades, falta de amor, levando-as a viver tristezas e dissabores em algumas áreas da vida delas.

É justamente essa luta interna – crenças fortalecedoras *versus* crenças limitantes – que define nossa qualidade e plenitude de vida em todos os aspectos. E, como já sabemos, para melhorar nossa vida precisamos antes melhorar nossas crenças, substituindo crenças e convicções ruins por boas e fortalecedoras.

"Nossas crenças mais profundas e inconscientes possuem um poder atô-mico e podem mudar nossa realidade pessoal e tudo o que nos rodeia em uma fração de segundo."

(Paulo Vieira)

QUAIS AS CRENÇAS LIMITANTES QUE DEVO ELIMINAR?

Observe as declarações a seguir e perceba que todas elas carregam em si conteúdos limitantes. Caso você se permita conduzir por uma ou muitas delas – sejam crenças, sejam convicções, estará limitando sua vida e suas conquistas.

EXERCÍCIO

Assinale todas as declarações que você entende como suas, sejam como crenças, convicções, sejam apenas opiniões, não importando quanto e em que intensidade você acredita nessas afirmações.

1. Para adoecer, basta estar são.
2. Quando uma coisa pode dar errado, ela certamente dará errado. (Lei de Murphy)
3. Dinheiro é sujo.
4. Sou pobre, mas sou honesto.
5. Os ricos são trapaceiros.
6. Dinheiro não dá em árvores.
7. Pau que nasce torto morre torto.
8. Só desonestos têm dinheiro.
9. Estou sempre endividado.
10. Existem apenas dois tipos de homens: os que sabem que são traídos e os que não sabem.
11. Artista tem de lutar para viver.
12. Para sobreviver, tenho de matar um leão por dia.
13. Não posso cobrar "tudo isso" pelo meu trabalho.
14. Eu não mereço boas coisas.
15. Não sei cobrar pelos meus serviços/produtos.
16. Quem ama sofre.

17. De grão em grão a galinha enche o papo.
18. O dinheiro só corre para o mar.
19. Homens são todos iguais, só muda o endereço.
20. Mulheres são interesseiras.
21. Dinheiro só vem com trabalho duro.
22. Como poupar, se nunca sobra nada?
23. Sexo é sujo.
24. Família só traz problema.
25. Ter filhos é padecer no paraíso.
26. Ter mulher/marido é o mesmo que abdicar da vida.
27. Hoje, quem casa separa.
28. Emagrecer é impossível com meu estilo de vida.
29. Sou trabalhador, batalhador, lutador, guerreiro.

Talvez você tenha chegado até aqui e ainda ache que essas frases proferidas não têm efeito prático em sua vida, que são apenas expressões coloquiais do dia a dia. A verdade é que não só têm efeito, como também têm uma causa.

O que nós proferimos retrata nossas crenças muitas vezes inconscientes, mostra a nós e ao mundo quem somos e o que somos capazes de ser, ter e fazer. Pessoas que proferem palavras limitantes estão repletas de crenças limitantes e colherão na vida delas resultados proporcionais às suas crenças, como já vimos no capítulo sobre linguagem.

Crenças costumam ser um aprendizado familiar, passado de pai para filho, de comunidade para comunidade, de geração a geração. E, para que seu crescimento e sua cura aconteçam, o primeiro passo é você tomar conhecimento de suas crenças, do efeito maléfico que elas causam e, em seguida, optar por crenças e convicções fortalecedoras.

EXERCÍCIO

Mesmo que você ache que essas afirmações não fazem parte de suas crenças, reescreva as 29 declarações limitantes anteriores de forma superpositiva e edificante para você, e as comunique verbalmente dez vezes, cada uma delas na frente do espelho, com entusiasmo e energia por sete dias.

1. Quanto melhor eu estiver, mais são eu fico.
2. _____
3. _____
4. _____
5. _____
6. _____
7. _____
8. _____
9. _____
10. _____
11. _____
12. _____
13. _____
14. _____
15. _____
16. _____
17. _____
18. _____
19. _____
20. _____
21. _____
22. _____
23. _____
24. _____
25. _____
26. _____
27. _____
28. _____
29. _____

Você também pode descobrir quais são suas crenças limitantes observando seu Mapa de Autoavaliação Sistêmico® (MAAS®) e identificando quais os pilares que se mantêm deficientes ao longo do tempo.

Vamos supor que, olhando seu MAAS®, você perceba que o pilar financeiro sempre foi debilitado, e a pontuação sempre esteve muito baixa.

Então, fica claro que as crenças limitantes nesse pilar são muitas e precisam ser trabalhadas. Em alguns pilares, você perceberá uma evolução; em outros, uma queda; mas certamente na maioria você perceberá que eles se mantêm estáticos ao longo do tempo, uns em bom estado e pontuação elevada, outros deficientes e causando sofrimento prolongado.

EXERCÍCIO

Olhando para seu MAAS®, identifique e numere os pilares por ordem de dificuldade que, por um motivo ou outro, têm feito você viver uma vida limitada ao longo dos últimos anos.

( ) ESPIRITUAL   ( ) FAMILIAR
( ) CONJUGAL   ( ) FILHOS
( ) SOCIAL E LAZER   ( ) SAÚDE
( ) SERVIR
( ) INTELECTUAL   ( ) FINANCEIRO
( ) PROFISSIONAL   ( ) EMOCIONAL

Assim, quanto pior for a nota que você se der em determinado pilar, piores e mais limitantes serão suas crenças sobre ele.

Dando continuidade a este exercício, identifique quais crenças debilitam suas possibilidades e suas virtudes em cada um dos pilares assinalados, substituindo em cada pilar as crenças que limitam por crenças que fortalecem.

Exemplo 1:

Pilar: conjugal/amoroso

Crença limitante: é muito difícil encontrar homens/mulheres que realmente queiram algo sério.

Desafiando, questionando e substituindo a crença limitante:

1. É difícil para quem encontrar homens/mulheres que queiram algo sério?

2. O que torna difícil para mim, já que tantas pessoas ao meu redor têm conquistado relacionamentos sérios, duradouros e harmônicos?

3. Levando em conta que não existe coincidência, sorte ou azar, o que as pessoas que conquistam relacionamentos felizes fazem, pensam e sentem diferente de mim?

4. Finalmente, o que eu vou fazer de diferente para conquistar e manter relacionamentos felizes?

O oposto da crença limitante é: é muito fácil encontrar homens/mulheres que queiram um relacionamento sério.

Exemplo 2

Pilar: financeiro[17]

Crença limitante: é muito difícil ganhar dinheiro hoje em dia.

Desafiando, questionando e substituindo a crença limitante:

1. É difícil para quem ganhar dinheiro?

2. O que torna difícil para mim, já que tantas pessoas estão ganhando dinheiro?

3. Levando em conta que não existe coincidência, sorte ou azar, o que as pessoas que ganham dinheiro fazem, pensam e sentem de maneira diferente de mim?

4. Finalmente, o que vou fazer de diferente para ganhar dinheiro de verdade?

O oposto da crença limitante é: é muito fácil ganhar dinheiro hoje em dia.

Exemplo 3:

Pilar: saúde

Crença limitante: na vida agitada de hoje em dia, não sobra tempo para cuidar da saúde.

Desafiando, questionando e substituindo a crença limitante:

1. Quem não tem tempo para cuidar da saúde?

---

17 Caso você tenha identificado que o pilar mais deficiente em sua vida é o financeiro, recomendo a leitura do livro *Fator de enriquecimento*. Nele você encontrará ferramentas totalmente voltadas para reprogramar crenças limitantes sobre dinheiro e prosperidade financeira.

2. O que me faz não ter tempo, já que tantas pessoas cuidam da saúde delas e ainda são felizes?
3. Levando em conta que não existe coincidência, sorte ou azar, o que as pessoas que cuidam da saúde fazem, pensam e sentem de maneira diferente de mim?
4. Finalmente, o que eu vou fazer de diferente para cuidar da minha saúde?

O oposto da crença limitante é: com as facilidades de hoje em dia, é muito fácil cuidar da saúde.

Modelo:

Pilar: _____

Crença limitante: _____

Desafiando, questionando e substituindo a crença limitante:

1. Quem não... _____?
2. O que me faz não... _____?
3. Levando em conta que não existe coincidência, sorte ou azar, o que as pessoas que _____?
4. Finalmente, o que eu vou fazer de diferente para _____
_____

O oposto da crença limitante é: _____
_____

Certifique-se também de que você identificou e desafiou todas as crenças negativas para cada um dos pilares deficientes.

Agora que você obteve o oposto da crença limitante, escreva-a em vários pedaços de papel, espalhe-os pela casa e pelo local de trabalho e leia-os diariamente, até sentir que aquela nova realidade se instalou em *você*. Caso as notas do pilar deficiente não melhorem, retorne ao exercício.

AUTOCONHECIMENTO

O autoconhecimento e autoconsciência são fundamentais nos processos de identificação e construção das crenças sobre nós mesmos, ou seja, na construção da nossa autoimagem. Sendo assim, responda por escrito a todas as perguntas que se seguem.

PERGUNTAS TERAPÊUTICAS

Agora, respire fundo algumas vezes, relaxe o corpo e procure não pensar em nada. Permita que a sua mente volte às lembranças da infância e responda com sinceridade a todas as perguntas feitas a seguir. Use um papel à parte para as respostas.

1. Quando sua mãe estava grávida, você acha que realmente estava sendo querido por ela e pelo seu pai?
2. Quando você nasceu, você era do sexo que eles desejavam?
3. Você foi concebido porque ter um bebê era "uma coisa que se tem que fazer"?
4. QUEM VOCÊ ERA:

( ) O obediente?

( ) O submisso?

( ) O tristinho?

( ) O doentinho?

( ) O zangado?

( ) O rebelde?

( ) A vítima?

( ) O mártir?

( ) O "dedo-duro"?

5. VOCÊ FOI:

( ) O salvador?

( ) Aquele que ajuda?

( ) Aquele que apronta?

( ) Mãe ou pai para os seus pais ou irmãos?

( ) O "meu menino", superprotegido mesmo quando fazia algo errado?

( ) A garota-problema ou o delinquente?

( ) O que é feito de bobo?

( ) O palhaço?

6. Você pedia atenção de forma negativa ?[18]

---

18 Atenção negativa, ou amor negativo, diz respeito a ter atitudes disfuncionais com o objetivo de ser visto/notado. Exemplo: o filho que desobedece a mãe porque, assim, terá atenção, ainda que em forma de gritos.

7. Você foi abandonado, literal ou psicologicamente?

8. Você foi adotado? Como você se sentia em relação a isso?

9. Você se sentiu consistentemente amado e aceito pela sua mãe e pelo seu pai?

10. Sua mãe ou seu pai estavam presentes, mas não lhe davam atenção?

11. Seu pai e sua mãe eram pessoas nas quais você podia confiar?

12. Você foi abandonado através do divórcio ou da morte?

13. Seus pais fizeram uma aliança com você e os outros filhos para que ficassem um do lado do outro? (Em algumas famílias existe uma divisão das crianças, alguns são da mãe e outras do pai, o que causa eternos conflitos.)

14. Seus pais falavam mal um do outro para você? Como isso o afetava?

15. Como é a sua vida hoje? Fazer alianças e tomar partido representa um problema para você?

16. Qual era a maior preocupação na sua família?

( ) O dinheiro?

( ) O trabalho?

( ) O sucesso?

( ) A vida sexual (ou a rejeição ao sexo)?

( ) A educação?

( ) O status?

( ) As aparências?

( ) A saúde?

( ) A nutrição?

( ) A limpeza?

17. O que seus pais ensinavam sobre a sua comunicação não verbal? Por exemplo: "Sorria sempre", "mantenha a cara", "esconda os seus verdadeiros sentimentos".

18. Você recebia olhares atravessados? Como você se sentia?

19. A sua família era aberta? Eles realmente se comunicavam e escutavam uns aos outros?

20. A linguagem corporal deles transmitia o quê? Eles eram tensos, controlados?

21. Depois que você deixou de ser um bebê, você se lembra dos seus pais terem lhe abraçado e dito que o amavam muito?

22. Se eles disseram que o amavam, você realmente sentiu que era amado?

23. Qual era o tipo de atmosfera que os seus pais criavam na sua casa?

24. Existia um clima de negatividade na sua casa?

25. Como seus pais agiam quando estavam zangados?

26. O que você fazia com a sua raiva? Como lidava com ela?

27. Permita-se relembrar uma cena específica, onde a raiva era o traço que estava sendo exibido pelos seus pais. Lembre-se de uma cena em que você estava com raiva da sua mãe ou do seu pai. Qual era o motivo? Como você se sentiu?

28. A raiva do seu pai/mãe era explícita?

29. Seus pais demonstravam raiva da mesma maneira? Ou de maneiras opostas?

30. A sua família gritava e berrava? Ou eles encobriam, suprimiam e abafavam a raiva com um sorriso?

31. Eles eram autênticos ou falsos?

32. O que eles faziam com a raiva deles e como você reagia?

33. Como a sua família se comportava quando estava infeliz ou deprimida?

34. Eles falavam sobre isso?

35. Eles expressavam e colocavam os sentimentos deles diretamente? Ou era tudo escondido, secreto e ignorado?

36. Quem era a figura de autoridade na sua família? Quem tinha o poder?

37. Como você reagia a esse poder?

38. Como eram manifestados o poder, a autoridade e o controle?

39. O que acontecia quando o controle dos pais era desafiado, se é que eram desafiados?

40. Os seus pais eram centrados e estáveis? Ou eles corriam de um lado para o outro, como baratas tontas?

41. Como eles reagiam quando surgiam problemas repentinos?

    ( ) Com ansiedade e medo?

    ( ) Com equilíbrio?

    ( ) Com pânico?

( ) Ficavam paralisados?

( ) Se distraíam com outras tarefas sem importância?

42. Como a sua família se comportava quando você ficava doente ou quando eles ficavam doentes?

43. Você aprendeu que estar doente (ou fingir) era a única maneira de conseguir atenção?

44. Você costuma se colocar como doente ou vitimado para conseguir atenção e apoio?

45. Havia uma vítima ou mártir no seu sistema familiar? Se sim, quem?

46. Como é que você lida com esses traços hoje em dia?

47 Sinceramente, você se coloca como vítima das pessoas ou das situações? Quando age assim, gosta do resultado?

48. Como era a sua casa ou as suas casas da infância?

( ) Elas eram limpas, confortáveis, seguras e aconchegantes?

( ) Ou a sua casa era uma bagunça e um pardieiro?

( ) Ou ela era anticéptica como uma enfermaria, onde não se permitia ter nada sujo?

49. Você se sentia cuidado por amor ou por dever?

50. Como a sua família se relacionava com dinheiro?

( ) O dinheiro era a causa de muitas preocupações.

( ) Eles falavam muito sobre dinheiro.

( ) Nunca falavam no assunto.

( ) Eles lidavam com o dinheiro de uma forma realista e equilibrada.

( ) O dinheiro era o assunto principal na vida dos seus pais.

( ) Eles eram extravagantes ou mesquinhos.

( ) Eles brigavam, reclamavam e resmungavam por dinheiro.

( ) Eles tinham problemas financeiros.

51. Observando o que você marcou no item anterior. Como seus pais lidavam com o dinheiro?

52. Como eram as interações e a comunicação na sua família?

53. Você tem alguma ideia de sobre o que seus pais conversavam?

54. Sobre quais assuntos eles conversavam, se é que conversavam?

55. Quem dominava a conversa?

56. Quem nunca falava? O seu pai e/ou a sua mãe eram calados, fechados, falavam baixinho ou não falavam nada?

57. Como eram as demonstrações de afeto na sua família?

58. Como as pessoas da sua família reagem diante do contato físico? Ou não existe contato físico?

59. Sua mãe e seu pai manifestavam carinhos físicos um com o outro, abraçando-se, dando carinho?

60. O que seus pais faziam quando você ou seus irmãos se comportavam mal?

61. Como seus pais lhe castigavam?

( ) Você tinha de ouvir um sermão?

( ) Você levava uma palmada, um tapa, um soco, um pontapé ou uma surra?

( ) Você recebia um castigo com "mão de ferro" e se sentia rejeitado?

( ) Você nunca foi castigado e assim aprendeu que o comportamento negativo vale a pena?

( ) Ou sua mãe e seu pai usavam uma combinação entre disciplina e amor, lhe ensinando a distinguir o que é bom e o que é ruim, de tal forma que você podia aceitar um castigo justo sem se sentir rejeitado, magoado ou abandonado?

62. Você e seus irmãos eram castigados da mesma forma? Como você se sentia em relação a isso?

63. Quando nascia mais um filho, seus pais lhe ensinavam que era o "nosso bebê", para que assim você pudesse aceitá-lo amorosamente, ou ele era o "bebê da mamãe e do papai"?

64. Você se sentiu deixado de lado, rejeitado ou inseguro com a chegada de um novo irmão ou irmã? (Até ontem era você que ficava no colo da mamãe e do papai. Agora, outra pessoa tomou o seu lugar.) Como foi isso para você?

65. A ordem de nascimento dos irmãos o afetou?

66. Como era ser o filho mais velho/mais novo/do meio?

67. Como era ser filho único?

68. Os seus pais davam força à rivalidade entre irmãos?

As pessoas mais próximas de você são seus irmãos e irmãs. Você é mais parecido com eles biológica e fisiologicamente do que jamais poderia ser com seus pais. No entanto, a maioria de nós foi roubada de uma relação amorosa, positiva e consistente com os irmãos, porque, em vez de amor, os pais incentivaram a rivalidade.

69. Como eram os dias especiais na sua família? Natais e aniversários eram dias seus ou dos seus pais?
70. Esses dias eram considerados uma dor de cabeça necessária ou experiências de amor?
71. Como você se sente hoje sobre esses dias especiais?
72. Seus pais se preocupavam com o seu desempenho escolar?
73. Eles eram presentes na sua escola e o ajudavam a estudar em casa?
74. Quando você levava o boletim para casa, como isso era recebido? Era uma experiência feliz?
75. Era um momento de apreensão para você ou para seus pais?
76. O boletim era a maneira pela qual você tentava "comprar" a aprovação dos seus pais? Você conseguia essa aprovação?
77. Você rebelava-se e tirava notas baixas para aborrecê-los, estragando o próprio desenvolvimento nos estudos?
78. Como seus pais reagiam se você tirasse notas baixas?
79. Mãe e pai faziam companhia a você com amor e interesse ou eles pensavam neles primeiro?
80. Seu pai ou sua mãe trabalhavam fora?
81. Como você se sentia ao chegar em casa, numa casa vazia?
82. Seu pai ou sua mãe eram muito tiranos?
83. Seu pai ou sua mãe superprotegiam você?
84. A sua mãe e o seu pai deixaram você para uma babá cuidar? Ou uma avó, tia etc.?
85. Você foi humilhado pelos seus pais na frente de amigos ou de estranhos?
86. Outras pessoas humilharam você na infância? Quem?
87. Seu pai e sua mãe confiavam em você e nas suas capacidades?

88. Quem tinha medo de quem na sua família? O pai tinha medo da mãe ou a mãe tinha medo do pai?
89. Você tinha medo de um deles ou dos dois?
90. Você tinha medo de seus irmãos ou suas irmãs?
91. Como você era aterrorizado?
92. Ou você aterrorizava seus pais ou seus irmãos e irmãs? Como?
93. Você gostava de estar com sua família?

( ) Era divertida?
( ) Cheia de amor?
( ) Alegre?
( ) Real?
( ) Deprimente?
( ) Anestesiada e morta?
( ) Solitária?
( ) Não era nada?

94. Como foi crescer na sua família?
95. Sua mãe era o modelo para todas as mulheres e seu pai o modelo para todos os homens?
96. A maneira pela qual você se relacionou com os seus pais, quando era criança, se assemelha com sua forma de se relacionar hoje com:

( ) As mulheres.
( ) Os homens.
( ) O cônjuge.
( ) Os filhos.

97. Você era a criança perfeita com a qual os pais ficavam abobados?
98. Se a resposta à pergunta anterior foi sim, você sente que precisa provar seu valor e viver à altura da expectativa deles?
99. Se a resposta foi não, você se vê constantemente tentando ser alguém excepcional para conseguir aceitação, aprovação e amor dos outros?
100. Como eram as atitudes sexuais na sua família?

( ) Sua família abordava o sexo como uma coisa sadia, limpa e bonita?
( ) Ou era tido como algo sujo e/ou que provocava ansiedade?
( ) O sexo era algo para se temer?
( ) A mensagem era "faça o que quiser, mas não se deixe apanhar"?

( ) O sexo era um dever ou uma obrigação?

( ) Era algo para se ter ressentimento do marido ou da esposa?

( ) Era alguma coisa que dava dor de cabeça, enxaqueca?

( ) Era algo que "moça direita não faz"?

( ) Sexo era visto como pecado, a não ser dentro do casamento?

( ) Havia incesto na sua família?

( ) Você foi molestado sexualmente?

101. Como sua mãe se sentia sobre sexo?

102. Como seu pai se sentia sobre sexo?

103. Você podia sequer imaginar que eles faziam sexo?

104. Existia fidelidade sexual ou eles tinham casos extraconjugais? Como a família lidava com isso?

105. Você viu seu pai ou sua mãe sofrerem por causa de casos extraconjugais? Como você lidava com isso?

106. Você vê semelhanças entre o seu sistema familiar e os relacionamentos que você tem (ou não tem) atualmente?

107. Você tem vergonha da sua identidade sexual?

108. Você vive uma vida dupla, escondendo a sua homossexualidade?

Se você luta para suprimir a sua verdadeira identidade sexual só para agradar seus pais, o resultado final possivelmente será tensão, ansiedade, infelicidade e depressão.

109. O seu pai ou a sua mãe eram alcoólatras ou viciados em drogas? Como isso o afetou?

110. O seu pai ou a sua mãe tinham algum transtorno psicológico? Como isso o afetou?

111. Você via seu pai ou sua mãe sofrerem? O que os fazia sofrer? Como você se sentia em relação a isso?

112. Na sua vida atual, como você lida com as mensagens sobre amor que você recebeu na infância?

113. Hoje, como você lida com a afeição?

114. Como lida com a intimidade?

115. Como lida com as emoções?

116. Como você lida atualmente com os sentimentos da inadequação e invalidação que foram instalados pelos seus pais? (Responda caso tenha esses sentimentos.)

Se você nunca aprendeu a confiar nos seus pais ou eles não confiavam em você, isso provavelmente prejudica a sua confiança em si mesmo e nos outros hoje. Quando éramos crianças, dependíamos de pai e mãe para todas as necessidades amorosas e emocionais. Porém, se elas não foram supridas, crescemos presos entre necessitar ou nos ressentir dos nossos pais – um conflito que destrói os relacionamentos.

Muitas pessoas não tiveram pais amorosos e dignos de confiança e passam a vida procurando por isso. O ser humano tende a internalizar as programações aprendidas com os pais e a reproduzi-las. Se a infância foi cheia de rejeição, solidão ou insegurança, e isso não for trabalhado, esses sentimentos tóxicos perduram até a fase adulta. Mesmo que uma parte de você deseje afeto, quem vence são essas programações, internalizadas devido à falta de amor ou ao amor negativo.[19]

Nossos pais, embora tenham causado danos, talvez não agiram intencionalmente. Se o cenário familiar criou camadas de mentiras, fingimentos, padrões e debilidades, saiba que isso pode ser eliminado e você pode redescobrir a própria beleza, perfeição e amorosidade. É possível ser livre!

AUTOBIOGRAFIA

Escreva em um caderno a sua história de vida desde que nasceu até hoje, porém com o foco principal até os 12 anos. Investigue com pais, irmãos e avós como era o cenário da sua casa quando você veio ao mundo.

Era um lar equilibrado e harmônico? Seus pais se casaram porque sua mãe engravidou de você, ou ela engravidou de você porque quiseram e planejaram? Eram quantos irmãos? Quem era o mais querido e o menos querido dos irmãos? Quais eram os papéis que cada membro da família tinha no contexto?

---

19 Independentemente da intenção dos pais, a criança pode entender o amor de forma negativa quando ele vem acompanhado de agressividade, acusação, crítica, intimidação ou humilhação. Por exemplo, o pai convida o filho para almoçar, mas fica o almoço inteiro chamando a atenção da criança para a postura, a forma que come, os resultados na escola etc. A atitude do pai pode levar o filho a aprender que cobrança e agressividade são manifestações de amor.

Seus pais tinham e dedicavam tempo a você? Ou, apesar de todo o amor e boa intenção, ambos trabalhavam muito e você foi criado em grande parte pela babá ou pelos avós? Seus pais se separaram? Se sim, quando e por quê? Como foi sua participação na separação deles? Você sofreu, sentiu-se traído, trocado ou culpado? Quais foram os traumas ou momentos difíceis de que você se lembra? Quais foram as maiores mágoas de sua infância? É importante que, além dos fatos, você escreva como se sentiu em relação a cada acontecimento relatado.

Algumas poucas pessoas têm me trazido verdadeiras histórias *hollywoodianas*, em que toda a sua vida infantil foi um mar de rosas, na qual só existiram amor e paz. Vejo autobiografias em que só ocorreram sabores e nenhum dissabor. É possível que sua vida seja repleta de boas lembranças, momentos mágicos, acontecimentos maravilhosos, momentos de amor e atenção dos entes queridos, e assim por diante. Todos esses momentos saudáveis de troca de amor foram importantes para gerar e fortalecer suas crenças positivas sobre si mesmo. Entretanto, essas crenças já existem e geram os benefícios que esperamos.

Nosso objetivo agora é trabalhar as crenças limitantes, aquelas que nos atrapalham e nos fazem sofrer. E, para isso, é necessário que, de forma corajosa, olhemos para nossa história e as experiências que tivemos, dando foco e lembrando todas as experiências, porém escrevendo aquelas difíceis e sofridas. Para que sua autobiografia seja mais completa e fácil de ser contada, é importante responder por escrito a cada uma das perguntas do questionário anterior.

A você, que escreveu sua autobiografia, parabéns pela coragem e pela determinação. Agora você tem muito mais consciência e compreensão sobre si. Com o conhecimento, você adquiriu também muito mais maturidade e autorresponsabilidade. Se você não escreveu, aconselho que volte, responda a todo o questionário por escrito, visto que imaginar e pensar nas respostas não é produtivo nem eficaz e, em seguida, escreva sua autobiografia. Ela será de fundamental importância para sua transformação e as conquistas ilimitadas.

É possível que você perceba, ao responder às perguntas e na elaboração de sua autobiografia, que suas crenças limitantes e todas as dores que você acumulou em sua história de vida se deram pelas falhas do seu pai e de sua mãe. Você pode até pensar que eles são culpados, mas a verdade é que eles são tão vítimas quanto você. As falhas e os erros que eles cometeram na sua criação se deram efetivamente porque os pais deles (seus avós) também cometeram erros com eles. E, em geral, seus avós cometeram mais erros com seus pais do que seus pais cometeram com você.

Assim, você poderia pensar que os culpados são seus avós. Não: os pais dos seus avós (seus bisavós) também cometeram erros tremendos contra seus avós, e assim por diante. O fato é que somos vítimas de outras vítimas, e cada um é responsável pelas próprias mudanças e pela sua evolução emocional neste momento.

Quantas linhas você escreveu na sua autobiografia? Espero que 100 linhas não tenham sido suficientes. Afinal, eu pedi que você escrevesse sobre doze anos de sua vida. Muitas pessoas têm dificuldade de lembrar do passado: a elas eu aconselho que, além de responder a todo o questionário, vejam fotos da sua infância, de sua casa, de pais, irmãos e parentes. Lembrem-se de seus brinquedos da infância, e assim por diante. É provável que, depois de tantas recordações do passado, seja mais fácil escrever a história de vida.

Entretanto, se, mesmo com ajuda externa, você ainda não conseguir se lembrar de nada ou quase nada do seu passado infantil, saiba que isso pode ser uma das formas da amnésia pós-trauma. A amnésia parcial ou total a respeito da infância é também um mecanismo de defesa, uma maneira legítima de a mente evitar reviver conscientemente o passado com seus dissabores.

O que acontece na prática é que essas memórias sofridas da infância, mesmo quando são encapsuladas, embaladas e lacradas, continuam vivas e atuantes na vida da pessoa, mas em um nível inconsciente. E é inconscientemente que elas direcionam suas possibilidades, suas decisões e suas escolhas, tornando a vida limitada em muitos aspectos.

Por mais escondidas, sufocadas e muitas vezes mascaradas que estejam as memórias sofridas da sua infância, elas estão lhe fazendo sofrer física, mental e espiritualmente. Por isso, precisam ser tratadas; e, para serem tratadas, precisam ser trazidas à tona, da inconsciência para a consciência, reconhecidas, recolhidas e aceitas. Aconselho que, se você ainda não escreveu sua autobiografia, respire fundo, pegue a caneta e comece agora, e certamente seu passado aparecerá de forma incrivelmente nítida. Esteja certo de que só o fato de contemplar sua vida e sua história já corresponde a 50% da cura e da substituição de crenças limitantes.

Fique atento: se você tivesse vivido na época de seus pais, nas circunstâncias em que eles viveram, tido os mesmos pais que eles tiveram, talvez você tivesse errado ainda mais que eles com você. Então, a ação e a intenção de uma pessoa autorresponsável é **entender seus pais e perdoá-los** para ter a leveza, a lucidez e a liberdade de ir em busca dos seus sonhos.

"Honra teu pai e mãe e terá teus dias na terra alargados."

(Bíblia Sagrada)

COMPREENDENDO AINDA MAIS SUA AUTOBIOGRAFIA

Para o próximo exercício, assista ao filme *Duas vidas* (2000). Com ele, você entenderá ainda mais seu passado e os reflexos dele no seu presente, e dessa maneira ficará mais fácil planejar o seu futuro.

Se você não está disposto ou ainda não consegue perdoar seus pais ou pais substitutos, assista ao filme *Minha vida* (1993). Ele trará lucidez e a percepção do prejuízo que é não honrar pai e mãe.

Entenda os dois vídeos não como uma sugestão, e sim como um exercício muito importante a ser feito.

EXERCÍCIO

QUAL O REFLEXO DA MINHA HISTÓRIA NA MINHA VIDA ADULTA?

Depois de ter assistido ao filme *Duas vidas*, escreva em 35 linhas o reflexo de sua criação e história infantil na sua vida hoje em relação aos onze pilares do MAAS®.

Uma postura de infelicidade não é só penosa, mas também é mesquinha, desagradável e egoísta. O que pode ser mais vil e ignóbil do que a prostração, o choramingo, a expressão carregada? Não importa por quais males externos eles possam ter sido engendrados. O que é mais ofensivo aos outros? O que pode ajudar menos a si e aos outros do que um caminho de dificuldades e lamentações? Isso apenas fixa e perpetua o problema e amplia o total infortúnio da situação.

RECONSTRUINDO A AUTOIMAGEM E AS POSSIBILIDADES

Nossa autoimagem corresponde à crença que temos sobre nós mesmos. E, para cada pilar do MAAS®, possuímos uma autoimagem específica que em muitos casos precisa de aprimoramento e reconstrução.

Lembro-me de um filme de animação, *A era do gelo*, em que uma mamute foi criada desde a sua infância por uma família de gambás. Ao longo do tempo, essa mamute foi se vendo como gambá, adquirindo comportamentos, hábitos, valores e crenças de gambá. Em determinado momento do filme, outro mamute, que estava quase extinto, ao ver a mamute-fêmea, disse, cheio de empolgação: "Não acredito, encontrei outra mamute!". E ela prontamente respondeu: "Mamute que nada, eu sou uma gambá!". E, olhando para dois gambás que estavam com ela, disse: "Estes são meus irmãos gambás."

Outro momento interessante no filme é quando a mamute diz que é difícil subir nas árvores e que evitava sair à noite para que as aves não a pegassem. A autoimagem é assim: não importa o que a pessoa seja física e intelectualmente, pois quem determina os caminhos e as escolhas são as crenças que a pessoa tem sobre ela mesma, ou seja, a própria autoimagem. Quantas mulheres lindas se veem gordas e, por mais que familiares, médicos e amigos as alertem, elas continuam a emagrecer cada vez mais, tornando-se anoréxicas e doentes?

Quantas pessoas cheias de formação acadêmica se veem incapazes de exercer seu trabalho, mesmo que intelectualmente saibam que são capazes? Se uma mulher se vê sem valor no aspecto amoroso, ela escolherá ou aceitará homens sem valor ou sem méritos, que a farão se sentir desprezada ou maltratada, para assim confirmar a sua autoimagem. Resta-nos o compromisso final de reconstruir a nossa autoimagem e com ela a crença pessoal sobre quem somos, o que merecemos e o que somos capazes de fazer.

EXERCÍCIO

1° **passo:** identifique 3 ou 4 pessoas que você julgue extremamente admiráveis e, para cada uma dessas pessoas, escreva quatro características positivas.

Observação: essas pessoas podem ser de seu relacionamento ou não, podem estar vivas ou não, podem ser personagens da história ou não, podem ser parentes ou não. Não importa quem serão as pessoas que você relacionará, o que importa é que você identifique nelas características louváveis e admiráveis.

Pessoa 1: _____

Característica 1: _____

Característica 2: _____

Característica 3: _____

Característica 4: _____

Pessoa 2:_____

Característica 1: _____

Característica 2: _____

Característica 3: _____

Característica 4: _____

Pessoa 3:_____

Característica 1: _____

Característica 2: _____

Característica 3: _____

Característica 4: _____

Pessoa 4:_____

Característica 1: _____

Característica 2: _____

Característica 3: _____

Característica 4: _____

2º Passo: enumere quatro características pessoais que você julga possuir nas linhas a seguir.

1. Eu sou _____.

2. Eu sou _____.

3. Eu sou _____.

4. Eu sou _____.

3º Passo: volte para o capítulo 6, sobre metas e objetivos, e escreva de forma sucinta um dos seus objetivos mais desafiadores.

_____

_____

_____

_____

4º Passo: nas linhas a seguir, enumere as características que você percebeu em você e nas pessoas extremamente admiráveis. Escreva tomando posse de todas essas qualidades.

_____

_____

_____

_____

_____

_____

_____

_____

_____

_____

_____

_____

_____

Neste momento, vou lhe dar uma pérola, um grande presente em forma de afirmação: **as características que você identificou nessas pessoas são também suas.** Isso mesmo: cada uma dessas características também pertence a você. Você as identi-·

ficou porque elas já são realidades internas em você. E talvez, surpreso, você se questione: "Onde estão essas características que não percebo em mim?". A resposta é simples: nossas deficiências emocionais e baixa autoestima nos impedem de ver nossos melhores predicados e características, fazendo com que passemos uma existência de ineficiência, mesmo estando repletos de dons e talentos.

Um bom exemplo desse processo de identificação externa do que já existe dentro de nós é quando uma mulher está grávida e o mundo inteiro engravida com ela; para onde quer que ela olhe, ela vê outras mulheres grávidas.

Outro exemplo é que, quando alguém pensa em comprar um carro de tal modelo, a cidade se enche inexplicavelmente desse carro. Quando a pessoa decide pela cor, as coisas ficam mais estranhas e, por incrível que pareça, para onde essa pessoa olha, ela vê o carro do modelo e da cor que ela quer comprar. Acredite: você identificou nessas pessoas o que já existia dentro de você. Assuma essas características positivas, aceite-as e receba-as.

5º Passo: reescreva cada uma das suas características antigas e recém-descobertas em uma folha de papel, cole-a nos seus ambientes e repita-as em voz alta e com entusiasmo por sete dias seguidos pela manhã, logo ao acordar, e à noite, antes de dormir, sempre iniciando cada uma delas com: "Eu sou...".

Tenho certeza de que, depois de ler este capítulo e fazer todos os exercícios, sua vida jamais será a mesma. Tenho visto pessoas com a vida transformada nos meus seminários, no processo de coaching, como também apenas por ler meus livros. Estou certo de que você é uma dessas pessoas vitoriosas e realizadoras.

Lembre-se, porém, de que este livro se confunde com os exercícios que existem nele. Ler o livro e não fazer os exercícios é como arar a terra e não depositar as sementes.

9

COMPREENDA E LIBERE O PERDÃO

"Mágoa e ressentimento geram pensamentos rancorosos, que geram senti-mentos rancorosos, que produzem crenças limitantes e autodestruidoras."

(Paulo Vieira)

CRÍTICA, RESSENTIMENTO, CULPA E MEDO

Essas quatro emoções são aprendidas na infância, porém são reforçadas e mantidas na fase madura pelas informações que nos permitimos receber e pelos comportamentos e pelos sentimentos que escolhemos manifestar. Entretanto, como já sabemos, somos 100% responsáveis pelas nossas experiências de vida: dessa forma, não temos a quem responsabilizar, se não a nós mesmos, pelo que somos, fazemos e temos.

Tudo o que tem acontecido em sua vida tem sido criado por você, através de pensamentos, sentimentos, palavras ou atitudes. Tudo o que tem vivido é um reflexo direto das suas crenças.

Não estou querendo esconder nossas frustrações atrás das crenças; todavia, são elas que atraem as pessoas que nos fazem sentir e viver como temos vivido. Quando uma mulher diz: "Homem nenhum presta, são todos iguais", vemos aí uma crença limitante sobre o que ela crê sobre os homens, o seu padrão mental fica claro, e certamente isso é realidade na vida dela.

Nossas crenças nos fazem atrair as pessoas capazes de reproduzir esses padrões; então, para iniciar um processo de mudança de crença, é importante começarmos a libertar as pessoas que nos magoaram de nossa vida e nos libertar também dessas pessoas.

Novas e fortalecedoras crenças são iniciadas pelo perdão aos outros e a si mesmo.

A QUEM DEVO PERDOAR?

Certamente devemos perdoar todas as pessoas que, por um motivo ou outro, nos fizeram sofrer. É importante que tenhamos bons **sentimentos** em nosso coração. Todavia, como já vimos, na fase adulta apenas repetimos os padrões de nossa infância, repetimos os padrões aprendidos com pai e mãe ou com pai e mãe substitutos. Dessa forma, quando perdoamos pai e mãe, nós os liberamos, e consequentemente nos libertamos também desses padrões limitantes. Uma vez libertos, não atrairemos mais pessoas ou circunstâncias que reproduziam os velhos padrões em nossa vida, e assim cortamos um ciclo de maldição e sofrimento.

Vamos a um exemplo.

Eu estava em uma roda com quatro casais, e o assunto que estava sendo abordado eram os dilemas e as dificuldades tradicionais do casamento. Um dos maridos estava falando, ou melhor, desabafando sobre quanto sua esposa era ciumenta e controladora e que até os menores acontecimentos geravam conflitos.

Ele relatou: "Ela chega ao cúmulo de quebrar as caixas dos CDs que porventura tenham mulheres bonitas". Continuou ele: "Sem contar que só ela pode escolher os filmes a que assistiremos, pois, se tiver uma artista mais ou menos bonita, a confusão está instaurada". Ela, por sua vez, justificava seu ciúme como uma reação a tudo que ela já havia vivido com ele; as traições passadas, farras e um acúmulo de momentos e lembranças difíceis.

Eu pedi licença a ela e perguntei: "Seu pai traiu muito sua mãe? Ele agiu de maneira errada com ela, não é verdade?". Estranhando, ela perguntou: "Como você sabe disso, quem lhe falou?". Ao que respondi: "Ninguém além de você". "Como assim?", ela perguntou. "Você está falando de suas mágoas em relação a seu pai, você está falando das suas crenças em relação ao casamento. Você, ao falar da infidelidade do seu marido, está falando na verdade do seu pai". Ela estava apenas repetindo um padrão de crenças familiares que era mantido pela mágoa que tinha do pai.

Ela perguntou: "Quer dizer que eu escolhi um marido que, mesmo sem eu saber, reproduziria comigo as mesmas situações de infidelidade que minha mãe viveu? E que isso se mantém na minha vida porque de fato eu nunca perdoei meu pai?". Eu respondi: "Parabéns, estou impressionado como você entendeu o que é transferência de padrão familiar (TPF) tão rápido".

Havia dezesseis anos que ela vinha tentando mudar seu marido, conflitando e brigando com ele, sem na verdade mudar nada ou quase nada no seu relacionamento. Ela não tinha a menor ideia do que era autorresponsabilidade e do seu conceito, que diz que não podemos mudar a ninguém, mas que, quando mudamos a nós mesmos, tudo muda ao nosso redor. Depois de nossa conversa, ela se comprometeu a perdoar seu pai; tomou essa decisão e foi ter com ele.

Foram necessários vários encontros e muita decisão e força de vontade. Ela descobriu o que queria dizer a passagem bíblica em que Jesus afirmava: *"Temos que perdoar não sete vezes, e sim setenta vezes sete"*. Ela viu que, para perdoar seu pai, ela precisava todo dia tomar a mesma difícil decisão: "Eu decido perdoar meu pai por tudo o que ele fez a mim e à minha mãe".

Na semana seguinte, nós nos encontramos de novo e ela, orgulhosa, pediu que seu marido falasse das suas mudanças. Ele, com grande prazer, falou de como sua esposa estava segura e confiante nele, deixando-o livre para fazer o que quisesse e ir aonde quisesse. Ele brincou: "No início eu estava achando que era uma pegadinha, que ela queria me pegar em flagrante, mas agora percebo que ela está de fato diferente, muito mais segura e tranquila".

Somos feitos em amor e para amar, é o que diz a Bíblia. Dessa maneira, podemos compreender que, para sermos uma fonte de felicidade e bem-estar para nós mesmos e para os outros, precisamos amar plenamente. **Entretanto, a mágoa nos impede de agir e viver de modo amoroso.**

Tenho uma analogia que exemplifica muito bem essa relação: o sangue é o que mantém vivo nosso corpo físico. Quando um vaso é obstruído, o sangue para de circular e nós adoecemos; a parte não irrigada gangrena e é arrancada fora. Analogicamente, o sangue que flui em nossas artérias corresponde ao amor que flui em nossa alma e nosso espírito. A mágoa corresponde às gorduras que se acumulam e obstruem nossas artérias. Se essas "artérias espirituais" ficam entupidas com mágoa e ressentimento, o amor para de fluir, então toda a nossa existência começa a definhar pelo não fluir do amor. Quanto mais mágoas, menos fluir de amor e, consequentemente, mais males físicos, emocionais e espirituais temos.

A saúde plena só é possível quando se ama de forma plena. E, para amar dessa forma, é necessário perdoar igualmente.

O QUE É O PERDÃO?

Perdão é assumir a responsabilidade pelo modo como você se sente.
Como aprendemos no capítulo de autorresponsabilidade, nós fazemos por merecer tudo o que acontece em nossa vida, e nada acontece conosco sem nosso consentimento consciente ou inconsciente. Por isso, cabe-nos mudar nossa comunicação, nossos pensamentos, nossos sentimentos ou nossas crenças. Seja como for, a responsabilidade por ter atraído as circunstâncias negativas continua em você, e só você poderá mudar essa situação.

Perdão é recuperar sua força e seu destino.
Luciana, uma antiga cliente de coaching, constatou que o ato de verbalizar repetidamente a mágoa que sentia pela mãe e toda a sua incapacidade de amar apenas aumentava o poder que a mãe tinha sobre ela. Se a moça quisesse, de fato, recuperar sua vida, teria de tomá-la da mãe, e isso significava perdoar e liberar perdão. Para que isso acontecesse, ela teria de parar de criticar a mãe e parar de alimentar mágoas e ressentimentos através da comunicação.

Perdão é a paz que aprendo a sentir quando libero quem me fez mal.
Quando perdoamos, liberamos a pessoa que nos ofendeu, ou melhor, libertamos nossa vida da tirania da mágoa. O lugar que antes era preenchido por sentimentos de rancor pode ser preenchido por um sentimento de paz que só é possível quando libero e decido não mais cobrar nada do "agressor".

Perdão é para você, e não para o autor da afronta.
Podemos achar que a outra pessoa não merece nosso perdão, e talvez não o "mereça" mesmo; porém, nós merecemos ser felizes. E, para que tenhamos

uma vida plena, teremos antes de perdoar a quem nos fez mal para nos libertarmos dessa pessoa.

Perdão refere-se à sua cura, e não à da pessoa que lhe fez sofrer.
Quando perdoamos, iniciamos em nós um processo de cura física, mental e espiritual. Caso a outra parte não reconheça que lhe fez mal e não lhe peça desculpas, isso não interfere na sua cura. Você pode perdoar tanto o agressor confesso quanto o que não se arrependeu. Afinal, o perdão é para você, e não necessariamente para o autor da afronta.

Perdão é uma habilidade que precisa de treino.
Não aprendemos a andar do dia para a noite, também não aprendemos a perdoar imediatamente. Assim como toda mudança radical, perdoar precisa de decisão e muito treino. Para que uma pessoa fique forte na academia, ela precisará de muitos e muitos dias de preparação. Muitas vezes o perdão é uma jornada em que nosso exercício diário é não criticar mais, não reclamar, não nos fazermos de vítimas, não julgar. E, no lugar dessa antiga comunicação, amar o outro, mesmo que seja com uma oração silenciosa.

Perdão ajuda a ter mais controle sobre seus pensamentos.
Quando estamos tomados por ódio ou mágoas, perdemos o controle sobre nossos pensamentos, e, consequentemente, perdemos o controle sobre nossa vida. Passamos a pensar de forma repetida e sistemática na pessoa que nos magoou. A mágoa e o ressentimento nos fazem perder a perspectiva de nossos sonhos e nossos objetivos e nos torna escravos mentais de quem nos magoou. Para que possamos guiar nossa vida com total autorresponsabilidade, é necessário perdoar.

Perdão melhora sua saúde física e mental.
Mágoas, sobretudo em relação aos pais, geram doenças da mente, como neuroses, histerias, hipocondria, psicoses, vícios e também geram males físicos, como anorexia, artrite, diabetes. Perdoá-los significa curar sua saúde física e mental. Quero alertar que o câncer é uma doença que pode ter em boa parte origem no ressentimento.

Muitas pessoas acreditam que, pelo fato de não conflitarem ou de fingirem que não foram magoadas, sua vida será melhor. Isso não é verdade. Tenho visto, ano após ano, pessoas morrendo por três tipos de ressentimento: o ressentimento encoberto e negado, o ressentimento declarado e explícito e o ressentimento inconsciente, aquele de que a pessoa nem mesmo sabia que era acometida. Seja como for, o momento de perdoar é agora.

Perdão é tornar-se um herói feliz em vez de uma vítima anônima.
Invariavelmente, toda pessoa que guarda mágoa se coloca em uma posição de vitimização e autocomiseração. Ela opta por ser e viver dessa maneira para chamar atenção e receber "colo" e conforto. Contudo, quando ela libera o perdão, esse ciclo é quebrado e ela sai da posição de vítima heroica e sofredora para uma posição de conquistadora e atuante.

Perdão é uma escolha, uma decisão.
Perdão não é um sentimento que brota no coração com o tempo: perdão é uma decisão, seguida por uma atitude palpável, por uma conduta de amor. Perdão é uma comunicação ou um comportamento, e, como sabemos, todo comportamento produz um novo pensamento e um novo sentimento. Sentimentos de paz e vitória produzem crenças fortalecedoras.

Você pode perdoar.
Se não fôssemos capazes de perdoar, não seríamos capazes de amar, portanto não seríamos capazes de viver, muito menos de viver uma vida extraordinária. Lembre-se de Jesus, que foi surrado e torturado com todos os requintes de crueldade. Como se não bastasse todo o escárnio, ele foi pregado na cruz, e mesmo assim ele disse: *"Pai, perdoa-os, eles não sabem o que fazem"* (Lucas 23:34).

> *"Pessoas autorresponsáveis não gastam energia desnecessária sentindo raiva e sofrimento sobre as coisas e as situações que não têm poder para mudar. O perdão reconhece que não podemos mudar o passado. O perdão nos permite reconstruir nosso futuro independentemente do passado."*
>
> (Paulo Vieira)

NOTA PARTICULAR DO AUTOR

Algumas vezes me senti incapaz de perdoar, incapaz de querer perdoar, e em todas elas recorri a Deus em oração, clamando por auxílio, pedindo que Ele me capacitasse em amor, que fizesse brotar em meu coração a vontade e a decisão de perdoar. Em todas as vezes, os resultados foram imediatos. Algo interessante quando se toma a decisão de perdoar é que as mudanças não ocorrem necessariamente em quem ofendeu, e sim em quem decidiu pelo perdão. Decida. Hoje é o seu dia.

LIBERTANDO-SE DO PASSADO, ASSUMINDO O CONTROLE DO PRESENTE E PROJETANDO O FUTURO

Para que haja a libertação dentro de você, é necessário amar o próximo, e quem são as pessoas mais próximas que seus pais e pais substitutos? Segundo a Bíblia, quem honra verdadeiramente pai e mãe tem seus dias de paz acrescentados sobre a Terra. Então, para que você conquiste um novo patamar de vida, reservei o exercício a seguir.

EXERCÍCIO

Escreva uma carta de perdão, com um tom de compaixão e repleta de gratidão a cada um dos seus progenitores. Você buscará explicar e justificar a criação que teve, reconhecendo que eles fizeram o melhor que puderam, que também sofreram na infância, e provavelmente sofreram ainda mais do que você. **Afinal, as pessoas só podem dar o que receberam, e somos vítimas de outras vítimas.**

Sonde a infância de seus pais e descobrirá o porquê de sua criação. Você verá por quais tortuosos caminhos eles também passaram. Diga a eles quanto você é grato por ter sido gerado, por ter vindo ao mundo e pela chance que tem de ser feliz. Sua carta de perdão deve conter pelo menos 35 linhas.

Começamos a criar nosso sistema de crenças ainda quando pequeninos e depois avançamos pela vida reproduzindo os padrões aprendidos, de forma consciente ou não.

Olhe para o passado e veja quantas vezes você passou pela mesma situação negativa. Estou certo de que você recriou essas experiências porque elas refletiam padrões aprendidos na infância. Não importa quais são os nossos problemas, há quanto tempo os temos ou o tamanho deles, pois são padrões mentais que foram aprendidos, e tudo o que é aprendido pode ser reaprendido.

Nesse caso, o reaprender inicia-se com o perdão. Mesmo que você não veja motivos para perdoar seus pais, faça a carta de perdão como se eles fossem responsáveis pelos problemas que você enfrentou na infância e na fase de adulta. Dê a si mesmo a chance de perdoar corajosamente tudo o que puder de seus pais.

POR QUE NÃO PERDOAR OUTRAS PESSOAS?

Certamente, todo perdão é bem-vindo e muito eficaz em nossa vida. Devemos perdoar todas as pessoas que nos magoaram. E devemos também perdoar a nós mesmos – afinal, poucas pessoas erraram conosco tanto quanto nós mesmos. No entanto, o foco neste livro é o perdão primal, o perdão de pai e mãe, visto que, como já falamos, os sentimentos e as circunstâncias negativas vividas na infância têm grande chance de ser repetidos de modo inconsciente nas fases seguintes de nossa vida.

A única forma de nos livrarmos do fantasma da repetição de padrão é a comunicação amorosa. Entretanto, para comunicar a perfeita linguagem de Deus, devemos antes nos livrar de todas as mágoas e de todos os ressentimentos. Dentro desse espírito de amor e decisão, faça o último exercício do livro, certamente o mais importante de todos.

CARTA DE PERDÃO

Agora que você escreveu sua magnífica carta de perdão, você pode testar se ela funcionou e se você está livre de mágoas de pais ou pais substitutos. Para isso, temos três testes:

1. Fechar os olhos e imaginar seus pais tendo sucesso e muita felicidade;
2. Ligar para pai e mãe e dizer que os ama e os honra;
3. Por fim, falar-lhes pessoalmente de sua decisão de amar.[20]

Se você conseguir executar as três etapas descritas, significa que, de fato, perdoou e está apto a não repetir mais os padrões negativos dos pais. Agora, basta se amar intensa e respeitosamente. Ame o próximo como a você mesmo.

---

20 Casos seus pais já tenham falecido, ligue para um irmão, uma avó ou outra pessoa muito próxima a você e diga que a ama. Mas, lembre-se de que precisa ser desafiador. Este exercício pode mudar profundamente sua forma de se relacionar com as pessoas e consigo mesmo.

Mil vezes parabéns: você venceu todos os obstáculos e todas as barreiras. Você chegou ao final, mostrando ser uma pessoa determinada e capaz. Estou certo de que muitas coisas já mudaram em sua vida, seja em âmbito profissional, conjugal, financeiro, familiar, ou quem sabe em todos eles. Seja como for, você está pronto para colocar em prática o último desafio deste livro: a Corrente do Bem.

A CORRENTE DO BEM

Este desafio fará a sedimentação e o aprofundamento de todas as suas mudanças e suas conquistas. E o mais importante de tudo: com este desafio você será capaz de mudar o mundo. Vamos a ele.

1. Identifique duas pessoas que você pode ajudar e amar, conforme o que já aprendemos sobre o amor. Não importa sexo, etnia ou condição social.
2. Durante trinta dias, você se comportará como o anjo da guarda dessa pessoa, validando, declarando fé, ajudando e fazendo tudo o que estiver ao seu alcance e que ela perceba como amor.
3. Você fará coisas que nunca fez, dirá coisas que nunca disse. E, se ela perguntar por que está fazendo isso, você dirá que é um desafio/exercício e só poderá explicar no trigésimo dia.
4. As duas pessoas precisam estar inseridas na sua vida: uma no seu contexto familiar, e a outra no contexto profissional.
5. É importante lembrar que, ao escolher as duas pessoas que comporão a sua corrente, você não poderá esperar reciprocidade. Se tiver qualquer interesse na pessoa escolhida, o objetivo deste exercício não será obtido plenamente e poderá ter efeito inverso.
6. É importante que as pessoas escolhidas, depois do trigésimo dia, leiam este livro, para que tenham as ferramentas para pôr em prática e dar sequência à Corrente do Bem.
7. Se, após os trinta dias, a pessoa escolhida não fizer o treinamento nem ler o livro, você deve continuar com ela, amando e ajudando, porém deverá treiná-la para que ela seja capaz de compreender a matriz das mudanças e dar continuidade à Corrente do Bem.
8. Quando se passarem os trinta dias, ou logo após a leitura do livro ou fazer o curso, os seus escolhidos deverão iniciar com outras

duas pessoas o terceiro nível de sua corrente. Durante esses trinta dias você deverá motivar, ajudar e acompanhar as tarefas de anjo das duas, certificando-se de que a corrente delas não foi quebrada.

Pessoa 1: _____

Pessoa 2: _____

Obs.: Para que você compreenda melhor e usufrua de todo o poder deste exercício, assista ao filme *A corrente do bem*.

UMA NOTA PESSOAL

Ao concluir este livro, quero mostrar o que convictamente acredito ser a fonte da vida e de tudo o que existe. Creio que existem leis naturais que regem o mundo e o Universo: lei da gravidade, da inércia, da ação e reação, da atração, da repulsão, dos vetores, entre muitas outras.

Acredito também que existem leis que regem a mente humana, padrões e processos neurais que se repetem em infinitas combinações, gerando comportamentos e possibilidades muitas vezes imprevisíveis e insondáveis. E são essas leis da mente, com seus padrões e processos, que determinam a qualidade de vida que somos capazes de construir e os recursos que somos capazes de acessar dentro de nós mesmos.

Entretanto, acima das leis naturais e das leis da mente humana, está o Criador de todas as leis. Deus Todo-Poderoso, criador do céu e da terra. Aquele a quem pertence o verdadeiro poder.

Eu estaria sendo no mínimo omisso se afirmasse que qualquer transformação humana pudesse ocorrer sem o consentimento Dele. Acredito convictamente que Deus está no controle de tudo e que este livro chegou às suas mãos com um propósito, não meu ou seu, e sim dEle. Você recebeu ferramentas poderosas, que podem e vão alterar padrões e processos neurais, proporcionando-lhe grandes conquistas.

Contudo, fique atento, pois tenho viajado pelo mundo e conhecido grandes "doutores" da mente humana, exímios conhecedores e professores de processos e padrões mentais, e constato a mesma coisa a cada encontro: aqueles que se ensoberbecem em seus conhecimentos, achando-se poderosos e autossuficientes, têm uma vida sofrida e inconstante. Podem até ter dinheiro, mas desconhecem o que é a verdadeira felicidade. E isso acontece pela incapacidade de aplicar na própria vida os dois primeiros mandamentos de Deus.

Se você também não sabe quais são os dois primeiros mandamentos da Bíblia, talvez esteja na hora de saber.

Sucesso, paz, conquistas, e que sua contribuição ao mundo seja devolvida a você mil vezes mais.

AGRADECIMENTOS

A todos os meus alunos do Método CIS® e clientes de coaching com quem eu pude compartilhar a vida e aprender imensamente, fazendo da teoria uma aplicação prática de transformação de vida que apresento neste livro.

Agradeço humildemente aos gigantes que me elevaram sobre seus ombros, pois graças a eles pude ver mais longe e voar mais alto. Os mestres que modelaram minha filosofia, minhas estratégias e minhas habilidades de transformação humana. Agradeço à maestria revolucionária de Anthony Robbins em conduzir milhares de pessoas em seus seminários e assim promover mudanças rápidas e profundas. A Zig Ziglar, que me mostrou o sentido maior em meu trabalho. E a muitos outros que seria impossível citar neste livro. Vocês me mostraram que era possível.

Agradeço muitíssimo ao Gustavo Cerbasi, um jovem genial e visionário que mudou a cara do Brasil na questão de finanças pessoais com seus livros, suas matérias e suas palestras. Sem ele, este projeto jamais teria sido possível. Muito obrigado, Gustavo!

Ter conhecido o doutor Anthony Portigliatti foi para mim um divisor de águas na minha vida pessoal e profissional. Na nossa primeira reunião, fiquei impressionado com quatro coisas: a primeira foi a visão de mundo com que o doutor Tonny me presenteou. No segundo momento, fiquei impressionado com as estratégias que ele criou para minha vida profissional. O terceiro fato foi conhecer sua universidade, com toda a abrangência e tecnologia, em um prédio ultratecnológico que havia sido da Nasa. E o quarto impacto foi ver em suas atitudes e em suas palavras uma tremenda fé em Deus. Tenho hoje orgulho de me chamar de seu aprendiz. Obrigado, Tonny, pelo aprendizado e pela oportunidade de estar perto de você e de sua equipe.

E, sobretudo, a Deus, Senhor e salvador da minha vida, que me encheu de inspiração, permitiu-me ter as crenças e os valores para chegar até aqui e que me dá energia e entusiasmo para alçar voos ainda mais elevados.

REFERÊNCIAS BIBLIOGRÁFICAS

ACHOR, Shawn. *O jeito Harvard de ser feliz*. São Paulo: Saraiva, 2012.

BRANDEN, Nathaniel. *Autoestima e os seus seis pilares*. São Paulo: Saraiva, 1998. 398 p.

CHRISTAKIS, Nicholas; FOWLER, James. *O poder das conexões*. Rio de Janeiro: Campus, 2009. 336 p.

CUDDY, Amy. *O poder da presença*. Rio de Janeiro: Sextante, 2016.

DAMÁSIO, António R. *O erro de Descartes*: emoção, razão e o cérebro humano. São Paulo: Companhia das Letras, 1996.

EKMAN, Paul. *A linguagem das emoções*. São Paulo: Leya Brasil, 2011. 288 p.

EMMONS, Robert A.; MCCULLOUGH, Michael E. *The Psychology of Gratitude*. Oxford: Oxford University Press,USA, 2004.

_____. *Agradeça e seja feliz*. Rio de Janeiro: BestSeller, 2009.

GOLEMAN, Daniel. *O poder da inteligência emocional*. Rio de Janeiro: Campus/Elsevier, 2002. 319 p.

GRANT, Adam. *Dar e receber*: uma abordagem revolucionária sobre o sucesso, generosidade e influência. Rio de Janeiro: Sextante, 2014. 288 p.

HARRIS, Rachel Nolte; LAW, Dorothy. *As crianças aprendem o que vivenciam*. Rio de Janeiro: Sextante, 2009. 144 p.

LEADER, Darian; CORFIELD, David. *Por que as pessoas ficam doentes?* Rio de Janeiro: Best Seller, 2009. 336 p.

SELIGMAN, Martin E. P. *Aprenda a ser otimista*. 2 ed. Rio de Janeiro: Nova Era. 2005. 392 p.

SERVAN-SCHREIBER, David. *O stress, a ansiedade e a depressão sem medicamento nem psicanálise*. São Paulo: Sá Editora, 2004. 304 p.

TAYLOR, Jill Bolte. *A cientista que curou seu próprio cérebro*. Rio de Janeiro: Ediouro, 2008. 224 p.

VARELLA, Drauzio. "Estresse e depressão." Disponível em: <http://drauziovarella.com.br/drauzio/estresse-e-depressao/>. Acesso em: 5 mai. 2015.

ZAK, Paul. *A molécula da moralidade*. Rio de Janeiro: Elsevier/Alta Books, 2012.

O PODER DA AÇÃO

Acorde para os objetivos que quer conquistar

Já aconteceu a você de se olhar no espelho e não gostar daqueles quilos a mais? De observar seu momento profissional somente com frustração? De se sentir desconectado dos seus familiares, dos seus amigos? Se você acha que essas são situações normais, pense de novo!

Paulo Vieira lhe convida a quebrar o ciclo vicioso e iniciar um caminho de realização. Para isso, apresenta o método responsável por impactar 250 mil pessoas ao longo de sua carreira – e que pode ser a chave para o que você tanto procura:

- Aprenda a tomar as decisões certas
- Saiba como obter respostas de sucesso
- Reprograme sua mente
- Desenvolva novas capacidades
- Conquiste a vida que sempre quis em seis meses
- Aumente suas competências financeiras e profissionais

Não existe outra opção. Está em suas mãos reescrever seu futuro.

CRIAÇÃO DE RIQUEZA

Uma metodologia simples e poderosa que vai enriquecê-lo e fazer você atingir seus objetivos.

"Certa vez conheci uma pessoa tão pobre, tão pobre, que a única coisa que ela tinha era dinheiro." Você provavelmente deve ter ouvido esse bordão por aí, certo? E também já deve ter conhecido alguém com o seguinte perfil: profissional bem-sucedido, com um cargo de destaque em uma grande empresa, dirigindo carros importados e morando em belas casas, mas que estão de mal a pior na jornada financeira. Histórias como essa nos fazem pensar: o que define a verdadeira riqueza?

Para Paulo Vieira, autor deste livro, a verdadeira riqueza é aquela que combina as três dimensões humanas: o ser (a identidade), o fazer (a capacidade) e o ter (o merecimento). Mas como isso funciona na prática? Depois de anos estudando o comportamento financeiro de seus clientes, o autor descobriu as quatro variáveis que influenciam e determinam a capacidade de enriquecimento do indivíduo, chegando a uma equação matemática denominada Fator de Enriquecimento®. Conheça essa nova metodologia e encontre as bases para criar a sua própria equação da riqueza!

- Faça uma radiografia da sua saúde financeira
- Saiba quais são os comportamentos e as crenças limitantes que o impedem de enriquecer
- Aprenda as cinco condutas da riqueza
- Estabeleça metas financeiras que você realmente pode atingir
- Descubra em qual modelo mental financeiro você se encaixa e como virar esse jogo

Quer enriquecer? O ponto da virada é agora!

FOCO NA PRÁTICA
FOCAR É APRENDER A MUDAR

Este *workbook* tem o objetivo de mantê-lo no caminho das realizações durante 60 dias. Esse é o tempo garantido para a completa mudança de hábitos e atitudes. E também é a garantia de que seus projetos e sonhos engavetados sejam realizados. Por meio de frases inspiradoras, da metodologia do Coaching Integral Sistêmico®, de exercícios diários e de ferramentas exclusivas da Febracis, você se manterá focado nas suas metas, reflexões, decisões e hábitos produtivos durante dois meses, sempre buscando se tornar uma pessoa melhor e mais realizada em todas as áreas da vida.

Para quem nunca fez um processo de coaching, esta será uma amostra de que é possível chegar a qualquer lugar, a partir das reflexões certas e de ações massivas. Para quem está fazendo coaching ou já passou pelo processo, este caderno é um convite a não parar de agir até que seus objetivos sejam alcançados e seus hábitos sejam tão produtivos e fluidos que o sucesso é devido ao seu estilo de vida.

Você vai utilizar as seguintes ferramentas:

- Mapa de Autoavaliação Sistêmico® (MAAS®), que avalia o estado atual da sua vida em todos os pilares: espiritual, parentes, conjugal, filhos, saúde, social, servir ao próximo, intelectual, financeiro, profissional e emocional.
- Mural da Vida Extraordinária, que o manterá focado e motivado na busca de seus objetivos.
- Objetivos para cada pilar, em que tendo estabelecido sua visão positiva de futuro, você transformará essa visão em objetivos concretos e metas neurologicamente corretas.
- Além disso, você encontrará frases inspiradoras, perguntas diárias e desafios diários.

Seja bem-vindo à comunidade das pessoas que realizam!

O PODER DA AUTORRESPONSABILIDADE

A autorresponsabilidade é a chave para iniciar um grande processo de transformação em tudo o que precisa ser mudado em sua vida.

Muitas pessoas têm consciência de que precisam assumir as rédeas da própria vida, porém não sabem como fazer isso na prática. Este livro traz ao leitor o conceito de autorresponsabilidade. Trata-se de um manual que apresenta a metodologia das 6 leis para a conquista da autorresponsabilidade, de modo que o leitor assuma o comando de sua vida. Aplicando esse conceito, você será capaz de levar alta performance à vida pessoal e profissional, saindo de um estado não satisfatório para uma vida de abundância e de sucesso. Aqui você vai aprender a:

1. Calar-se em vez de criticar.
2. Dar sugestão em vez de reclamar.
3. Buscar a solução em vez de buscar culpados.
4. Fazer-se de vencedor em vez de vitimizar-se.
5. Aprender com os erros em vez de justificá-los.
6. Julgar as atitudes, e não as pessoas.

Não adie mais a vida para a qual você está destinado.
Assuma a responsabilidade e a construa!

DECIFRE E INFLUENCIE PESSOAS

Como conhecer a si e aos outros, gerar conexões poderosas e obter resultados extraordinários.

Como seriam seus resultados pessoais e profissionais se você pudesse compreender melhor as pessoas que o cercam, entender o que as motiva a agir e ainda soubesse como se comunicar com elas de maneira mais profunda e eficaz?

Na liderança empresarial ou na educação dos filhos, no casamento ou na seleção de funcionários, o fato é que todos nós temos algum motivo pelo qual queremos decifrar e entender o outro. No entanto, a maior parte das pessoas está perdida, criando expectativas irreais sobre o comportamento das outras, simplesmente por não conseguir entendê-las.

Este livro é a oportunidade para conhecer ferramentas que desvendam o perfil de cada indivíduo, ajudando você a descobrir, desenvolver e aproveitar o potencial máximo de todos aqueles que o cercam. Você aprenderá como decifrar as pessoas analisando as características delas, quais são seus valores e o que é realmente importante em suas vidas. Aqui, você entenderá:

- Por que parece tão difícil lidar com as pessoas;
- Como elas pensam, agem e interagem;
- Quais as crenças e os valores dos indivíduos;
- Como as pessoas se comportam no contexto organizacional;
- O que fazer com todo esse conhecimento e muito mais!

Um livro para homens e mulheres que querem educar os filhos com menos conflitos, gestores que almejam melhorar os resultados de suas equipes, cônjuges que desejam viver em harmonia como casal, empresários que querem ter grandes resultados colocando as pessoas certas no exercício das funções certas.

Abrace já a oportunidade para viver em paz e desenvolver parcerias com todos aqueles que o cercam, nas diversas áreas da vida.

O PODER DA AÇÃO PARA CRIANÇAS

*Turma da Mônica e Paulo Viera se reúnem
no Bairro do Limoeiro para ensinar pais,
mães e crianças sobre autorresponsabilidade!*

Mais de 40 milhões de pessoas já conhecem Paulo Vieira e tiveram sua vida transformada pelos ensinamentos dele. Agora ele pediu a ajuda da turminha mais famosa do Brasil para mostrar a todas as crianças que a vida pode e deve ser incrível, completa e cheia de conquistas!

A chave para isso é formada por três conceitos importantes: a autorresponsabilidade, a gratidão e o foco. Mônica, Cascão, Magali, Cebolinha e outros moradores do Bairro já aprenderam como usar essas três palavras no dia a dia e convidam você a fazer o mesmo, acompanhado de muita diversão e amizade.

Aqui, você poderá acompanhar a Turma da Mônica enquanto eles:

- Conhecem as seis leis da autorresponsabilidade, um dos pilares para uma vida feliz e cheia de sonhos realizados;
- Tentam descobrir o que é gratidão e como esse sentimento torna o mundo melhor;
- Aprendem a importância do foco em toda as nossas ações;
- Combatem o "monstro das historinhas" e aprendem a não o deixar atrapalhar o dia a dia da Turma;
- Planejam o futuro e colocam os planos em prática!

*O poder está nas mãos de quem busca
construir uma história de sucesso e repleta de sonhos realizados.
Nunca é cedo demais para ser o mais feliz possível!*

Esse livro foi impresso
pela gráfica Assahi em
papel Pólen Bold 70 g em
junho de 2021.